WOLFGANG FRANK

Verklungen Horn und Geläut

EIN LEBEN MIT
WÄLDERN UND HUNDEN

GERHARD STALLING VERLAG

FÜR

CHRISTA
HANS-WILHELM
BRIGITTE
HUBERTUS

INHALT

1	In der Hundekuhle	9
2	Tante Lotte	18
3	Erste Nachsuche	25
4	Sauhatz	36
5	Schuenhagen	41
6	Hund aller Hunde — Hick	50
7	Frühpirsch	56
8	Herr Hartmann und Herr Kraus	64
9	Von Hunden und Menschen	77
10	Rinderbrust mit Brühkartoffeln	85
11	Hinter dem Schnepfenglöckchen	89
12	Claire	103
13	Der Liebesbote	114
14	Asche und blaue Seide	119
15	In der Lehre	124
16	Der Club der Taufrischen	136
17	Preissuche	146
18	Letztes Glas — letzter Gruß	152
19	Abschied und Aufbruch	155
20	Die Kriegshunde	164
21	Kaiserbesuch in Hubertville	177
22	Wiedersehen mit Schuenhagen	187
23	Kreuzburgerhütte	193
24	Ein Mißverständnis	199
25	Einzug ins Königreich	207
26	Wem der Herr ein Amt gibt . . .	223
27	Hütte über dem Meer	237

28	Die Schwedenwoche	263
29	Gästepirsch	275
30	Tiere wie aus einer anderen Welt	281
31	Jahresreigen	286
32	Rinderblut- und Tropfkannenkrieg	302
33	Wisent-Premiere	314
34	»Bubi« und die 867 Igel	327
35	Das Treffen der grünen Zunft	332
36	Pferde und Hunde	338
37	Tragödie im Osten	348
38	Festung Darß	361
39	Der Russe	374
40	Nachtmarsch nach Westen	397
41	Nach Jahr und Tag	428

Karte des Darß und Zingst   437

1 IN DER HUNDEKUHLE

Das Haus lag eingebettet in den Wald, am Auslauf eines Hanges, nahe der Straße. Es war zweistöckig und langgestreckt, mit Holz bekleidet, wie es die Häuser dort sind, und die Fenster seiner Vorderfront schauten über den schmalen Vorgarten, in dem zum Kummer meiner Mutter die Blumen nie recht Sonne bekamen, hinaus auf Acker, Wiese und Wald.

Wie eine Mauer war dieser Wald, in dem sich Felder und Lichtungen nur mühsam zu behaupten schienen, — wie eine Mauer hoch, ernst und dunkel, die brauste und dröhnte, wenn es stürmte; in der es seufzte, harfte und sang, je nach der Luft, und die auch oftmals nur dastand und w a r , mächtig in ihrem Schweigen — totenstill.

In unsere frühesten Träume rauschte der Wald. Die Harzertannen schauten mit wiegenden Wipfeln auf unsere Kinderspiele, und der Lärm unserer Stimmen, gemischt mit dem Jiffjaff und dem Geläut der Hundekehlen, kehrte von überall her als Echo aus den Stämmen zurück.

Das Haus war das Forsthaus und unser Vater der Forstmeister, und über ihm gab es wahrscheinlich nur noch den Kaiser und den Lieben Gott; denn er hatte über alles zu bestimmen, was wir kannten: über das Haus mit seinen Nebengebäuden, den Stallungen mit Pferden und Kühen, und das Büro mit seinen Menschen, dem Gesinde, den Förstern, Eleven und Lehrlingen; selbst über unsere Mutter — über den Wald, das Wild und die Forstarbeiter, und die Zwinger mit den Hunden, denn es wimmelte von Hunden; und über uns drei Brüder, und er regierte es alles, kraftvoll, fröhlich und voller Leidenschaft.

Das ganze Anwesen schäumte ständig vor Leben; dafür sorgten schon wir Jungen und die Hunde. Da war die Saufindermeute — fünfzehn fletschende Bestien — im eigenen Zwinger unter den Fenstern des Büros, mit Heidi, einer Airedalehündin; und Rollo, dem bösen, der gefährlichen Mischung aus Schweißhund und Hütehund, mit dem glatthaarigen Sleipner, zu dem sich ein zottiger Hüter mit einer Terrierhündin zusammengefunden hatte, und den Rauhhaarfoxen Schnaps und Schildhorn.

Ja, Schildhorn: Vater hatte ihn anläßlich eines Kaisermanövers bei einem Flußübergang gleichen Namens aufgegriffen, staubig und verdurstet, und ihn mitgenommen und unter die Saufinder getan, und dort war er zu einem breiten, harten und ruppigen Gesellen herangereift, der die stärksten Sauen mit bedingungslosem Mute anging und von den Narben und Schmissen wilder, herrlicher Hatzen über und über bedeckt war.

Niemand durfte den Saufindern zu nahe kommen; selbst die Jäger beherrschten sie nur mit der Peitsche — sie waren gefährlich und wild und lebten, wie es schien, in einem beständigen Traum von Packen, Beißen und Zerreißen. Nur der Fütterer konnte sich zu ihnen in den Zwinger wagen, der Fütterer und wir Jungen, die sie aus irgendeinem Grunde als ihresgleichen anzusehen schienen.

Der hochumgitterte, geräumige Zwinger mit Auslauf und Hütten lag der Hofeinfahrt gegenüber unter den Fenstern des »Büros«, der Forstamtsstube, in der der Dienstbereich unseres Vaters von Förstern, Forstlehrlingen, Eleven und Forstreferendaren in immer wechselnder Personenfolge verwaltet wurde. Hier gingen sie ein und aus, die bärtigen Waldläufer mit den verwitterten Gesichtern und den ruhigen, freundlich und scharf zugleich blickenden Augen, und die jungen Milchbärte mit den schmalen Schultern und den schlaksigen Bewegungen der noch nicht voll Erwachsenen, denen der grüne Jägerhut, mit Stolz getragen, oft allzugroß über den schmalen Jungensgesichtern schwebte. Hier wirkten die Referendare und hier tappten die Waldarbeiter, nach Schweiß und Arbeit duftend, mit den schweren Stiefeln die knarrenden Stiegen hinauf.

Unten aber heulte, kläffte, jiffte und belferte die Meute über jeden neuen Besuch, und der Holzvorrat für den Büroofen flog täglich mehr als einmal Scheit um Scheit in wohlgezielten Würfen in den Zwinger hinab, um wenigstens für Minuten Ruhe zu schaffen. Uns Jungen fiel dann die Aufgabe zu, die Scheiter aufzusammeln und wieder ins Büro hinaufzuschleppen, und wenn wir's nicht taten, und denen droben wintertags der Ofen auszugehen drohte, kamen sie herunter ans Zwingergitter und schimpften und baten um gut Wetter. Dann schmeichelten sie und drohten und trauten sich nicht herein zu uns, die wir mitten zwischen den Hunden, knurrend und hetzend, auf Knien und Ellbogen in den Hütten lagen, neben uns die rasselnden Kehlen, die hechelnden Zungen und blinkenden Reißzähne. Nirgends waren wir sicherer als hier; das wußten wir bald, und wenn wir eine Vase zerbrochen hatten oder Äpfel geklaut, so führte unser Fluchtweg stracks in den Saufinderzwinger, und dort blieben wir, mucksmäuschenstill und ließen unsere Mutter mit ihrem flammenden Zorn ruhig vor dem Gitter stehen, bis sie sich, des Scheltens müde, aufs Schmeicheln verlegte: »Nun kommt schon heraus; es geschieht euch ja nichts . . .«

Aber wie Hunde, die man einmal gelockt und dann geschlagen, nicht so leicht einer Lockung wieder folgen, blieben auch wir vorsichtig in den Hütten, streckten wohl nur die Köpfe heraus und legten uns mißtrauisch aufs Verhandeln, bis sie wieder zornig wurde und Gehorsam verlangte.

»Ihr kommt jetzt heraus da!« rief sie, »ihr hört doch, was Mutter sagt!« Und wir, des Unheilstones in ihrer Stimme sofort inne, jubelten vor Unüberwindlichkeit und riefen: »Komm du doch herein; wir spielen doch so schön . . .«; denn wir wußten, daß sie bei allem Mut nicht das Herz und zuviel Verstand hatte, uns gegen unsern Willen zwischen den Hetzern herauszuholen, die sich für uns in Stücke hätten zerreißen lassen.

Sie versuchte es noch auf mancherlei Weise, mit Brocken

und Schmeichelworten für die Hunde, aber die waren unbestechlich, stellten die Nackenhaare auf, knurrten, bekamen falsche Augen und ließen die Reißer blinken. Nein, es war nichts zu wollen; gegen unsern Willen hätte uns niemand, außer Vater, aus dem Zwinger herausgebracht, solange in einem der Hunde noch ein Funken Atem war.

War dann die Luft rein, so wechselten wir heimlich hinüber in die Wildkammer. Dort war es kühl; es roch ein wenig nach dem Schweiß der aufgebrochenen Stücke, nach Wild und Haar, und wir standen oft lange und betrachteten die Schalen eines Hirsches oder Bockes oder fuhren über das dunkle, zottige Mähnenhaar oder das hellere, feinere der schlanken Läufe oder fühlten das Sticheln der Sauborsten und bewunderten die Hauer in dem klaffenden Gebräch.

Von der Wildkammer aus war es nur ein Sprung um die Ecke, und wir waren in den Stallungen mit ihrer Wärme und dem Duft von Pferden, Heu und Hafer, dem Klirren der Ketten und dem Mahlen und Schnauben der großen, glatten Tiere, die die edlen Köpfe mit vorgestellten Ohren und blanken, tiefen Augen zu uns umwandten, mit dumpfen Tritten Raum gaben und weich schnobernd an unseren Handflächen suchten, sanft darüber hinbliesen und mit einem Schütteln der Mähnen sich den Krippen wieder zuwandten.

Eine Brettertür mit hoch und heiser kreischenden Angeln gab, unwillig über den Lehmboden dahinschladdernd, den Zugang zum Kuhstall frei, in dem die Luft immer wie gepolstert erschien, samtig, angefüllt mit einem dicken, dumpfen Geräusch, dem trägen Mahlen der Wiederkäuer, und einem süß-scharfen Geruch von Rindern, Milch und Dung. Zuweilen zitterte ein Brummen durch den langen Raum, eine Kette klirrte, ein Schweif peitschte mit sausendem Schlag die Fliegen von zuckenden Flanken. Und wieder summende Stille. Wie gut ließ sich's hier dösen und träumen, und wie oft glitt man auf dem kitzelnden, trocken staubigen Geruch einer Schütte Stroh aus dem Träumen unversehens hinüber in tiefen Schlaf!

Manches Mal, wenn wir zur Abendzeit ausblieben und die

Suche nach uns im Saufinderzwinger ergebnislos war, fand man uns hier, in Schlaf versenkt, halb vergraben im Stroh.

Die Schmalseite des Hofes, dem Bürohaus gegenüber, beschloß der Stall für die Schweine und das aufgeregte Volk des Geflügels, der Hühner, Enten, Gänse und Puten.

Und die Lücke zwischen Geflügelstall und Wohnhaus füllten in langer Reihe die Zuchtzwinger mit Schweißhunden, Teckeln und Wachtelhunden, den Lieblingen meines Vaters.

Ihrer zwanzig waren immer auf dem Hof, die Welpen eingerechnet weit mehr, und Geläut und Jiff und Jaff, Winseln und Heulen, Äußerungen von Freude und Schmerz gaben dem vielstimmigen Leben des Hofes die Grundmelodie.

So weit ich zurückdenken kann — etwa in das vierte Jahr meines Lebens — stehen Hunde groß im Vordergrund meiner Erinnerung.

Ich sehe uns balgen mit den Welpen, deren edle Mütter in Stolz und Ruhe, aufmerksam wachend, unserem Gedalber zuschauten, und nicht viel anders als Welpen in der Hundekuhle, Hunde unter Hunden, mögen wir in den ersten Jahren aufgewachsen sein, bis wir hinüberwechselten zu den Saufindern und den zornigen Hetzern Gesellen wurden, die wie sie auf Keulen und Ellenbogen in den Hütten hockten und ihresgleichen waren, ihresgleichen und zugleich ihre kleinen Herren, denen sie blindlings anhingen.

Sonntags, wenn Vater und Mutter, vom werktäglichen Frühaufstehen ausruhend, bis in den Vormittag hinein schliefen, zogen wir drei Brüder, ich der älteste fünfjährig, Hans-Wilhelm und Richard vier und drei, die Saumeute an der Koppel, ausgerüstet mit Saufeder und Hetzpeitsche, ganz nach der Erwachsenen Vorbild hinaus auf die Hatz.

Die schweren Waffen überragten uns um ein erhebliches, die Hetzpeitschen schlangen sich uns um die Waden, und die ungestüm an den Koppeln zerrende Meute riß uns mehr als einmal um und schleifte uns, aber es beirrte uns nichts; Weinen war verpönt, und so zogen wir hinter den keuchenden, in den Halsungen zerrenden Hetzern vom Hofe, durch das lieblich gewundene Tal bergan und über die taunasse Waldwiese dem Fichtenhochwald zu. Und dann schnallten wir die Meute, und die Hetzpeitschen knallten, und mit »Hussa« und »Ho« und »Such mein Hund« rüdeten wir sie an und hatten unsere Lust, sie davonstieben zu sehen mit Jagdlaut und tiefer Nase. Und hinterdrein ging's durch Dickung und Gestrüpp, mit Schweiß und Mühe und zorniger Freude. Was wußten wir von Grenzen! Was fragten wir, ob es Vaters Staatsforst war oder angrenzender Privatwald, in den uns die Hatz verschlug! Wir waren die Jäger, unser der Wald, unser die Jagd mit Meute und Waffen.

Wenn aber Vater am späten Vormittag, ausgeschlafen und sonntäglich gefrühstückt, der Sonntagvormittagszigarre liebevolle Aufmerksamkeit zuwendend, in Hemdsärmeln aus der Haustür trat, blinzelten Meute und Söhne unschuldsvoll aus dem Zwinger zu ihm hinüber, bis er nähertrat und sie ihm jubelnd entgegenstürzten.

Dann schäumte Lachen und Freude über den Hof. Er liebelte sie ab, einen nach dem andern, wie sie kamen, Sohn oder Hund, und wir liebten ihn doppelt für seine schöne Arglosigkeit.

Zuweilen stutzte er wohl über eine frische Schramme, ein funkelnagelneues Dreieck in einer Sonntaghose und sah prüfend auf uns herab, aber dann sagten wir treuherzig und eilig: »wir waren schon ein bißchen im Wald«; das war nicht gelogen, und nach den Hunden hatte er ja nicht gefragt.

»Mutter wird schelten«, sagte er mit gerunzelter Stirn.

Aber wir lachten: »Sonntags schimpft sie nicht.«

Und dann lachte er mit; es war immer dasselbe, eitel Glück. —

Oft kamen Gäste, hohe Herren der Regierung, des Adels und regierender Häuser, Vorgesetzte oder Jagdfreunde unseres Vaters, und wir liebten das Besondere solcher Besuche, das die Luft des Hauses mit Spannung und Neugier füllte und den Hof mit dem Hallo des Aufbruchs und der Heimkehr und die Stuben und Flure mit der kräftigen Fröhlichkeit der Männerstimmen.

Ich mag fünfjährig gewesen sein, als einmal wieder der »Halsgucker« kam, mit dessen Erscheinen ich schmerzhafte Erinnerungen verknüpfte: Professor Nauter, ein zu seinen Tagen berühmter Hals-Nasen-Ohren-Spezialist, breitwüchsig, bärtig und mit freundlich blickenden Augen hinter den Gläsern. Aber wie trügerisch war diese Freundlichkeit, mit der er mir die Hand auf den Scheitel legte: »Nun mach mal den Mund auf, mein Junge. Sag ›aaa‹ — nochmal ›aaa‹ — da werden wir wohl ein wenig pinseln müssen.« Und dann kam »pinseln« — widerwärtig! — und das nächste Mal »ein wenig knipsen — keine Angst, tut gar nicht weh ...« — nein danke, nun war er wieder da: wer konnte wissen, was er nach »pinseln« und »knipsen« als nächstes im Schilde führte. Knipsen — »tut gar nicht weh!« — h a t t e weh getan, und ich verspürte keinerlei Neigung zu erneuter Behandlung. Da kam es auch schon: »Was macht denn der Hals? Immer noch nicht so recht? Na, da werden wir denn nachher mal hineingucken.« Und ich blickte steif zu ihm auf und dachte, während ich mühsam lächelte: Guck, bei wem du willst — bei mir nicht mehr.

Gottlob kam der Vater, freudig überrascht durch den unerwarteten Besuch des ihm nahe befreundeten Mannes, und nun wollten sie zuerst hinaus ins Revier und aufs Jagdhaus. Nein, zu Mittag kämen sie nicht; gegen Abend seien sie zurück.

Mutter stand und winkte hinter ihnen drein, wie sie vom Hofe fuhren, und ich drückte mich unbemerkt, Zweifels und unguter Vorahnungen voll, zu den Saufindern, schloff in eine der Hütten ein und begann nachzudenken.

Vorerst war ich sicher, aber da der Vater abends bei Rückkehr des Halsguckers auf seiten des Feindes stehen würde, galt es einen Platz ausfindig zu machen, der den Saufinderzwinger an Sicherheit noch überträf, ein Versteck, weit besser als Stall und Heuboden, einen Platz, den ich unbemerkt erreichen und an dem mich niemand vermuten würde.

Rollo schubberte Kopf und Kiefer an meiner Schulter, Heidi, die hochbeinige, tänzelte vor der Hütte, der glatte Sleipner stupfte mich mit der Nase an: »Komm spielen!«, und

Schnaps und Schildhorn hockten mit schiefgehaltenen Häuptern auf den Keulen da und wußten sich auf meine Regungslosigkeit keinen Vers zu machen.

In meinem Kopfe aber bohrte und arbeitete es: Wo war der Platz, auf den niemand kam, d a s Versteck, auf das niemand verfiel?

Ich ging sie im Geiste der Reihe nach durch, keines, auch das beste nicht, war diesmal gut genug. Und dann kam mir plötzlich die Erleuchtung! Ganz hinten am Ende der Zuchtzwinger lag der Isolierzwinger, der nur belegt war, wenn ein Hund als seuchenverdächtig von den andern getrennt gehalten werden mußte. Er stand seit langem leer; wir Jungens benutzten ihn nie; kein Mensch würde darauf kommen, mich dort zu suchen.

Dort verbarg ich mich, und dort hörte ich schon am Nachmittag, noch bei Helligkeit, meine Mutter nach mir rufen.

Zuerst war es ihre gewöhnliche Stimme, die bald näher kam, bald sich wieder entfernte. Doch dann wurde sie unruhiger; ein Ton mischte sich darein, den ich nicht kannte und der mir neu und interessant war. Dann kam eine zweite Stimme hinzu; ich kannte sie gleich; Klara, das halbwüchsige Zugehmädchen mit seiner hohen, unentwickelten Stimme, die, durchdringend und weittragend, ein vielfältiges Echo aus dem Walde zurückrief: »Franz! ... anz ... aanz. Fra-anz ... a-anz ... anz ... anz!« Es klang hübsch, fand ich und lag mäuschenstill.

Nun kam eine dritte dazu, die eines Mannes; das mußte jemand aus dem Büro sein. Nun wechselte das Echo durcheinander, lauter und leiser, hoch und tief: ». . . a-anz . . . anz . . . o-anz . . . anz« und, wie gehaucht, »ha-ans — on!«

Nach und nach wurde es immer lebendiger auf dem Hof; die Stimmen vermehrten sich, die Meute fing an, sich heulend und blaffend darein zu mischen, der Truthahn kollerte, und ein Rind brüllte. Dazu wuchs die Zahl der suchenden Stimmen, und war ich anfangs in Versuchung gewesen, dem dringenden Rufen nachzugeben und mein Versteck zu verlassen, so fürchtete ich nun außer dem dann unvermeidlichen Halsgucker auch schon die über dem allzulangen Zögern unvermeidlich gewordenen Prügel. Nein, ich mußte bleiben und wollte bleiben ... und blieb.

Es war auch wohlig, in dem Halbdunkel der Hütte zu liegen und der ganzen Aufregung draußen unbeteiligt von fern zu lauschen. Das Stroh war trocken und warm und hatte die Witterung von Hund und ein wenig Lysol, und es war warm; die Sonne schien auf das Teerpappendach, und die draußen hatten es gar nicht nötig, sich so aufzuregen; schließlich waren wir täglich viele Stunden unbeaufsichtigt unterwegs und immer zurück, wenn der Magen zum Abendbrot mahnte.

Immer weiter breiteten die Stimmen sich aus, und immer mehr zogen sie sich in die Ferne; einige in den Wald, andere über die Straße in Richtung der Mühle, man konnte es deutlich unterscheiden, und ich erinnere mich, daß es mich mit neugieriger Spannung erfüllte, zu erraten, wohin sie die Suche n u n wenden würden — und nun. Zuletzt wurde es deutlich, daß sie sich mehr und mehr zu der Mühle hin sammelten; mochte Gott wissen, was sie dort wollten; d o r t war ich nicht!

Und dann wurde es still, und die Dämmerung kam. Der Hof lag verlassen. Ich wartete, daß sie zurückkehren sollten und kuschelte mich tiefer in das Stroh der Hütte. Allmählich färbte sich der Himmel nachtblau, und die Tannen am Hang gegenüber, die ich durch das Torloch der Hütte sehen konnte, standen stumm und schwarz und unbewegt. Und über dem Warten schlief ich ein und erwachte erst wieder in dem grellen Strahlenkegel einer Taschenlampe. Da stieß Hirschmann, Vaters bester Schweißhund, seinen schweren Kopf zu mir herein, und ich hörte Vaters Stimme mit fremdartigem, unvergleichlichen Klang: »So is brav!« — und: »Gott sei Dank — hier ist er«, und wurde aufgehoben und ohne viel Worte ins Haus getragen und ins Bett gesteckt.

Am andern Tage erst nahm mich der Vater vor und ließ mich erzählen. Aufmerksam, die Augen unverwandt und forschend auf mich gerichtet, hörte er zu. Zum ersten Male hatte ich ihm gegenüber das Gefühl, das mich nie wieder verließ;

man mußte und man k o n n t e ihm alles sagen. Er schalt auch nicht. Er sagte: »Das hättest du nicht tun dürfen, und das darfst du nie wieder tun. Mutter hat den Onkel und mich aus der Jagdhütte holen lassen. Wir haben die Mühle angehalten und den Mühlenbach und den Mühlenteich durchgefischt und abgelassen, weil wir dachten, daß du vielleicht hineingefallen wärest. Deine Mutter hat sich fast zu Tode geängstigt. Verstehst du das?« Ich nickte.

Da stand er auf, sah mich mit einem langen Blick an und ging hinaus. In der Stille der Stube klang seine Stimme in mir nach: »...fast zu Tode geängstigt...deine Mutter hat sich fast zu Tode geängstigt...« Und plötzlich rannte ich los, geradewegs zu ihr, die mich nur in die Arme nahm und an sich drückte. Dann wurde nie wieder davon gesprochen.

2 TANTE LOTTE

Die herrlichsten Zeiten brachen an, wenn die Eltern verreisten. Dann kam Tante Lotte, unverheiratet und eben wohl über den ersten Pfirsichflaum der Jugend hinaus. In meiner Erinnerung lebt sie unveränderlich mit dem spitzen Haarknoten über dem Hinterhauptswirbel, dem mausgrauen hochgeschlossenen Kleid mit weißer gefälteter Rüsche am Hals und zierlich geschnörkelten Paspelierungen, die Brust und Rücken labyrinthisch bedeckten. Tante Lotte! Wir liebten sie zärtlich; sie war so durch und durch gut, so ohne jegliches Verständnis und doch voller Nachsicht für unser Ungestüm und den rücksichtslosen Terror, den wir, kaum daß die Eltern von dannen gefahren, über dem unglücklichen Hause errichteten! Sie kochte unausgesetzt unsere Lieblingsgerichte und vereitelte ahnungslos die verzweifelten Anstrengungen unserer Erzieherinnen, wenigstens den Schein einer Autorität aufrechtzuerhalten.

»Lassen Sie nur, Fräulein Schönfeld«, pflegte sie mit Herzlichkeit zu sagen, wobei sie mit zierlich gespreizten Fingern abwehrend die Rechte erhob, »lassen Sie sie doch! Liebe, nur Liebe ist der Schlüssel zum Herzen der Kinder.«

Fräulein Schönfeld war nicht dieser Meinung, aber sie war Ostpreußin und an Gehorsam gewöhnt; so kniff sie nur die Lippen ein, stieß ein wenig zu geräuschvoll durch die Nüstern die Luft aus und blickte überrascht und ungläubig an ihrer langen, dünnen Nase entlang auf Tante Lotte, die eifrig fortfuhr: »Kinder muß man mit dem Herzen lenken. Wenn sie merken, daß ihr Ungehorsam uns traurig macht, folgen sie ganz von selbst.«

Wir standen indessen erstaunt lauschend hinter der Portiere, feixten und stießen uns mit den Ellenbogen an, während Fräulein Schönfeld mehrmals, lautlos nach Luft ringend, den Mund öffnete und schloß, ehe sie ein mühsames »Gewiß — sicherlich« hervorbrachte.

Damit war die Erziehungslinie unter Tante Lottes Regiment eindeutig festgelegt, und wir taten alles, was uns Freude machte in der selbstverständlichen Annahme, daß, was uns freue, auch ihr nur Vergnügen bereiten könne.

Wir gediehen prächtig dabei; Mutters Apfelvorrat schmolz zusammen, und fast täglich konnten wir Tante Lotte melden, daß in der Vorratskammer, deren Überwachung wir übernommen hatten, schon wieder ein Glas Erdbeeren, Kirschen oder Mirabellen »aufgegangen« sei. Bruder Richard, den kleinsten, teilten wir ab, Tante Lotte mit derlei Vorfällen bekanntzumachen. Er hatte eine unnachahmliche Art, unschuldsvoll zu blicken und in schmeichlerischer Dehnung »Tante Lotte« zu sagen, dabei am Sofa zu rangeln und, verschämt mit den Troddeln spielend, zu fragen: »Müssen die nicht aufdedessen wern?« Dann zerschmolz sie, hob schelmisch den Zeigefinger und erwiderte: »Ja, mein kleiner Liebling, das müssen sie wohl«, worauf Richard wie ein Blitz von hinnen schoß, ohne weitere Erläuterungen abzuwarten, und wir uns eilig mit unserer Beute zu den Saufindern zurückzogen.

Fräulein Schönfeld aber sah von Tag zu Tag blasser und

spitzer drein; jeden ihrer Einwirkungsversuche erstickten wir im Keime, indem wir uns von Tante Lotte ausdrücklich erlauben ließen, was uns die Schönfeld soeben verboten hatte. Richard brauchte nur mit einem »ich hab dich soo lieb« auf Tante Lotte loszusegeln und seine dicken Ärmchen um sie zu schlagen, während wir unschuldig und möglichst unbeteiligt blickend im Hintergrund warteten, und schon trat jenes beseligte Lächeln auf ihre Züge, das uns ihrer Zustimmung zu jeder geplanten Teufelei im Vorhinein versicherte.

Immer begann es damit, daß wir spätestens am zweiten Tage nach der Abreise der Eltern darum baten, »die armen Hunde doch mal ein bißchen 'rauslassen zu dürfen«.

Sie schwankte zwar, vermochte aber der bettelnden Unschuld unserer Blicke nie lange zu widerstehen. Und dann nahm das Verhängnis seinen Lauf. Fünfzehn Saufinder und drei johlende Jungen fegten durch Hof und Haus. Mägde kreischten, Geflügel stob wie eine Wolke in alle Richtungen, der Truthahn versuchte ein einziges, erstes und letztes Mal mit Rollo und Schildhorn anzubinden und hätte diese Selbstüberschätzung um Haaresbreite mit dem Leben gebüßt; die Insassen der Zuchtzwinger, Schweißhunde, Wachtel, Teckel standen in wildem Aufruhr; die Muttersau, die ihre Ferkel zu verteidigen versuchte, geriet in ernsthafte Lebensgefahr und trug einige Schmisse an den kohlblattförmigen Gehören davon, und Fräulein Schönfeld lehnte machtlos und gelblich-scheckig an der Küchentür und sah aus, als blicke sie in die erhobenen Gewehre eines Exekutionspelotons. Es war herrlich!

Tagelang wichen uns die Hunde nicht von der Seite. Sie saßen mit uns zu Tisch und hoben feindselig die Lefzen, sobald Fräulein Schönfeld den Mund auftat, sie stöberten mit uns durch Hochwald und Dickung, sie saßen mit hechelnden Zungen neben und hinter uns, wenn wir Richard zur Unterhandlung mit Tante Lotte entsandten, sie schliefen mit uns, zwei und drei Hunde in jedem Bett, täglich wechselnd; denn Gerechtigkeit mußte sein, und die übrigen am Boden. Mit dem grauenden Morgen, wenn wir munter wurden, verwandelte sich das Schlafzimmer mehr und mehr in ein Tollhaus. Gliedmaßen von Hunden und Jungen, kreischendes Lachen, hechelnde Hälse, schnappende Fänge und funkelnde Augen, in denen das Weiße aufleuchtete vor Wonne und Spielleidenschaft, mischten sich in ächzenden, jankenden Betten mit mißhandeltem Federzeug, und die Entdeckung, daß aufgeschlitzte Kissen mit herausquellenden Federn unsere Freunde zu blinder Tollheit steigerten, verwandelte das Kinderzimmer innerhalb von Minuten in eine von rasenden, schnappenden und sich überschlagenden Vierbeinern und vor Lust und Lachen kreischenden Jungen bevölkerte Winterlandschaft.

Dann kam Tante Lotte. Im langen weißen Nachtgewand, anstatt des Haarknotens einen mädchenhaft frommen Zopf über der Schulter, stand sie fassungslos da.

»Franz!« rief sie, »Hans-Wilhelm! Richard!« Aber ihre sanfte Stimme ging unter in dem tobenden Gebell der fünfzehn Saufinder, die keineswegs gesonnen waren, von ihrer unerwartet lustvollen Frühbeschäftigung zu lassen.

Und wieder: »Franz! Hans-Wilhelm! Richard! Tante Lotte wird g a n z traurig, wenn ihr nun nicht artig seid!« Und nach kurzer Pause über das Geheul der Meute hin: »Tante Lotte wird ganz, ganz traurig!« Richard blickte mich fragend an, aber Hans-Wilhelm sagte bloß: »Quatsch!« und fing an, mit leiser Stimme, die Meute anzujuchen: »Kss, kss, ho — mein Hund, ho!« und schlug Sleipner, dem glatten, ein Kissen um den Kopf, daß die restlichen Federn wie ein Schneeflockenwirbel daraus hervorstoben und der Rüde sich mit tief jubelndem Knurren darüberwarf.

Hinter der Brandung der Meute und dem Wall zerwühlten Bettzeugs hervor sah ich Tante Lotte in ihrem weißen Nachtgewand mit dem frommen Zopf so hilflos dastehen, daß mich eine Sekunde lang Mitleid und Zweifel befielen. Aber die Wogen der Lust gingen allzu hoch. Wenn die Hunde doch solchen Krach machen, daß wir sie gar nicht hören können, dachte ich. Traurig! Wieso ist sie denn traurig, wo es so herrlich ist wie noch nie!

Dennoch — vielleicht hätten wir dem Hexensabbath ein Ende gemacht, wenn nicht in diesem Augenblick Fräulein Schönfeld erschienen wäre, den Mund zusammengepreßt zu einem Strich, wilde Entschlossenheit im Blick und marmornfleckig wie stets in den letzten Tagen. Da gab es nur noch eins: bedingungslosen Widerstand! Und was sollten sie schon machen! Zwei gegen achtzehn!

Auch die Hunde schienen zu fühlen, daß es nun ums Ganze ging; sie hatten ohnehin nicht viel im Sinn mit Fräulein Schönfeld, und nun kam noch Richard, legte sein dickes Ärmchen um Rollos, des bösen, Hals und kescherte ihn an: »Ho, such mein Hund, ho trieg die Sau!«

Und während Rollo die Nackenbürste sträubte und mit tiefem Knurren zentimeterweise vorrückte, sah ich plötzlich Tante Lotte in jäher Wendung und mit zuckenden Schultern — ich wußte nicht, war es Weinen oder Lachen — sich abwenden und verschwinden.

Fräulein Schönfeld aber, scheckiger denn je, rang nach Atem wie ein an Land geworfener Karpfen am Mühlenteich und zischte nur: »Bengel!«, ehe auch sie entschwand.

Zum Frühstück blieb Fräulein Schönfelds Platz leer, und Tante Lotte konnte Richard nicht ansehen, ohne daß es um ihre Lippen zuckte; wirklich, sie schien sehr traurig zu sein, aber sie duldete doch, daß alle fünfzehn Hunde um die Tafel herumsaßen. —

Ehe uns recht zum Bewußtsein kam, wie die Tage verronnen, hieß es: »Morgen kommen die Eltern zurück«, und wir beschlossen sogleich, dem Empfang eine Note von besonderer Feierlichkeit zu verleihen. »Wir holen Pa und Mama vom Bahnhof ab«, erklärte ich Tante Lotte, und dann marschierten wir die Landstraße entlang, dem Städtchen zu, durch die warme, ein wenig dunstige Luft des Herbstnachmittags.

Richard wollte singen, aber wir sagten: »Singen ist kindisch, singen tun nur Babys.« Richard schwieg bestürzt; wie alle Jüngsten, die sich neben älteren Brüdern behaupten müssen, wollte er um nichts in der Welt ›babyhaft‹ sein.

So trotteten wir fürbaß; es war sehr warm. Hans-Wilhelm schwitzte und schimpfte; er mochte Fußmärsche nicht. Meistens half ihm auch sein erfinderischer Geist zu effektvollen und kräftesparenden Einfällen, mit denen er seine Faulheit auf das vollkommenste tarnte.

Plötzlich sagte er: »Ich weiß was. Wir gehen gar nicht zum Bahnhof! Wir gehn bloß bis zum Sandweg, und da klettern wir auf die Bäume.«

»Auf die Bäume?« fragte ich mißtrauisch.

»Na, Mensch!« sagte er, »da mündet doch der Sandweg in die Chaussee, und da müssen sie langsam fahren, und da sind die Äste quer über die Straße...«

»Mensch!« sagte ich, »g r o ß a r t i g!«

»Siehste«, grinste er, »und wenn sie denn durchfahren, lassen wir uns 'runterfallen zur Überraschung.«

Wir waren begeistert und rannten los, Richard zwischen uns nehmend, der mit seinen kurzen Beinen nur mühsam Schritt hielt.

Als wir die Straßengabel erreichten, hörten wir hinter der Waldecke schon die Lokomotive pfeifen; es wurde ein richtiges Rennen mit der Zeit.

Glücklicherweise war da ein Pfahl, den wir aus dem Boden wuchten und an eine Linde anlehnen konnten.

Ich kletterte voran, fand guten Halt und zerrte Richard, der vor Angst und Aufregung runde Augen machte und von Hans-Wilhelm zur Belebung eigener Anstrengungen mitleidlos ins Hinterfleisch gekniffen wurde, zu mir herauf, und schon saßen wir alle drei keuchend und pustend auf dem Lindenast über der Straße.

Wieder hörten wir die Lokomotive pfeifen. Nun konnte es nicht mehr lange dauern.

Und dann kam der Wagen, Christian auf dem Bock, die zwei hannoverschen Halbbluts davor, Mutter, den wehenden Schleier jener Zeit auf kokettem Hütchen, neben Vater im Fond.

Wir hörten die Rösser schnauben. Der Wagen nahte im

Schritt, und die Räder mahlten knirschend im tiefen Sande. Vater sagte: »Es ist doch schön, Nuschchen, wieder nach Hause zu kommen.«

»Ja«, sagte Mutter, »hoffentlich sind alle gesund.«

Vater lachte, und nun waren sie unter uns.

»Spring!« zischte ich Richard zu.

Erschrocken ließ er den Ast los und purzelte, und im gleichen Augenblick ließen auch Hans-Wilhelm und ich uns fallen, wobei wir ein erstklassiges Indianergeheul anstimmten.

Der Erfolg dieser Begrüßung war gänzlich unerwartet: die Rösser, durch Richards Einfallen erschreckt, taten einen gewaltigen Satz, der Wagen ruckte an, kam mit den Rädern auf den festeren Belag der Chaussee, und schon sausten sie ab, von Christian mühsam gezügelt. Mutter schrie leise auf, ich kam mitten auf dem Wagenboden an, und Hans-Wilhelm kriegte gerade noch das zurückgeschlagene Verdeck zu fassen, nicht ohne sich die Nase dabei blutig zu schlagen.

»Pa!« schrien wir, »Mama! Guten Tag!«, und Richard betete monoton und des wild schlingernden Wagens nicht achtend sein von Tante Lotte einstudiertes Sprüchlein: »Duten Tag, liebe Eltern, seid willtommen!« Vater lachte, daß ihm die Tränen über die Backen liefen und ihm die Luft wegblieb.

Mutter aber saß, weiß vor Schreck, mit ihrem wehenden Schleier da, blickte sprachlos von einem zum andern und sagte schließlich: »W i e seht ihr aus!«

Und, während sich Vater mühsam das Lachen verkniff, nochmals: »W i e seht ihr bloß aus!«

»Das kommt von dem Baum«, sagte Hans-Wilhelm schnell, »da haben wir uns wohl'n bißchen schmutzig gemacht«, und wischte sich die immer noch tröpfelnde Nase.

Und dann kamen wir heim; da standen Tante Lotte, ein wenig verlegen und schüchtern, und Fräulein Schönfeld mit einem Gesicht, das zuviel Triumph ausstrahlte, um uns gefallen zu können, und schon steckte uns Mutter, kaum daß sie sich Zeit nahm, den Schleierhut abzunehmen, in die Badewanne...

Gute, liebe Tante Lotte! Jahr für Jahr kam sie und bereitete uns herrliche, freie Zeiten, und Jahr für Jahr reiste sie kurz nach der Rückkehr der Eltern wieder ab.

Als 1944 das große Chaos über ihre ostpreußische Heimat hereinbrach, stand sie, siebzigjährig, an einer Panzer-Abwehrkanone, und sie, deren Leben nur ein Gesetz gekannt hatte: Selbstlosigkeit und Treue — reichte mit ihren schmalen Altfrauenhänden der Geschützbedienung die Granaten zu und fiel zuletzt, verwundet wie alle anderen, von einem russischen Panzer zusammengeschossen und überwalzt.

3   ERSTE NACHSUCHE

Mein Vater hatte zusammen mit anderen — etwa 1890 — die verstreuten Reste der alten hannöverschen Schweißhunde, der Hunde, die schon das Nibelungen- und das Waltharilied besingt, zusammengefaßt, um sie wieder aufzuzüchten und diese herrliche Rasse vor dem völligen Untergang zu bewahren.

So lernten wir Jungen schon lange, ehe wir ins schulpflichtige Alter traten, die Schweißarbeit der Hunde auf der Fährte des kranken Wildes kennen.

Deutlich, als sei es gestern gewesen, sehe ich den Tag vor mir, an dem ich zum ersten Male mit hinausdurfte zur Nachsuche. Mittags war einer unserer Revierförster gekommen: »Herr Forstmeister, ich habe ein Stück Wild krankgeschossen — im Steinautal, an dem Hang mit den hohen Buchen, der zur Steinau abfällt.«

»Hm«, brummte der alte Herr und zog an den Enden seines breit ausgelegten Schnurrbartes, »an der alten Köhlerstelle?«

Der Förster nickte. »Und ich dachte, vielleicht könnte Herr Forstmeister mit der ›Fides‹ zur Nachsuche kommen ...?«

Ein wenig verlegen stand er da und blickte zu Vater auf, der mit seinen Einmeterfünfundachtzig hoch und breit vor

ihm stand. »Gut«, sagte er, »gehen Sie einstweilen voraus; ich ziehe mich um und komme mit der ›Fides‹ hinterdrein.«
Der Förster nahm Haltung an, machte kehrt und ging. Vater blickte ihm schmunzelnd nach, warf dann einen abwägenden Blick auf mich und sagte: »Na, Bürschchen, willst du mit? Dann geh' zu Krischan und laß anspannen.«
Ich fühle noch heute, wie mir das Blut zum Herzen schoß: Mit hinaus zur Nachsuche! Ich stob von dannen: »Krischan! Anspannen! Den Jagdwagen! Wir fahren zur Nachsuche.« Es konnte mir gar nicht schnell genug gehen, ich zappelte vor Ungeduld und rannte unaufhörlich zwischen Stall und Haus hin und her und begriff gar nicht, daß man sich noch die Ruhe nehmen konnte, zu Mittag zu essen, wenn es doch draußen »an der alten Köhlerstelle« eine Nachsuche, meine erste Nachsuche, gab!
Mit diesen Köhlerstellen hatte es seine Bewandtnis. Es gab ihrer viele; sie waren als kleine Plateaus in den Berghang hineingeebnet, und auf dem mit Asche und Holzkohle reich gedüngten Boden wuchs ein besonders dichtes, fettes und weiches Gras, auf dem das Wild mit Vorliebe zur Äsung steht.
Nach dem Mittagessen fuhren wir los, zweispännig, im offenen Dos-à-Dos-Jagdwagen, Vater neben Krischan vorn, zwischen seinen Knien, aufmerksam zuweilen mit gelben Blicken zu ihm aufblickend und die zartrosa Zunge um die Lefzen führend, die berühmte Schweißhündin »Fides-Lonau«, im Rücksitz ich, der ich das Polster kaum zur Hälfte füllte und mich gut festhalten mußte, um bei dem scharfen Trab der hannöverschen Braunen nicht hinausgeschleudert zu werden.
Es war ein scharfwindiger Oktobertag, der Himmel hoch und ein wenig hellgrau bedeckt; von den Bäumen wirbelte das herbstbunte Laub wie farbige Vögel ins Land; die acht Hufe stießen die Straße in klapperndem, wechselndem Rhythmus, die Räder rasselten, das Lederzeug jankte.
Hoch über den Wipfeln kreisten Bussarde, und ihr langgezogener Katzenschrei klang zuweilen klagend zu uns herab. Im Steinautal, unterhalb des Hanges mit den hohen, silber-

stämmigen Buchen, durch die der Wind mit vollem Atem dahinbrauste, zügelte Krischan die Braunen. Der Förster wartete schon. Er hatte noch einen zweiten Jäger mitgebracht. Die beiden salutierten, und ich war — wie immer bei solchen Gelegenheiten — heimlich stolz und groß; denn es war ja m e i n Vater, dem diese Männer Ehre erwiesen, und ich spürte, daß ein Teil davon auf mich überstrahlte.

Fides war sogleich mit langem Satz vom Wagen. Vater und ich folgten.

»Hier hinauf, Herr Forstmeister«, sagte der Förster, Maischmied hieß er, »da oben ist der Anschuß.«

Krischan deckte die Pferde zu und richtete sich auf Warten ein. Vater nickte, sog prüfend den Wind durch die Nüstern und stieg, Fides voran, ich hinterdrein, mit den beiden Förstern hangauf.

Es ging schnell und ohne Halt bergan. Um unsere Füße raschelte das rostbraune Laub. Brombeerblätter prahlten weinrot, Farne fanfarengelb, und das Moos an den Füßen der Bäume leuchtete fett und grün.

Wir stiegen steil, quer zum Hang; ich keuchte bald. Vater und die Förster setzten langsam und gleichmäßig Fuß vor Fuß, stetig und eben wie die Maschinen; man merkte ihnen keinerlei Anstrengung an. Fides, die Nase am Boden, ging links am Knie meines Vaters.

»Hier ist es gewesen«, sagte Förster Maischmied, als wir die Köhlerstelle erreichten, eine bergumhangene, kaum dielengroße Wiese, »das Stück hat gezeichnet und ist dann dorthin flüchtig abgegangen.«

Vater in seinem persönlich erfundenen Jagdanzug, einem grünen Lodenwarms, Kniehose, hellgrün-schwarz marmorierten Kniestrümpfen, Nagelstiefeln und altem Jagdfilz, lauschte schweigend den Erklärungen des Försters und ließ seine hellen, scharfen Blicke über den vom Buchenlaub rotbunt gesprenkelten Waldboden hinschweifen.

»Da«, sagte er plötzlich und bückte sich, »Schweiß.«

Und plötzlich sah auch ich die roten Tupfen auf dem rostfarbenen Laub, den ersten Schweiß am ersten Anschuß meines Lebens. Er lag genau dort, wo ich eben zuvor noch nichts gesehen hatte, und nun sah ich ihn plötzlich überall, die Spritzer auf dem Laub und an den Gräsern; es war, als wäre ich bis dahin blind gewesen. Vater nahm ein Blatt auf, besah den schon angetrockneten Tropfen, führte ihn zum Munde, fuhr mit der Zungenspitze darüber hin, schmeckte und nickte, kniete dann nieder und begann systematisch den Boden abzusuchen. »Los«, sagte er, »hier muß Schnitthaar sein.«

Die beiden Jäger taten es ihm nach, und so krochen sie eine Weile umher, und plötzlich sagte Maischmied: »Hier!« und hatte ein Büschel Schnitthaar, helles Schnitthaar, und Vater besah es und sagte den Sitz der Kugel an: »Weidewundschuß.«

Er erhob sich, reckte sich, tat einen Blick auf die Taschenuhr und rechnete. Sechs bis sieben Stunden waren verstrichen seit dem Schuß.

Er ging hinüber zu Fides, die, neben ihrem Riemen auf den Keulen sitzend, mit hechelnder rosa Zunge und aufmerksamen gelben Augen, mühsam ihre Ungeduld meisternd, zugeschaut hatte.

Nun schmiegte sie den schönen Kopf in seine Hand, stand auf, schüttelte sich und trat auf den Pfoten hin und her. Vater machte ihr den Riemen lang, führte sie zum Anschuß und ließ sie mit aufmunterndem »Verwundt, mein Hund!« die Fährte aufnehmen. Sie legte sich auch sogleich, die Nase tief am Boden, in die breite, weiche Halsung. Der Riemen, zwischen ihren Läufen unter dem Bauche hindurchgeführt, straffte sich, und so führte sie uns, vor lauter Passion mit der langen Rute schlagend, eifrig den steilen Hang durch den hohen Buchenwald hinauf, auf eine nicht sehr entfernte Fichtendickung zu.

Mir schlug das Herz im Halse vor Aufregung und Lust. Unverlierbar steht mir das Bild des zielstrebig führenden Hundes vor den drei Männern im Rostrot und Silber des Buchenhanges vor Augen. Ich höre das Rascheln des dürren Laubes und das Knacken kleiner Äste unter den Füßen und sehe, wie Fides plötzlich stockt und mit der Nase drei-viermal kurz zum Boden stupft, und Vater sich zu mir umdreht und sagt: »Nun zeigt sie Schweiß.«

Er lobte sie, ließ sie hinsitzen, kniete nieder und wies mir gleich darauf den dunklen Schweiß auf dem bunten Buchenlaub — und dabei Spritzer und kleine Kleckse von Grün: Äsungsteile. Und wie vorhin sah ich nun plötzlich mehr und überall Schweiß und sogar ein Fetzchen Wildbret, und Vater lobte mich und nahm es auf, um es zu kosten.

»Warum tust du das?« fragte ich.

Er blickte plötzlich forschend: »Ekelt's dich?«

Ich schüttelte den Kopf.

»Um zu sehen, ob es Leber ist«, sagte er darauf, »man muß jede Möglichkeit ausnutzen, sich Kenntnis zu verschaffen.«

Wieder fiel Fides die Fährte an und zog nun geradewegs auf die Fichten zu.

Vor der dichten, dunklen Wand der Bäume blieb Vater stehen und prüfte den Wind.

»Umgehen Sie die Dickung und stellen Sie sich an den Wechseln an«, sagte er leise zu den beiden Jägern, »ich warte eine Viertelstunde und arbeite dann die Fährte.«

Die beiden nickten und pürschten von dannen.

Vater, Fides und ich setzten uns auf den bereiten, silbergrauen Stumpftisch einer geschlagenen Buche, und ich erfuhr eine meiner ersten jagdlichen Lehren: er erklärte mir an dem Schnitthaar die besonderen Merkmale des Wundschusses. »Siehst du«, sagte er, »helles Haar, leicht gewellt, und hier — einige fast weiße Haare. Komm, Fides, steh mal auf, damit der Franz sehen kann.« Und dann zeigte er mir am Körper der Hündin den Sitz der Kugel, und ich schwor mir, daß ich das auch lernen müßte: bloß nach Farbe und Aussehen von ein paar Haaren sogleich sagen zu können, wo das Wild die Kugel empfangen hatte.

Vater stand indessen auf, legte die Jacke ab, leerte seine sämtlichen Taschen und legte das alles auf den Buchenstumpf, dazu den Filz und das Jagdhorn, und ich mußte gleichfalls alles lose Zeug abtun. Dafür holte er eine alte, elendig verschrammte Lederweste aus dem Rucksack und zog sich dazu einen Baschlik über, einen wollenen Hals- und Kopfschützer, der nur den Gesichtsausschnitt freiläßt.

»Bleib schön dicht bei mir«, sagte er endlich, gab der Fides die Leine lang und begann, sich in die Dickung hineinzuarbeiten. Die beiden schlugen ein Höllentempo an, und in plötzlicher Angst, sie in der dichten Dämmerung des Dickichts zu verlieren, griff ich nach Vaters Hosenschnalle und hielt mich krampfhaft daran fest, was er mit einem belustigten Blick rückwärts und einem: »Recht so, Jungchen«, quittierte.

Die Suche ging hastig bergauf; ich stolperte immer wieder, und die dürren Fichtenzweige peitschten mir die Haut, aber ich ließ die Hosenschnalle nicht fahren.

Wir mochten einige hundert Meter so hangauf durch die Dickung gebrochen sein. Plötzlich rumpelte es vor uns, und Fides fiel heftiger in die Halsung.

Vater stand im gleichen Augenblick stockstill und lauschte mit erhobenem Gesicht dem Brechen und Poltern des abgehenden Stückes nach. Dann, die Hündin noch zurückhaltend, tastete er sich langsam am Riemen zu ihr heran und ließ sie nun, sie kurz führend, vorsichtig weitersuchen. Leise, wie ein beruhigendes Brummeln, drang seine Stimme dabei auf sie ein: »So recht, mein Hund, so recht, darnach, darnach...«

Schritt für Schritt ging es voran; ich konnte die sichernde Hosenschnalle fahren lassen und fühlte doch, wie mir der Atem flog und das Herz hart klopfte: Was würden wir jetzt finden?!

Und dann sahen wir geknickte Farne und zerdrücktes Gras und platt an den Boden gelegenes Laub, und Fides stieß mit der Nase mit raschen Rucken hier und dort und da zu Boden und zeigte eifrig Schweiß, blickte klug mit offenem Fang zu Vater auf und zeigte wieder Schweiß und trat ungeduldig hin und her und wedelte fragend und erwartungsvoll mit der Rute. Vater lobte sie, bückte sich noch einmal, um den Schweiß zu besehen, nahm ihr dann die Halsung ab und schickte sie mit leise anfeuerndem Zuruf auf die Fährte. Mit einem Satz war sie verschwunden.

Minutenlang standen wir und lauschten ihr nach, und dann plötzlich jagte sie laut; wie eine Glocke wanderte ihr Geläut durch den Wald, hangauf jetzt, dann links hinüber, — nun wendete sich die Jagd hangabwärts und wurde rasch leiser und leiser, während wir immer noch angestrengt horchten.

Plötzlich sagte mein Vater: »Sie stellt schon. Hörst du's?« Und wirklich: jetzt hörte auch ich es deutlich: die Stimme der Hündin, so weit entfernt sie war, wanderte nicht mehr und klang tiefer und fester, und wir liefen und sprangen hangabwärts, brachen durch die Dickung, wie es gerade ging, und kamen heraus ins hohe Holz und hörten nun den vollen Standlaut der Hündin wesentlich näher.

»Paß auf«, sagte Vater, noch im Laufen, »das Stück steht in der Steinau.«

Für einen Augenblick blieb er stehen, feuchtete den Finger im Munde, hob ihn empor und prüfte den Wind und begann dann mit langen, geräuschlosen Schritten talwärts zu schreiten.

Bald sahen wir das Flüßchen, das Wasser teilweise durch dichte Weiden überhangen und verdeckt, durchs Tal schlängeln.

Schon lief auch der Hang in die Wiese aus, und nun pürschten wir langsam, unter dem Winde, auf den lauten Hals der Hündin zu. Das nasse, schwere Gras schlug mir um die Beine; es wehte kühl. Ich merkte all das nicht; ich sah nur Vater schleichen, langschrittig und unhörbar, die schußfertige Doppelbüchse in den Händen.

Fides war nun ganz nahe; doch benahm uns dichtes Weidengestrüpp die Sicht.

Meter für Meter wanderte es seitlich zurück, allmählich den Blick auf das blank und lautlos strömende Wasser freigebend.

Und dann sah ich das Stück stehen, mitten im tiefen Wasser, unruhig und ärgerlich hin und her tretend und zuweilen gegen die Hündin ausfallend, die es, bald schwimmend, bald laufend in immer wechselndem Abstand beschäftigte.

Hin und her und nun wieder ausfallend vor ging der Kopf des gestellten Wildes; ich vergaß zu atmen, so erregend war dieses Bild stummer Verteidigung gegen den lauten, unermüdlich kreisenden Hund.

Eine vorsichtige Handbewegung Vaters: ich blieb stehen, fühlte nichts mehr, wußte nichts mehr, sah nur noch und hörte: Weidengestrüpp und wirbelnd rinnendes, eiliges, dunkles Wasser, darinnen, tief verloren an die Anspannung der Abwehr, das Wild und dahinter, kreisend mit lautem, unermüdlichem Hals, Fides' dunkler Kopf und Rücken.

Dann plötzlich brach, dunkel und weithin hallend, der Schuß aus Vaters afrikanischer Doppelbüchse. Ich sah nicht mehr, wie das Stück zeichnete, so blitzschnell brach es zusammen.

Als sich der Pulverdampf verzogen hatte, stand Fides, glänzend vor Nässe, auf ihrer verendeten Beute, eifrig Hals gebend. Und dann klang aus Vaters Jagdhorn das »Hirsch tot!« weithin über Tal und Hang und kam, zuerst wie vielstimmiger Jubel und danach, von entfernteren Echos getragen, wie leise Klage von allen Seiten zurück.

Ich weiß nicht mehr, wie ich nach Hause gekommen bin, nicht mehr, was für ein Stück es war, das wir damals nachsuchten und erlegten, aber ich wußte, daß ich mein Leben lang nichts anderes würde sein wollen, als Jäger — wie es mein Vater war.

Ich schlief unruhig in der folgenden Nacht; ich phantasierte von Hunden und Schweiß, Schnitthaar und dunklen Dickichten und hörte dazwischen Mutters Stimme, ein wenig beunruhigt und vorwurfsvoll: »Wie kannst du das Kind so überanstrengen; er ist doch nun mal nicht der kräftigste«, und Vaters Antwort: »Der jagt noch, mein Herz, der jagt noch. Laß ihn nur; schaden tut ihm das gar nichts.«

Heute, wenn ich daran zurückdenke, ein langes Leben später, will mir scheinen, als habe neben dem Unterton der Freude in Vaters Stimme, der mir unverlierbar im Ohr geblieben ist, auch eine Spur wehmütigen Neides mitgeklungen, und

— Hand aufs Herz — bin nicht auch ich heute ein wenig neidisch auf den jungen Franz von damals, der so brennend erlebte, daß ihm Nachsuche und Schweiß, Schnitthaar und dunkle Dickichte und der Klang des ›Hirsch tot!‹ die Ruhe des Schlafes rauben konnten?!
Das Buch der Erinnerung ist vollgeschrieben bis zum Rande.

1899 — Richard und Hans-Wilhelm waren noch zu Hause, und ich lief in der blauen Uniform der preußischen Kadetten — fand während der Ferien die Große Schweißhund-Ausstellung in Lonau statt. Das Leben in der schon so lebendigen Forstmeisterei vervielfältigte sich; es gab tausenderlei aufregende Vorbereitungen zu treffen; fremde Gäste kamen zu Besprechungen, und hoher Besuch wurde für die Ausstellungstage erwartet.

Im Plantagenpark, nahe der Forstmeisterei, sollte das große Ereignis stattfinden. Der alte Plantagenmeister, Münner, mit seinem runden Bart und dem schwarzen Gesicht — niemand wußte, woher er so schwarz war! — ging ganz verstört umher und zeigte sich mehr hemmend als nützlich. Was Wunder! Sein waren die stillen Wege, die Gewächshäuser und Beete, die Rasenflächen und Baumgruppen und die ovalen Emailleschildchen mit den verschnörkelten lateinischen Inschriften, die es zu hegen und zu putzen galt, sein die Sitzbänke, deren er eine unverhältnismäßig hohe Zahl allenthalben um die Gewächshäuser herum aufgestellt hatte, um zu jeder Tageszeit windgeschützte, sonnige Siesta-Winkel zu seiner Verfügung zu haben, sein auch jene anderen Bänke, die er mit einem Verständnis, das auf bewegte Jugendjahre schließen ließ, tief in dem Schatten lauschiger Buschwinkel placierte.

Aber Hunde, nein, von Hunden verstand und hielt Münner nichts. Sie verkratzten die Wege, sie pflanzten unerwünschte Gewächse auf die Rasenflächen und sie verstießen hartnäckig gegen das vielfach und unübersehbar angebrachte »sind an der Leine zu führen«. Und nun sollte gar Hunde-Ausstellung in der Plantage stattfinden, in seiner Plantage! Das war mehr, als er verstand, mehr als er billigte, und so ging er, rundbärtig und mit schwarzem Gesicht, dicke Wolken paffend, die so blau waren wie das ausgeblichene Blau seiner Gärtnerschürze, umher und »half«. Vaters Forstarbeiter, die die Zuchtgruppenzwinger für Hündinnen und Welpen aus Draht und Lattenwerk zusammengeschlagen und die Anleinpfähle einzurammen hatten, merkten das bald und hänselten ihn, bis hinter dem Schwarz seines Gesichts das Purpur durchzuschimmern begann und er knurrend von dannen trottete.

Ja, und dann war der große Tag da, dem wir Jungen seit Wochen entgegengefiebert hatten, und es gab Fahnen und Musik, Räderrollen, klappende Wagenschläge und blitzendes Metall auf blankschwarzem Lederzeug, Hufschlag, Pferdeschnauben, Verbeugungen, Handschläge, Umarmungen, Gelächter, Handküsse, Hundsgebell und Hundegesang, Ansprachen, Hurras und das Getöse breiter Männerfröhlichkeit. In den Zuchtzwingern saßen blinzelnd und stolz die Hündinnen, umwuselt und umpurzelt von ihren Welpen, und an den Pfählen hockten, standen und lagen, winselten, sangen, jifften und kläfften die angepflöckten Rüden und Hündinnen.

Vater war in Uniform, und wenn nichts anderes, so hätte dies sicher bewiesen, daß etwas Besonderes im Gange war, und seine Königliche Hoheit, Prinz Heinrich der Niederlande, der Gatte der Königin Wilhelmina, der Prinz von Ratibor und Graf Bernsdorff-Hinrichshagen machten die Richter im Ring; Graf Bernsdorff, der noch mit achtzig Jahren vierfache Bierjungen trank, für alles, was jung und fröhlich die Röcke schwenkte, die liebevollste Aufmerksamkeit zeigte und frühmorgens die Stubenmädchen, die den lauthin über den Gang erbetenen Liter eiskalten Wassers brachten, mit dem Anblick seiner ungeheuer breiten und ungeheuer behaarten Brust schreckte; Graf Bernsdorff, der diesen Liter eiskalten Wassers auf nüchternen Magen trank, dann vier Spiegeleier mit Speck aß und darauf anfing zu frühstücken, um sich danach mit Eifer und Lebendigkeit seinen Richterpflichten zu widmen.

Ach ja, es waren große Tage, und Prinz Heinrich und Graf

Bernsdorff fanden es so schön, daß sie noch ein wenig blieben, um sich von den Strapazen des Richtens zu erholen.

Dabei gerieten sie eines Tages an mich, der ich schweren Herzens — denn es waren Ferien! — über den lateinischen Aufgaben hockte. Freundlich erboten sie sich zu helfen, wobei sie, wie sich alsbald herausstellte, über die lateinische Grammatik sehr unterschiedlicher Ansicht waren. Der Pastor wiederum, dem die undankbare Aufgabe zufiel, meine Kenntnisse, speziell im Lateinischen, zu fördern, hielt die königlich-gräflichen Kompromisse in achtunddreißig Punkten für fehlerhaft und wurde bei meinem Vater vorstellig mit der vorsichtigen Erkundigung, wann wohl die Herren wieder abreisten. Prinz und Graf verfielen darob in Stürme der Heiterkeit, für die ich damals als der Leidtragende nicht ganz das erforderliche Verständnis aufbrachte.

Ich weiß nicht, wann sie abgereist sind, aber Jahrzehnte später besuchte mich die Königliche Hoheit auf dem Darß. »Du bist gewachsen, Franz«, stellte er wahrheitsgetreu fest, »und was macht das Latein?«

»Das kommt darauf an, Königliche Hoheit, echtes Latein nach wie vor schwach — Jägerlatein ziemlich fließend.«

Er lachte und strich sich mit dem Zeigefinger der Linken die Augenbraue. »Wieviel Fehler haben wir doch damals gemacht, der Bernsdorff und ich?«

»Ich glaube vierundzwanzig, Königliche Hoheit.«

»Vierundzwanzig? — Du schwindelst, Franz! Achtunddreißig waren's, achtunddreißig!« Und er lachte, daß ihm die Tränen über die Backen liefen.

»Ich lasse mir keinen Fehler wegnehmen«, sagte er schließlich, nach Luft schnappend, »nicht einen einzigen, Franz!«

Und dabei klopfte er mir auf die Schulter, und ich sah ihn an, wie er dastand und auf seine alten, fröhlichen Fehler pochte, und dachte, wie oft doch der Mensch stolzer ist auf seine Fehler als auf seine Vollkommenheiten.

4 SAUHATZ

Ich wurde volle acht Jahre, ehe Vater erlaubte, daß wir an einer Sauhatz teilnehmen durften. Es war Winter, sonnig und frostklar, der Schnee knirschte und glitzerte, und die Rösser und Hunde schnoben Dampfkegel in die harte Luft. An den Fenstern blühten die Eisblumen bis obenhin, und wir bliesen runde Löcher hinein und freuten uns staunend, wenn sie wieder zueisten und dabei immer neue und andere bildeten.

Um die Mittagszeit kam Förster Maischmied, das Gesicht vor Kälte gerötet, Reif im Bart und helles Wasser in den gutmütigen blauen Augen, und meldete: »Herr Forstmeister, wir ham'n Keiler in'ner Dickung eingekreis'.«

Wir heulten vor Freude und Jagdlust, als gehörten wir selbst zur Meute: »Vati, dürfen wir mit? — Bitte, Vati, laß uns doch mit!«

Vater stand mitten in der Stube, strich sich den Bart und blickte abwägend auf uns hinab. Langsam wanderte sein Blick von einem zum andern. »Also gut, Jungs«, sagte er plötzlich, »ihr könnt die Hunde führen.«

Die nächsten Sekunden waren nur noch Jubelschrei und polterndes Schuhwerk. Forstsekretär Habig und Hilfsförster Siefke verließen, in Eile alarmiert, nur zu gern den Papierkrieg im Büro, und wir spannten Bella vor den Schlitten, Bella, unsere Eselin, die, obwohl noch jugendlichen Alters, würdevoll im Schritt zu gehen liebte und den höheren Gangarten wenig Passion entgegenbrachte. Wünschten wir aber, sie in Trab zu versetzen, so mußte abwechselnd einer von uns dreien vorweglaufen — und dies, damit keiner zu lange liefe und zu kurz führe, jeweils »zwanzig Bäume weit«. Dies System war gut, gerecht und stärkte unsere Lungen, bis wir eines Tages herausfanden, daß es genügte, auf dem Kutschbock hinter Bella eine Kuhglocke zu schwingen, um sie in gestreckten Galopp zu versetzen. Es versteht sich, daß fortan für unsere Kräftigung nicht mehr viel geschah.

Unter ohrenbetäubendem Geläut und dem aufgeregten Bellen der Meute, die wir auf dem Schlitten verstaut hatten, stob daher Bella vom Hofe, dem Jagdschlitten mit den beiden Braunen vorauf, der Vater und seine Jäger ins Revier trug.

Es war unvergleichlich schön. Unter den Kufen knirschte der Schnee, Bellas Hufe schleuderten weiße Batzen zu uns herauf, Richard schwang die Glocke mit aller Kraft, und die Hunde hockten mit hohen Nasen, blanken Augen und hängender rosa Zunge zwischen den schimmernden Reißern im offenen Fang. Rechts und links standen die hohen Fichten, schweigend unter ihrer weißen Last. Meisen schwirrten. Ein Häher rätschte, und die kalte Luft pfiff an den Wangen entlang.

An Ort und Stelle banden wir Bella an, deckten sie warm zu und koppelten die Hunde. Vater legte warnend den Finger auf die Lippen, und dann stapften wir durch den hohen Schnee bergan, bis wir die Schonung erreichten, in der Maischmied den Keiler festgekreist hatte. Es war eine kleine Dickung aus etwa stubenhohen Douglastannen. Die Umfriedung war stellenweise morsch, da der Bestand dem Gatteralter entwachsen war, und es hatte den Keiler nicht viel Mühe gekostet, sich einen Einbruch zu verschaffen.

»Hier, Herr Forstmeister«, sagte Maischmied stolz, den Einwechsel weisend, und die blauen Augen in dem geröteten Gesicht blinzelten eifrig, »ganz hübsch klotzig, und 'raus ist er noch nicht wieder.« Vater beugte sich über die Fährte und prüfte die Beschaffenheit der Gatterstangen. Das mürbe Holz zerbröselte ihm zwischen den Fingern.

Mit wenigen Worten wies er die Schützen ein; Habig, Siefke, Maischmied — jeder erhielt seinen Platz. Vater selbst blieb mit uns am Einwechsel zurück. Die Hunde traten unruhig hin und her; einer winselte. Er wies sie leise und scharf zurecht. Hechelnd, mit zitternden Flanken saßen sie da, kaum weniger ungeduldig als wir, die wir uns mit unseren Rohrstöcken jeder Lage gewachsen fühlten. Vater blickte auf die Uhr. Es war soweit. »Los!« sagte er, »ab die Post!«

Schon waren wir am Gatter, rissen die blind vorstürmenden

Hunde an den Halsungen, schnallten sie und stürmten hinter ihnen, die wie Pfeile davonschossen, in die Dickung. In der gleichen Sekunde war der stille Wald erfüllt vom Jagdlaut der Meute, dem sich das anfeuernde »Hussüüh — mein Hund!« unserer hellen Stimmen beimischte. Mit den Armen rudernd, die Rohrstöcke krampfhaft haltend, kämpften wir uns vorwärts. Schnee rieselte und rutschte auf uns hernieder. Wir merkten es kaum. Fiebernd vor Jagdlust, die Stöcke schwingend, gegen die Stämme schlagend und unaufhörlich die Meute anrüdend — Hussüü, mein Hund, hussüü, husshüüh! — liefen, stolperten, krochen wir immer tiefer in die Dickung.

Das Jiffjaff der Meute schien von allen Seiten zu kommen; es schwoll an, wurde wieder leiser und steigerte sich erneut zu rasendem Gebell.

Es war eine wilde Jagd. Die Hunde hatten den Keiler offenbar sofort hoch und waren ihm dicht an den Borsten. Deutlich war das Brechen und Rumoren zu hören. Einmal klagte ein Hund. Erschrocken blieben wir stehen, mitten auf einer winzigen Lichtung, kaum so groß wie die Küche im Forsthaus, und lauschten dem wütenden Ball der Hunde und dem Blasen des Keilers und ließen, schon halb heiser, nicht ab mit dem Anfeuern der Hunde.

Und dann — plötzlich kam es näher! Der Schnee von den Zweigen der Fichten am Rande der Lichtung stob in einer Wolke auf. Etwas mächtiges Schwarzes schoß hervor...

»Hier ist er, Vati, hier ist er!!« Einstimmiger Schrei aus drei Kehlen, und schon schoß es an uns vorüber, fast so groß wie wir selbst, und ich hatte kaum noch Zeit, ihm eins mit dem Rohrstock über den Borstenrücken zu ziehen — da war's in einer Schneewolke am jenseitigen Rand der Lichtung untergetaucht.

Und wir? Keine Ahnung von der Gefahr, keine Ahnung davon, daß ein eingeschlossener Keiler blindlings und bedingungslos angreift, tanzten begeistert und brüllten vor Vergnügen, und ich schrie meinem Vater zu: »Er kommt, er kommt! Ich hab' ihm eins übergezogen mit dem Stock!«

Vaters Stimme hatte einen etwas fremden Klang, als er ein »Vorsicht, Jungens! Geht in Deckung!« schrie, aber das fiel mir erst später ins Bewußtsein, und ich habe lange nicht gewußt, daß es Angst war, die warnend daraus klang.

Die Jagd in der engen Dickung steigerte sich indessen zu einem teuflischen Tumult, da der Keiler, die Meute hinter sich, immer wieder das Freie suchte, immer wieder gegen gesunde Stellen des Gatters rannte, kehrtmachte, die Hunde abschlug und in blinder Wut einen andern Ausbruch versuchte.

Ich weiß nicht, wie lange das Ganze dauerte, ich weiß nur, daß wir kreuz und quer in der Dickung herumsausten, brüllend und hetzend, völlig von Sinnen vor Begeisterung und mit überschnappenden Stimmen — daß wir plötzlich das Brechen und Splittern von Holz hörten — und dann brach ein Schuß, hell, hart und hallend, und es wurde still.

Als wir, der Richtung des Schusses folgend, erhitzt und atemlos aus der Dickung krochen, sahen wir die Meute den im Feuer gefallenen Keiler zausen. Habig, der glückliche Schütze, ein noch jugendlicher, dürrer Forstsekretär mit kohlschwarzen, engstehenden Augen neben übergroßer, scharfrückiger Nase, stand neben seiner Beute; sein ganzes Gesicht leuchtete vor Freude und Stolz; es war der erste Keiler seines Lebens; denn er war erst vor kurzem aus Revieren, die kein Schwarzwild kannten, zu uns gekommen.

Und dann kam Vater, es kamen Maischmied und Siefke, und der Keiler wurde nach altem Brauch tot verblasen. Feierlich und fröhlich zugleich schmetterten und sangen die Töne des Horns, tausendfachen Widerhall weckend, durch den winterlichen Forst. Die Männer hatten die Hüte abgenommen, die Hunde sangen, auf den Keulen sitzend und mit hohen Nasen lauthals mit, und mir fiel der Zauber dieser Ehrung für das erlegte Wild tief und unvergeßlich ins Herz. Das Kupfer des Horns, das mit grünem Tuch besponnen und oval zusammengedrückt war, leuchtete rot gegen das Weiß des Schnees und das ernste Grün der Tannen. Viel später erst habe ich erfahren, daß es vom letzten deutschen Jägerhof, dem des Königs von Hannover, stammte, der bis 1866 bestand und durch Jahrhunderte alte Übung geheiligte Bräuche pflegte und erhielt, als die Verarmung der deutschen Fürstenhäuser nach 1815 den andern deutschen Jägerhöfen längst das Lebenslicht ausgeblasen hatte. Mein Vater aber war zu seiner Zeit einer der liebevollen Pfleger und Erhalter der Lehren und Weisheiten dieser letzten Pflegestätte alter deutscher Jagdkultur.

Während noch die letzten Widerklänge des Hornrufs aus entfernten Tälern zu uns zurückklangen, begannen wir, umsungen von den Hunden, den Keiler zu Tal zu schleifen. Und dann verluden wir ihn auf unserem Schlitten und brausten in triumphierender Fahrt, Bella erbarmungslos durch unablässiges Kuhschellenläuten in stiebenden Galopp versetzend, dem Forsthause zu. Vater gönnte uns den Spaß; er sorgte, daß die Braunen verhalten gingen und erst Minuten nach uns in den Hof des Forsthauses einbogen.

Unsere Mutter aber erblaßte, als sie uns, von den Hunden umjohlt, auf dem Keiler in den Hof fegen sah, und Richard ihr beschwichtigend zurief: »Nicht bange sein, Mutti, detribbelt ham sie schon.« Womit er auf seine Füße Bezug nahm und auf die Tatsache, daß kalte Füße, bevor sie absterben und gefühllos werden, kribbeln und schmerzen. Richard pflegte bei solchen Anlässen weinend zur Mutter zu laufen und wollte nun zum Ausdruck bringen, daß von seiner Seite ausnahmsweise mit den bei Mutter wenig beliebten Tränen nicht zu rechnen sei.

Sie lachte denn auch, aber das hielt nicht länger vor, als bis wir ihr, übersprudelnd und lückenhaft, berichteten, daß ich dem Keiler auf der Lichtung mit dem Rohrstock zu Leibe gegangen war. Da wurde sie still und blaß und zog mich mit einer raschen Bewegung an sich, und als Vater, groß und fröhlich wie immer, vom Schlitten sprang, sagte sie nur: »Wie konntest du?!« Und wandte sich ab und ging ins Haus.

Vater aber ging ihr nach, vorbei an uns, die wir verdutzt und ein wenig beklommen dreinschauten, und wir hörten ihn in der Tür zum Wohnzimmer sagen: »Sei vernünftig, Mädel.

Du kennst doch den Vater. Wie können sie da anders sein!« — Meine Mutter hat mir von diesem Tage noch oft erzählt. »Für euren Vater«, sagte sie, »konntet ihr ja nie wild genug sein.«

5 SCHUENHAGEN

Im Frühjahr 1902 wurde Vater nach Pommern versetzt. Schuenhagen im Bezirk Stralsund war ein berühmtes Hochwildrevier, und zum Forsthaus gehörte eine Landwirtschaft von 180 Morgen mit etwa 30 Stück Rindvieh; es war stattlich wie ein Gutsbesitz.

Uns Jungen bedeutete dieser Wechsel Abschied in mehr als einem Sinne, Abschied von den Harzbergen und dem Kinderparadies, Abschied vom Elternhause zugleich, denn wir kamen nun ins Königlich Preußische Kadettenkorps — und Abschied von den geliebten Saufindern, die zurückbleiben mußten, weil sie als Gebirgshetzer für die ebenen pommerschen Reviere zu groß und zu schnell gewesen wären, in denen man mit kleineren Hunden, Teckeln vor allem, auf die Sauhatz zog. Alle blieben sie zurück, Heidi, die Airedale-Hündin, Rollo, der böse, der mit uns so sanft zu schmusen und zu raufen wußte, Sleipner, der glatte, und die ungestümen Rauhhaarfoxe, von denen nur »Schildhorn« die Ehre der Versetzung nach Pommern teilte; ihn mochte Vater nicht missen, und so wanderte er — wie die Teckel und die edlen Schweißhunde — in eine der vielen großen Transportkisten und sang, als die Lastfuhren hochbepackt aus dem Tor ächzten, im aufgeregten Geläute der Teckel mit rauher Stimmer sein Abschiedslied.

Das Forsthaus Schuenhagen, ein roter Ziegelkasten scheußlichsten preußischen Fiskalstils, stand, ein Denkmal bürokratischen Ungeschmacks, am waldigen Rande eines entlegenen Wiesentals, das ein kleiner Fluß in fröhlichen Windungen gemächlich durchrann.

So häßlich aber von außen, so gemütlich und wohnlich war das Haus von innen, und eine Reihe stattlicher Stallungen, Schuppen und Nebengebäude umgab den geräumigen Hofplatz, der hinter dem Hause aus dem Walde geschlagen war.

Nie werde ich unseren Einzug vergessen, den Einzug in ein neues, noch unbekanntes Paradies. Wir hatten nächtlicherweise einen Bahnanschluß versäumt, und es war niemand am Zuge, uns abzuholen, als wir die kleine Bahnstation verließen und den drei Kilometer langen Weg nach Schuenhagen unter die Füße nahmen. Hinter uns verhallte das Läutewerk der Lokomotive und das Rollen und Stoßen der Räder in einem Waldstück. Die wenigen Häuser, die um den Bahnhofsschuppen geschart lagen, schliefen noch und strömten wie große Tiere dunstige Wärme aus. Es herrschte noch Dämmerung, aber wir waren erst wenige Minuten gegangen, als im Osten vor uns aus der unendlich durchsichtigen Klarheit des Morgenhimmels das Sonnenlicht hervorbrach und seine funkelnden Strahlen gegen das azurne Gewölbe stieß. Ringsum standen Busch und Baum im Morgenglanz, Niederungen und Feldbreiten dampften. Tau fiel in funkelnden Tropfen. Die Luft, frisch, kühl, fast kalt, war erfüllt vom Duft der Erde und der Gräser. Zusehends verschwanden Schatten und Dunkelheit, und wir wanderten hinein in den strahlenden Frühlingsmorgen, in die herbsüße Frische der schnell sich erwärmenden Luft, in das Ausgeschlafen- und Frischgewaschen- und Neugeborensein aller stummen und doch so mächtig lebendigen Wesen und Dinge der Natur, der Bäume, Sträucher und Gräser und der dunklen, geduldigen Erde selbst.

Nie bin ich eines gütigen Gottes sicherer gewesen als in solchen Stunden vor Tau und Tag, da die ganze Welt in Schönheit erstrahlt und wie von sich selbst überwältigt, ein ungeheures, stummes Dank- und Preislied zu singen scheint, und in denen das Menschenherz ganz von selber mit Andacht und Ehrfurcht sich füllt. Vor uns breitete sich an diesem Morgen festlich die Landschaft, die fortan unsere Heimat sein sollte, mit Wiesen, Feldern und Wald. Die Straße führte uns unbeirrbar dem Ziele zu, durch Felder zuerst, auf denen junge Saat grünte, durch hohen, lichtdurchsickerten Buchenwald mit mächtigen silbergrauen Stämmen — und weiter über Brücke und Fluß in das Wiesental, wo an einer Gabelung ein Schild den Weg »Zum Forsthaus« wies.

Wir nahmen uns nicht viel Zeit, das neue Haus zu besichtigen; es ging dort noch alles drunter und drüber. Forstarbeiter halfen den Packern beim Abladen; in den Zimmern standen die Möbel wahllos abgestellt, und Kisten und Koffer behinderten jeden Schritt. Kaum daß wir ein paar Stullen in der Küche, eilig und im Stehen, hinuntergewürgt, waren wir auch schon wieder im Freien.

»Pa, wir gehn in den Wald, Wild sehen!«

Er lachte und ließ uns gewähren.

Hatte er uns nicht selbst den Mund wässerig gemacht mit seinen Erzählungen von den Feisthirschen in den großen Laubholzbeständen und dem nach Hunderten von Stück zählenden Rehwild in dem neuen Revier?!

Wie anders war hier alles als im Harz! Nirgends Berge — man blickte weit und ungehindert, und immer wieder löste flache, hügellose Ebene mit riesigen Schlägen fruchtbarsten Nutzbodens die Laubholzwälder ab!

Da gab es verschwiegene Waldwiesen, feucht und von strengsüßem Geruch, lichte, weithin durchsichtige Buchenbestände, zwischen deren Stämmen der Waldboden wie ein sattgrüner Teppich lag, übersät vom Weiß der Anemonen und dem Gelb der Himmelsschlüssel, Wäldchen, die sich inmitten weiter Fruchtböden eng zusammenscharten und — seltener — Schulen und Schonungen von Nadelholz.

An den Feldwegen wuchsen Eiche, Weide und Haselstrauch. Weiß- und Schwarzdorn bildeten undurchdringliche Bollwerke, und die Brombeerranken wucherten und schossen zähe, stachelig und daumendick.

Ja, es war ein ideales Revier; Vater sagte es, und wir fanden es auf unsere Weise bestätigt, wenn wir die gut gehaltenen Pirschsteige entlangschlichen und die Feisthirsche beobachteten oder von einem der Hochsitze den heimlichen Bock austreten sahen oder die Jungfüchse beim Spiel vor dem Bau belauschten.

Wir feierten Wiedersehen mit den Hunden. Bis auf die Saufinder waren sie alle da, und neue dazu, Vorstehhunde für die Jagd auf Schnepfen, Fasanen und Hasen, unter ihnen »Hick«, ein brauner Kurzhaar-Rüde, ein erfahrener, aber höchst eigenwilliger Jäger, der mir viel Kummer machte, weil er — was mir anfangs nur schwer einleuchten wollte — mehr von seiner Jagd verstand als ich.

Seine Jagd — das war das Buschieren auf Schnepfen, Hasen und Fasanen über freies Feld, Wiesen und Gräben, die Furchen entlang und durch Busch und Unterholz, und er wußte sehr genau, wie er unter dem Winde mit hoher Nase das Gelände so lückenlos abgaloppieren konnte, daß ihm nichts entging und nichts verborgen blieb. Ich sehe ihn noch, eifrig und schnell, seine langen Tritte und federnden Sprünge, den fliegenden Behang und die gestreckte, halblang gestutzte Rute.

Alles Lebendige gibt dem Winde Duft mit, und Hick revierte in langen, schmalen Kreuz- und Querschlägen, wie ein Schiff, das gegen den Wind aufkreuzt, so daß er jeden Hauch auffing.

Mitunter aber blieb er, mitten aus raumgreifendem Galopp, plötzlich wie angenagelt stehen, den Hals lang, den Kopf weit vorgestreckt, einen Vorderlauf im Ellenbogen gewinkelt und eng an den Körper gezogen, und dann stockte mir jedesmal der Atem; denn nun hatte die Luft ihm Botschaft zugetragen, Botschaft von Haaren oder Federn und fluchtbereitem Leben, und ich sah, während das Herz mir im Halse schlug und ich die alte, einläufige Flinte, die erste meines Lebens, schußfertig hielt, wie er die aufgenommene Witterung, die heimliche, erregende Ausdünstung fremden Lebens und möglicher Beute, prüfend kaute und dann langsam, vorsichtig Lauf vor Lauf setzend, darauf zuzog, bis er, des Wildes sicher, reglos wie ein Denkmal vorstand.

Zitternd vor Leidenschaft schob ich mich dann näher, gewärtig, mit dem nächsten Herzschlag zu Schuß kommen zu müssen, während er, kaum daß ich ihn mit halblautem »voran!« anmunterte, oder er mich nahe genug wußte, langsam nachzuziehen begann und endlich, wenn das Wild nicht von selber zur Flucht aufstand, auf Befehl einsprang.

Dann flitzte der Hase aus der Sasse, klapperte verwirrend der Fasan in die Höhe, oder stand die Schnepfe in lautlosem Zickzack auf, und ich riß die Flinte hoch, nahm Maß und drückte ab, während mir der Knall in die Ohren sprang, der Dampf das Ziel verhüllte und die Schulter den Stoß der Flinte empfing.

Oder auch — ich setzte mit leisem Fluche die Waffe ab, wenn die Schützenkunst meiner zwölf Jahre das flüchtige Ziel nicht schnell genug aufgefaßt hatte; denn eines war mir vom Vater seit den ersten Pürschgängen meiner Kindheit unverlierbar eingeprägt: schieße niemals liederlich!

Und ich wußte sehr wohl, was er damit meinte: daß der Weidmann nie anders töten soll, als er selbst einst ins Dunkel zu gehen wünscht: wie getroffen vom Blitz, wie herausgeworfen aus dem Sein, ohne Angst, ohne Schmerz, ohne Wissen um das Ende, so soll das Wild fallen.

Aber Vater begnügte sich nicht mit der Erziehung durch Worte. Er wußte um die »Verführung des zweiten Laufes«, des zweiten Schusses »in Reserve«, und kannte einfache und praktische Mittel, dieser trügerischen Lockung entgegenzuwirken.

Die Doppelflinte, die er mir als erste in die Hand gab, war ein Vorderlader und besaß nur einen Hahn; den anderen hatte er abgeschraubt. Wie Lederstrumpf zog ich mit Kugelbeutel und Pulverhorn auf die Jagd, und das Laden nach dem Schuß war jedesmal eine zeitraubende Prozedur und schon deshalb ungemein ungeeignet, etwaigen Schußleichtsinn zu dämpfen.

War der Schuß einmal gefallen, so mußte ich das Pulver in das Maß am Kopfe des Pulverhorns rinnen lassen, worauf es über das Mundstück in die Mündung des Laufes gelangte. Und dann begann erst die Arbeit, das Einpfropfen von Papier mit dem Ladestock. Da stand man dann und rammte den Pfropfen nieder, bis der Ladestock, wenn man ihn in den Lauf fallen ließ, von selbst wieder hinausfederte; erst dann war die Ladung richtig gepfropft; erst dann konnte man die Schrote und ihnen wieder einen weicher gerammten Papierpfropf folgen lassen. Endlich wurde sorgsam das Zündhütchen aufgesetzt, und nun war die Flinte wieder schußbereit.

Damals rechnete man noch die Nummer des Schrotes nach der Zahl der Körner, die auf 1 cm Länge nebeneinanderliegen konnten; Nummer 10 etwa war ein sehr feiner Schrot, und die gröberen Sorten hießen »Posten«. Erst später ging man zur Benummerung nach dem Millimeterdurchmesser der Schrote über. Die Kaliber der Waffen aber bestimmten sich nach der Zahl der Kugeln gleicher Größe, die auf ein deutsches Pfund — 500 Gramm — gingen, woraus sich die scheinbare Seltsamkeit ergab, daß zum Beispiel das Kaliber 16 kleiner war als Kaliber 12.

Was nun Hick betraf, so war er Zeuge manchen Loches, das ich in die pommersche Landschaft schoß, und der Eifer, mit dem er darauf aus war, nach dem Schusse eine Beute zu suchen und zu bringen, schien mir damals oft mit dem Erfolg meiner Bemühungen zu wechseln.

Trotzdem waren wir ohne einander kaum noch zu denken; ich liebte ihn um so uneingeschränkter, je mehr mir bewußt wurde, wieviel — nicht ich ihn, sondern er mich lehrte.

Ostern 1903 — zur Versetzung nach Untertertia — hatte ich von Vater die erste eigene Büchse geschenkt bekommen, eine »Tell«-Büchse, leicht und klein, mit Kipplauf, eine wunderschöne Waffe, die für viele Jahre die stete Begleiterin unzähliger Pirschgänge wurde und in meinem Besitze blieb, bis sie — wie alles andere — 1945 den Russen verfiel.

Die Tellbüchse, Hick und ich — sobald der erste Ferienmorgen graute, waren wir draußen zu endlosen Pirschgängen, zur Jagd, zum Scheibenschießen, und es gab bald keinen Winkel des ausgedehnten Reviers, den wir nicht belaufen hatten.

Meine Mutter freilich, die der Ansicht war, daß ihr magerer

und blasser Ältester in seinen Ferien ausschlafen sollte, teilte unsere Leidenschaft für das ständige Waldlaufen keineswegs, und es bedurfte ausgeklügelter Maßnahmen, um sie, auf deren Lidern der Schlaf nicht schwerer als Flaumfedern lag, über die frühen Aufbrüche hinwegzutäuschen. Ihr Zimmer lag am Fuße der Treppe, und ich begann damit, diese Treppe Stufe für Stufe auswendig zu lernen; denn eine jede knackte und knisterte anders. Manche durfte man nur hart an der rechten, manche hart an der linken Begrenzung, wieder andere nur in der Mitte und einige gar nicht betreten. An einer Stelle mußte man zwei Stufen überschlagen, durfte sich dabei aber nur an einer einzigen, auf wenige Zentimeter begrenzten Geländerstelle abstützen. Trat ich auch nur ein einziges Mal fehl, so öffnete sich in der nächsten Sekunde die Schlafstubentür, und Mutters Stimme fragte, deutlichen Mißtrauens voll: »Franz?!« — dann hatte es gar keinen Zweck, etwa zu schweigen und sich nicht vorhanden zu stellen; denn sie fuhr, ohne auf Antwort zu warten und ohne sich nur einen Augenblick in der Richtigkeit ihrer Vermutung täuschen zu lassen, fort: »Du weißt, daß du jetzt schlafen sollst; so blaß, wie du wieder bist, gehörst du ins Bett.« Dann half kein Betteln; ich mußte zurück, und es blieb nichts übrig, als den Versuch eine halbe Stunde später zu wiederholen. Ich ging also brummend und indem ich die alte Treppe in allen Registern knarren ließ, in meine Kammer zurück, die oben am Ende des Ganges lag, der ebensowenig wie die Königlich Preußische Forstamtstreppe mit dämpfenden Läufern belegt war, und dessen ausgetrocknete, breite Dielen den Treppenstufen an Musikalität nichts nachgaben.

Das nächstemal versuchte ich es barfuß. Ergebnis: Die Schlafstubentür ging, und schon klang es: »Franz?! — Wenn du jetzt nicht machst, daß du ins Bett kommst...«

Damit war es für diesen Morgen zu spät; im Osten verfärbte sich schon der Himmel. Aber am nächsten Tage probierte ich es mit dicken doppelten Wollsocken. Es war aufregend und ging wunderbar; man mußte die Füße gar nicht aufheben, sondern sacht gleiten lassen, wobei allerdings darauf zu achten war, daß man sich an den Dielen keine Splitter in die Strümpfe riß.

Vorn am Gang, vor der Treppe, lag das Zimmer unserer jungen, hübschen und ebenso blonden wie temperamentvollen Mamsell; die Tür trat etwas in eine Nische zurück, und man konnte dort einen Augenblick verschnaufen.

Einige Jahre später sollte diese Tür für mich eine recht andere Bedeutung erlangen; vorerst jedoch widmete ich ihr keine weitere Aufmerksamkeit, sondern schlich angehaltenen Atems treppauf — und siehe, diesmal klappte es.

Allein — trotz der doppelten Socken wurde ich hin und wieder ertappt und sann daher auf bessere Wege ins Freie.

Über meinem Fenster ragte aus der Bodenluke die Fahnenstange, gehalten von einem in die Mauer eingelassenen, kräftigen Eisengestell. Ich befestigte einen langen Schweißriemen daran; der Austieg ohne Treppe war gesichert.

Aber nun geschah es, daß ich ein paarmal die Zeit verschlief, und das ärgerte mich gewaltig.

Einen Wecker konnte ich nicht abschnurren lassen; Mutter hätte ihn mit Sicherheit gehört. Da kam mir der Gedanke mit dem Nachtwächter.

»Hanne«, sagte ich, »solange Ferien sind, ziehst du jeden Morgen um drei an der Schnur, die aus meinem Fenster hängt. Tust du das?«

»Tjä, junge Herr«, sagte er mit fragend gerunzelter Stirn, »tun tu ich das je woll. Bloß — wozu?«

»Das andere Ende bind' ich mir ans Handgelenk«, erklärte ich, »und wenn du ziehst, wach' ich auf.«

»Kann ich je doch man rufen«, sagte er.

»Nein, Hanne, dann wacht doch Mutter auf!«

»Ach so«, gnickerte er, »Frau Forstmeister soll da nicks von wissen. Je denn . . .«

Hanne war ein hervorragender Wecker. Jeden Morgen Punkt drei Uhr zuckte die Schnur an meinem Handgelenk; ich schoß ans Fenster, winkte, und Hanne hob grüßend die Hand.

Bis ich eines Abends vergaß, die Schnur, die ich tagsüber am Bettpfosten festmachte, an meinen Arm zu tüdern! Ich erwachte, weil ich im Halbschlaf fühlte, wie meine Bettlade zu zucken und zu schütteln begann, und Hanne sagte, als ich ihn vormittags traf mit Kopfschütteln: »Nee auch, junge Herr, was de junge Herr auch fest schläft! Ich dacht' bald, ich hätt' den jungen Herrn den Arm ausgerissen.«

Ich wurde nicht fett bei diesem Leben, sehr zu Mutters Kummer, aber wenn ich, Hick an der Leine, die Büchse oder Flinte im Arm, mit dem letzten Dunkel, während noch die Sterne aus dem nächtlichen Blau herabschienen und allmählich verblaßten, vom Hofe zog, durch das Wiesental, in dem der Nebel über den Windungen des Flüßchens stand, dem dunklen Walde zu, dann hätte ich mit niemand tauschen mögen. Frisch und kühl drang die Luft in die Lungen. Die Morgenbrise strich fühlbar über die Haut der Wangen. Man fröstelte ein wenig zwischen den Schulterblättern, schob die Hände in die Taschen und schritt mit scharf lugenden Augen rasch aus. —

Deutlich, als wäre es gestern gewesen, erinnere ich mich des Tages, an dem ich meine erste Schnepfe schoß; es war der 25. März 1904, der Geburtstag meiner Mutter, und ich hatte am Abend zuvor erklärt, daß ich »ihr eine Schnepfe schießen würde«, wozu Vater mit einem Zucken um Augen- und Mundwinkel ein gedehntes »würde« hatte hören lassen, das auf meine bislang wenig ergebnisreichen Schnepfenjagden Bezug nahm und mir die Röte in die Ohren trieb.

Ich war beizeiten draußen.

Das Endinger Bruch mit seinen Eschen, Erlen und Eichen, seinem Unterholz und den vielen Faulbäumen lag vor mir. Ich hatte die alte, einschüssige Flinte unter dem Arm, und vor mir buschierte Hick mit gewohnter Genauigkeit.

Der Himmel war hell. Wie Filigran standen die blattlosen Zweige der Bäume reglos davor.

Plötzlich — in der Nähe eines Dornbusches am Rande einer kleinen Lichtung — stand Hick vor. Ein paar Schritte noch, und ich stand günstig.

»Voran, mein Hick, voran, mein Hund!« Er zog nach, und zugleich begann ich, im Bodenlaub zu rascheln. Und dann stand er auf, der Vogel mit dem langen Gesicht, ein Schatten nur, der über den Boden hinzackte und sich dann plötzlich in die Höhe warf. Da brach mein Schuß — mehr hingeworfen als genau gezielt, aber noch hinter dem Vorhang des Pulverdampfes, der sich träge verzog, hörte ich den dumpfen Fall: ich hatte getroffen, und schon kam auch Hick, den schönen, erdfarbenen Vogel vorsichtig im Fang, stolz und eifrig zurück; es war ein großer Sieg. —

6 HUND ALLER HUNDE — HICK

Hick war in jenen Jahren für mich der Hund aller Hunde, aber einen Fehler hatte er doch: er ließ sich nicht ablegen, und das war, besonders bei der Pirsch auf Hochwild, das ich zu allen Stunden des Tages und der Dämmerung zu belauschen liebte, sehr unangenehm und störend. Ein gut abgeführter Hund muß ja, wenn es darauf ankommt, stundenlang stumm wie ein Denkmal und unbeweglich bei Rucksack oder Leine liegenbleiben und sich einem seiner tiefsten und ältesten Instinkte, dem Rudeltrieb, zuwider willig vereinsamen lassen. Er muß liegenbleiben, während sein ganzes Wesen ihn doch antreibt, seinem Herrn, der in seiner Vorstellung den Leithund vertritt, zu folgen. Er muß liegenbleiben, wenn die Einsamkeit nach dem Verschwinden seines Herrn über ihn hereinbricht, wenn Geräusche von Wald und Wild ihn erregen und schrecken, wenn der Wind ihm die Witterung warmer, lebendiger Beute in die vielerlei Gerüche von Erde, Gras, Laub und Holz, von Moos und faulenden Blättern, von Pilzen, Blüten und kalten oder warmen Fährten mischt; er muß liegenbleiben und Furcht und Jagdlust und das schreckliche Gefühl der Unsicherheit in der Vereinsamung ertragen. Und all dies wollte und tat

Hick nicht. Ich versuchte es mit allen Mitteln, aber der schöne Braune, der mir sonst in allem bedingungslos anhing, in diesem Punkte war er unbelehrbar, blinzelte nur zu meinen Strafreden, stand auf, sobald ich den Rücken kehrte, und jagte seinen eigenen Stremel, bis ich schließlich mit Vater sprach.

»Denk' nach«, sagte der alte Herr, »er k a n n es lernen, und er m u ß es lernen, aber wie du's ihm beibringst, ist deine Sache.« Er schmunzelte, legte mir die Hand auf die Schulter und ließ mich gehen.

Ich lief den ganzen Tag umher und dachte nach. W i e sollte ich Hick beibringen, sich auf Befehl niederzulegen und bis auf Abruf liegenzubleiben? Es war ein schweres Problem, und ich dachte hart nach.

Was ich Vater und den Förstern und Eleven in langen Jahren unmerklich abgesehen, was ich von frühesten Kindertagen an im Saufinderzwinger, in Hof und Forst gesehen, erfahren und gelernt, jetzt sollte es sich plötzlich zu ersten, bewußt gedachten Erziehungsregeln verdichten? Nein, ich mußte zugeben, es war nicht sehr einfach.

Man muß es probieren, sagte ich mir endlich, als ich merkte, daß ich mit der Destillation abstrakter Formeln im bloßen Herumgehen keine rechten Erfolge erzielte, und so nahm ich die Korallen, das scharfe Stachelhalsband, leinte Hick an und zog mit ihm zu Forste.

Korallen sind immer gut; es ist absurd, sie als grausam zu bezeichnen, da ihre Stacheln nur dann durch das Halshaar auf die Haut treffen, wenn der Hund den ihm zugedachten Bereich eigenmächtig zu verlassen sucht. Dann allerdings stechen sie und warnen, und der Hund versteht ihre Sprache sehr gut. »Zerren, springen, stehenbleiben, vorprellen, zur Seite wegstreben«, sagen sie ihm, »tut weh. Zuerst kitzeln wir nur, aber gleich beißen wir, wenn du ausbrichst, und ebenso schnell lassen wir wieder los, wenn du zurückkehrst zu ihm und mit dem Kopf dicht an seinem Knie bleibst. Merk es dir: Kopf am Knie ist gut . . .« Und diese Lehre der Korallen begleitet seine, des Herrn, Stimme mit Befehl und Lob, und sehr bald weiß dann der Hund »Kopf am Knie des Herrn« ist gut und angenehm, und wenn der Befehl »Bei Fuß!« kommt, ist n u r noch »Kopf am Knie des Herrn« angenehm und gut, jeder Versuch dagegen, diesen Bereich zu verlassen, tut weh.

So etwa sagte ich mir, mußte Hick denken, während wir zu Forste zogen, und als wir eine kleine Waldlichtung erreicht hatten, die von einem dichten Kranz mannshoher Jungfichten umstanden war, legte ich Hick neben meinem Rucksack ab, band ihn mit kurzer Leine, dicht über dem Boden, an einem Baumstumpf fest und befahl ihm liegenzubleiben. Er lag auch, den Kopf auf den Vorderläufen, hübsch ruhig da und blinzelte mit seinem treuesten Blick zu mir empor, während er leise mit der Rute klopfte. »So«, sagte ich, »nun bleibst du hier liegen, verstanden? Ablegen! Ab-le-gen!!« — und begann, mich langsam, den Blick auf ihn geheftet, rückwärts zu entfernen.

Das hatten wir früher schon vielfach geübt, und Hick war daran gewöhnt, sich nach kurzem unruhig und interessiert aufzurichten, um sehen zu können, wo ich bliebe. Dann blieb ich stehen, bedrohte ihn mit Ruf und erhobener Faust, und er setzte sich, lebhaft mit der Stummelrute raschelnd, auf die Keulen. Aber l e g e n ? Nein. Und fuhr ich gar fort, unter Drohrufen und Faustschütteln zu retirieren, so sprang er wieder auf, und fing, sobald er mich nicht mehr sah, an zu winseln und wenig später lauthals zu bellen. Wie hatte mich das oft geärgert! Wie hatte ich ihn zurechtgewiesen und ausgezankt.

Heute nun redeten, kaum daß ich mich entfernte und Hick sich aufrichten wollte, die Korallen ihm eindringlich zu: Ablegen ist liegen u n d liegen b l e i b e n , Freund, — aufrichten tut weh! Ja, es war sehr schnell klar: aufrichten tat weh; sobald er den Kopf von den Läufen hob, stachen ihn die Korallen; jede Lage außer der vorgeschriebenen tat weh. Es nützt nichts, sich zu sträuben und es nach rechts oder links zu versuchen, und so blieb Hick nach kurzem wirklich, den Kopf auf den Vorderläufen, liegen und ergab sich in sein unerwünschtes Geschick. Ich lobte ihn von fern, stolz auf meinen Einfall mit den Korallen und im verfrühten Triumph eines schnellen Erfolges.

Verfrüht, jawohl; denn nun besann sich Hick, sobald er mich aus dem Auge verlor, auf seine Stimme. Kaum hatten sich die Zweige der Randfichten jenseits der Lichtung hinter mir geschlossen, so begann er zu winseln, leise zuerst, dann lauter, und als ich ihn mit drohenden Rufen zur Ruhe wies, machte ihm das wenig Eindruck, denn die Korallen, die nur redeten, wenn er den Kopf zu heben versuchte, sagten nicht, daß er nicht winseln, heulen und Hals geben dürfte, und so widerhallten Lichtung und Wald von seinem Geläute.

Aber ich war nicht gesonnen, nachzugeben. Es mußte, sagte ich mir, eine grundsätzliche Ferneinwirkung gefunden werden, die Hick Schmerz zufügte, sobald er auch nur ein Tönchen von sich gab, und ich hätte kein Dreizehnjähriger und nicht der Waldläufer sein müssen, der ich war, um nicht auf die Zwille zu verfallen, die Gummischleuder, mit der ich so nachhaltige Erfolge in der Bekämpfung liebesdurstiger Kater zu erzielen pflegte, die unseren Katzenfräulein nachstellten.

Hick lag also vorschriftsmäßig »abgelegt« und winselte, heulte und bellte aus vollem Halse, während ich, gedeckt durch die Jungfichten, die Lichtung umrundete und ihm die Flanke abgewann, gerade so weit, daß ich ihm aus dem Winde blieb. Und dann bekam er eins aufgebrannt; es riß ihn förmlich zusammen — mitten im schönsten Heuler brach er ab.

Schweigen. Ein Weilchen lag er ruhig, doch dann hörte ich ihn wieder leise winseln. »Jiiip«, ging es, »mhiiip...« und, als keine Antwort kam, »houuuh ... oouuuh«, bis er zu hellem, empörtem Geläut überging; da brannte ich ihm wieder eines auf, daß er erschreckt zusammenfuhr und schwieg.

Mitten im Schrecken aber erreichte ihn mein scharfes »Pfui — ablegen!« und machte ihm klar, daß sein »Herrchen« auch aus der Ferne zu strafen vermochte, und dem folgte das lobendberuhigende »So is brav«, sobald er schweigend verharrte. So lautlos wie möglich wechselte ich dabei meinen Standort, und nun wechselten Strafschüsse, Pfuirufe und Lobesworte, bis es

Hick vorkommen mußte, als wäre ich — immer unter dem Winde — rings um die Lichtung verteilt, ein aus dem Unsichtbaren schmerzhaft strafender, mächtiger Wille. Es dauerte nicht lange, bis er begriff, worum es ging, daß »ablegen« mehr hieß, als nur »liegen und liegenbleiben«, nämlich »liegen und lautlos liegen bleiben.«

Solange er lag und still war, geschah nichts Böses und tat nichts weh; ja, zuweilen erschien der Herr, und es gab Lob und Tätscheln mit der guten Hand und sogar Brocken, die so sehr erfreulichen Leckerbissen; es tat also nicht nur nicht weh, zu liegen und still zu sein — es hatte sogar angenehme Folgen. Welch ein Narr wäre er gewesen, nicht liegenzubleiben und nicht stumm zu sein!

Als wir am nächsten Tag wieder auf der Lichtung erschienen und ich Hick die Korallen anlegte, blickte er friedlich und wedelte vertrauensvoll, als wolle er sagen: »Ich weiß schon, das piekt, wenn ich mich erhebe.« Aber der Versuchung laut zu werden, widerstand er — trotz der drohenden Rufe und Gesten, unter denen ich mich in die Dickung zurückzog — doch erst, als wieder der strafende Geist aus der Ferne über ihn kam.

Allmählich jedoch wurden wir auch hierüber einig, und ich fing an, die Dauer meiner Abwesenheit zu verlängern, setzte mich irgendwo auf einen Baumstumpf und wartete. Wartete und lauschte, und Hick tat seinerseits jenseits der Jungfichten das gleiche; jeder von uns lauerte auf den andern; und war es anfangs sehr spannend, nach der Uhr zu tippen, wie lange Hick durchhalten würde, ohne zu winseln und zu heulen, so wurde dies Geschäft mit der Zeit recht langweilig, je mehr er sich daran gewöhnte, brav und still bei dem Rucksack an seinem Baumstumpf liegenzubleiben.

Schon glaubte ich am Ziel zu sein, als ich eine Erfahrung machte, die ich nie wieder vergessen habe. Irgendein Zufall brachte es mit sich, daß wir eines Tages unsere Arbeit nicht auf der gewohnten Lichtung absolvierten. Und siehe: Hick winselte, heulte und bellte wie am ersten Tage, sobald ich mich entfernte. Ich stand vor einem Rätsel. Gestern noch war er tadellos liegengeblieben, hatte sich nicht gemuckst, hatte eine geschlagene Stunde vorschriftsmäßig auf mich gewartet! Und jetzt plötzlich schien all das wie fortgeblasen! Es war zum Verzweifeln; ich war außer mir; ich schrie mit ihm herum und war Tränen der Enttäuschung nahe. Was nur war in ihn gefahren?!

Abends gab ich Mutter patzige Antworten, und Vater fuhr mir scharf in die Parade, und die halbe Nacht lag ich wach, grübelnd und überlegend, ob ich Hick als hoffnungslosen Fall aufgeben sollte. Aber nein, verdammt auch, er konnte es lernen, also mußte er es lernen, und wenn die ganzen Ferien darüber hingehen sollten.

Am andern Morgen ging mir das große Licht auf! Hick, bei meinem Rucksack an seinem Baumstamm abgelegt, wedelte freundlich mit der Rute, als ich ihn verließ, und muckste sich nicht! Ich verschwand hinter den Fichten. Er blieb still. Ich wartete. Kein Laut. Und da kam mir die Idee! Ich brachte ihn wieder an den gestrigen Ort. Und siehe: Hick winselte, Hick jaulte, Hick bellte. — Zurück an den alten Platz: Hick war still!

Nun war es am Tage! Er hatte erst die Hälfte gelernt. Ich mußte ihm beibringen, daß »Ablegen« nicht nur in gewohnter Umgebung, nicht nur neben s e i n e m Baumstumpf, »lautlos liegenbleiben« hieß, sondern ü b e r a l l.

Von nun an zogen wir täglich kreuz und quer im Revier umher. Korallen, Zuruf und Zwille belehrten Hick, und es dauerte nicht mehr lange, bis er erfaßt hatte, worum es ging. Von Tag zu Tag hielt ich mich nun länger von ihm entfernt, hockte mich außer Sicht nieder und wartete. In immer wachsenden Abständen kehrte ich zu ihm zurück, lobte und liebelte ihn und ging dann dazu über, ihn ohne Korallen abzulegen und ihm, falls er wirklich versuchte, sich zu erheben, vermittels der Zwille klarzumachen, was er zu tun hatte. Schließlich kam es dahin, daß ich in meiner Deckung über der Lektüre von »Wild und Hund« den abgelegten Hick vergaß und erst nach fast zwei Stunden merkte, wie lange er brav und lautlos an seinem Liegeplatz ausgehalten hatte. Man kann sich denken, mit wieviel Freude und Stolz ich zu ihm ging und ihn abliebelte.

Fünf Jahre später ist es mir ein zweites Mal passiert, daß ich einen abgelegten Hund über der Pirsch im Revier vergaß und erst abends zu Hause merkte, daß er fehlte. Es war der berühmte Cato von Moorberg, und ich sauste reuevoll mit dem Fahrrad los, um ihn zu »lösen«. Es hatte seit Stunden zu regnen begonnen, und die Nacht war hereingebrochen, aber es gab nicht den leisesten Zweifel, daß Cato dort liegen würde, wo ich ihn zurückgelassen hatte. Ich täuschte mich nicht; er lag dort; er hatte elf Stunden an seinem Platz ausgehalten.

7 FRÜHPIRSCH

Vater wußte nichts vom Stand meiner Bemühungen um Hicks Erziehung; er fragte auch nicht; es wäre ihm taktlos erschienen. Er hatte mir die Aufgabe gestellt und mich dabei meinem eigenen Scharfsinn überlassen; wenn es mir gelänge, sie zu lösen, würde er es eines Tages schon merken.

Eines frühen Morgens im Sommer, nachdem ich mich durch wiederholte Prüfungen überzeugt hatte, daß Hick mich nicht blamieren würde, beschloß ich, ihn zur Pirsch mitzunehmen.

Der Tag graute kaum, als der Pirschwagen vorfuhr, bespannt mit Ringhorn, unserem ostpreußischen Fuchs, und der »Alten«. Die »Alte« war eine englische Vollblutstute, dunkelbraun mit Bleß und weißer linker Hinterfessel. Ihr war der Wechsel von den bergigen Harzstraßen ins Flachland außerordentlich gut bekommen; die ebenen Wege sagten ihr zu; sie ging wie eine junge und wurde zweiunddreißig Jahre alt, ehe sie, ohne auch nur einen Tag lang das Gnadenbrot zu beanspruchen, in den Pferdehimmel einging.

Hick saß schon neben mir, halb verborgen durch die Wagendecke, als Vater zu mir einstieg.

»Nanu«, sagte er, »was soll das?! Laß doch den Köter zu Hause; der macht uns nur das Revier verrückt.«

»Nein«, sagte ich, »bestimmt Vater, garantiert ...«
»Also meinetwegen.«
Die Pferde traten an. In schlankem Trab ging es vom Hofe, die Landstraße durch das Wiesental entlang, über dem die weißen Frühnebel wallten, und das erfüllt war von dem würzig-frischen Duft zahllos blühender Kräuter, Gräser und Blumen. Die Pferde schnoben und warfen die Köpfe, das Lederzeug jankte. Frisch strich die Luft an den Wangen dahin, und an meinen Schenkeln fühlte ich die Wärme von Hicks Körper, der sich wie immer dicht an mich schmiegte.

Der Wald nahm uns auf. Hoch und feierlich standen die Stämme und bildeten rechts und links der Schneise eine schweigende Mauer. Der Wiesenduft wich dem von Laub und feuchter Walderde. Die Hufe der Pferde schlugen dumpfer, und die Räder des Pirschwagens gingen fast lautlos über den festen, federnden Grund. Der Schein der Wagenlaternen tauchte die schwarzen Stämme im Vorübergleiten in rötliches Licht.

Wir wollten zum Trainschen Bruch, zur Suhle der Feisthirsche, und hielten beizeiten. Es war noch tief dämmerig. Der Wald schlief. Reglos standen die Wipfel.

»Laß den Hund beim Wagen«, sagte Vater, als wir die Pferde angebunden und die Decken übergeworfen hatten.

»Nein«, sagte ich, »dann hätte ich ihn ja gleich zu Hause lassen können. Ganz bestimmt Vater, ich garantiere dir ...«

Er sah mich aufmerksam von der Seite an, überlegte eine Sekunde, knurrte ein »Hm, also, schön«, und schritt mir voraus auf das Trainsche Bruch zu, eine ausgedehnte Waldsenke mit Eschen, Erlen, Eichen und mannshohem Baldrian, Faulbäumen und Pulverholz, das die Hirsche zum Fegen ihrer Geweihe so besonders lieben.

»So«, sagte Vater nach einer Weile, »nun leg den Hick ab« — und sah geduldig zu, wie ich meinen braunen Freund bei Rucksack und Schweißriemen sich niederlegen hieß.

»Wenn der aber nachkommt, ...« sagte Vater noch, halb zweifelnd, halb eine Drohung aussprechend, von der nicht genau zu sagen war, galt sie Hick oder mir; dann wandten wir uns dem Bruch zu.

Der Pirschsteig, ein schmaler, freigeharkter Weg, führte um mancherlei Büsche herum über gemähten und aufgehackten Baldrian hin, der einen sanften Geruch ausströmte.

Über den Wipfeln und hinter den Stämmen meldete sich der Tag mit einem frühesten Schimmer von Grau. Wie ein schwacher Seufzer ging erschauernd ein erster Hauch durch die Baumkronen. Taufall setzte ein; die Tropfen fielen wie feiner Regen; ringsherum hörte man das silberne Klingen, und dann kam, ein erster Atemzug des Tages, der Morgenhauch, der dem Sonnenaufgang vorausgeht, und raschelte, raunend und lispelnd, in dem gefiederten Laub der Eschen.

Lautlos ausschreitend erreichten wir die Deckung am Ende des Pirschsteigs, einen roh geflochtenen Laubschirm, der freien Ausblick auf die Suhle bot, einen schwarzen Tümpel, in dessen Schlamm sich die Hirsche zu wälzen liebten.

Der Wind stand gut, gerade auf uns zu. Wir setzten uns zurecht. Noch war alles still, auch hinter uns; denn Hick rührte und muckste sich nicht, und meine Angst, er könne plötzlich aufstehen und anfangen zu singen, legte sich nach und nach.

Wir warten. Allmählich wird es heller. Vater hebt die schwere Büchse und blickt prüfend über Kimme und Korn. Noch ist es zu dunkel; hoffentlich kommen sie nicht zu früh, ehe das Büchsenlicht sichere Schüsse gestattet.

Da, eine erste Vogelstimme — eine Drossel. Dann wieder Stille, dann — tiefer im Forst — der samtene Ruf eines Taubers und das Klatschen der Flügel beim Abflug.

Vater sitzt regungslos und blickt geradeaus. Die Stille ist wieder vollkommen, und dann höre ich plötzlich in der Ferne ein Geräusch, als wenn zwei Stöcke zusammengeschlagen werden, und stoße Vater, der von den Abschüssen seiner Elefantenbüchse in Afrika schwerhörig geworden ist, vorsichtig an. Er nickt und schlägt die gekreuzten Zeigefinger gegeneinander. »Sie schlagen die Stangen zusammen«, flüsterte er, »sie scherzen.«

Und wieder ist es still. Das Herz beginnt schneller zu schlagen; man fühlt eine Schwere in den Gliedern sich ausbreiten. Plötzlich knackt es, fern noch, aber schon näher, und dann hört man — immer noch ohne etwas zu sehen — wie sie hier und dort an Faulbaum und Eberesche zu schlagen beginnen. Man späht sich schier die Augen aus dem Kopfe und sieht doch nichts als Stämme, Büsche, Unterholz und Farne und dahinter erste Helligkeit, — eine leichte Röte im Osten, die das Grün des Blattwerkes und das Silbergrau, das Braun und Graugrün der Stämme mit zartem Rosa überhaucht. Zugleich verstärkt sich die Morgenbrise zu einem Rauschen und dringt durch die Wipfel herab in die kühle Stille des Walddomes, so daß die Blätter des Unterholzes und die Farne in lebhafte Bewegung geraten. Es ist, als hörte man von fernher eine Brandung rauschen, und das Schlagen der Hirsche geht fast darin unter.

Plötzlich, wie hingezaubert aus dem Unterholz, steht einer vor der Suhle; rot leuchtet die Decke im Frühlicht. Den Windfang erhoben, steht er sichernd da; die von Nässe weißen Enden seines Geweihs funkeln wie Kerzen im Morgenschein.

»Sechzehn«, murmelt Vater anerkennend.

Ich stoße ihn an. Will er denn nicht schießen?

Aber er schüttelt nur unmerklich den Kopf.

Zwei Minuten steht der starke Sechzehnender unbeweglich wie ein Standbild, dann schüttelt er das Haupt, platscht in die Suhle, tut sich nieder und wälzt sich, daß der Schlamm spritzt.

Im gleichen Augenblick öffnet sich vor uns an verschiedenen Stellen die grüne Mauer. Vier — fünf — sechs Hirsche treten heraus, einige blank gefegt, andere noch halb im Bast, der in langen Fetzen von ihren vom Fegen grünfeuchten Stangen herabhängt.

Sie fühlen sich gänzlich sicher und ziehen näher zur Suhle her. Ohne Atem sitze ich da. Immer — ein ganzes Leben lang — hat mir der Anblick der Hirsche den Atem verschlagen.

Auf was wartet Vater? Er sitzt völlig unbewegt, die Waffe auf den Knien; nur seine Augen wandern langsam den gegenüberliegenden Rand der Lichtung entlang.

Plötzlich hebt er langsam die Büchse; denn nun teilen sich drüben die Büsche, und heraus tritt ein alter Hirsch mit mächtiger Mähne, fahl, löwengelb wie das Schmielengras im September und mit einem kolossalen Rumpf. Auf dem falben Haupt aber trägt er nur zwei riesig lange Stangen, deren Enden nicht mehr als schwach angedeutet sind. Dafür aber ragen mächtige, säbelförmige Augsprossen schwarzbraun mit gefährlich blinkenden Enden ihm schräg voraus.

Einen Augenblick steht er sichernd. Dann zieht er auf die Suhle zu, und nun, in voller Breite uns zugekehrt, verhofft er.

Im gleichen Augenblick hat Vater die Büchse am Kopf, fällt der Schuß und bricht der Hirsch, wie vom Blitze getroffen, im Feuer zusammen.

Ein Schwaden blauen Pulverdampfes zieht träge von hinnen. Die anderen Hirsche aber stehen wie angenagelt, verhoffen einen Lidschlag lang und prasseln dann durch das Bruch fort. Der Schlag ihrer Schalen, das Brechen dürrer Äste und das Klappern der anschlagenden Geweihe verliert sich — der letzte Laut erlischt.

Zitternd stehe ich und äuge nach dem verendeten Hirsch. Vater aber, die Büchse immer noch am Kopfe, sitzt und wartet, bis der Hirsch, der senkrecht zusammengebrochen ist, als seien ihm die Läufe unterm Rumpf fortgeschlagen, zur Seite umsinkt.

Die Büchse schußfertig, geht Vater langsam hinüber, bleibt vor dem Hirsch stehen und nimmt feierlich den Hut vom Kopfe. Ich tue es ihm nach, ein Gefühl der Ehrfurcht im Herzen wie später wohl, wenn ich eine Flagge am Mast auf halbstock gehen sah. Ich fühle deutlich das Besondere in der Art, wie Vater den Hut abnahm und schweigend verharrte. Die Stille des Waldes ringsum war plötzlich hörbar und andauernd; das helle, unwirklich zarte Lied eines Rotkehlchens schien sie nur noch zu erhöhen.

Dann faßt Vater nach den Stangen am Haupte des Geweihten, prüft ihre Stärke, fährt die langen Dolche der Augsprossen entlang und blickt strahlend zu mir her. Die Freude bricht ihm hell aus den Augen. Wir prüfen die Grandeln im Oberkiefer des Hirsches; sie sind ganz klein, abgeschliffen und tiefbraun vor Alter.

»Weidmannsheil, Vater«, sage ich, breche einen Eichenbruch, streiche ihn über den Einschuß, der Hochblatt sitzt, und überreiche ihn Vater auf der Klinge des Weidmessers, wie es der alte Jägerbrauch verlangt. —

»Warum hast du nicht den Sechzehnender geschossen?« fragte ich, als wir den Pirschsteig entlang, zu Hick zurückschritten.

»Den?« sagt er über die Schulter zurück, »der muß noch vererben, mein Junge, im Herbst soll er der Vater junger, starker Hirsche werden, die seine hervorragenden Eigenschaften erben und weitergeben. Merk dir das: Hegen geht immer vor Schießen. Wer nicht hegen kann, wer nicht mit der Büchse dafür sorgt, daß das Gute, das Starke bleibt und lebt, und das Kranke, Verkrüppelte oder das Überlebte fällt, der ist ein schlechter Weidmann; er hat kein Herz für die Tiere, er liebt sie nicht, und es ist doch gerade die Liebe zu allem Lebendigen, das Mitgefühl mit aller stummen Kreatur, die Freude an ihrer Vollkommenheit in der Unschuld der Schöpfung, was den Jäger zum Weidmann macht.

Die Verantwortung gegenüber dem Lebendigen, mein Junge, das Gottes Erde füllt, die liebende Freude an allem, was da ist und kreucht und fleucht, und was stark und frei lebt, wie es Gott gewollt hat, das ist der Grundsatz für all unser Handeln als Forstmänner und weidgerechte Jäger.

So hat schon dein Urgroßvater gedacht und gelebt, der erste Forstmann in der Familie, — so hab' ich's von meinem Vater gelernt, und so möchte ich, daß du es dir einprägst als Leitsatz für alle Zukunft.«

Er war stehengeblieben, hatte sich zu mir umgewandt und den festen Blick seiner blauen Augen nicht von mir gelassen.

Nun wandte er sich wieder und fuhr im Gehen fort: »Der dort, den ich heute geschossen habe, war vor Jahren ein starker Hirsch, der stärkste weit und breit. Aber dann wurde er alt. Sein Geweih ging zurück; es bildete keine Enden mehr, nur noch diese Mördersprossen. Er wurde ein Schadhirsch und hat uns im vergangenen Herbst drei unserer besten Nachwuchshirsche zu Tode geforkelt. Darum mußte er weg. Und ich glaube, mein Junge, wir Menschen dürften froh sein, wenn wir eines Tages ebenso schnell und schmerzlos in unseren Himmel gelangten, wie er in den seinigen.«

Für ein Weilchen war es stumm zwischen uns; ich wagte nichts zu sagen. Nur das Laub raschelte unter unsern Füßen, da wir jetzt quer durch den Wald schritten, und ab und zu brach knackend ein Zweig. Dann sagte er mit einer Vertrautheit, wie ich sie nur selten an ihm erlebt habe: »Weißt du, ich denke manchmal, daß auch der Herrgott seine Tiere mehr liebt als die Menschen.«

Mir ging plötzlich eine Ahnung auf: Franziskus — Freund der Tiere! Eine Frage lag mir auf der Zunge. Ich zögerte, sie auszusprechen, aber schließlich wagte ich sie doch:

»Hast du mich darum Franz genannt?« fragte ich.

Wieder blieb er stehen, mitten im Schritt, wandte sich um, legte mir die Hände auf die Schultern, blickte mir voll in die Augen und sagte: »Ja, mein Junge, du hast mich richtig verstanden.« —

Im Weiterschreiten dann sagte er: »Nun wollen wir sehen, was der Hick macht.«

»Der? Der ist an seinem Platz.«

Er warf mir über die Schulter einen halb zweifelnden, halb belustigten Blick zu, aber als wir an die Lichtung kamen, an der wir den früher so unbotmäßigen Braunen abgelegt hatten, und Hick in vorschriftsmäßiger Lage uns freundlich wedelnd begrüßte, sagte Vater: »Gut, mein Junge, das hast du gut gemacht.«

Sein Lob trieb mir das Blut in die Ohren; er war immer sehr karg damit, und ich weiß nicht, ob ich jemals stolzer gewesen bin als an diesem Morgen.

Aber der Sorgen mit Hick war noch kein Ende. Wenige Tage später nahm ihn Vater mit auf die Pirsch, und als er ihn draußen ablegen wollte, kam Hick, kaum daß Vater ihm den Rücken wandte, wieder hoch, äugte, winselte und gab dann Laut aus vollem Halse, daß es durch den Forst schallte.

Beschämt nahm ich den Sünder wieder in Empfang, führte ihn zu Revier, legte ihn an einer Stelle ab, die ihm ganz fremd war — und siehe: er blieb liegen, stumm und steif wie ein Stock.

»Das verstehe ich nicht«, sagte Vater — und versuchte es ein zweites Mal.

Wieder tat Hick genau das Gegenteil von dem, was er gelernt hatte und sollte. Und wieder ließ er sich von mir ablegen und verhielt sich genau nach Vorschrift.

Es war ein Rätsel und es blieb eines; Hick, der sonst in allen Dingen selbstverständlich auch meinem Vater auf Wort und Wink gehorchte, in diesem einen Punkt folgte er nur mir, was natürlich meinem Selbstgefühl nicht wenig schmeichelte, da ich darin den Beweis einer besonderen und ausschließlichen Liebe zu erblicken glaubte, die den schönen Braunen an mich bände. Heute bin ich anderer Ansicht und denke, daß unter den vielen neuen Menschen, die Hick plötzlich nach Schuenhagen kommen sah, ich es gewesen bin, der sich seiner am entschiedensten annahm. Die Folge war, daß er sich daran gewöhnte, in mir seinen Herrn, den einen und einzigen, zu sehen, der ihm das bedeutete, was seinen wölfisch im Rudel jagenden Vorfahren der Leithund gewesen war: der unumschränkte und unbedingte Herrscher und Anführer. Despotisch herrschte der Leithund. G e g e n ihn gab es keinen Widerstand. Jede Auflehnung bedeutete Schmerz. M i t ihm aber gab es alles Angenehme, Jagd, Lust des Hetzens und Reißens, Beute und Sättigung. Allen andern Geboten ging das des Gehorsams gegen den Leithund voran, und so erkläre ich's mir, daß Hick mir, der ich für ihn den Leithund darstellte, selbst da noch Gehorsam zollte, wo er ihn andern versagte.

8 HERR HARTMANN UND HERR KRAUS

Bruder Hans-Wilhelm und ich waren mittlerweile ins Kaiserliche Kadettenkorps nach Lichterfelde gekommen und machten unsere ersten Klimmzüge an den untersten Sprossen der steilen Leiter zukünftigen Ruhm versprechender Laufbahnen. Wir trugen blaue Uniformen mit blanken Knöpfen, deren Glanz uns viel Kummer bereitete, und gingen sonnabends oder sonntags auf Stadturlaub zu den Tanten und Verwandten in Potsdam und Berlin, wo man lieb zu uns war, über unsere Ausdrucksweise heimlich den Kopf schüttelte und uns mit Schokolade und Kuchen traktierte.

Wir erfanden ein System, bescheiden zu erscheinen und trotzdem viel zu essen.

»Nein, danke«, sagte zum Beispiel Hans-Wilhelm, wenn er verabredungsgemäß seinen Kuchenteller um ein weniges früher als ich geleert hatte, »nein danke, Tantchen, ich kann wirklich nicht mehr«, und dabei saß er sehr gerade und sehr manierlich und blickte verlegen auf den Teller.

»Und du, Franz?« fragte die Tante, und ich nickte dankbar Zustimmung, während ich noch an dem letzten Bissen schluckte.

»Aber höchstens noch ein Stück«, sagte ich, nicht früher, als bis sie mir schon das dritte vorlegte.

Hans-Wilhelm saß derweil und »ließ es rutschen« und unterhielt die Tante in artigen Wendungen.

Sagte sie dann: »Nun, Franz, wie ist es? Noch ein Stückchen?«, so wehrte ich unter heftigem Erröten ab. Man errötet, indem man die Luft anhält und etwas drückt.

»Aber Hans-Wilhelm vielleicht...?« fragte sie, »es schmeckt euch doch?«

Dann seufzte mein Bruder und wand sich unter ihrem Blick und ließ sich nötigen, errötete, bis seine Ohren purpurn glühten und gab allmählich den Widerstand gegen weiteren Kuchen auf. Aus reiner Höflichkeit ließ er sich noch ein Stückchen — »aber nur ein ganz kleines, Tantchen!«, aufdrängen und war zu bescheiden, halt zu sagen, wenn die Tante es persönlich übernahm, ihm den Teller zu füllen.

Und so dankten wir umschichtig, einmal er, einmal ich, bis es Zeit war, aufzubrechen, und wir mit bleischweren Bäuchen heimwärtszogen, die das blitzende Sonntags-Lackkoppel nur noch mühsam umspannte.

Eine Helmschachtel, die wir — rein zufällig — bei uns zu haben pflegten, wurde, unaufdringlich wie ein Opferstock, gut sichtbar in der Kleiderablage aufgestellt.

Selten trog die Erwartung, daß man uns »als Wegzehrung« oder »zur Überraschung« noch einige Pakete mit dick belegten Butterbroten hineintun würde.

Es war ein ausgesprochen lohnendes Verfahren. Wir kamen in den Ruf großer Wohlerzogenheit und bescheidenen Wesens. —

Noch einen Punkt gab es in dem großen Berlin, der uns, besonders meinen Freund Fritz Pogge aus Mecklenburg und mich, regelmäßig und mit magnetischer Kraft anzog: die Niederlassung der Sauer-Waffenfabriken in der Jägerstraße. Ein Sauer-Gewehr zu besitzen, war der Traum unserer Träume; denn Fritz Pogge, dick, untersetzt, mit flachsgelbem, straffem Haar und den gutmütigsten blauen Augen, war ein ebenso passionierter Jäger wie ich.

Da standen wir denn, halbwüchsige Bürschchen, in des Kaisers Rock und drückten uns die Nasen an den hohen, blanken Scheiben platt, hinter denen ein- und doppelläufige Flinten, Drillinge, Pirschbüchsen und Büchsflinten, Mehrladepistolen, Revolver, Jagdmesser, Hirschfänger und Duell-Pistolen in vornehm wattierten Etuis, Zielfernrohre, Jagdstühle und Dressurbehör zur Schau standen. Wie schimmerten die blanken Läufe der Waffen, wie schön war die Maserung dieses Kolbens, die Einlegearbeit an jenem Schaft! Wir schwelgten und träumten, und es dauerte lange, ehe wir zum ersten Male den Mut aufbrachten, die Klinke niederzudrücken und die stille Kühle des Ladens zu betreten.

Zwei Angestellte hüteten das Heiligtum, Herr Hartmann und Herr Kraus, ältlich, hager, mit schütterem Haarwuchs und randloser, von schmalen goldenen Bügeln gehaltener Brille der eine, rundlich-konziliant und rosig der andere. Sie eilten aus zwei gegenüberliegenden Winkeln des Raumes auf uns zu: »Womit kann ich dienen, meine Herren? — Womit können wir dienen?« Dachten sie, daß wir k a u f e n wollten? Mir war ein wenig unbehaglich zumute.

Aber Fritz Pogge, eine Verbeugung andeutend, legte die Mütze auf einen der blinkenden Glaskästen, streifte nacheinander die Handschuhe von den Fingern und sagte mit lässiger Sicherheit: »Wir wollten uns gern 'n paar Gewehre ansehen.«

Und das taten wir dann. Hartmann und Kraus führten uns im Laufe dreier Stunden so ziemlich den gesamten Bestand an Jagdwaffen vor, und wir übten Anschlag, zielten, begutachteten, fragten nach Schußleistung und Munition, Durchschlagskraft und Kaliber und prüften die eine oder andere Waffe auf dem rückwärts des Ladens gelegenen Schießstand.

Herr Hartmann und Herr Kraus blieben in ständiger Bewegung an diesem Nachmittag; wie die Waffen aus ihren Schränken, so holten sie ihr gesamtes Wissen aus ihren Köpfen hervor; es war unglaublich interessant, und sie schienen wirklich anzunehmen, daß wir etwas kaufen wollten.

Heimlich stieß ich Fritz an. »Mensch, wie kommen wir hier wieder heraus!?«

Aber Fritz lächelte bloß und vertiefte sich wieder in den Beschlag eines Drillings.

»Diese gefällt mir am besten«, sagte er endlich, als es schon zu dämmern begann, auf eine Doppelflinte weisend, »ich werde mit meinem Alten Herrn sprechen; vielleicht schenkt er sie mir.«

»Hm«, machte Herr Hartmann, und »wir wünschen es Ihnen«, lächelte Kraus mühsam.

Fritz aber, nachdem er in aller Ruhe die Handschuhe übergestreift und glattgezogen, verbeugte sich voller Grandezza: »Wir danken Ihnen sehr: es war außerordentlich interessant.«

»Mensch«, sagte ich, als wir glücklich draußen waren, »deine Ruhe möcht' ich haben.«

Er zog erstaunt die Brauen. »Wieso? — Vielleicht schenkt sie mir mein Alter wirklich.«
»Das glaubst du doch selbst nicht.«
»Wieso!? — Einmal muß ich ja doch eine kriegen. Und außerdem: die beiden wissen ganz genau, daß wir in ein paar Jahren uns selber Gewehre kaufen. Da können sie ruhig jetzt schon ein bißchen nett zu uns sein.«
»Waren sie doch auch.«
»Zugegeben«, sagte Fritz gönnerhaft, »zugegeben.«
In der Folge wurde unser Verhältnis zu Hartmann und Kraus ein ganz freundschaftliches; sie freuten sich richtig, wenn wir kamen; man merkte es ganz deutlich. »Ach, die Herren Kadetten«, sagten sie, wenn wir eintraten, »das ist aber wirklich eine Freude. Was darf es heute sein?« Und Herr Hartmann blinzelte über die Ränder seiner Brillengläser, während Herr Kraus seine dicken Finger vor der Weste faltete und mit leisem Kopfnicken von einem zum andern blickte.

Eines Sonnabends, als wir zur gewohnten Stunde den Laden betraten, blieb mir der Gruß im Halse stecken.

Herr Hartmann und Herr Kraus standen in scherzendem Gespräch mit einem Herrn, der aus vollem Halse lachte. Es war Vater. Ich flog ihm an den Hals.

Später, als wir zusammen die Jägerstraße entlanggingen, fragte er: »Fallt ihr Herrn Hartmann und Herrn Kraus auch nicht zur Last?« »Bewahre«, sagte ich, »sie freuen sich immer, wenn wir kommen.«

»Hm...«

»Ja! Sie sagen immer: ›Ach, die Herren Kadetten, das ist aber wirklich eine Freude!‹ — Jedesmal sagen sie das...«

Ich begriff nicht, warum Vater sich plötzlich abwandte, furchtbar hustete und in sein Taschentuch schnaubte.

Endlich beruhigte er sich und sagte: »Und was, meinst du, mein Sohn Franz, sagen sie, b e v o r ihr den Laden betretet?«

»Wieso?«

»Nun, ich will es dir nicht verheimlichen. Sie sagen: ›Um Gottes willen! — Die Kadetten kommen...!‹«

Für länger als ein Jahr bin ich nicht mehr in die Jägerstraße gegangen. Und als ich den Laden das erste Mal wieder betrat, geschah es mit den Worten: »Um Gottes willen! — Die Kadetten kommen.« Sie guckten ein bißchen verdutzt, Hartmann und Kraus, und dann lachten wir gemeinsam, und sie zeigten mir alles, was es an Neuem zu sehen gab und behandelten mich wirklich wie einen alten Freund. Zum Schluß aber kam der Clou des Tages, der Hartmann und Kraus vor Staunen verstummen ließ: Ich zog die Brieftasche, lässig wie seinerzeit Fritz Pogge die Handschuhe, legte drei Hunderter auf den Tisch des Hauses, nahm eine Flinte, Sauer Cal. 12 mit dem Schußprädikat ›Höchstleistung übertreffend‹, die mir meine beiden Freunde voll Stolz und Liebe als das Neueste und Beste an Doppelflinte vorgeführt hatten, und sagte: »Die behalte ich.«

Es war meine erste Doppelflinte, eine wunderbare Waffe, und mit dem Gelde, für das ich sie erstand, hatte es seine Bewandtnis:

Vater hatte einen sehr schönen Pointerrüden bekommen, weiß mit braunen Platten, makellos gewachsen und außerordentlich feinnasig. Der Stolz auf diese Neuerwerbung war groß, aber er dauerte nicht lange; denn »Flott« — so hieß der Hund — erwies sich beim ersten Jagen als hoffnungslos schußscheu. Er lief einfach heim, als es knallte, und eine Rückfrage bei dem früheren Besitzer ergab, daß Flott, der in der Wohnstube vorm Ofen geschlafen hatte, besinnungslos vor Angst quer durch die geschlossenen Fensterscheiben geflohen war, als sein Frauchen im Nebenzimmer anfing, die Matratzen zu klopfen. Irgendeine frühe Erfahrung, vielleicht auch die nervöse Empfindlichkeit alter Rasse machten es ihm unmöglich, plötzlichen heftigen Geräuschen standzuhalten. Das Schlagen einer Tür, ein Deckel, der in der Küche auf die Fliesen fiel, selbst der harmlose Knall der Kutscherpeitsche auf dem Hof versetzten ihn in blinde Angst.

»Du hast doch dem Hick das Ablegen beigebracht«, sagte Vater, als er mir in den nächsten Ferien den Hund zeigte.

»Ja«, sagte ich, »und . . .?«

»Gewöhn' dem Flott die Schußscheu ab«, fuhr er fort, »ich hab' die Zeit nicht dazu, und es wäre doch schade, wenn der schöne Kerl...« er beugte sich nieder und streichelte den weiß-braunen Kopf, »... wegmüßte, weil er zu keiner Jagd taugt.«

Flott saß vor uns und blickte aufmerksam von einem zum andern. »Er ist sonst tadellos gezogen«, sagte der Vater noch, »wirklich, es wäre ein Jammer ... man kann ja keinen Hund brauchen, der ausreißt, wenn's knallt.«

Damit gingen wir weiter. Flott winselte hinter uns drein, und ich, ich war stolz über die erste Dressuraufgabe, die Vater mir stellte; denn sie zeigte mir, daß er meinen Erfolg mit »Hick« nicht vergessen hatte, wenn es in gewissem Sinne auch nur ein Teilerfolg gewesen war, und daß er mir eine Hand für Hunde zutraute. Das gab meinem Selbstvertrauen eine kräftige Stütze.

Die Frage: »Wie soll ich's anfangen?« lag mir schon auf der Zunge, da fiel mir ein, was er damals bei Hick gesagt hatte: »Denk' nach, mein Junge«, und so ging ich denn wieder einmal mit gefurchter Stirn einher und grübelte und suchte mich in Flott hineinzudenken und mir darüber klarzuwerden, mit welchen Mitteln ich ihn schußfest machen könnte.

Am anderen Morgen nahm ich ihn mit in den Wald und prüfte ihn. Es war, wie Vater gesagt hatte; Flott war tadellos gezogen. Er gehorchte aufs Wort, ging bei Fuß, dalte, setzte sich, apportierte, gab Laut, suchte auf der Fährte, ließ sich willig ablegen, — kurz, es war kein Fehl an ihm. Aber wenn ich nur kräftig in die Hände klatschte, fuhr er zusammen, klemmte den Schwanz ein, zitterte und gebärdete sich wie irr vor Angst.

Es war klar: Knall war für ihn der Inbegriff alles Unangenehmen. Und an diesem Punkt kam mir, als ich nachts grübelnd wach lag, die entscheidende Idee, die später der Angelpunkt der gesamten Abrichtung für mich geworden ist: Ich mußte Flott das Unangenehme, Angstauslösende zum Angenehmen, Lustauslösenden machen! Mit heißem Kopf dachte ich diesen Gedanken weiter. In Flotts Vorstellung war — ohne jeden Zweifel — Knall gleichbedeutend mit »schrecklich«. Diese Verknüpfung zu lösen und durch die andere, entgegengesetzte, »Knall ist schön«, zu ersetzen, war meine Aufgabe. Aber wie dies Ziel erreichen?

Wir hatten zu jener Zeit den Jägerlehrling Fritz Balzer auf Schuenhagen, einen Sechzehnjährigen mit schlaksigen Bewegungen, zahllosen Sommersprossen und senkrecht abstehenden roten Ohren, deren obere Enden unter dem übergroßen grünen Jägerhut abknickten und sich weiß zu verfärben pflegten. Fritz und ich waren eng befreundet und verschworen; er hatte einen nie erlahmenden Eifer in allen forstlichen Dingen, war, wie ich, glühend begeistert für weidgerechtes Jagen, haßte Wilddiebe, Bauernjäger, Sonntagsschießer und lärmende Ausflügler und war unübertrefflich im Aushecken immer neuen Untums und Schabernacks. Der Altersunterschied — er war sechzehn, ich dreizehn — wurde durch die Tatsache, daß ich »der Sohn vom Alten« war, mehr als wettgemacht; wir hielten zusammen wie Pech und Schwefel.

Nur daß er sich für Mädchen interessierte, störte mich. Wenn unsere dralle und temperamentvolle Mamsell aus der Küche auf den Hof trat, um zu sehen, ob das Wetter für ihre Wäsche halten würde, veränderte Fritz sogleich Gang und Haltung; er sprach lauter als vorher und versuchte seiner Stimme einen tieferen Klang zu geben. Gleichzeitig knuffte er mich in die Seite und sagte: »Du, Franz, die . . .« und schmatzte kennerisch.

Das alles erschien mir ungeheuer dumm, und ich sagte es ihm. Da lachte er schrecklich und sagte: »Laß man, Franz, du kommst auch noch dahinter . . .«

Das also war Fritz Balzer, und zu ihm würde ich gehen und in Sachen »Flott« um seine Unterstützung bitten.

Er hörte mich bereitwillig an, kratzte sich am Kopf und meinte: »Mir ist das zu hoch, Franz, aber versuchen können wir's ja. Was soll ich tun?«

»Du gehst in den Wald«, sagte ich, »und versteckst dich im

Gestrüpp oder hinter einem Baum. Dann komme ich mit Flott. Ich behandle ihn den ganzen Morgen schlecht, weißt du; er muß an der Leine gehen, anstatt wie sonst immer, frei zu laufen; für jeden kleinsten Fehler strafe ich ihn hart — mit Worten und mit Schlägen, so daß er ganz eingeschüchtert ist und sich verdammt unglücklich vorkommt. Und wenn du mich dann kommen siehst, und ich bin zwanzig Meter von dir ab, dann schießt du einmal in die Luft...« Fritz hatte aufmerksam zugehört. Nun grinste er. »Wenn's weiter nichts ist«, sagte er, »denn man zu.«

Und so geschah es. Ich nahm Flott an die Leine und verdarb ihm in jeder Weise unbarmherzig den Vormittag; er wußte kaum, wie ihm geschah.

Plötzlich — er trottete mit eingezogener Rute, ängstlich aufwärts schielend und mit allen Zeichen des Unbehagens, eng an meiner Seite — brach der Schuß Fritz Balzers aus einem Gebüsch zwanzig Meter vor uns. Flott tat einen erschreckten Satz. Im gleichen Augenblick beugte ich mich zu ihm: »Ei, der gute Hund, der brave Hund. Ja, so ist brav! Und liebelte ihn und streichelte ihn, band ihn los, gab ihm vorsorglich mitgebrachte Brocken und ließ ihn toben und stöbern nach Herzenslust, während wir, Fritz und ich, gemächlich heimwärts schlenderten.

»Na, mein Lieber«, sagte Fritz, »ich möchte wissen, ob du richtig liegst. Er ist ja nicht schlecht in die Stacheln gebraust, als der Schuß fiel.«

Ich zuckte die Achseln. »Wir müssen's eben versuchen, Fritz. Morgen wieder, ja?«

Er grinste. »Meinetwegen. Morgen wieder.«

In der Folge zeigte sich, daß meine Methode die richtige war. Immer näher ließ ich Fritz die Schußentfernung zwischen uns bemessen und verzeichnete mit heimlichen Stolz, wie Flott von Tag zu Tag weniger Schreck vor dem Knall zeigte. Schließlich ließ ich Fritz in Sicht des Hundes vor uns hergehen und unvermutet schießen, und dann sogar mußte er auf Flott und mich zukommen.

Jedesmal aber überschüttete ich den Hund im Augenblick des Knalls mit allem, was er liebte und als angenehm empfand: mit Lobesworten, Aufmunterungen und Brocken — und ließ ihn frei. Er durfte stöbern, und ich pfiff ihm nicht einmal, wenn er etwa einen Hasen hochmachte und ihn eine Weile hetzte.

So kam es schließlich dahin, daß Flott auf den morgendlichen Reviergängen, die ich konsequent in einer für ihn bedrückenden Atmosphäre beginnen ließ, den Augenblick des Schusses buchstäblich herbeisehnte als das Signal, das alles Unangenehme beendete und alles Angenehme und Schöne eröffnete. Wurde er Fritzens nun von weitem ansichtig, so zog er sogleich, aufgeregt wedelnd, auf ihn zu.

»Nu is er schon ganz schußgeil«, sagte Fritz, und wir begannen, die Übung zu ändern. Ich ließ Flott von Hofe weg ohne Leine »bei Fuß« gehen, und Fritz begegnete uns nicht mehr im Walde, sondern ging von vornherein mit uns, er mit — ich ohne Gewehr. Zu irgendeinem Zeitpunkt, für Flott ganz unerwartet, fiel dann der Schuß, und da ich ihn im gleichen Augenblick lobte und liebelte und ihn stöbern schickte, begriff er bald, daß Schuß, gleichviel wo und wann, erwartet oder unerwartet, Angenehmes zur Folge hatte. Damit hatte ich im Grundsätzlichen gesiegt, und es war nur noch ein Schritt, daß wir auf Fritzens Begleitung verzichteten und ich selber schoß. Sicherheitshalber nahm ich im Anfang Flott wieder an die Leine und leinte ihn dann sofort nach dem Schuß los: die Vorstellung »Schuß hat angenehme Folgen« blieb damit erhalten. Endlich — zwei Tage vor Schluß der Ferien — ging ich zu Vater und meldete ihm das Ergebnis meiner Bemühungen.

»So?« sagte er, »er ist schußfest? — Nun, laß sehen.«

Er nahm seine Elefantenbüchse, dieselbe, deren Donner ihn in Afrika einen Teil seines Hörvermögens gekostet hatte, und wir zogen zu Forste.

Flott, scharf an den Korallen gehalten, schlich bekümmert und unlustig neben meinem linken Knie einher. Doch schon als Vater die schwere Büchse hoch anlegte, veränderte sich die

Haltung des Hundes. Sichtlich in freudiger Erwartung, eifrig wedelnd und mit der Nase mein Knie anstoßend, sah er dem befreienden Schuß entgegen. Und als mit dem Feuer der Donner aus dem Lauf brach, setzte er sich artig und erwartungsvoll auf die Keulen, den Fang in Erregung geöffnet, die rosa Zunge hechelnd, und ließ sich die Korallen unter allerlei Koseworten abnehmen. »Lauf!« sagte ich, »so is brav. Voraus, mein Hund!« Und schon schoß er in hohen Sprüngen vor uns die Schneise entlang.

»Donnerwetter«, sagte Vater, »der tut ja, als wäre gar nichts gewesen.« Ich schwieg, während heimlicher Stolz mir fast den Atem benahm. Nun kam Flott, die Nase tief am Boden, eifrig suchend wieder auf uns zu.

Da hob Vater mit einem raschen Seitenblick auf mich zum zweiten Male die Büchse und drückte ab.

Kein Zweifel, dieser Schuß kam für Flott vollständig überraschend. Aber anstatt wie früher, blind vor Entsetzen und Furcht, von dannen zu stürzen, blieb er nur kurz stehen, hob sichtlich verdutzt den Kopf und kam dann, da ich ihn lockte, fröhlich wedelnd auf mich zu.

»Junge, Franz«, sagte Vater, »das hätte ich nicht gedacht. Das ist ja beinahe, als wär' es nicht mehr derselbe Hund.«

Während des Heimwegs ließ er sich genau berichten, was ich getan und wie ich es angefangen hätte, Flott schußfest zu machen. Zuweilen nickte er, zuweilen warf er ein Wort dazwischen; es war ein Gespräch von Mann zu Mann.

Abends, bei Tisch, sagte er zu Mutter: »Da, sieh dir den Franz an; er hat das verrückte Viech, den Flott, wirklich schußfest gemacht.«

Mutter nickte. Dann meinte sie, während ein schmales Lächeln ihre Lippen kräuselte: »Dann wird es ihm ja auch nicht schwerfallen, bis zum nächsten Zeugnis seine Latein- und Mathematikkenntnisse hieb- und stichfest zu machen.«

Zwei Tage später fuhr ich zurück nach Lichterfelde. Es war jedesmal ein bitterer Tausch: die Freiheit des grünen Reviers gegen den strengen Rotziegelbau.

Nach einiger Zeit erhielt ich einen dicken Einschreibebrief. Der Umschlag trug Vaters Handschrift. Blitzschnell überdachte ich die Resultate meiner letzten wissenschaftlichen Bemühungen und das Freizeit-Sündenkonto. Nein, ganz schlimm konnte es nicht sein. So riß ich den Brief mit eiligen Fingern auf. Sorgsam eingefaltet lagen dreihundert Mark darin, und die Begleitschrift in Vaters kraftvollen Zügen lautete:
»Mein lieber Junge! Ich habe gestern unsern Flott an den Grafen Alvensleben verkauft. Anbei Dein Anteil am Erlös, da Du den Hund ja erst schußfest und für die Jagd brauchbar gemacht hast. Es ist Dein Geld. Du kannst damit machen, was du willst, möglichst etwas Vernünftiges. Mutter läßt Dich grüßen. Vater.«
Ich stand da wie versteinert, blickte abwechselnd auf das Schreiben in meiner einen, die drei Hundertmarkscheine in meiner andern Hand und begriff nicht sogleich. Dreihundert Mark?! Mein? — mein Geld?! »Du kannst damit machen, was Du willst«?! Ich fror vor Aufregung und zugleich schoß mir die Freude heiß in die Augen, und ich rannte die langen Gänge hinunter, bis ich Bruder Hans-Wilhelm zu fassen bekam und ihm atemlos Vaters Brief in die Hand drückte.
Er las und zog vor Staunen die Stirn in hohe Falten. »Mensch!« sagte er, »das ist aber nobel vom Alten Herrn.«
»Nicht wahr?!«
»Und was machst du nun damit?«
»Ein Gewehr kauf' ich mir« — und haspelte im gleichen Atem sämtliche Details heraus: »Doppelflinte, Sauer, Cal. 12 ›Höchstleistung übertreffend‹.«
»Hm«, sagte er und grinste, »»möglichst etwas Vernünftiges‹ steht hier, wenn ich richtig gelesen habe.«
»Ja«, sagte ich, »und . . . ?«
Er spitzte nachdenklich den Mund und schwieg.
»Du meinst also nicht, daß der Alte Herr . . . ?«
»Vielleicht, daß er eher an ein Sparkonto gedacht hat, das du anlegen könntest.«
Einen Augenblick schwankte ich; doch dann sah ich Vater

im Geiste vor mir, wie er daheim an seinem mächtigen Schreibtisch gesessen und die Zeilen, die ich nun in der Hand hielt, auf das Papier gesetzt hatte: »Es ist Dein Geld. Du kannst damit machen, was Du willst« — und dann dahinter die kleine Bremse, sein trockenes Mißtrauen gegen unser schnelles Temperament: »möglichst etwas Vernünftiges«. Nein, was er meinte, war nur, daß ich das Geld nicht läppisch vertun sollte; das war's! Aber ein Gewehr, eine richtige, gute Sauerflinte konnte, noch dazu für mich, der ich die Forstlaufbahn einschlagen wollte, in seinen Augen nie etwas »Unvernünftiges« sein.

Diesen Überlegungen stimmte auch Hans-Wilhelm zu, und Fritz Pogge, den wir als nächsten und einzigen ins Vertrauen zogen, sagte bloß: »Klar. Prima. Wann gehen wir hin?«

Wir gingen am nächsten freien Nachmittag, und je näher wir der Jägerstraße kamen, desto mehr beschleunigten wir unsere Schritte, so daß wir schließlich erhitzt und mit roten Köpfen in die ruhige Kühle des Ladens stolperten.

»Ah!« sagten Herr Hartmann und Herr Kraus wie aus einem Munde, »die Herren Kadetten! Sehr erfreut, daß Sie wieder einmal hereinschauen.« »Ja«, sagte ich, »um Gottes willen! Die Kadetten kommen!« Und dann schluckten sie ein bißchen, Hartmann und Kraus, lächelten erst und lachten dann, und wir lachten mit.

Und als wir nach einigen Stunden das Geschäft verließen, war ich tatsächlich Eigentümer der lang erträumten Doppelflinte. Es war kaum zu fassen; ich schlief die Nacht nicht vor Aufregung und zählte im Wachliegen die Tage bis zu den nächsten Ferien.

Endlich war es soweit, daß wir wieder, den Urlaubsschein in der Tasche, der Backsteinburg den Rücken kehrten und heimwärts fuhren, lange Ferien vor uns.

Fritz Balzer holte uns mit dem leichten Jagdwagen von der Bahn. Er winkte uns schon von weitem, war hagerer und sommersprossiger denn je und trug einen, wenn möglich, noch größeren Hut, unter dem die umgeknickten Spitzen seiner Ohren wie silberne Markstücke schimmerten.

»Mensch, Franz!« schrie er. »Hüh, Olle. Tag, Hans-Wilhelm!« Und so ratterten wir heimwärts. Hinter uns verhallte in gewohnter Weise das Läutewerk der Lokomotive und das Rollen und Stoßen der Räder in dem Waldstück. Die wenigen Häuser, die um den Bahnhofsschuppen geschart lagen, grüßten wie immer vertraut. Die dunstige Wärme des Nachmittags und der Geruch von Ställen hing zwischen ihnen. Feld und Busch und Wald prangten in üppigem Grün, und nun bogen wir auch schon über Brücke und Fluß in das Wiesental ein, das uns mit einem Schwall süßen, betäubenden Duftes empfing.

Was ist schöner, als heimzukehren?! Vater und Mutter empfingen uns, die Hunde tobten, jifften und jaulten, die Mägde knicksten; jedermann stand die Freude über unsere Rückkehr auf dem Gesicht geschrieben.

In der großen Stube war der Kaffeetisch gedeckt. Hier war es kühl und still; kaum eine Fliege summte. Im Efeu vor den Fenstern schilpten die Spatzen, und die Geräusche des Hoflebens drangen gedämpft herein. Kaffeeduft mischte sich mit dem von Topfkuchen und frischem Schwarzbrot. Wir aßen, ein wenig fremd noch und überwältigt, sahen die Freude in Mutters Augen und den Schalk in denen unseres Vaters und antworteten in schnellem Wechsel auf die vielen Fragen.

Wie schmeckte dieser erste Kaffee in Schuenhagen, wie das kernige Schwarzbrot mit der selbstgemachten Butter und den Marmeladen aus Mutters Mustöpfen! Wie der Kuchen, Mutters berühmter Topfkuchen! Erst allmählich nahm das Auge wieder alles wahr: Vaters Trophäen, Geweihe und Gehörne an den Wänden, der Elefantenzahn, altersgelb und mächtig, den er aus Afrika mitgebracht hatte, die Familienbilder neben Mutters Fensterplatz mit dem Nähtischchen, die Blumentöpfe und Vasen, in denen sie die ganze Pracht des Sommers ins Haus zu tragen liebte!

Und dann — kaum daß der erste Hunger gestillt war, lockte der Wald, und es hielt uns nichts: wir mußten hinaus.

Die Tellbüchse wartete wohlversorgt im Waffenschrank neben der alten Vorderlaufflinte mit dem stillgelegten Doppellauf, und neben ihnen erhielt nun die neue Doppelflinte ihren Stand.

Vater hatte sie kennerisch betrachtet. »Eine schöne Waffe«, sagte er, »führ' sie in Ehren.«

»Ja, Vater.«

Sie hat mich ein langes Leben lang auf unzähligen Jagdgängen begleitet. Nun ist auch sie dahin, wie alles andere, woran mein Herz hing: Menschen und Besitz.

9   VON HUNDEN UND MENSCHEN

In den Herbstferien, wenn die großen Westwinde um das Schuenhagener Forsthaus brausten und die Wälder in Gelb und Rot wie eine einzige züngelnde Flamme loderten, wenn die Brunfthirsche röhrten und der Schrei der Zugvögel aus der Höhe herabdrang und uns die Haut brannte vom langen Tage im sausenden Wind, liebte es Vater, mit uns am Kamin zu sitzen. Das große Zimmer, durch nichts erleuchtet als die zuckende Flamme, die Licht und Schatten in raschem Wechsel über Wände und Decke huschen ließ, umschloß uns dann wie eine Höhle. Mutter häkelte oder strickte; es gab einen Punsch, oder Vater öffnete feierlich eine staubgraue Flasche alten Burgunders.

Meist wurde nicht viel gesprochen an diesen Abenden; man saß, blickte in das Gezüngel der Flamme, die über den Kloben tanzte und zuweilen hell knackte, fauchte und zischend blies, und hing seinen Gedanken nach. Nur manchmal, durch irgendeine Frage angestoßen, geriet Vater ins Erzählen. Dann wurde die Vergangenheit lebendig, und die Geschichte, die uns im Kadettenkorps im wesentlichen als ein festes Gerüst von Regierungsdaten und Schlachten geboten wurde, gewann Gestalt als das, was sie war: der Kampf von Menschen gegen Menschen, von Völkern gegen Völker, von Ideen gegen Ideen.

Eines Abends entsinne ich mich mit besonderer Deutlichkeit. Vater kam auf seine Lieblinge, die Hunde, zu sprechen.

»Wie hat das angefangen«, sagte er, indem er das Glas gegen das Kaminfeuer hielt und den Stiel langsam zwischen Daumen und Zeigefinger hin und herdrehte, »wie hat das angefangen, die Freundschaft zwischen Mensch und Hund? Genaues wissen wir nicht; nur etwa 8000 Jahre der Menschheitsgeschichte überblicken wir ja mit annähernder Genauigkeit. Aber wir können annehmen, daß vor etwa 40 000 Jahren der Wildhund, der — wie noch heute unser Hund — ein Meutetier war, nach Jagdabfällen suchend, die Lager des Steinzeitmenschen umschlich. Scheu, struppig und klein, blutgierig und mißtrauisch müßt ihr euch diesen Hund vorstellen, einzeln schwach, aber stark im Zusammenwirken in der Meute. Der stärkste und schlaueste ist der Leithund; ihm folgen die andern, und wehe dem, der nicht blindlings pariert! Er wird abgewürgt und von der Meute zerrissen.

Und nun denkt euch, daß beide, Mensch und Hund, von der Jagd lebten, und daß der Mensch sich darauf verstand, die größten Tiere seiner Umwelt, etwa das Mammut, den Riesenelefanten, zu erlegen. Welche Mengen von Gescheide, von Eingeweiden, fiel da ab! Genug, eine ganze Meute zu sättigen. Grund genug also für den Wildhund, sich dort zu sammeln, wo der Mensch Beute machte. Noch heute nimmt ja der Wolf, der ein Stück gerissen hat, zuerst die Eingeweide. Das muß eine uralte Instinktvorstellung sein, die ihn — ebenso wie den wildernden Hund — zuerst den Leib der gerissenen Stücke anschneiden und vor allem den Pansen samt seinem Inhalt an kleingekautem Grünfutter nehmen läßt. Ich denke mir, daß er dies »Gemüse« braucht, um gesund zu bleiben. Ihr seht also, daß der Hund Vorteil davon hatte, sich in der Nähe des Menschen zu halten; das brachte ihm Beute, und fraglos haben beide einander bei der Jagd erlebt, wenn nicht beobachtet. Und dann wird der Mensch den einen oder andern Wildhund eingefangen haben, oder er fand auf der Jagd einen Wurf Welpen und nahm sie mit, so wie wir manchmal Fuchsbaue aufgraben und Jungfüchse im Zwinger halten. Und allmählich, sehr langsam, wird sich der Hund an den Menschen gewöhnt und gelernt haben, in ihm, dem Herrn, seinen »Leithund« zu erblicken, dem er zu folgen hat und dessen Befehle — wie die des Leithundes — zur Beute führen, das heißt zum Besten und Erstrebenswertesten, was es in der Vorstellung eines Hundes gibt. Beide also, Mensch und Hund, hatten Vorteile von der gemeinsamen Jagd, der Mensch, indem er den schnelleren Hund das Wild aufspüren, stellen und unter Umständen packen und zu Boden reißen ließ, so daß er es leichter töten konnte, — der Hund, indem er lernte, daß die Jagdgemeinschaft mit dem Menschen in jedem Falle zur Beute führte. Sie wurden also Jagdgenossen, und noch heute sagen wir am Ende einer Jagd, daß wir den Hund zum »Genossen machen«, wenn wir ihm die Eingeweide des erlegten Wildes zu fressen geben.

Mensch und Hund bildeten also eine Meutegemeinschaft, und je mehr der Mensch seine Jagdwaffen verbesserte, desto sicherer erfuhr der Hund, daß zusammen mit dem Menschen gut jagen ist. Das ist noch heute so, und nur der Hund wird ein erlegtes Wild anschneiden, der nicht genügend zum Genossen gemacht wird. Er muß seinen ausreichenden Anteil an der Beute bekommen; das ist sozusagen ein Grundbestandteil des Vertrages zwischen Mensch und Hund, und wenn der Mensch diesen Teil des Vertrages nicht einhält, schneidet der Hund das erlegte Wild an und nimmt sich, was ihm zusteht. — Später hat der Mensch dann die Aufgaben des Hundes bei der Jagd geteilt. Er richtete Finder ab, die das Wild suchen und verbellen mußten, und ließ diesen, von Treibern am Riemen geführt, die Packer folgen, die dann geschnallt wurden und das Wild — etwa die Sau — zum Abfangen halten mußten.

Daraus entwickelte sich weiter in späterer Zeit der »Besuchsjäger«, das ist der Führer der Finderhunde, der vor einer Jagd die Wildfährten »besuchte«, um den vermutlichen Standort des Wildes festzustellen. — Doch das ist vorgegriffen. In der Zwischenzeit — vielen Jahrtausenden — ist der Hund des

Menschen engster und vertrautester Hausgenosse geworden. Aus den Grundrassen, deren es verschiedene gegeben haben wird — Wolfs-Abkömmlinge und Schakal-Abkömmlinge —, entstanden im Wege der Kreuzung und Zuchtwahl die zahlreichen Hunderassen unserer Zeit, jede gezüchtet entsprechend den Aufgaben, deren Erfüllung der Mensch von der betreffenden Rasse erwartet und wünscht. Wie verästelt und vielfältig die Hundezucht unserer Tage auch sein mag, das Grundverhältnis von Herr und Hund beruht heute wie vor Jahrtausenden auf der Erfahrung des Hundes, daß die Zusammenarbeit mit dem Menschen zur Beute führt, daß der Mensch — und unter den Menschen wieder der Herr — die Stelle des Leithundes vertritt. Selbst der Zirkushund, der in der Schaustellerbude eines Jahrmarktes seine Kunststückchen vollführt, weiß, daß am erfolgreichen Ende seiner Arbeit die »Beute« — das Zuckerstückchen — als Belohnung winkt ...«

Immer wieder, wenn ich in späteren Jahren, gezwungen durch die verschiedenartigsten Umstände, Hunde die Erfüllung neuartiger Aufgaben zu lehren hatte, habe ich mich auf diesen grundlegenden Satz besonnen, ehe ich an die Arbeit ging: »Das Grundverhältnis von Herr und Hund beruht auf der Erfahrung des Hundes, daß die Zusammenarbeit mit dem Menschen zur Beute führt.«

Heute wie je ist der Meutetrieb in unserem Hunde wach. Wildernde Hunde, die sich zusammenschließen, jagen wie Wölfe in der Meute, haben eine genaue Verständigung untereinander und hetzen das Wild gemeinsam zum Stand. Manche gehen aus wölfischem Instinkt immer an die Kehle, andere fassen das flüchtige Stück in vollem Lauf kurz unterhalb des Ellenbogens an einem der Vorderläufe und bringen es so zu Fall.

Zwei meiner besten Wachtel, der berühmte Claus von Wiesenbek und die Hündin Tatü, jagten stets zusammen, trieben einander das Wild zu, kreisten es ein und stellten es mit unfehlbarer Sicherheit ...

Im Herbst 1905 — ich war erst vierzehn Jahre alt — bekamen wir hohen Besuch: unseren Onkel Wilhelm aus Afrika. Vater selbst und alle seine Brüder, Franz, Max und Wilhelm, waren »alte Afrikaner«; die Kaminstunden mit den Erzählungen »aus dem Busch« gehörten zu den schönsten in Schuenhagen. Dann füllte sich für uns die preußische Forstamtsstube mit dem gelben, sengenden Licht der Steppen; Dornbusch und Urwald traten uns wie leibhaftig vors Auge; wir hörten das Brechen der Elefantenherden, das Donnern der Büffelhufe, das Klappern der Zebras und Antilopen im Galopp, das Brüllen der großen Raubkatzen, Löwe und Leopard, in den Nächten, das Blasen der Flußpferde und den mißtönenden Schrei der Krokodile.

Mit dem Expeditionskorps des berühmten Afrikaforschers Dr. Wissmann, dem Vater als biologischer Sachverständiger und Onkel Franz als wissenschaftlicher Helfer angehörten, stießen wir in der Kolonne der schwarzen Träger in das unbekannte Innere des Schwarzen Erdteils vor, litten mit ihnen Durst und Hitze, forschten, sammelten, studierten und jagten. Mit Vater erlebten wir, wie seine Hunde, Jagdterrier, Vorstehhunde, Wachtel und Teckel in Urwald und Savanne des Kongo eingingen oder dem blitzschnellen Sprung der Leoparden mit kurzem Aufklagen zum Opfer fielen.

»Kein Hund«, sagte Vater, »ist dort unten vor Leoparden sicher. Aus der Hütte des Eingeborenen holen sich die Leoparden die Köter weg: ein Sprung, ein Schlag, ein Winseln — aus! Mehrmals habe ich mir Hundenachschub — Leopardenfutter, wie euer Onkel Franz sagte — aus Deutschland kommen lassen, aber zurückgebracht habe ich nur zwei Teckel; die haben die ganze Zeit überstanden, waren immer gesund, immer fidel und auf dem Posten. In der größten Mittagshitze, wenn sich alles Lebendige verkroch, Kühlung und Schatten suchte und den Abend herbeisehnte, lagen diese beiden Teckel mitten in der heißesten Sonne auf den glühenden Steinen, blinzelten wohlig und ließen sich rösten. Auch die Seereisen und der abermalige Klimawechsel — von Zentralafrika nach Blankenau in Ostpreußen — machten ihnen nichts aus. Ich habe sie wohlbehalten dorthin zurückgebracht und noch lange mit ihnen gejagt.«

Niemals, wenn Vater von Afrika erzählte, durfte die Geschichte von Onkel Franz und der Schlange fehlen; wir bestürmten ihn, bis er mit einem lächelnden Seitenblick zu Mutter nachgab und umständlich berichtete, wie sie mit Wissmann im Busch gelegen, matt vor Hitze und Anstrengungen der Märsche, und wie sie, wegen des beschränkten Gepäcks, leider nur sehr wenig Schnaps hätten mitführen können und mit dem kostbaren Kognak äußerst behutsam und haushälterisch verfahren seien. »Und da«, sagte er, »passierte die Geschichte mit Onkel Franz und der Schlange: Wir schossen ja viel Schlangen und Vögel und seltenes Getier und balgten es ab oder stopften es aus, und euer Onkel Franz, der als Schlachtenbummler, der er eigentlich war, ja keine bestimmte Aufgabe hatte, half mir dabei. Und eines Tages kam er zu mir ins Zelt, ganz bleich, und hielt mir seine Hand hin, an der aus einer kleinen Wunde ein roter Blutstropfen getreten war, und sagte: ›Hans, Mensch, ich hab' mich beim Abhäuten an so 'ner verdammten Schlange gerissen.‹

›Gerissen?‹ fragte ich, ›was war's denn für eine?‹

›Die du heute morgen geschossen hast.‹

Ich kriegte keinen schlechten Schrecken, denn es war eine von der giftigsten Sorte, und ich sagte mir, daß man sich an einer Schlange ja nur an den Zähnen verletzen kann und daß im Schlangenmaul die Giftzähne die größten sind, die am meisten vorstehen.

Ich machte also einen tüchtigen Schnitt in Onkel Franz' Hand und sog und brannte die Wunde aus. Aber würde das genügen? — Wir hatten keinen Arzt bei der Expedition. Wir saßen mitten im Busch, viele Tagereisen von der nächsten Krankenstation. Was sollte ich tun?

Onkel Franz meinte, er hätte gehört, daß Alkohol gut wäre gegen Schlangenbisse. Richtig, daß ich daran auch nicht gedacht hatte! — Wir streckten also Onkel Franz auf meinem Feldbett lang aus, hängten seinen Arm in eine Schlaufe, und ich lief

und holte eine von unsern wenigen Kognakflaschen und ließ
ihn zunächst einmal einen tüchtigen Zug tun. Das tat ihm
wohl; er sagte gleich, daß er sich schon besser fühle. Aber nach
fünf Minuten ging es ihm wieder nicht mehr so gut; ihm war
so heiß, viel heißer als sonst, und der Arm schmerzte und
klopfte, und der Schweiß trat ihm auf die Stirn. Also gab ich
ihm noch einen Kognak, ein ganzes Wasserglas voll; davon
wurde ihm wieder besser; nur hielt es nicht lange vor. Endlich,
als die Flasche leer war, schlief er ein. Ich saß die ganze Nacht
an seinem Bett und hielt Wache; denn er schlief unruhig und
murmelte im Schlaf. Einmal, als er aufwachte, redete er ganz
unverständliche Sachen — wie im Fieber, und da gab ich ihm
noch mehr Kognak, bis er wieder einschlief und auch nicht
mehr murmelte im Schlaf. Es war eine schrecklich lange Nacht;
die Minuten schlichen dahin, und ich saß und saß und wachte
neben dem Bett von Onkel Franz und horchte auf seinen
Atem, der ganz schwer und langsam ging.

Endlich wurde es wieder lebendig draußen im Busch. Die
Affen regten sich, und die Papageien fingen an zu lärmen. Der
Morgen kam; es wurde hell, und Onkel Franz erwachte.

›Wie hast du geschlafen?‹ fragte ich, ›wie fühlst du dich?‹

›Großartig‹, sagte er und dehnte und reckte sich, ›ausgezeichnet. Endlich mal wieder anständig betrunken gewesen. Sag mal, hast du nicht noch 'ne Schlange abzuziehen?‹«

Hier pflegte Vater abzubrechen und uns mit einem unbeschreiblichen Ausdruck verblüffter Entrüstung über soviel Hinterlist unseres Onkels Franz der Reihe nach anzublicken, und dieses Gesicht war es, das uns jedesmal zu Stürmen der Heiterkeit hinriß und uns die Geschichte immer wieder verlangen ließ. Unser Vater überlistet, man denke! Was für einen Ausbund mußte Onkel Franz gewesen sein, daß er unseren Vater hatte täuschen können!

Gewesen, sage ich; denn wir lernten Onkel Franz nicht
mehr kennen; er kehrte nicht aus Afrika zurück; er starb im
tiefen Kongo am Schwarzwasserfieber und wurde unter den
krachenden Salutschüssen eines schweren Tropengewitters auf

einer kleinen Lichtung am Fuße eines der mächtigen Bäume des afrikanischen Urwalds begraben. —

Noch einen Satz Vaters bewahre ich im Gedächtnis, den er regelmäßig wiederholte, wenn er aus seiner Afrika-Zeit erzählte.

»Das Schönste an Afrika«, sagte er mit geradezu inbrünstiger Stimme, »war, daß wir keine Behörde, kein Bureau, keine Aufpasser und Zuschauer über uns, vor uns, hinter und neben uns hatten, sondern nur Berge, Tiere, Wasser und Dschungel. Seit neun Generationen haben wir Muellers als Forstleute in den preußischen Wäldern gelebt, und immer haben wir die Einsamkeit mehr geliebt als alles andere...«

Anders als mit Onkel Franz war es mit Onkel Max. Wir durften Vater nach Hamburg begleiten, als sich Onkel Max samt seinem Regiment und seinem englischen Vollblüter, dem Wallach »Sechmour«, zum Einsatz im Herero-Aufstand auf dem Dampfer »General« einschiffte. Hans-Wilhelm und ich stöberten den ganzen Tag in dem Schiff umher; kein Kabelgat blieb uns verborgen, kein Lampenspind gab es, in das wir nicht unsere neugierigen Nasen gesteckt hätten. Natürlich wollten wir mit!

Als blinde Passagiere. Aber Vater, der ähnliches vermutet haben mochte, ließ uns durch einen von Onkel Max' Soldaten unauffällig beschatten und rechtzeitig verhaften, als wir in einem Kohlenbunker das richtige Versteck gerade ermittelt zu haben glaubten. Es war sehr schade, und Onkel Max, der mit seinen Freunden und Anverwandten zum Abschiedstrunk in der Offiziersmesse des Schiffes saß, sagte, er sei untröstlich, bei der Bekämpfung der Hereros auf seine beiden tüchtigen Neffen verzichten zu müssen.

Onkel Max, Oberst und Regimentskommandeur, blickte auf eine außerordentlich erfolgreiche Laufbahn als Renn- und Turnierreiter zurück, die ihm zahlreiche Siegesehren und nicht weniger als neun Gehirnerschütterungen eingetragen hatte. Im Herero-Feldzug gelang es ihm, den Forscher Erich v. Salzmann zu befreien, den die Schwarzen aus seinem Beobachtungsstand im Wipfel eines Baumes mit einem Pfeilschuß herausgeschossen und gefangengenommen hatten. Onkel Max war es auch, der es fertigbrachte, als ihm der Schnaps ausgegangen war, einem Königlich preußischen Nachschubdepot fünf Flaschen Kognak über die zuständige Menge hinaus zu entnehmen, was an und für sich schon als bedeutsame Leistung anzusprechen ist. Er hatte aber seine Rechnung ohne den Preußischen Fiskus gemacht.

Nachdem »Sechmour«, sein Vollblüter, ihn in der Schlacht am Waterberg, in ein Erdloch tretend, im Sturze begraben hatte, was ihm die zehnte Gehirnerschütterung und mehrere Knochenbrüche eintrug, an deren Folgen er später verstarb, kehrte Onkel Max in die Heimat zurück. Fünf Jahre vergingen. Längst waren die fünf Flaschen Kognak vergessen. Da fand Onkel Max in seiner Morgenpost ein Schreiben der Preußischen Oberrechnungskammer. Es war die Rechnung über »fünf Flaschen franz. Kognak, nicht zuständig entnommen am soundsovielten des Jahres Soundso in — folgt Ortsangabe — Afrika«.

»Ja«, pflegte Vater zu sagen, sooft er diese Geschichte erzählte, »in Preußen herrscht Ordnung.«

10   RINDERBRUST MIT BRÜHKARTOFFELN

Und nun kam also Onkel Wilhelm zu Besuch, der »älteste« unter den »alten Afrikanern« in unserer Familie. Er war General der »Schutztruppe« — außer Lettow-Vorbeck, wenn ich nicht irre, der einzige, den diese heldenmütige Truppe je besessen — und schon aus diesem Grunde eine Sehenswürdigkeit. Als Kommandeur eines aktiven preußischen Jägerbataillons in Ostpreußen hatte er unter tragischen Umständen im Duell seinen besten Freund erschossen und sich daraufhin nach Afrika fortgemeldet. Dort war er geblieben, und erst jetzt kam er auf kurzen Urlaub zurück. Hans-Wilhelm und ich erwarteten ihn klopfenden Herzens auf dem Anhalter Bahnhof in Berlin.

Durch die hohe Halle flutete das Leben des Sommertags: Damen in farbenfrohen Toiletten, duftig und leicht, Herren in großkarierten oder gestreiften Flanellanzügen mit der unvermeidlichen Sommerkopfbedeckung, dem flachen Strohhut, Dienstmänner, Bahnbeamte, Soldaten, Zeitungs-, Keks- und Schokoladenverkäufer, Kinder in Kieler Anzügen mit Botanisiertrommeln und Schaufeln ... die Ferien hatten soeben begonnen; man reiste an die See. Das vielfältige Stimmengewirr füllte die Halle bis zum Rande. Dazwischen stöhnte und blies eine Lokomotive. Man winkte, schrie und lachte. Taschentücher flatterten wie weiße Tauben, wenn sich ein Zug in Bewegung setzte. Wir standen schwitzend in unseren blauen Kadettenuniformen und reckten die Hälse. Eben war wieder ein Zug eingelaufen, jetzt mußte er kommen, unser Onkel: der General!

Und dann sahen wir ihn. Inmitten der lärmenden, frohbewegten Menge tat eine Gasse sich auf. Den Menschen erstarb das Wort auf den Lippen. Baumlang und gemächlichen Schrittes, den breitrandigen, an der einen Seite hochgeklappten Südwester mit der schwarz-weiß-roten Kokarde auf dem Kopf, von oben bis unten in Khaki gehüllt, fahlgelb wie ein Löwe im Zoo, kam er durch die schweigend und staunend vor ihm sich öffnende Gasse auf uns zu, der Bursche mit dem Gepäck im vorgeschriebenen Abstande hinter ihm.

Eine Frauenstimme rief zaghaft Hurra, Kinder nahmen den Ruf auf. Der Bursche grinste.

Onkel Wilhelm dankte in lässigem Gleichmut, ohne aufzusehen. Wir erkannten nun schon die Abzeichen seines Ranges: Gold! An der Hose breite, mattschimmernde Streifen; silberne Raupen, mit Gold durchflochten, auf den Schultern und, als funkelnde Kante um den Rand des verwegenen Hutes gesteppt, eine breite Borte: Gold: Das Herz schlug uns hoch im Halse.

Dann machte Hans-Wilhelm »Bssst« und wir erstarrten zur Ehrenbezeigung.

»Aha!« sagte Onkel Wilhelm, uns entdeckend, »da seid ihr ja, ihr Kadetten.«

»Jawohl, Herr General«, antworteten wir wie aus einem Munde. Er blieb stehen und schmunzelte. »Gut«, sagte er, »und nun sagt eurem Onkel Guten Tag.«

Wir liebten ihn von der ersten Sekunde an. Er hatte die gleichen blauen Augen wie Vater, nur heller, gleichsam verwaschener, und sein Blick schien sich nur schwer in die Nähe gewöhnen zu können. Das Gesicht war schmal, fast hager und tiefbraun, durchzogen von zahllosen spielenden Fältchen.

Wir begleiteten ihn ins Hotel und gingen dann mit ihm durch die Stadt; es war unerhört aufregend: je ein Lichterfelder Kadett an jeder Seite eines Afrika-Generals, der aussah wie ein Stück in Gold gefaßter wandelnder Wüste und gar nicht zu merken schien, welches Aufsehen er allenthalben erregte.

Mit seinen langen, gemächlichen Schritten ging er versonnen die »Linden« entlang, zum Zeughaus, zum Schloß, zum Gendarmenmarkt — kreuz und quer durch die Straßen, zuweilen stehenbleibend, wie um sich etwas einzuprägen, dann wieder ausschreitend, während der ganzen Zeit aber auf eine freundliche, herzliche und ungezwungene Weise mit uns plaudernd.

Endlich lud er uns zum Essen ein, »denn wir können ja schließlich nicht nur spazierengehen«, und bald saßen wir angenehm kühl und behaglich an der weißgescheuerten Tischplatte einer Gaststätte bayrischen Bräu-Charakters.

»Na«, sagte er, »wozu darf ich euch einladen? Geniert euch nicht.«

»Rinderbrust mit Brühkartoffeln«, sagten wir.

»Also gut. Rinderbrust mit Brühkartoffeln. Keine Suppe?«

»Nein, danke. Keine Suppe.«

Und als wir fertig waren: »Na, und was nun? Ihr seid doch noch nicht satt?«

Wir wechselten einen schnellen Blick.

»Wenn wir dürfen«, sagte ich stockend, »noch einmal Rinderbrust mit Brühkartoffeln.«

»Ja«, sagte auch Hans-Wilhelm.

»Ihr dürft, soviel ihr wollt. Bis ihr satt seid. Ober . . .!«

Während wir aßen, entzündete er eine lange, dünne, pechschwarze Zigarre, rauchte schweigend und sah uns mit sichtlichem Vergnügen beim Essen zu. Es war eine große Portion Rinderbrust mit herrlichen Brühkartoffeln, aber wir bewältigten sie spielend.

»Und jetzt?« fragte Onkel Wilhelm, als unsere Teller wieder blank waren.

»Aber . . .«, begann Hans-Wilhelm zögernd.

»Bist du etwa schon satt?« unterbrach Onkel Wilhelm, »Franz, 'raus mit der Sprache. Ich hab' euch eingeladen, und ihr sollt essen, solange und soviel ihr wollt.«

»Dann«, sagte Hans-Wilhelm, alle Hemmungen ablegend, »bitte nochmal Rinderbrust mit Brühkartoffeln.«

Und Onkel Wilhelm bestellte, und wir aßen, und hinterher entschlossen wir uns für Schnitzel mit Leipziger Allerlei, und dann meinte Onkel Wilhelm, daß ein Festessen ohne süße Nachspeise gar kein richtiges Festessen wäre, und wir bekamen Pudding mit Saft und zum Schluß Kaffee und Kuchen, und als wir danach steil und steif auf unseren Stühlen saßen und einstimmig und kategorisch jede weitere Nahrungsaufnahme verweigerten, ließ Onkel Wilhelm jedem von uns ein Schnäpschen servieren, stieß mit uns an und sagte: »Ich bin beruhigt. Die deutsche Jugend hat gegen früher nicht an Appetit verloren.«

Vierzehn Jahre im ganzen stand Onkel Wilhelm bei der Schutztruppe in Afrika, und vierzehn Jahre lang trank er dort draußen nicht einen Tropfen Alkohol, so daß er, in den Ruhestand versetzt, seine Umwelt durch immer neue Beweise jugendlichster Elastizität in Erstaunen versetzte. Als Tänzer, Fechter und Reiter tat er es den meisten zuvor und ließ keine Gelegenheit aus, sich körperlich, wie er sagte, »in Verfassung«

zu halten. Noch nahe den Siebzig pflegte er sich die Schuhe anzuziehen, indem er, auf einem Bein frei stehend, das andere zur Brust zog und, ohne hinzusehen, die Schleife schnürte. »Ein Mann« pflegte er zu sagen, »muß eine Figur haben wie ein Leutnant« — und der Siebzigjährige, der sich als begeisterter Schlittschuhläufer beim Eiswalzer auf den überschwemmten Paderborner Wiesen eine tödliche Erkältung zuzog, war bis zu diesem Tage seiner letzten Erkrankung so aufrecht, drahtig und beweglich wie nur irgendeiner.

11 HINTER DEM SCHNEPFENGLÖCKCHEN

Im März kehren die Schnepfen zurück. Sie kommen von Afrika, aus dem Donau-Delta, aus Kleinasien. Selbst Nichtjäger kennen den alten Schnepfenspruch:

> Oculi — da kommen sie.
> Lätare — ist's das Wahre.
> Judica — sind sie auch noch da.
> Palmarum — trallarum . . .

Oculi — da liegt unsere pommersche Erde frischfarbig und feucht. Der Bodenfrost ist eben gewichen, der Winterschnee in knapp zwei stürmischen Tagen und Nächten vom weichen, brausenden Südwest aufgeleckt. Nur an den Waldrändern und Gräben halten sich die Reste von körnigem wäßrigen Weiß. Der Boden dampft, nachdem es ausgestürmt, unter den plötzlich so starken Strahlen der Märzsonne, und der Himmel ist blankgefegt und blau und mit weißen Wolken beflaggt.

Stumpfes, mürbes Eis liegt noch auf den Seen und schwindet schnell dahin. Noch ist das Grün der Saaten fahl, aber es wird frischer mit jedem Tage. Die Bäume haben lackblanke Zweige. Haselkätzchen, gestern noch graue, unscheinbare und froststarre Würstchen, öffnen sich plötzlich, und ihr gelber Staub weht mit der lauen, fächelnden Märzluft ins Land.

Überall hört ihr die Hähne krähen, von Hof zu Hof, von Dorf zu Dorf, und das Hundsgebell hängt wie helles Geläute über dem ganzen Land. Die ersten Bienen summen. Auf den Äckern dampfen die Gäule vorm Pflug, und hinter den Pflügern in der Furche, wo kaum die blanke, fette Scholle sich umstürzte, wackeln breiten Ganges die Saatkrähen in ihren schwarzen Fräcken und sammeln Engerlinge, Mäuse, Maulwürfe und was das scharfe Eisen sonst auswirft.

Überall in den Wäldern und auf den Wiesen gluckst und rinnt und klingelt das Wasser; es ist ein feiner, silberner Klang, kaum vernehmbar, und aus der nassen, dunklen Erde schieben erste Gräser, Himmelsschlüssel, Anemonen und Leberblümchen zaghafte, noch eng gerollte Spitzen zutage. Über den Büschen, über den Bäumen an den Chausseen und über den silberstämmigen Buchenwäldern liegt ein rötlicher Schimmer von Millionen schwellender Knospen.

Es bedarf keines Wortes, keiner Erklärung: der Frühling ist da. Gestern noch war Winter. Gestern noch ging man ungeduldig hinaus ins junge Holz und suchte hinter dem silbernen Schnepfenglöckchen am Halsband des Hundes in Dickung und Dornbüschen nach dem Vogel mit dem langen Gesicht. Vergebens. Und heute nun, kaum daß man ins Freie tritt und diese neue Luft einatmet, weiß man: sie sind da.

Siebzehn Jahre war ich; mit der Versetzung hatte es, bei angestrengter Büffelei in den letzten Wochen, zur leidlichen Zufriedenheit geklappt, und nun, seit gestern, waren wieder Ferien, Ferien in Schuenhagen — im März zur Schnepfenzeit.

Es gab kein Glück, das diesem glich: auf Urlaub nach Hause zu kommen, empfangen zu werden von dem vielstimmigen Geheul der Meute, von Vaters musterndem Blick und kraftvollem Handschlag und Mutters liebender Umarmung, von der Freude des Gesindes und von Fritz Balzers freundschaftlichen Knüffen: »Na, da bist du ja wieder, altes Haus. War langweilig ohne dich.«

Wie das Haus duftete, wie das Brot, wie das Leinen! Der Honig! Das Selbstgeschlachtete auf dem Frühstückstisch!

Und die Gewehre standen, mattblinkend und wohlversorgt, im Waffenschrank.

Und Cato, mein Cato von Moorberg, wich mir Tag und Nacht nicht einen Schritt mehr von der Seite. Immer war er da. Immer ruhte sein Auge auf mir, unverwandt. Stand ich auf, stand er auf und ging erwartungsvoll zur Tür. Setzte ich mich, setzte er sich, geduldig, den Blick auf mich gerichtet. Es war alles in einem: zu Hause. Man spürt es nie deutlicher und tiefer, als wenn man es hat entbehren müssen.

Nach dem Frühstück dieses zweiten Morgens zogen wir hinaus, Cato und ich.

Cato war ein Geschenk Vaters, ein Drahthaar-Vorstehhund; ich hatte ihn selbst aufgezogen und abgerichtet. Tausendfach war ich mit ihm draußen gewesen, hatte ihn alles gelehrt, was ich kannte: Bei-Fuß-gehen und Sitz, Dalen, Ablegen und Apportieren, auf Pfiff und Wink und Wort gleich zuverlässig zu reagieren, kalte Fährten zu arbeiten und vorzustehen, auf Zuruf nachzustoßen, zu stöbern und zu buschieren, auf Abstand zu folgen, Laut zu geben, zu verbellen, Verloren zu bringen — und dies selbst, wenn der »verlorene« Gegenstand auf oder neben der Fährte eingegraben lag. Es gab keine Schwierigkeit des »Ernstfalles«, die ich ersinnen konnte und ihm nicht vorsetzte, bis er sie sicher beherrschte, und bei all diesem wechselte ich immer wieder den Arbeitsplatz, um zu verhindern, daß er bestimmte Anforderungen in unerwünschter Weise mit bestimmten Örtlichkeiten verknüpfte.

Ich machte ihn, der ein großer und ganz ungewöhnlich intelligenter und lebendiger Bursche von wahrhaft unermüdlichem Arbeitseifer war, geflügelrein, indem ich ihm bei jeder Gelegenheit und an allen möglichen Orten lebende Hühner vor der Nase in meinen Händen flattern ließ. Griff er dann zu, so bekam er eins übergezogen, bis er gelernt hatte, daß »flatternde Hühner wehe tun«.

Endlich hatte er lernen müssen, sich bei der Schnepfensuche

um aus dem Lager aufstehende Hasen, um abgehende Sauen oder flüchtiges Rehwild nicht zu kümmern, so sehr auch sein eingeborener Trieb ihn zur fröhlichen Hatz über Stock und Stein reizen mochte.

Als er einmal, im Anfang seiner Lehrzeit, ohne auf mein Pfeifen zu hören, mit Jiff und Jaff seinen Hasen weiterhetzte, hatte ich mich nicht gescheut, ihm im Vorbeipassieren eine Ladung feinsten Schrotes auf die von dichtem, harten Drahthaar geschützten Keulen zu brennen. Er zeichnete deutlich, und da ich sofort nach dem Schuß wieder pfiff und rief, brach er augenblicklich die Hatz ab und wußte fortan, daß Hasenhetzen wehtat.

Die gleiche Erfahrung hatte »Ica von Moorberg«, eine von Vaters Drahthaarhündinnen, eine passionierte Hetzerin, an einem eisigkalten Wintertage bei knochenhart gefrorenem Boden auf eine etwas andere Weise gemacht und mich dadurch erst auf den Gedanken gebracht, hetzende Hunde zu beschießen.

Sie kam, den Hasen vor sich, in gestreckter Fahrt über eine Wiese daher, an die ein Sturzacker mit groben, beinhart gefrorenen Schollen angrenzte.

Ich pfiff. Sie hörte nicht.

Ich pfiff nochmals. Ohne Erfolg. Die Passion war stärker als der Gehorsam. Jetzt wechselte sie in voller Fahrt von der ebenen Wiese auf die Furchen und Schollen des Ackers hinüber, und gerade als ich zum dritten Male pfiff, stolperte sie, stürzte und schlug hart mit dem Kiefer auf den gefrorenen Boden auf.

Kaum wieder auf den Füßen, kam sie reumütig wedelnd zu mir zurück. Der Pfiff, der sie im Schmerz des Aufpralls erreichte, hatte offenbar in ihr die Vorstellung ausgelöst, i c h hätte ihr den Schmerz zugefügt, weil sie meinem Pfeifen nicht folgte. Sehr zu meinem Erstaunen war sie von Stund ab hasenrein; sie wußte: Das schöne, herrliche Hasenhetzen tut weh, wenn man es auf Pfiff nicht sofort abbricht.

Ich zog meine Folgerungen im Nachdenken über diesen Zufallserfolg und verfuhr mit meinen Hunden in Zukunft wie mit Cato. Kamen sie von verbotener Hatz zurück, so strafte ich sie nicht, sondern behandelte sie freundlich, um unerwünschte Vorstellungen zu vermeiden. Wir alle haben ja unbewußte Haltungen, und der Hund hat dafür eine sehr feine Beobachtung. Hat er einmal seinen Herrn in einer bestimmten, der unbewußten Zornhaltung gesehen — und gehört, und ist er trotzdem — befehlsgemäß — gekommen und dann gestraft worden, so verknüpft er: »Zum Herrn kommen, tut unter Umständen weh«, da er glaubt, für das Kommen, nicht aber für eine davorliegende »Übeltat« bestraft zu werden. Folge: er sieht sich seinen rufenden Herrn sehr genau an, erkennt — gegebenenfalls — die Zornhaltung und . . . bleibt fern, weil er sich sagt: »Der sieht mir doch so aus, als ob es heute Senge gibt.« Folgerichtig — denn niemand geht ohne Not dorthin, wo es Senge gibt — tut er sich in sicherer Entfernung nieder und kommt bestenfalls unter dem Zwang von Drohung in Ruf und Gebärde bäuchlings und sehr zögernd nähergekrochen. Dazu sagen wir dann: Er hat ein schlechtes Gewissen und beziehen dies »schlechte Gewissen« fälschlich auf das »Verbotene«, das der Hund, von uns aus gesehen, getan hat. Er hat in Wirklichkeit gar kein schlechtes Gewissen; er hat einfach Angst vor der Zornhaltung.

Es ist deshalb vollkommen sinnlos, Hunde anders als auf frischer Tat zu »bestrafen«, also b e i m Naschen, b e i m Verunreinigen eines Zimmers, b e i m Schnappen nach Federvieh, b e i m Hasenhetzen, nicht aber b e i m Kommen n a c h dem »Sündenfall« . . .

Cato und ich gingen also »zu Busch«, um nach den Schnepfen zu sehen. Es war Vormittag, ein zarter Märzentag, voll Sonne, lind und lau; der Himmel wie hingepinselt mit dünnem, wässerigem Aquarell.

Unter Tage liegt die Schnepfe in dichtester Dickung, möglichst in Dornbüschen, wo viel Schatten ist und Moos, in dem das Wurmen Erfolg verspricht, und die sicheren Schutz gewähren gegen den fliegenden Feind, den Habicht.

Solche Dickungen und Dornbüsche gab es reichlich um

Schuenhagen, Wildnisse, die teilweise nur durch hineingeschlagene Schneisen und Jägerpfade begehbar waren.

Cato trottete gelassen neben mir her, von Zeit zu Zeit einen fragenden Blick zu mir emporwerfend.

Wir umschlugen den ersten Busch, bis wir unter den Wind gelangt waren, ich legte Cato das Schnepfenglöckchen an, dessen Silberton dem Jäger verrät, ob und wo der Hund sucht, und dessen Schweigen ihm anzeigt, wenn er vorsteht.

Cato, das Glöckchen am Halsband, schüttelte sich, daß es ihn von den Behängen bis zur Rute überlief und das Glöckchen hell aufklang, und fiel alsbald in seinen raumgreifenden Suchtrab.

Es war warm. Ein paar erste Mücken spielten, eine Meise zeterte, und ein Rotkehlchen begann mit dünnem Stimmchen zu schelten.

Die Sauer schußbereit, folgte ich, wie an einem Faden gezogen, dem Glockenton, der hinüber und herüber — ein unsichtbares Geflecht in die Dickung wob: klingling, klingling, immer nahe vor mir. Von Cato sah ich kaum etwas, hier und da ein Stück seiner braunen Decke, das durch die unwegsame Dickung glitt, hin und wieder seine gestreckte, eilige Gestalt, wenn er, eifrig windend und mit der Rute wedelnd, das schmale Gestell überquerte, auf dem ich ihm lautlos folgte.

Es liegt ein seltsamer Zauber über solch stiller, eiliger Suche, eine eigentümliche Spannung, die sich, ausgehend von dem unermüdlichen Glockenton, dem ganzen Menschen mitteilt, eine ständig wachsende Erwartung des Augenblicks, in dem der Ton ausbleibt. Zeitlebens hat mir, wenn das eintrat, das Herz einen Schlag lang ausgesetzt, und das Jagdfieber schoß mir wie ein warmer, schwerer Rausch ins Blut.

Ohne es schon zu sehen, sieht man, wie der Hund vorsteht, lang gestreckt, den ganzen Körper reglos gespannt, steinern, Kopf und Hals weit vor, eifrig windend und die Witterung des Wildes kauend.

Und man selbst wendet alle List auf, alle Geschicklichkeit des Leibes und der Sinne, sich dem Hunde unbemerkt zu nähern. Man schiebt sich hinein in die Dickung, Zentimeter für Zentimeter, und hinter einem federn die sperrigen Zweige in ihre Ausgangslage zurück. Dornen schrammen; man hört den winzigen Laut und meint in der Erregung, er müsse weithin hörbar sein. In schnellen Entschlüssen setzt man vorsichtig Fuß für Fuß.

Jetzt erkennt man den Hund. Man sieht ihn halb; ein alter, knorriger Hollunder ist noch davor, oder ein Erlenstamm... Das Auge späht nach dem günstigsten Standort, dem freien Schußfeld in der Höhe. Da? Dort? — Langsam kommt man näher — näher dem Hunde, der fest vorsteht, näher der Schnepfe, die, eng an den Boden gedrückt, im Lager verharrt.

Und dann die Waffe schußbereit, beginnt man Lärm zu schlagen, bis es dem scheuen Langschnabel, der viel lieber im schützenden Wurzelwerk seines Busches verharrte, zu schlimm wird, und er in schattenhaftem Zickzack abstreicht, dicht überm Boden, wo es möglich ist, und der Schütze muß blitzschnell bei der Hand sein, wenn sein Schuß nicht fehlen soll, so unberechenbar sind die fliegerischen Winkelzüge des »Kaninchens der Lüfte«.

Wir schossen nur ein Loch in die pommersche Luft an diesem Tage, aber was ich morgens instinktiv gefühlt, war bewiesen: sie waren da! Oculi...

Ja, sie kamen, Nacht für Nacht mehr, lautlos und zahllos, und da der Wind nach Norden und Nordosten umsprang, setzten sie sich fest auf Rügen und an der pommerschen Küste; denn gegen den Wind traten sie die Reise über die Ostsee, hinauf nach Schweden, nicht an. Die ersten blieben, und die neu nachkommenden gesellten sich hinzu, jede Nacht mehr.

Bald saßen die Dickungen und Dornbüsche und selbst offenere Stellen im jungen Waldbestand voll von ihnen; man trat sie beinahe heraus, und Cato, der Morgen für Morgen mit mir in den Busch ging, stand alle hundert Meter fest vor, bis ich heran war, Lärm schlug und dem abstreichenden Schatten in Donner und Dampf die Schrote nachfliegen ließ.

So manches Mal tat es dann den wirbelnden Fall und den

leichten und doch dumpfen Aufschlag, und während kleine braungelb gezeichnete Federn noch lange in der Märzluft schwebten, brachte mir Cato die gefiederte Beute.

Ich erinnere mich, daß wir einmal — einer meiner Freunde und ich — an einem einzigen Tage siebenundsechzig Langschnäbel aus der Luft holten und des Abends, ins Forsthaus heimgekehrt, in jugendlichem Überschwang das Jagdzimmer dekorierten — mit den Schnepfen, die wir an Schnüren, von Geweih zu Geweih gezogen, unter der Decke aufhängten! —, und daß wir unsere Smokings anzogen und bei einigen guten Flaschen am lodernden Kaminfeuer ein würdiges und heißes Fest begingen.

Aber das war viel später. Jetzt, in diesen Ferien begegnete mir etwas ganz anderes: Zwei Schnepfen waren vor mir aufgestanden. Eine fiel im Feuer, die andere, angeschossen, flügelte mühsam über die Spitzen der jungen Aspen dahin und fiel in einiger Entfernung auf ein Gestell.

Cato nimmt sofort die Nachsuche auf, und ich folge.

Plötzlich höre ich Cato knurren, dann anschlagen, und als ich hinausluge auf das Gestell, steht er über der Schnepfe, und vor ihm auf hübschem Braunen hält eine jugendliche Reiterin.

Der Braune schäumt ins Gebiß und scharrt mit dem Vorderhuf den dunklen, feuchten Waldboden auf.

»Oha, oh, ho, ho«, sagt eine helle Stimme, »ruhig, mein Hassan, ruhig!«

Ich sehe mit einem Blick: neues, helles Sattel- und Zaumzeug, Pferd von gutem Blut, Wildlederhandschuh, eine kecke Kappe zum Reitdreß, Gerte mit silbernem Knauf, hübsches blondes Haar; das schimmert in der Sonne.

Jetzt spricht sie Cato zu, der unverrückbar den Weg blockiert und von Zeit zu Zeit seine tiefe Stimme ertönen läßt.

»Was willst du denn?« sagt sie, sich vornüber beugend, »warum bist du denn so grob mit Hassan und mir. Eine merkwürdige Gegend seid ihr hier. Werft einem erst einen toten Vogel auf den Weg, und dann kommst du und läßt einen nicht weiter.«

»Hau ... hrrrr ... hau«, antwortet Cato.
»Willst mich nicht weiterlassen, Schöner? — Komm, sei lieb.«
»Hrrrr ... huff.« Cato nimmt den Vogel auf, zeigt ihn vor, legt ihn wieder hin.

»Ja«, sagt sie entgegenkommend, »ganz recht, ein schöner Vogel ist das, ein schöner Vogel. Du darfst ihn behalten; ich nehm' ihn dir nicht weg.«

Der Braune tritt ein wenig hin und her. Er hat große, feurige Augen und eine schmale Blesse auf der Stirn. Ungeduldig begehrt er Zügelfreiheit, biegt den edlen Hals, auf dem das Licht schimmert, nieder und schnobert mit weichen Nüstern. Die Ohren spielen. Cato tut einige sparsame Wedler mit der halblang gestutzten Rute; er mag Pferde.

Und ich? — Ich stehe, halbgedeckt noch von der Weißdornhecke, und schaue auf das Bild: das erlegte Wild, darüber den edlen, straffen Hund, ihm gegenüber den schönen Braunen und darauf das Mädchen. Es ist ein so hübsches Bild, aber das hübscheste ist ihr Gesicht, lebhaft und schmal, ein wenig gerötet von der frischen Märzluft, so als wolle die Haut schon anfangen, sich ganz zart zu bräunen. Wer kann das sein, denke ich; die hast du hier noch nie gesehen! Mein erster Ärger vergeht wie der Schnee der vorigen Woche, ein Jägerärger: Fremde im Revier — und gar Weiber!

Gerade beugt sie sich wieder vor, um die Verhandlung mit Cato fortzusetzen. Wie biegsam, wie schlank und fest ist dieser Körper! Wie zierlich der Fuß, der, unter dem Reitrock hervorlugend, im Bügel ruht! Ich fühle, ich werde ein wenig rot. Vater hat mir ein Buch zum Geburtstag geschenkt: »Dafür bist du jetzt alt genug: eine Jägergeschichte, mein Junge.«

Das Buch heißt: »Lancelot und Sanderein«, und es beginnt, wenn ich's recht erinnere:

> Ich bin nun schon drei Tag' im Jagen
> und hab' noch nicht ein Wild gesehn.
> Jetzt seh' ein Wild ich im Gehege,
> Des freut mein Herz sich allewege ...

Daran muß ich jetzt denken, und mein Herz schlägt plötzlich laut und hart. Jagdfieber?

»Du«, höre ich sie zu Cato sagen, »du brauner Strubbelkerl, so geht das aber nicht weiter mit uns. Hast du keinen Herrn? Jagst du hier etwa auf eigene Faust? Wilderst du wohl gar?« Cato wildern? Mein Cato? Da hört sich doch alles auf!

»Mein Hund wildert nicht«, sage ich, empört, daß man etwas derartiges auch nur denken kann, und trete so plötzlich aus der Deckung des Dornbusches hervor, daß sie zusammenschrickt. »Aber es gibt andere, die sich auf verbotenen Wegen befinden. Oder sind die Schilder vor den Gestellen nicht deutlich genug?«

Während ich dies sage, gehe ich mit raschen Schritten geradewegs auf sie zu.

Ihre Hand greift die Gerte fester. Prüfend und furchtlos blicken zwei graue Augen auf mich nieder. Zwei Schritte vor ihr bleibe ich stehen.

»Ah«, sagt sie schnippisch und sehr von oben herab, »des Rätsels Lösung. Sind Sie der Herr von dem Köter?«

»Das ist kein Köter. Das ist ein Hund«, erwidere ich patzig.

»So?« Zornig, geradezu feindselig blitzt sie jetzt zu mir hernieder. »Und wer sind Sie, daß Sie hier die armen Vögel totschießen und harmlose Spaziergänger belästigen?«

»Spazier-r e i t e r«, korrigiere ich spitz, »und l e i d e r auf verbotenen Pfaden, wie ich wiederholen muß — Die ›armen Vögel‹ sind Schnepfen; sie schmecken ausgezeichnet, und der Sie ›belästigt‹« — ich ziehe dieses Wort hohnvoll verletzend in die Länge, wobei ich ihren Stimmfall nachahme — »ist ein Herr Mueller.«

»Mueller?« erwiderte sie, ironisch überlegend, wobei sie ein wenig den Kopf neigt, »Mueller —? nie gehört!«

Unverschämte Person! Das Blut schießt mir zu Kopfe. Ich bin nun auch zornig. Was bildet die sich ein?!

»Dann wissen Sie sicher auch nicht, daß auf Schuenhagen ein Forstmeister namens Mueller sitzt, und daß dies hier Schuenhagener Grund und Boden ist.«

»Phh! Sonst noch etwas?«

Ich bin Staub für sie, Luft, ein Nichts! Aber ich will sie wohl kriegen! Ich habe auch andere Pfeile im Köcher und ich sage: »Jawohl! Eine ganze Kleinigkeit, Prinzessin Nase-in-die-Luft. Hier ist Staatsforst, wie ich schon erwähnte, Königlich Preußische Staatsjagd, wo geschossen wird und wo man« — und hier verlangsame ich meine Rede — »sehr leicht versehentlich ein paar Schrote auf die Keulen kriegen kann, wenn man verbotenerweise darin herumreitet.«

Sie zuckt wie gestochen herum: »Ein paar Schrote auf die — was?«

»Jawohl«, nicke ich wütend, »Sie haben ganz recht gehört, Gnädigste«, und dabei fange ich an zu grienen und immer deutlicher zu lachen, während sie empört das Näschen emporwirft und die Lederschlaufe der Reitgerte in ihrer Linken in schnellen, nervösen Schlägen in die offene Handfläche ihrer Rechten klatschen läßt.

So, denke ich, prügeln möchtest du mich, du Krott!, und lache nun ganz unverhohlen. Die soll nicht denken, daß sie mich von oben behandeln kann, und wenn sie zehnmal oben sitzt!

»Sie sind das Unverschämteste...«, sagt sie schließlich mühsam, während ihr langsam hell und rot das Blut in Stirn und Wangen steigt, »das Unverschämteste...« Und plötzlich, mit einem wilden, festen Blick meine ganze Gestalt, meinen abgeschabten, mitgenommenen und geflickten Jagddreß musternd, schreit sie mich an: »Wie sehen Sie überhaupt aus?! Wie ein Wegelagerer!«

Die Reitpeitsche in ihrer Hand zuckt, als wollte sie zuschlagen, aber ich spüre, ich habe trotzdem jetzt Oberwasser. Mit einem schnellen Schritt trete ich dicht an sie heran: »Tun Sie das nicht! Seien Sie vorsichtig. Wir sind nun quitt, ja? Oder nicht?«

Heftig wendet sie sich ab, und über die Schulter kommt es erschreckt, ärgerlich und bittend in einem: Sagen Sie mir lieber, ob Sie mich jetzt reiten lassen oder nicht.«

»So ohne weiteres? Wo Sie hier auf verbotenen Wegen im Staatsforst herumreiten? — Das ist strafbar!«

Ich lege eine Pause ein nach ›strafbar‹, um das Wort wirken zu lassen. Dann, gedehnt: »Aberr ... vielleicht ... ausnahmsweise ...«

»Oh, Sie ...!« Sie wirft sich förmlich herum, einen Rest vergehenden Unmuts noch in den Augen. »Sie verkohlen mich ja! Nicht wahr?! Und ich falle darauf herein!«

Und nun lachte sie, ohne noch eine Antwort von mir abzuwarten; es stieg voll und hell und befreit aus ihrem runden weißen Halse auf und klang silberner als das Geläut des Schnepfenglöckchens.

Ihre Lippen waren frisch und rot; dazwischen schimmerten die Zähne, einer so weiß und wohlgeformt wie der andere. Wo blieb mein Zorn?!

»Na bitte!« sagte ich, in ihr Lachen einfallend. »Warum nicht gleich so? Warum streiten wir überhaupt?«

»Sie waren so barsch zu mir!«

»Ich?«

»Ja. Sie. Warum eigentlich?«

»Zuerst, weil Sie meinen Hund einen Köter nannten. Zweitens, weil Sie mir das Wild vergrämten. Das mag kein Jäger. Und drittens, weil —, Sie haben mir ja keinen schlechten Schrecken eingejagt, nicht wahr?« log ich fromm. »Bedenken Sie, wenn Sie nur eine halbe Minute früher gekommen wären, wären Ihnen buchstäblich die Schrote um die Ohren geflogen; es ist der reine Zufall, daß Sie nichts abgekriegt haben.«

»Himmel!«

»Ja. — Stellen Sie sich die Scherereien vor! Stellen Sie sich vor, Ihr schöner Brauner kriegt auch was ab, geht durch. Sie, verwundet, können ihn nicht halten — es gibt ein Unglück ...«

»Schrecklich!«

»Ja. Und warum?! Weil Sie denken, die Verbotstafeln sind zum Spaß aufgestellt — oder, um Sie zu ärgern.«

Pause. Sie spielt mit den Mähnenhaaren ihres Braunen. Dann: »Und Sie heißen wirklich Mueller?«

»Wirklich und wahrhaftig.«

Sie blickte mich ganz erschrocken an. »Oh, verzeihen Sie. Das war dumm von mir. Wie konnte ich so was fragen. Es macht mir nichts aus, wie Sie heißen. Wirklich gar nichts.«

Wieder stieg ihr hellrot das Blut in die Stirn, und die grauen Augen blickten unsicher.

Ich schaute hinein, faßte mir ein Herz und sagte kühn:

»Ihnen kann ich gar nichts übelnehmen. Was Sie auch sagen...«

Sofort blickte sie abweisend: »Fangen Sie auch schon mit so was an?!«

»Womit?«

»Ach, mit Komplimenten.«

»Ich meine es aber wirklich so.«

Sie schüttelte lebhaft den Kopf. »Wissen Sie«, sagte sie plötzlich ganz zutraulich und kein bißchen erwachsen, »ich habe gerade meinen ersten Ballwinter in Berlin hinter mir. Die Komplimente! Nicht zum Aushalten! Und nun sogar hier im Walde!«

»Ja«, sagte ich, verstehend, »kann ich mir vorstellen. Scheußlich. Aber ich meine es wirklich. Auf Ehre!« und hielt ihrem Blick stand.

Sie sah mich lange an, vom Kopf abwärts, über das verschrammte Jagdwams, die verschossenen Manchesterhosen, bis hinab zu den Füßen, die in alten, ausgetretenen Stiefeln steckten.

Danach saß sie und nestelte an ihren Zügeln und blickte fort in den Busch. Es war still zwischen uns, eine unsichere Stille. Ich räusperte mich. Was sollte ich sagen? Es ging alles so schnell.

Cato kam mir zur Hilfe. Er hatte die ganze Zeit unbeweglich dagesessen, die Schnepfe im Fang. Nun erhob er sich und stieß mir sanft ans Knie. Ich schrak zusammen, bückte mich nieder und nahm ihm mechanisch den Vogel ab, um ihn dann, während ich fühlte, wie mir das Blut in den Kopf schoß, der schönen Fremden hinaufzureichen.

»Würden Sie das ... von mir ... annehmen?« fragte ich stockend.

Sie lächelte, nickte, nahm und streichelte, die Augen gesenkt, das weiche, fein gezeichnete Gefieder.

Das Schweigen wurde endlos, mit jeder Sekunde unüberwindlicher.

»Was für schöne Federn sie hat«, murmelte sie.

»Ja«, erwiderte ich hastig, »wie dürres Laub ... und kleine Äste ..., wenn sie am Boden hockt, hebt sie sich kaum ab.«

Schweigen.

Cato ging gemessen auf und ab und endete schließlich am Kopfe des Braunen, der sich die Zügel, ohne Widerstand zu finden, lang nahm, die Ohren vorstellte und aus weichen Nüstern schnobernd blies. »Unsere Tiere schließen auch Freundschaft«, sagte sie leise, »mein Hassan und Ihr ›Köter‹.«

Da sah ich auf und blickte in ihr strahlend lächelndes Gesicht.

»Ich glaube, ich muß nun reiten«, sagte sie nach einer langen Zeit des Schauens.

Langsam streifte sie den Handschuh von der Rechten, und ich nahm sie, eine hübsche, schmale Mädchenhand, und drückte meine Lippen darauf.

Erst als sie schon verschwunden war hinter der Wegbiegung des Gestells, fiel mir ein, daß wir nichts verabredet hatten, kein Wiedersehen, nichts, und daß ich nicht einmal wußte, wie sie hieß, nicht einmal ihren Namen, und ich stürzte hinterher, rufend, und erreichte sie atemlos und sprudelte alles heraus: daß ich am Abend wiederkommen würde, zum Schnepfenstrich, wenn der Abendstern, der Schnepfenstern, herausträte und die scheuen Vögel aufstünden, um einander zu suchen.

»Gut«, sagte sie, »dann werde ich auch hier sein, kurz vor der Dämmerung, an der gleichen Stelle«, hob die Hand, wandte sich ab und ritt.

Ich taumelte heim wie betrunken.

Ich aß nicht zu Mittag, sondern saß geistesabwesend und verwirrt und starrte vor mich hin.

Vater und Mutter tauschten bedeutungsvolle Blicke.
Hans-Wilhelm fragte: »Fahrkarten geschossen?«
»Quatsch!«
»Was hast du denn? Du hast doch was!«
»Quatsch. Nichts. Bin müde.«
»Du!? Müde?« sagte Mutter, »das erste Mal in meinem Leben, daß ich das von dir höre.«
Ich fühlte, wie ich feuerrot wurde.
»Laßt ihn«, beschwichtigte Vater, »wenn er müde ist, soll er hingehen und sich schlafen legen.«
»Ja«, sagte ich. »Darf ich aufstehn? — Danke«, und ging.
Auf der Treppe begegnete mir Mamsell, unsere frische, behende, lebenslustige Mamsell, von der Fritz Balzer »Du, Franz, die...!« gesagt und dabei kennerisch geschmatzt hatte.

Schon als ich von der Morgenpirsch zurückkehrte, hatte sie mich zuerst überrascht und dann mit einem merkwürdig verstehend-wissenden Blick angesehen.

Nun blieb sie stehen, stemmte die Hände in die Seiten und sagte lachend: »Na, junger Herr, Sie hat's aber erwischt!«
»Mich? Was soll mich erwischt haben?« erwiderte ich bockig, ohne stehenzubleiben.
»Aber Fränzchen!« rief sie, vor Lachen fast platzend, »mir erzählen Sie doch nischt; ich weiß doch Bescheid!«
»Meinetwegen«, sagte ich patzig. »Bilden Sie sich ein, was Sie wollen.«
Ohne mich umzusehen, stieg ich weiter die Treppe empor, aber ihr Lachen läutete mir nach.

12   CLAIRE

Nie war mir ein Nachmittag so lang geworden.
Lange vor Dämmerung pfiff ich Cato und machte mich auf den Weg. Draußen lag die Sonne des Märznachmittags auf

Wald und Busch und Feld. Die Erde dampfte. Krähen ruderten unter dem blaßblauen Himmel dahin; ihre heiseren Rufe erfüllten die hohe Kuppel von einem Ende zum andern. In den Dornen schimpften die Amseln, zirpte der Zaunkönig, und im kahlen Haselstrauch probte die Ammer ihr kleines, klagendes Lied.

Als ich das Gestell erreichte, lag es still und leer.

Ich rammte die Spitze meines Jagdstocks in den weichen Grund, lud die Sauer, sicherte, ließ mich nieder und wartete.

Cato setzte sich, unaufgefordert, neben mich, die Schulter an meinem Knie.

Die Sonne stand schräg und übergoß die blanke Rinde der Büsche mit ihrem Gold. Rote Weidengerten flammten. Im Wipfel einer einzelnen Fichte sang eine Amsel. Ich sah sie deutlich sitzen; ihre kleine Kehle rundete sich bei jedem Ton; der gelbe Schnabel leuchtete. Es war windstill. Reglos stand der Busch.

Allmählich schlug mein Herz ruhiger. Cato hatte seinen Kopf auf mein Knie gelegt; ich streichelte ihn.

Der Tag verblaßte. Seltener wurden die Vogelrufe. Zuweilen hörte ich ein Flattern im Dickicht. Nicht weit von mir begann ein Tauber zu rufen, rund und voll und sehnsüchtig.

Und dann hob Cato den Kopf.

Mein Herz hämmerte.

Sie kam um die Biegung des Gestells.

Cato knurrte, und ich verwies ihn zur Ruhe, stand auf und ging ihr entgegen.

Sie streckte die Hand aus, ganz unbefangen: »Da bin ich. Warten Sie schon lange?«

»Nein. Kaum zehn Minuten.« Ich bot ihr den Sitz auf meinem Jagdstock an.

»Oh. Bleiben wir hier?«

»Nein«, sagte ich verlegen, »wir müssen hier das Gestell entlang und dann links eine Querschneise bis zur kleinen Wiese.«

Sie beugte sich zu Cato hinunter, der sie beschnupperte.

»Nun?« sagte sie, »darf man dich streicheln?«
Cato wedelte Zustimmung, und sie kraulte ihn behutsam an Kopf und Behang. »Bist ein guter Kerl, ein guter Kerl...«
Sie trug die gleiche Kappe wie am Vormittag, aber statt des Reitkostüms einen wettertüchtigen grauen Mantel.
Endlich richtete sie sich auf: »Nun? Wollen wir gehen?«
Ich nickte, deutete mit einer Handbewegung die Richtung an und ärgerte mich über meine Verlegenheit, die mich den leichten, plänkelnden Ton des Vormittags nicht wiederfinden ließ.
Eine Zeitlang wanderten wir stumm hintereinander her, das Gestell entlang.
»Wohin führen Sie mich eigentlich?« fragte sie plötzlich über die Schulter zu mir zurück.
»Zur ›Kleinen Wiese‹.«
»Und was wollen wir dort?«
»Schnepfenstrich«, erwiderte ich, »dort streichen sie zur Dämmerung.«
»Streichen? — Was meinen Sie damit?«
»Tja, — sie fliegen auf und ab; es ist sozusagen ihr Bummel, wo sie sich treffen, die Männchen und die Weibchen.«
»Hmm.«
»Sie poussieren«, sagte ich kühn. Bei Tage sitzen sie am Boden in den Büschen; abends kommen sie heraus; die Männchen fliegen an den Buschkanten entlang und rufen. Dann antworten die Weibchen und fliegen auch, und dann gibt es eine wilde Jagd im tollsten Zickzack.«
»Hmm...«
»Der Jäger«, fuhr ich fort, entschlossen, das Gespräch nicht sterben zu lassen, »setzt sich an einer guten Stelle an der Buschkante an, so, daß er möglichst wenig zu sehen ist und ein gutes Schußfeld gegen den Abendhimmel hat, und verhält sich völlig still.«
»Und dann kommen sie?«
»Ja, wenn man Glück hat, kommen sie, und man schießt.«
»Im Fluge?«

»Natürlich im Fluge.«
»Schießt man da nicht meistens vorbei?«
»Das kommt darauf an. Ich habe sehr lange vorbeigeschossen, ehe ich es lernte.«

Wir hatten die »Kleine Wiese« erreicht, einen schmalen Korridor zwischen zwei Buschfronten, durch den ein dünnes Bächlein dahinsickerte, und der sich nach einem kleinen Sumpfteich zu verbreiterte.

Im Westen versank gerade die Sonne. Ein wenig von der Wärme des Tages hing noch in der Luft. Der Himmel verfärbte sich rasch zum tieferen Blau der Nacht. Die Farben von Wald und Wiese schwanden zusehends dahin. Nur im Westen lohten Gold und Silber, Perlmutt- und Emailfarben ...

Wir warteten.

Das Schweigen war vollkommen; der letzte scheltende Ruf einer Amsel schien es nur noch zu erhöhen. Reglos, unbewegt, von zartester, durchsichtiger Reine war die Luft.

Meine Blicke durchflogen die hohe Himmelskuppel, und dann wies ich hinauf, beugte mich hinüber zu meiner Begleiterin und flüsterte: »Der Schnepfenstern. Sehen Sie dort! Gleich müssen sie kommen.« Sie schien etwas fragen zu wollen, aber ich legte ihr den Finger auf die Lippen; da lächelte sie voll Einverständnis, nickte und schwieg.

Droben, im Blau der Nacht schwebte der Abendstern, ein unendlich fernes, freundlich blinzelndes Licht, und wir blickten beide hinauf, nahe nebeneinanderstehend und uns, wie heimlich gezogen, zueinander neigend, bis sich Schulter und Schulter berührten.

Ein anderes, atmendes Ich steht an dich gelehnt, nicht Du und dir gleich, gestern noch fremd wie das ferne Asien, jetzt wie ein Teil von dir! Was ist geschehen? Nichts ist geschehen. Alles ist geschehen.

Katarakte von Gedanken, von Gefühlen, Erträumtes, Erahntes, verborgen Gedachtes, Bekämpftes, in Bedrängnis Erhofftes stürzen in lautlosem Brausen lähmend durch die Brust.

Und in dieser gleichen Sekunde sticht ein Kreuz schattenhaft, schwankend und schwarz in den gelbleuchtenden Westhimmel. Ein Ruf erreicht das Ohr, puitzend und quorrend: die Schnepfe! Dunkles, gedrungenes Kreuz am Abendhimmel, schneller, scheuer Vogel mit dem hellen Ruf!

Empor fährt die Waffe und sucht das Ziel ...

Zu spät; sie ist fort, vorüber gezickzackt, verschlungen vom Schwarz der Waldmauer. Nur ihr Ruf bleibt in der Luft, ihr dumpfer, werbender Ruf. Schon aber gaukeln andere heran, gerade als sei diese eine nur die Vortänzerin gewesen für einen lautlos geisternden, von samtig quorrenden Stimmen begleiteten Reigen.

Andere antworten aus der Tiefe der Büsche, stehen auf, schießen empor und schließen sich dem sausenden Tanze an, der sich zu Paaren auflöst, die einander jagen in schwindelndem, pfeilschnellem Zickzack.

Das gaukelt und geistert und saust schwingenpfeifend vorüber in der heimlichen Dämmerung! Das ruft und antwortet; die Luft, eben noch so still, ist voll davon.

Und dann — ein donnernder Punkt! — bricht der Schuß, und Cato, unbeordert, tut drei, vier schnelle Sätze dorthin, wo etwas, dumpf und weich aufprallend, zu Boden fiel.

Kein Laut neben mir, nur eine Hand, die sich, als ich absetze, sachte in meine Ellenbeuge schiebt.

Dort bleibt sie liegen.

Noch dröhnt der Nachhall des Schusses in dem engen Schlauch zwischen den Buschmauern der »Kleinen Wiese«. Von allen Seiten kehrt das Echo in immer schwächeren Stimmen zurück.

Die Vögel sind jählings verstummt, aber bald rufen sie wieder, zaghaft zuerst, dann zu neuer Mächtigkeit anschwellend.

Zweimal noch dröhnt der Hall meiner Schüsse auf, zweimal noch flitzt Cato, ein undeutlicher Schatten nun, und bringt die gefallene Beute. Dann ist das Büchsenlicht vorüber; die letzte, tiefe Dämmerung vor der Nacht bricht herein.

Über dem Vogel, den ich in Händen halte, in der Wärme seines flaumweichen Gefieders, treffen sich unsere Hände. Es ist ein scheinbar zufälliges Berühren im gleichen Tun, aber plötzlich liegen sie still, aufeinander, aneinander, ineinander.

Keiner von uns bricht den Zauber des Schweigens.

Noch immer weiß ich nicht ihren Namen, aber wir gehen, Hand in Hand, die Waldschneise entlang und biegen ein ins Gestell.

Über uns steht der vollbestirnte Himmel, steht das Nachtblau mit seinem undeutlichen, alle Tiefen öffnenden Licht. Rechts und links, Mauern des Schweigens, der schwarze Busch.

Wir nähern uns der Stelle, wo wir uns heute mittag — war das erst heute mittag?! — so feindlich gegenüberstanden. Wie auf Verabredung verlangsamen sich unsere Schritte. Wir bleiben stehen. Ich suche ihre andere Hand; sie kommt mir schon entgegen. Unsere Gesichter sind einander gegenüber, das ihre, ein wenig unter dem meinen, zu mir erhoben, ein helles, sanftes Oval inmitten der Dunkelheit. Plötzlich streckt sie sich ein wenig, und ich küsse sie, unbeholfen und schnell, auf ihren kühlen, kindlich geschlossenen Mund.

Schweigen. Dann, geflüstert: »Du?«

»Ja?«

»Du bist ja gar kein Wegelagerer.«

»Ich . . . ?«

»Ja, du. Du hast sicher noch nie . . .«

»Doch«, sage ich wütend, »massenhaft.«

Da nimmt sie mich bei den Ohren: »Du schwindelst ja. Sonst würdest du es so machen . . .« Und nun küßte sie mich.

»So«, sagte sie endlich, »so stelle ich mir vor, küssen Wegelagerer.«

Wie vom Donner gerührt stand ich da.

»Und die nehmen dabei ihre Mädchen in den Arm«, klang ihre Stimme mit halb unterdrücktem Lachen an mein Ohr, »und drücken sie, daß ihnen ganz schwindlig wird. Stelle ich mir wenigstens vor. Wir sind nämlich gar nicht aus Porzellan . . .«

Später lehnt sie still an meiner Brust, den Kopf an meiner Halsbeuge; ihr Scheitel reichte mir gerade bis ans Kinn.

Meine Linke war in ihrem Haar, das, feucht vom Tau, seinen Duft verströmte.
»Du bist doch einer«, sagte sie einmal, »du hast es nur noch nicht gewußt; aber ich ...«
Und nach einer Weile: »Wie heißt du eigentlich?«
»Franz.«
»Franz? — Ich werde dich Francesco nennen.«
»Und du?«
»Claire.«
»Kläre?«
»Nein. Claire. Claire Blanquardet. Wir sind die neuen Pächter auf der Domäne neben euch.«
»Wieso neben uns?«
»Nun«, sagte sie, ohne den Kopf zu heben und meine Stimme nachahmend, »dann ist Ihnen sicher auch unbekannt, daß in Schuenhagen ein Forstmeister namens Mueller sitzt und so weiter und daß dieser Forstmeister einen Sohn hat, der Franz heißt und ein Wegelagerer ist ...« Sie lachte und bohrte, immer lachend, ihren Kopf tiefer in meine Halsbeuge.
Wie weggeweht waren plötzlich Befangenheit und Verwirrung, die mir das Wort in der Kehle erstickt hatten. Ich konnte lachen mit ihr; alles war plötzlich frei und leicht.
»Dann seid ihr die neuen Nachbarn!«
»Es scheint so.«
»Und du bist die Tochter dazu.«
»Scharfsinnig, Francesco, scharfsinnig! Komm, nun gehen wir weiter.« Sie hängte sich bei mir ein, nahm meinen Schritt auf, plauderte: »Papa hat eine Bank und Fabriken und so allerlei. Und weil Mama von einem Gut stammt — in der Mark — hat er jetzt die Domäne gepachtet. Seit drei Tagen sind wir drauf.«
»Seit drei Tagen? Genauso lange bin ich zu Haus.«
»Und wo bist du sonst?«
»In Lichterfelde.«
»Kadett?« Sie lachte hell auf. »Wenn die das wüßten, die ...«

»Was? Welche die?!«

»Francesco!« Sie warf mir die Arme um den Hals und gab mir einen eiligen Kuß: »Die Süßholzraspler auf all den Bällen! Wer denn sonst! Kalbsaugen würden die machen! Claire Blanquardet und ein Lichterfelder Kadett!«

»Du«, knurrte ich, »das sag' ich dir: wenn dir einer von denen zu nahe kommt, — mit dem schieß' ich mich!«

»Francesco!« Sie wußte sich kaum zu halten vor Lachen. »Francesco! Süßer! Dummer!«

»Dann schieß' ich mich!« wiederholte ich entschlossen.

Sie blieb stehen und schnurrte an mir herum wie eine Katze am Ofen. »Ich glaub' dir's ja, Francesco! Aber die m ü s s e n doch Kalbsaugen machen; sonst ist ja kein Spaß dabei! Das ist doch das beste dran, wenn sie wild werden und sich doch nichts getrauen! Herrlich ist das! Alle verrückt machen, und einen haben, den man wirklich mag!«

Mitten auf dem Gestell stand sie, unter dem Licht der Sterne, hatte die Arme gebreitet und erwartete mich: »Küß' mich, Francesco, küß' mich!«

Ich weiß nicht, wie ich nach Hause gekommen bin in dieser Nacht, nicht wie und nicht wann, aber am andern Mittag saß ich wieder »an unserer Stelle«, und es währte nicht lange, da richtete sich Cato mit leisem Knurren auf, und ich hörte den Hufschlag des Braunen näherkommen.

Sie winkte schon von weitem. »Francesco!«

Sie flog mir um den Hals. »Ich hab' es gar nicht erwarten können, Liebster!«

Einige Tage danach machten die Blanquardets ihre Antrittsvisite auf Schuenhagen.

Der Herr von »Bank, Fabriken und so allerlei« war ein beweglicher, lebhafter Fünfziger, der seine hugenottische Abkunft keine Sekunde verleugnete. Frau Blanquardet hingegen, die einen feinmaschigen Gesichtsschleier trug, den sie wegen des Portweins und der Kekse auf der Nasenspitze zusammengeschoben hatte, blickte aus blauen, aufmerksamen Augen von einem zum andern und war von reservierter Liebenswürdigkeit, während Claire nach ihrem sehr höflichen Einführungsknicks und dem Handkuß für meine Mutter mäuschenstill mit niedergeschlagenen Augen auf ihrem Polsterstuhl saß.

»Unsere Kinder haben ja wohl schon Bekanntschaft geschlossen«, sagte Herr Blanquardet im Laufe des Gesprächs.

Claire errötete.

Vater warf mir einen Blick zu. »Richtig«, erwiderte er mit einem winzigen Kräuseln der Lippen, »ich hörte davon. — Wenn Sie Lust haben, kleines Fräulein, zeigt Ihnen Franz einmal die Zwinger.«

»Oh, ja.« Sie stand auf und knickste. »Ich habe Hunde wahnsinnig gern.«

»Na also«, sagte Vater und schmunzelte.

Tilla, eine unserer Wachtelhündinnen, hatte einen Wurf von prächtigen Welpen, die in ihrem Zwinger herumpurzelten, ihre täppischen Sprünge taten, sich knurrend und mit hellen Stimmchen bellend rauften und Claires zärtliches Entzücken hervorriefen.

Ich nahm eines heraus, und während Tilla, die zuerst leise knurrte, mit aufmerksamen Blicken die Fremde beobachtete, die eines ihrer Jungen auf dem Arm hielt, spielte mein Mädchen ganz selbstvergessen mit dem kleinen Bündel warmen Lebens: ».. . wie süß! Wie süß! Au, du beißt ja schon richtig, du kleines Untier. Eijajaja, richtige Zähnchen hat es schon. Und so seidenweiche Öhrchen . . .«

»Behänge«, verbesserte ich.

Sie blickte fragend. »Be — was?«

»Behänge. Was du ›Öhrchen‹ nennst, heißt beim Hund ›Behänge‹.«

Sie lachte. »Schade, daß ich dich nicht rasch bei den Behängen nehmen kann, Herr Schulmeister.«

»Wo es doch so heißt . . .!«

»Ach was. Ich lern' das nie. Papa hat mir's auch schon beibringen wollen.«

Sie stellte sich in Positur und leierte mit der Stimme eines Schulmädchens, während sie dem kleinen Welp die Kiefer kraulte: »Ein Schwein ist kein Schwein, sondern ein Schwarzrock und ein Kalb kein Kalb, sondern ein junger Hirsch und ein Bock kein Ziegenmann, sondern ein Reh mit Hörnern.«

»Siehst du«, unterbrach ich spöttisch, »du kannst es doch!«

Aber unbeirrbar fuhr sie fort: ». . . und der Schwanz vom Hirsch heißt Blume und der vom Hasen Wedel, und ein Bein ist kein Bein, sondern ein Lauf und ein Maul kein Maul, sondern ein was-weiß-ich, bei allen Biestern verschieden, und wenn sie schwitzen, ist's nicht dasselbe, als wenn sie schweißen. Nein, geh mir weg; ich lerne das nicht. Kennt ihr etwa den Unterschied zwischen Crepe de Chine und Musseline und Voile?«

»Nein«, gestand ich, »das ist auch ganz was anderes.«

»Aha!« Sie blitzte kampflustig. »Das sagt ihr Männer immer. Das sagt Papa, das sagen meine Onkels, und nun sagst du es auch. Immer sagt ihr das, wenn wir Frauen etwas unwichtig finden, was ihr wichtig findet, und ihr gern etwas wichtig finden sollt, weil es für uns wichtig ist. Gräßlich seid ihr!«

Sie drückte das Hündchen, das leise quiekte, zärtlich an die Wange, während sie mir schmollend die Schulter zukehrte.

»Ich glaube, wir gehen jetzt zu den Schweißhunden«, sagte ich vorsichtig; »sonst hast du nachher nichts gesehen, und die denken sich was.«

»Die? — das tun die sowieso schon.« Sie wandte sich mir zu, plötzlich ganz ernst. »Weißt du, Francesco, ich hab' es ihnen lieber gesagt: daß wir uns getroffen haben, und daß du zuerst sehr knottig warst, weil du mir beinahe ein paar Schrote . . ., weil du mich beinahe angeschossen hättest, und daß wir dann abends Schnepfen geschossen haben. Sie fragten nämlich, weil ich so spät heimkam, und es hat gar keinen Zweck ihnen was vorzuschwindeln, Papa ja, aber Mama nicht; die guckt durch drei Zoll dicke Bretter. Und da haben sie gesagt: ›Besuch machen müssen wir sowieso, dann lieber gleich, damit wir wissen, was das für Leute sind und was sich unsere Tochter im Walde aufgegabelt hat.‹«

»Nun?« fragte ich, ein bißchen spitz, »und was sind das für Leute?«

Sie hielt sich das Hündchen halb vors Gesicht und lachte mich über den kleinen Fellkopf hin an: »Ich finde sie großartig, Francesco. Dein Vater, wie er sich gar nichts anmerken ließ, als Papa sagte, daß ›unsere Kinder ja wohl schon Bekanntschaft geschlossen‹ haben! Du h a s t ihm doch gar nichts davon gesagt! Aber er lächelt bloß irgendwo um die Mundecken herum und sagt: ›Richtig, ich hörte davon.‹ Und deine Mama, die auch keine Ahnung hat, nickt noch ganz freundlich dazu; es war großartig.«

»Ja«, sagte ich voll heimlichen Stolzes, »hoffentlich mögen sich die Alten auch; ich finde deine richtig nett.«

Sie nickte lebhaft. »Sind sie auch. Papa ist überhaupt der beste, und Mama . . . Na, sehr preußisch, weißt du. Da muß alles durchsichtig sein wie Glas.«

»Und was hat sie gesagt, daß du, — ich meine . . .«

Ein Weilchen schwieg sie und streichelte das Seidenfell des Hündchens, daß es sich in ihrer Ellenbeuge bequem gemacht hatte und nur zuweilen wohlig knurrte. Dann setzte sie es behutsam zu seinen Geschwistern zurück, strich der Mutter freundlich über den glatten Kopf und richtete endlich den Blick voll auf mich.

»Zuerst hat sie gar nichts gesagt. Zuerst hörte sie immer nur zu. Höchstens, daß sie einmal ›hm‹ macht. Und dann sagt sie einem gerade ins Gesicht, was sie denkt, ob's angenehm ist oder nicht.«

Sie schwieg und sammelte ihre Gedanken, eine kleine, steile Falte auf der Stirn, die ihre Nasenwurzel krauste.

Ich tippte mit dem Finger darüber hin. »Nun, und?«

»Tja«, — sie holte tief Atem: »Sie sagte: ›Vergiß nicht, daß du Claire Blanquardet bist, und daß dieser Mann viel zu jung für dich ist. Wenn du mich fragst: triff ihn nicht zu oft.‹«

»Und?« fragte ich nach einer Weile des Schweigens, in der wir, nebeneinanderstehend, dem Gerauf der Welpen zugeschaut hatten.

Sie wandte sich mit vollem Blick mir zu: »Ich treffe dich doch. Ich mag dich.«

Am Abend ging ich mit Vater ins Revier.

»Angenehme Leute, die Blanquardets«, sagte er plötzlich, während wir auf einer schmalen Schneise hintereinander herschritten, »ein offener Kopf, weitschauend, klar, liebenswert — der richtige Nachbar. Und sie — alle Achtung . . .«

»Die Kleine ist reizend«, fuhr er nach einer Weile, da ich nicht antwortete, fort, »ich verstehe dich sehr gut, mein Junge, und ich bin sicher, du weißt, daß das kein Mädchen ist, mit dem man Dummheiten macht.«

»Nein, Vater.«

Mehr wurde an diesem Abend nicht gesprochen.

13 DER LIEBESBOTE

Und doch — wieviel Dummheiten machten wir nicht im Verlaufe dieses Frühjahres, das mich wider alles Erwarten mit einem verlängerten Urlaub beschenkte, in dem ich die Folgen einer winterlichen Bronchitis auskurieren sollte.

Unser war das Revier, unser Wald und Feld, die stillen Wege zwischen den sich begrünenden Hecken, die Jagdkanzeln in starken Bäumen am Rande der Wälder und Lichtungen, das Schilf am See, — unser die Jagd.

Freilich, Claires Mutter war nicht für »diese dicke Freundschaft«, dieses »unkontrollierbare Herumstromern in Busch und Wald«, und wir sahen uns bald genötigt, den Mantel der Heimlichkeit um unsere Zusammenkünfte zu legen.

Aber wozu hatte ich Cato?! Cato von Moorberg, Claires bewunderten Freund, den Begleiter all unserer Wege, den treuen Genossen unserer Jagd, den leise verwundert blickenden Zeugen unserer jungen Zärtlichkeiten?!

»Wir werden einen Meldehund aus ihm machen«, sagte ich, »paß auf, Claire, das wird wunderbar; er bringt dir meine Nachrichten und mir die deinen zurück. Dann brauchen wir nicht mehr zu telephonieren, ich brauche nicht mehr so oft zu euch zu kommen, und wir wissen doch immer, wann und wo wir uns treffen wollen!«

»Ach, Francesco«, lächelte sie, »das kann doch ein Hund nicht. Wie soll er denn das lernen?«

»Selbstverständlich kann er das«, behauptete ich, »das ist bestimmt gar nicht so schwer. Komm, wir fangen gleich an.«

Und so begann Catos Ausbildung zum Postillon d'amour:

»Komm her, Cato«, sagte ich, »komm her, mein Hund.«

Er kam sogleich, freudig wedelnd, und ich liebelte ihn mit beiden Händen um die Behänge, wie er es besonders gern hatte, und hieß auch Claire, ihn streicheln, und das führte natürlich wieder dazu, daß sich unsere Hände an dem Hunde verliebten und verstrickten und wir uns über Catos Kopf hinweg küßten.

»So«, sagte ich endlich energisch, »nun· geh ein Stück hier das Gestell hinunter, Claire, sagen wir zwanzig Schritt. Dann bleibst du stehn und lockst den Hund. Ich gehe mit ihm zur andern Seite und schick' ihn zu dir. Dann nimmst du ihn am Halsband ein paar Schritte mit dir, und hältst ihn, bis ich rufe. Dann schicke ich ihn wieder zu dir — und so weiter. Wetten, er lernt es ganz rasch.«

»Na gut«, nickte sie, »versuchen wir's. Herrlich wär's ja, wenn er es kapierte. Denk bloß — ich könnte abends vorm Schlafengehen noch ein Briefchen von dir bekommen und du eines von mir!«

Sie klatschte in die Hände, plötzlich ganz Feuer und Flamme für diesen Plan. »Komm, fangen wir an!«

Sie lief das Gestell entlang, daß ihr die Röcke um die Knöchel flogen. »Weit genug?« schrie sie zurück.

»Ja! Nun bleib' stehen und ruf' den Hund.«

»Cato!« rief sie, »Cato!« Und »aato — aato« klang es zwischen den Stämmen zurück.

Der schöne Drahthaar wandte ihr den Kopf zu, wedelte mit der Rute, blickte auf mich, zu ihr, wieder auf mich.

»Komm, mein Cato«, klang es von drüben, »komm, mein Hund!«

Und »geh, such' die Claire!« sandte ich ihn mit ausgestrecktem Arm, »dahin! Such' die Claire!«

Er wedelte, blickte fragend, führte die Nase zu Boden, sah wieder auf, tat ein paar Schritte fort und kam' wieder zurück.

»Cato!« rief es drüben, »ei, komm doch, Cato!«

»Nun geh!« sagte ich scharf, da er immer noch zögerte, »geh zur Claire.« Da wandte er sich um und trottete, zuweilen stehenbleibend und sich in verwunderter Frage nach mir umschauend, das Gestell entlang.

»Er tut's«, rief Claire von drüben, »er tut's wirklich!«

»Ja, natürlich. — Geh, mein Hund, geh zur Claire!« rief ich zurück. Nun war er drüben und wurde von Claires ganzem Jubel empfangen. Sie hockte sich nieder, umfing ihn mit den Armen, rieb ihre Wange an der seinen und schnurrte ihm lauter Liebe ins Ohr, bis er sich setzte, den schönen Kopf schüttelte, daß Lefzen und Behänge flogen, und unverwandt zu mir herüberschaute.

»Nun nimm ihn mit!« rief ich, »fünf, sechs Schritt genügen. Hab' keine Angst; er tut dir nichts. — Geh mit Claire, Cato! Geh mit Claire!«

Rückwärts gehend, begann ich mich zu entfernen, und mit rückwärts gewandtem Kopf und hängender Rute ließ er sich widerstrebend ein paar Schritt mitziehen, bis ich Claire anhalten ließ.

»Nun schick ihn zu mir«, rief ich, »sag: ›Geh zum Herrchen, geh zu Francesco.‹ Und zeig' dabei mit dem Arm auf mich!«

Sie tat's, und schon kam er, freudig verwandelt, in langen, federnden Sprüngen angeschossen.

»Brav, mein Hund, brav, brav!« Ich liebelte ihn, und er winselte vor Freude. Es war ihm noch nie geschehen, daß, wenn Claire und ich uns trennten, er mit ihr und nicht mit mir zu gehen hatte.

»Geh ein wenig weiter!« rief ich, »bis an die Gestellbiegung, und dann ruf ihn!«

Schon dies zweite Mal bedurfte es kaum noch einer Überredung. Ihr heller Ruf: ›Cato, komm!‹ — mein Befehl: ›Geh zur Claire!‹ genügten ihm, sich, wenn auch mit Anzeichen der Bedrücktheit, auf den Weg zu machen. Dann aber, als auch beim zweiten und dritten Male dem Lauf von mir zu ihr der Rückweg von ihr zu mir ganz unverzüglich und selbstverständlich folgte, hatte er begriffen, daß hier ein neues und interessantes Spiel gespielt wurde und daß, gleich wo er ankam, bei Claire oder mir, lauter Annehmlichkeit ihn empfing.

Am andern Tage vergrößerten wir die Entfernung und steigerten Catos Vergnügen an der neuen Aufgabe durch Belohnungsbröckchen, die Claire, die kluge, vorsorglich mitgebracht hatte.

Nun saß Cato, kaum zu mir zurückgekehrt, schon freudig hechelnd auf den Keulen, blickte in die Richtung, in der Claire verschwunden war, und wartete ungeduldig auf den Befehl zum Start.

Es bedurfte nur noch weniger Tage, und Cato lief zu Claires hellem Entzücken den Weg von Schuenhagen durch Busch, Wald und Feld zum Blanquardetschen Besitz mit sicherer Selbstverständlich; er empfing seinen Botenlohn, ließ sich das billet d'amour in das von Claire gestickte, blauseidene Brieftäschchen an seinem Halsband stecken und eilte auf kürzestem Wege zu mir zurück.

Längst waren die Schnepfen an einem dunklen Abend mit stürmischem Südwind aufgestanden und über das Meer in die Moore des Nordens hinaufgeweht; längst hatten sich Weide und Erle begrünt, war die Saat auf den Feldern geschossen, hatten die Haselkätzchen ihren goldenen Staub über das Land hinwehn lassen. Längst hatte auf dem grünen Teppich zwischen den hohen Silberstämmen der Buchen das Sternenmeer der Anemonen geblüht — aber immer noch lief Cato, wann immer es uns erforderlich schien, und trug uns Botschaft voneinander zu.

Manchesmal ging ich mit dem Hunde, pirschte bis nahe an den Besitz der Blanquardets heran und sah Claire auf dem ›Utkiek‹, dem bankgekrönten Hügel im Winkel an der Parkmauer, sitzen und ausschauen; sie wartete auf Cato.

Ich sah, wie sie unruhig wurde, wie sie aufstand und hin und her ging und die Hand über die Augen legte, wie sie sich wieder setzte, um sich mit einer Handarbeit oder einem Buch die Zeit zu verkürzen, wie sie plötzlich wieder aufsprang, wenn Catos braunfleckiger Rücken durch das kniehohe Jungkorn hinstrich, und zu dem Pförtchen in der Mauer lief, um ihn abzufangen und ihm die Botschaft aus der Halstasche zu nehmen.

Ich sah, wie sie mein achtlos und schief gerissenes Botenzettelchen mit den drei in Bleistift hingekritzelten Worten an die Lippen drückte, und mein Herz schlug. —

Claire, Claire ...

Alles, was ich dachte, was ich tat, trug ihren Namen.

Der Mai kam. Alle Hecken blühten, die Buchen schimmerten in ihrem hellsten Grün. Eiche und Pappel entfalteten sich in dem durchsichtigen Rot, das so seltsam von Grün unterlaufen scheint, ehe es sich vollends umfärbt. Wald und Wiese waren erfüllt von betäubendem Duft. Immer häufiger fand, wer die Orte kannte, Ricken, die gefleckte, stöckerbeinige Kitze führten. Die Bockzeit ging auf, und abends nach der Dämmerung sah man die roten Herren mit den blankgefegten Stangen aus den grünen Buschwällen hinter Ricke, Kitz und Schmaltieren zur Äsung ins Freie treten. Alles brodelte vor Leben.

Um diese Zeit mußte ich Schuenhagen verlassen — zurück nach Lichterfelde. Ein letztes Mal saßen Claire und ich — Cato neben uns — im heimlichen Winkel an der Schnepfenschneise. Der Abend war still und warm. Die Mücken spielten in Schwärmen in der Höhe. Tauben riefen, und eine Amsel sang.

»Wann kommst du wieder?« fragte sie.

»In sechs Wochen, wenn die Ferien beginnen.«

»Vergißt du mich nicht?«

»Claire!«
»Wirst du mir schreiben?«
»Jeden Tag.«
»Lieber.«
»Und du?«
»Ich werde umkommen vor Sehnsucht.«
Cato blickte diskret zur Seite. Nie wurde ich den Eindruck los, daß es ihn verlegen machte, wenn wir uns küßten.
»Komm, Lieber, wir müssen vernünftig sein.«
»Ja.«
»Ach, mein Francesco. Warum bist du nicht ein paar Jahre älter!«
»Macht es dir etwas aus?«
»Nein, aber . . .«
»Aber?«
»So lange warten zu müssen . . .«
»Nur ein paar Jahre, Claire. Ich bin jetzt siebzehn, und wenn ich . . .«
»Francesco, Süßer, Dummer . . .«
Ich sah sie fortgehen über die Schneise, leichten Schritts, eine helle Gestalt, die sich sanft im Dämmern verlor. Ich sah sie fortgehn und saß regungslos, noch als sie lange verschwunden war. Cato stand auf, kam zu mir und setzte sich nahe an mein Knie.

Wer einen Hund hat, ist nie ganz allein.

14   ASCHE UND BLAUE SEIDE

Sechs Wochen später kam ich zurück. Der Sommer stand auf seiner vollen Höhe. Dunkel war das Laub, gelb das Getreide, der Himmel von einem silbrigen Blau, in dem sich die Konturen hochgetürmter schimmernder Wolkenburgen mit dem Dunst der Hitze vermischten. Hans-Wilhelm, der neben mir auf dem Rücksitz des offenen Pirschwagens saß, schwitzte und schimpfte, und Fritz Balzer, rotgebrannter denn je und tausend toller, neuer Geschichten voll, ließ die Braunen laufen.

»Mensch, Franz«, sagte er, »im alten Bruch steht ein Bock, ein Bock sag' ich dir, nach dem würd' sich der Kaiser die Finger lecken.«

»Seine Majestät«, verbesserte Hans-Wilhelm.

»Recht hast du«, sagte Fritz Balzer gelassen, »aber du kannst mich mal.«

Hans-Wilhelm schwieg beleidigt.

»He, Franz«, sagte Fritz nach einer Weile, »du kennst doch die Kleine da, die Blanquardet?«

»Ja?«

»Das hättest du erleben müssen, den Cato! Jeden Tag war er drüben. Schließlich hat die Gnädige nach Schuenhagen geschickt; wir sollten doch, bitte, den Hund auf dem Forstamt halten, das Fräulein Tochter habe keine Zeit, sich um ihn zu kümmern.«

Claire, dachte ich, Claire keine Zeit für Cato?

Ich fand ihn im Zwinger, und er riß mich fast um vor Freude. Aber er hatte das Täschchen nicht mehr am Halsband. Sie wird es behalten haben, sagte ich mir. Hat sie es eigentlich mitgenommen damals?

Am Abend nahm ich ihn mit und pirschte hinüber zu den Blanquardets. Der Utkiek war leer.

Ich faltete ein Zettelchen zusammen und band es Cato unters Halsband.

»Geh«, sagte ich, »geh zur Claire.«

Er sah mich fragend an.

»Geh zur Claire«, wiederholte ich. Da schoß er von dannen.

Ich wartete. Es war dämmerig und schwül. Im Südwesten glühte die Sonne durch einen Wolkenschlitz. Mücken tanzten, und die Schwalben schossen tief überm Boden dahin.

Endlich kam er zurück. Der Zettel war fort.

Ich begriff nichts. Wir schlichen nach Hause.

In der Nacht entlud sich das Gewitter. Eine Scheune brannte

im Dorf, und dann plötzlich sahen wir den roten Schein auch über dem Wald. Blanquardets! Wir rannten los, Fritz Balzer, Hans-Wilhelm und ich.

Es war der Kuhstall, und wir warfen uns, ohne zu fragen, mitten in das aufgestörte Gesinde, arbeiteten stumm und verbissen, entketteten das Vieh, trieben es hinaus, jagten es kurzerhand in den Park. Über uns brannte das Futter, brannten gewaltige Strohvorräte. Der Hofplatz mit Herrenhaus, Scheunen und Stallungen lag in zuckendem Licht.

Plötzlich sah ich den alten Blanquardet.

»Sie?« sagte er, »drei Mann von Schuenhagen? Das ist brav, junger Mann, das nenne ich nachbarlich.«

Die Dorfwehren aus der Nachbarschaft rasselten auf den Hof. Pferde bäumten, wurden abgesträngt und hinter die Gebäude geführt, wo sie das Feuer nicht sahen. Im roten Lack der Fahrzeuge flackerte das Widerlicht des Feuers. Die Männer der Wehren, blau uniformiert mit roten Biesen und Spiegeln, altertümliche Helme mit ledernem Nackenschutz auf den rot überzuckten, bärtigen Gesichtern, pumpten schwitzend aus dem Hofteich, was ihre Kräfte hergaben. Zischend fuhren die weißen Wasserstrahlen in die Glut.

Blanquardet rannte von einem zum andern.

»Laßt den Stall«, rief er, »sichert das Haus und die Scheunen!«

»Ja«, sagten sie, »das löscht doch keiner. Sind Sie versichert?«

»Haltet die andern Gebäude«, antwortete er, »das ist die Hauptsache.«

Gegen vier Uhr früh brach der Giebel ein. Eine ungeheure Funkengarbe schoß gen Himmel, breitete sich über den ganzen Hof.

Der Pferdestall drohte Feuer zu fangen. Schon züngelten bläuliche Flämmchen am First; da fuhr das Wasser dazwischen.

Zwischen Knechten, Kutschern und Schweizern standen wir an den Pumpen, rissen die Hebel auf und nieder, keuchten und schwitzten. Mehr Druck!« schrien die Männer am Schlauch, »mehr Druck!«

Irgendwann taumelte ich beiseite, schweißüberströmt, atemlos. Und sah sie, Claire.

Sie stand auf der Treppe des Herrenhauses, einen Mantel übergeworfen, unter dem der Rand eines Nachtgewandes handbreit und weiß hervorsah. Ihre Blicke gingen über den Platz, erschreckt und erstaunt. Nun sah sie mich, und plötzlich kam sie die Treppe herabgelaufen, in kleinen, flaumbesetzten Pantoffeln, mitten durch den Schmutz, und stand vor mir:
»Francesco! Lieber Francesco!«

»Ja.«

»Ach Gott, ich wußte gar nicht, daß du da bist.«

»Seit gestern bin ich da. Ich hatte Cato geschickt . . .«

»Ja«, sagte sie hastig, »aber ich konnte nicht antworten. Ich war nicht allein.«

Plötzlich stand ihre Mutter neben uns, die Preußin. »S o kannst du doch nicht hier draußen stehen, Kind.«

»Nein«, sagte Claire schuldbewußt, »natürlich nicht.«

»Sie werden sicher ein Gläschen Rotwein nicht ausschlagen«, fuhr Frau Blanquardet, zu mir gewandt, fort, »ich habe mich gefreut, zu sehen, mit welchem Eifer Sie unsere Interessen zu den Ihrigen machten.«

»Danke«, stammelte ich verwirrt, »als Nachbarn . . .«

»Ja, trotzdem.«

Der Stall war niedergebrannt, ein Haufen Asche und Glut inmitten rauchgeschwärzter Mauern.

Ich sah ein: wir waren nicht mehr vonnöten.

Fritz Balzer und Hans-Wilhelm folgten meinem Wink; wir gingen ins Haus. In der Halle gloste der Kamin, zahmer Abglanz des verglimmenden Brandes auf dem Hofe.

Ein Diener, rauchgeschwärzt, die Livrée verschmutzt, ging durch die Halle und kehrte gleich darauf in weißen Handschuhen, Gläser und Flasche auf silbernem Tablett, zurück.

Es kam der Hausherr, jovial und lebhaft, es kam die Hausfrau, liebenswürdige Reserve auch in dieser Stunde, — es kam sie, Claire.

»Wir sind Ihnen zu besonderem Danke verpflichtet . . .«

Warum? dachte ich.

»Auf Ihr Wohl, meine Herren.«

Und dann kam noch jemand, ein großer, schlanker Mann mit rötlich-braunem, dichtem Haar, etwa dreißig Jahre alt, lässig und sicher. Im Vorübergehen strich er Claire über das Haar. »Nun? Überstanden der Schreck?«

Ich hatte ihn schon draußen gesehen; überall war er den andern voraus.

»Darf ich«, sagte Herr Blanquardet, »Sie mit Herrn v. Goertz bekannt machen?« Wir erhoben uns, machten unsere Verbeugungen, setzten uns, tranken.

Ich wagte nicht, zu Claire hinzublicken, aber fortwährend fühlte ich ihren Blick auf mir ruhen. Nach zehn Minuten gingen wir.

Draußen verglaste zwischen schwarzen Mauern die Glut. Die Wehren waren fort, Knechte hatten die Brandwache übernommen.

Die Luft war kühl und klar. Unendliche Düfte stiegen aus Boden, Busch und Baum. Fern und leise grollte letzter Donner. Aus den Bäumen der Hofeinfahrt fielen hallend die Tropfen.

Ich fühlte mich todmüde.

»Weißt du, wer das war?« fragte Hans-Wilhelm.

»Nein.«

Wir schwiegen; selbst Fritz Balzer blieb stumm.

Am andern Morgen kam ich spät zum Frühstück. Der Tisch war abgegessen. Vaters Post lag offen neben seinem Platz. Mein Blick fiel auf eine Anzeige: »Die Verlobung ihrer Tochter Claire mit Herrn Richard v. Goertz ...«

Wie ich den Rest des Tages verbrachte, weiß ich nicht mehr. Nur, daß Cato mit mir im Walde war, nur, daß ich umherlief bis zur Erschöpfung, nur, daß ich lange nach Dunkelwerden heimkehrte und, ohne jemand zu sehen, hinaufschlich ...

Kein Wort wurde zu Hause über die Angelegenheit gesprochen; nur, daß ich ein paarmal bei den Mahlzeiten Vaters Blick auf mir spürte, wenn ich, unlustig und zerstreut essend, dem allgemeinen Gespräch nicht gefolgt war; nur, daß einige Tage lang Gerichte auf den Tisch kamen, die ich besonders liebte.

Eine Woche später brachte mir die Post einen Brief. Als ich ihn aufrieß, quoll mir hellblaue Seide entgegen: Catos Halsbandtäschchen. Ich stopfte es samt dem Umschlag in die Jackentasche und lief hinaus in den Wald. Dort, in der Reglosigkeit der Mittagshitze, las ich ihren Abschied, freundliche, freundschaftliche Zeilen, ihren Dank und die Bitte um Verzeihung. Wie schön es gewesen sei ... aber, wie Mama doch richtig sagte, der Altersunterschied ... eben selbst auch zu der Einsicht gekommen, daß ... immer gute Freunde bleiben und bitte, bitte nicht böse sein ... Wer kennte sie nicht, diese Briefe; sie lauten alle gleich, sie schmerzen alle gleich. Ich scharrte ein Loch in den warmen Erdboden, schnitzelte den Brief hinein, tat das Blauseidene hinzu und schob Erdreich und dürre Kiefernnadeln darüber. Vorbei. —

15   IN DER LEHRE

Ostern 1909 — nach glücklich bestandenem Abitur — kam ich als »Forstbeflissener« zu einem der besten Freunde meines Vaters, dem Forstmeister v. Bertrab, unserem guten »Onkel Bertrab«, an das Forstamt Menz am Stechlinsee in der Mark. Er herrschte über ein wunderbares Revier, vorwiegend von Kiefer und Buche, zu dem 3000 ha Seen gehörten, die sich malerisch in der etwas welligen Endmoränenlandschaft in die hohen Wälder einbetteten.

»Wir haben Rotwild, mein Junge«, sagte er, »daß einem das Herz im Leibe lacht, Sauen genug, Raubzeug und Enten, auch etwas Damwild, aber wenig Rehe. Lauf' herum, sieh dir's an, und du wirst sehen.« Ich tat so. Vor Tau und Tag war ich draußen, ehe noch der Frühwind die Wipfel regte, ehe die Sonne im Osten hinter den Wäldern die zartgelben Seiden aus der

Himmelsfenstern hing, ehe sie die ernsten Kiefernwipfel rotgolden überhauchte, und ehe die schwachblauen und grauen Schleier der Dämmerung dem mächtigen Einströmen des Tageslichtes wichen. Cato war mit mir, Cato der Getreue; gemeinsam eroberten wir das weite Revier, hügelauf, hügelab, querbusch und querbeet, bis Onkel Bertrab fand, daß es genug sei, und mir ernsthaftere Arbeit zuwies: Kulturarbeit.

Auf einer der großen Waldlichtungen trat ich fortab zu vierzig jungen, drallen, lach- und schwatzlustigen Arbeiterinnen in die Reihe und brachte wie sie die jungen Kiefern- und Tannensetzlinge in den Boden. Die Sonne stach mitleidlos hernieder, man rutschte in der vorbereiteten Furche einher, bettete die Pflänzchen ins Erdreich und hatte nach der ersten halben Stunde das Gefühl, »im Kreuz abgebrochen« zu sein, so, als würde man sich nie mehr erheben können. Die Mädels hatten ihr diebisches Vergnügen an dem jungen Windhund, der so unversehens unter sie geweht war und sich seine Ungeschicklichkeit um keinen Preis anmerken lassen wollte; sie gickelten, schäkerten und blickfeuerten; immer war Unruhe, loses Mundwerk und heimliches Gelächter rundum, und sie nutzten die Gelegenheit, ihn verlegen zu machen, weidlich aus; es war sehr aufregend.

Nach wenigen Tagen schon hatte ich mich jedoch an die ungewohnte Arbeit gewöhnt und blieb ihnen bald keine Antwort mehr schuldig, setzte auf einen Schelmen anderthalbe und blitzte ihnen was, wenn sie äugelten und wie unabsichtlich gerade meine Furche entlanggeschlendert kamen, um den Korb mit neuen Setzlingen zu füllen.

»Mach' mir keinen Flurschaden«, sagte Onkel v. Bertrab schmunzelnd, und Tantchen räusperte sich und blickte strafend; denn sie hielt durchaus auf guten Ton.

Unsere Arbeit auf den großen Ankaufsflächen, die mit unseren Setzlingen neu aufgeforstet werden sollten, endete mit dem großen »Kulturball« im benachbarten Dorfkrug. Unter den bunten Papiergirlanden auf dem festgestampften Lehmboden hatte ich, eine nach der andern — und jede mehr als einmal —, meine vierzig festlich geblümten Schönen zu schwenken. Von der Bühne her bummsten Baß und Trommel, quiekte die Klarinette; schmetterte das bunte Blech: linksherum, rechtsherum — heißa!

Azetylenlampen fauchten und warfen ihr hartes Licht, die Bänder der vorjährigen Erntekrone wehten zitternd im aufsteigenden Dunst, Schweiß glänzte auf roten, lachenden Gesichtern, Fanfaren stießen in Geschrei, Gelächter und gelegentliche Quiekser; die Kragen der Uniformierten schmolzen und schrumpften dahin, Flaschen kreisten, Bierhähne zischten, und rundum ging es, rundum.

Draußen lockte lau und blau die Sommernacht, in der sich die Paare kühlungsuchend verloren. In den Büschen flüsterte es von ersticktem Gelächter, raschelte es, und geisterte Wehren und Gewähren.

An der Theke standen die Kerls und tranken sich eins; das vernickelte Blech schwamm in Bier und verschüttetem Schnaps, Gläser klickten und klapperten, und in der Tür drängten sich die Paare, die hinauswollten, an denen vorbei, die eilig und betont harmlos mit zerdrückten Frisuren und schlecht verhohlener Verlegenheit zurückkehrten, um sich mit erneutem Schwung in den Wirbel zu werfen: linksherum — heißa!

Dann entstand Streit. Eine Mädchenstimme schrie spitz und erschreckt, Männer rangelten, schoben, wurden handgemein. Fäuste zuckten, die Musik brach ab, und für Minuten herrschte ein tosender Tumult, bis sich plötzlich wieder alles legte, die Klarinette jubelnd aufdudelte und, Blech und Trommeln mit sich reißend, zu neuem Tanze lud: rundum, Leute, rundum!

Nicht vor dem hellen Tage endete das Fest. Meine Uniform war durchgeschwitzt, so naß von außen wie nach einem gehörigen Regen, und der Frühwind blies kühl darauf. —

Onkel v. Bertrab besaß eine wunderschöne, vom Hirschrot etwas ins Gelblich-fahle spielende einjährige Schweißhündin — »Hela« hieß sie — und es war eine große Auszeichnung für mich, daß er sie mir anvertraute, um sie die hohe Kunst des Fährtensuchens, besonders die vorschriftsmäßige Arbeit auf der kalten, gesunden Hirschfährte lernen zu lassen. Sehr bald allerdings merkte ich, daß mein väterlicher Vorgesetzter mit diesem Auftrag seine besonderen Absichten verband; denn die Hündin, die, als ich sie übernahm, in ihrer Ausbildung schon recht fortgeschritten war und gern und eifrig lernte, zeigte, sobald es sich um die Arbeit auf der Fährte handelte, nicht das geringste Interesse.

Die großen Ankaufsflächen, bei deren Aufforstung ich mir als Kulturarbeiter die Sporen verdient hatte, waren von breiten, sandigen Schneisen durchzogen, über die die Hirsche zur Äsung zu Felde wechselten, so daß es an Fährten nicht mangelte. Immer wieder bot ich meiner schönen Rotlöwin die deutlich und scharf in den Sand geprägten Eindrücke der Hirschfährten an, ermunterte sie in jeder Weise und versuchte sie dazu zu bringen, daß sie die Fährte anfiel, und ebensooft blickte sie, nachdem sie kurz Witterung genommen, gelangweilt zu mir auf, folgte allenfalls ein paar Schritte weit und legte sich dann plötzlich und kurz entschlossen nieder, als wolle sie mir bedeuten, daß ihr diese Beschäftigung vollständig reizlos erschiene.

Kein Zureden half und keine Geduld, und wie einst bei »Hick« in längst verflossenen Tagen zermarterte ich mir den Kopf, warum meine sonst so kluge Schöne in diesem Punkte völlig versagte.

Ich sprach mit Onkel v. Bertrab. »Ja, mein Lieber«, sagte er, sich nachdenklich die knisternden Bartstoppeln reibend, mit einem winzigen Blinzeln der Schadenfreude in den Augenwinkeln, »da stehst du auch davor, wie? Reinweg verhext ist das mit dem Hund. Sieh zu, wie du's in sie hineinbringst; dafür hab' ich sie dir ja gegeben.«

Nachts lag ich wach und versuchte, mich in die Hündin hineinzudenken. Wie ›dachte‹ sie? Warum tat sie alles, was ich verlangte, mit lebendigem Eifer und verweigerte nur diese eine Aufgabe, der sie sich doch nach Rasse und Herkunft mit besonderer Passion hätte zuwenden müssen? War sie zu dumm? Oder vielleicht zu klug? Begriff sie nicht, was sie sollte? Oder hatte sie nur einfach keine Lust, es zu tun? Ich neigte zu der letzten Ansicht und kam nun ganz von selber auf die Frage, was ich denn vielleicht falsch machte, was ich tun müßte, um ihr Lust zu machen.

Was, dachte ich endlich, haben denn die Alten getan, die doch ihre Leithunde auf der kalten Fährte des gesunden Hirsches arbeiten ließen.

Ich durchstöberte Onkel Bertrabs Bibliothek und stieß dort auf einen schweinsledergebundenen Schinken aus dem 17. Jahrhundert: des alten Herrn Döbel berühmte »Jägerpractica«.

Damals hielt man Leit- und Schweißhunde streng getrennt; nur der Leithund arbeitete auf der gesunden Fährte, und da fand ich denn eine Bemerkung, die mir alle Lichter aufsteckte. Man hatte für den Leithund beim Einarbeiten auf der bestätigten Fährte, d. h. auf einer Fährte, die mit Sicherheit zu einem vorher festgestellten Stück Wild führte, Brocken ausgelegt! Man hatte also gewußt, wie man dem Hunde die Arbeit interessant machen mußte. Brocken finden gehört mit zum Besten, was es für einen Hund gibt, und der Anlernling begriff sehr rasch, daß es sich lohnte, der Fährte, auf die er gesetzt wurde, zu folgen. Nicht genug damit: am Ende der interessanten Arbeit kam das allerbeste: das Wild. Der Hund merkte, wie die Witterung, die den Eindrücken im Boden nur schwach anhaftete, mit der Zeit stärker wurde, lebendiger, frischer, erregender. Er sah das Stück flüchtig abgehen und kam selbst ins verlassene Bett, das, noch warm, Mengen von Duft verströmte, die wie mit Peitsche und Sporn auf seine jägerischen Instinkte einwirkten.

All dies leuchtete mir sogleich ein, aber es widersprach den damals gültigen und geheiligten Methoden der Einarbeitung des Schweißhundes.

Onkel Bertrab meinte, wenn ein Hund auf der gesunden Fährte keine Passion zeige, lasse man ihn am besten eine kurze Arbeit auf der Wundfährte leisten, wenn gerade einmal ein krankgeschossenes Stück gemeldet werde. Auch Vater, den ich fragte, stimmte dem zu. Beide sagten damit im Grunde das gleiche wie der alte Döbel zweihundert Jahre zuvor: Der Hund muß durch die Erfahrung des Erfolgs zur Arbeitslust gebracht werden.

So lehrte ich denn Hela, daß Fährte zum Erfolg führt, zu etwas Schönem, Angenehmem, Lustvollem; sie begriff das sehr rasch und arbeitete fortab mit regem Eifer.

Bald hatte sie auch erfaßt, daß es sich nicht lohnte, die zugewiesene Arbeitsfährte zugunsten anderer, scheinbar interessanterer zu verlassen; es führte zu nichts; nur die Arbeitsfährte führte jedesmal zum Erfolg, nur auf der Arbeitsfährte fand sie zuweilen — und allmählich immer seltener — die begehrten Brocken.

Irrte sie ab, so ließ ich sie anfangs eine Weile gewähren, und brachte sie dann zur Arbeitsfährte zurück. Nach einer Weile wußte sie: Brocken gibt es, wenn überhaupt, einzig auf der Fährte, an die Er mich gesetzt hat. Und: allein am Ende dieser einen Fährte wartet mit Sicherheit die Lust des Findens. Die Folge war, daß bald alle andern Verlockungen sie kalt ließen und daß sie sicher wie nach dem Kompaß ihre Fährte hielt.

Der Sommer ging rasch dahin mit schweren Gewittern und Perioden drückender Hitze, mit Arbeit im Forst, Arbeit an den Hunden, Arbeit im Büro. Als nach den ersten Herbstfrösten die Wälder in bunter Flamme lohten, fuhr ich für einige Tage heim nach Schuenhagen; Vater erwartete mich zur Hirschbrunft.

Ich kam unangemeldet; es war niemand am Zuge, um mich abzuholen, als ich die kleine Bahnstation verließ und den drei Kilometer langen Weg nach Schuenhagen unter die Füße nahm. Hinter mir verhallte in gewohnter Weise das Läutewerk der Lokomotive und das Rollen und Stoßen der Räder in dem benachbarten Waldstück. Die wenigen Häuser, die sich um den Bahnhofsschuppen scharten, lagen, von der tiefen Dämmerung des frühen Herbstabends umfangen, schlafend da und strömten — immer kam mir das gleiche Bild! — wie große Tiere dunstige Wärme aus. Hier und da blinzte gelber Lichtschein hinter geschlossenen Gardinen hervor, und aus den Ställen klang vereinzelt Klirren von Halsketten und Rindergebrumm.

Ich fand das Forsthaus in Dunkelheit liegen; nur das Küchenfenster hob sich als mattgelbes Viereck aus der schwarzen Wand.

Mamsell, immer noch die gleiche, lachlustige und behende, von der Fritz Balzer »Du, die« gesagt und kennerisch geschmatzt hatte, öffnete mir. Sie hatte einen Mantel übergeworfen; das blonde Haar, geöffnet und nur hastig wieder geklammert, stand wie ein griechischer Helmbusch schimmernd hinter ihrem Kopfe; ihre bloßen Füße steckten in Pantoffeln.

»Der junge Herr Franz!« rief sie, »schon! — Solche Überraschung!«

»Sind denn Vater und Mutter nicht da?« fragte ich enttäuscht.

»Die Herrschaften sind zum Herrn Onkel Moritz gefahren, schon am Nachmittag.«

»Ach«, sagte ich, »da kann es ja spät werden.«

Sie lachte und blitzte mich an. »Eben darum dachte ich, ich könnte mich schnell baden in der Küche. Gehen Sie nur hinein; ich bin gleich fertig und bring' Ihnen was zu essen.« Sie wandte sich um und huschte fort in die Küche; ihr blonder Haarbusch wippte.

Ich hängte Hut und Mantel umständlich an der Garderobe auf, ein wenig benommen von der plötzlichen Vorstellung, daß sie nun hinter der nachlässig angelehnten Tür den Mantel abwürfe und ...

Verdammt hübsch war sie ja doch. Komisch, daß ich das früher nie gesehen hatte.

Ich ging ins Wohnzimmer, machte Licht und setzte mich in einen Sessel vor dem Kamin. Es war ungewohnt, hier so zu sitzen in der Stille des leeren Hauses.

Aus der Küche hörte ich das Klappern von Geschirr, dann das Zischen von Fett in der Pfanne und eilige, leichte Schritte, die hin und wider gingen.

Die altmodische, große Standuhr in der Ecke neben der Tür

räusperte sich, rasselte und hub zu schlagen an: dong... dong... dong... achtmal. Der Nachhall der alten und der Klang der neuen Schläge mischten sich unruhig in der leeren Stille des Raums.

Dann kamen Schritte über den Gang. Mamsell trat ein, angetan mit einem leichten, blau und weiß gestreiften leinenen Küchenkleid, die Füße bloß, wie vorher, in den Pantoffeln.

Sie setzte ihr Tablett auf einem Beitischchen ab, und ich sah ihr zu, wie sie dem Büfett das Tischtuch entnahm, wie sie es mit plötzlichem Breiten der Arme entfaltete und über die Tischplatte schweben ließ, es zurechtrückte und Teller, Messer, Gabel, Pfeffer, Salz und Senf auflegte, die verdeckte Schüssel mit dem warmen Gericht, Aufschnitt, Brot und Bier dazustellte und bei alledem vor sich hinsummte, als wäre ich gar nicht da. Ihr Haar war immer noch flüchtig hinter dem Kopfe geklammert wie ein Helmbusch, aus dem schimmernde Schlangen bis zwischen ihre Schultern hinabfielen. Ein Duft von Frische und Seife war um sie.

»So«, sagte sie endlich, ihr Summen unterbrechend, »hoffentlich schmeckt es Ihnen, junger Herr. Als Sie noch kleiner waren und ich ›Fränzchen‹ zu Ihnen sagte, mochten Sie's immer besonders gern.«

»Rührei mit Schinken?« fragte ich eifrig, »großartig. Warum sagen Sie eigentlich jetzt nicht mehr Fränzchen zu mir?«

Sie warf mir einen raschen, prüfenden Blick zu. »Jetzt sind Sie ja erwachsen...«

»Das macht doch nichts.«

»Ich glaube, Frau Forstmeister hat es lieber so.« Sie rückte einen Stuhl an den Tisch und wartete, bis ich mich gesetzt hatte, ehe sie, nahe neben mir stehend, auf den Tisch langte, die Schüssel abdeckte und sie mir hinhielt. Sie beugte sich vor dabei, so daß ihr Kopf dem meinen sehr nahe kam und eine ihrer blonden Haarschlangen, von ihrer Schulter herabgleitend, plötzlich meinen Nacken streifte. Ich fuhr herum und hatte ihre Augen vor mir, blau mit dunklem Rand und lustigen, goldgelb funkelnden Pünktchen um die Pupillen.

»Langen Sie nur zu, Fränzchen«, murmelte sie.

Ich sah ihre Lippen, sah das Lachen, das in kleinen Wellen ihre Kehle bewegte, die weißen Zähne, die ebenmäßig und fest im rosigen Zahnfleisch schimmerten, und mußte schlucken.

Beklommen suchte ich meinem Blick Festigkeit zu geben. Ich dachte an Fritz Balzer, und wie er einst versucht hatte, ihre Aufmerksamkeit zu erregen. »Du, die«, hatte er gesagt; das Genießerische seines Tonfalls lag mir so deutlich im Ohr wie der kennerische Schnalzer, der dem folgte. Und nun flimmerte sie mich an?!

»Nun?« sagte sie, »keinen Hunger?«

»Doch, — großen ...« So gut ich's vermochte, begegnete ich ihrem Blick. Aber mir war heiß, und meine Hände fummelten ungeschickt. Während ich aß, blieb sie, leicht an den Tisch gelehnt, bei mir stehen.

»Sind da hübsche Mädchen, wo Sie jetzt sind?«

»'ne Masse«, nickte ich, »allein vierzig Waldarbeiterinnen auf der Pflanzung.«

»Waldarbeiterinnen! Phh!«

»Wir waren den ganzen Sommer zusammen draußen im Wald.«

»So! — Dann sind Sie ja wohl inzwischen ein ganz Schlimmer.«

»Wieso schlimm?«

»Ach, Fränzchen, mir machen Sie doch nichts weis!«

»Was soll ich Ihnen denn weismachen?!«

»Na, Sie haben doch eine — einen Schatz dazwischen?«

»Einen...?« log ich, rotwerdend, »was Sie wohl denken...«

»Ja«, sagte sie nach einer kleinen Pause, während der sie mich unverwandt anblickte, »was ich wohl denke...«

»Sagen Sie's mir.«

»Nein, Fränzchen, das müssen Sie selber erraten.«

»Hab' ich schon.«

»Nein.«

»Doch.«

»Nein. Wenn Sie das wüßten, säßen Sie längst nicht mehr

dort.« Sie brach in ein helles Lachen aus. »Denken Sie noch mal drüber nach, Fränzchen, vielleicht fällt Ihnen noch das Richtige ein.«

In diesem Augenblick hob Cato, der schlafend zusammengerollt vor dem Ofen lag, den Kopf, knurrte und schlug an. In den Zwingern erhob sich das Geläut der Meute und mischte sich mit Hufschlag und dem Rattern leichter Wagenreifen auf dem Kopfsteinpflaster des Hofes. »Die Eltern!« rief ich aufspringend.

»Ja«, sagte sie. »Machen Sie auf? Dann gehe ich hinauf. Wenn Sie noch etwas wünschen, — Sie brauchen nur Bescheid zu sagen.«

»Ja. Danke. Und vielen Dank für das Essen.«

»O, da nicht für. Wenn's nur das ist...« Sie lachte. »Gute Nacht, Fränzchen.«

Ich winkte ihr im Hinausrennen gute Nacht, überquerte den Gang, riß die Haustür auf, stürzte hinaus. Da waren sie: Vater mit Überraschung, Hand- und Schulterschlag: »Schon da? Warum hast du dich denn nicht angemeldet?« — Mutter mit einer schnellen Umarmung, der die unverhoffte Freude wärmend entstrahlte: »Junge, wo kommst du denn her?«

Spät in der Nacht, die wir plaudernd und erzählend hinter dunkel funkelndem Burgunder am Kamin verbracht hatten, stieg ich, diesmal ohne auf das Knarren und Ächzen der Stufen achtzugeben, die Treppe hinauf. Oben, zur Linken, befand sich jene kleine Nische, in der ich früher vor jedem frühmorgendlich-heimlichen Pirschgang atemholend verweilt hatte, ehe ich es unternahm, über Mutters flaumleichten Schlaf hinweg geräuschlos die Treppe abwärts zu turnen und das Freie zu gewinnen. Die Nische bildete den Vorraum zum Zimmer der Mamsell.

Im Hinaufsteigen empfand ich die Schwere des Burgunders wohlig wärmend in Kopf und Beinen. Es war schön, nicht schleichen, keine Rücksicht nehmen, auf gar nichts achtgeben zu müssen. Mochten die Stufen knarren — Franz kam und ging, wie er wollte. Es war ein Herrengefühl, und ich trat kräftig zu.

Wie hatte die Mamsell gesagt, die hübsche? Überhaupt, da war doch etwas gewesen — etwas gewesen?! Ach ja, — »wenn Sie noch etwas wünschen, — Sie brauchen nur Bescheid zu sagen.« Wünschte ich noch etwas? Nun, das kam jedenfalls nicht in Frage; s o war es kaum gemeint.

Oben bemerkte ich einen schmalen Streifen schwachen Lichts in der Tiefe der Nische und blieb stehen. Ein leises Stöhnen drang zu mir, verklang und kehrte verstärkt zurück.

»Ist etwas?« flüsterte ich, den Mund am Türspalt. — Keine Antwort, nur das Stöhnen wurde lauter.

»Fehlt Ihnen etwas?« wiederholte ich gedämpft.

Stille. Dann: »Sind Sie es, Fränzchen? Oh! Mir ist so schlecht.«

»Soll ich hineinkommen?«

Ein Hauch nur: »Ja.«

Das Zimmer war klein. Drüben, an der Wand, lag sie in ihrem Bett. Auf Zehenspitzen tappte ich hinüber. »Was fehlt Ihnen? Sind Sie krank?«

Stöhnen: »Ich weiß nicht. Mir ist so . . . mein Herz . . .«

Die Kerze am Kopfende des Bettes flackerte; in ihrem zukkenden Licht sah Mamsell blaß und leidend aus. Von dem verwaschenen Rot des karierten Kopfkissens und dem Vlies blonden Haares hob sich die Zeichnung ihres Gesichts mit den schmalen Wangen unter den kräftigen Backenknochen, den Schatten über den Lidern und dem großen, ein wenig breitlippigen, frischen Munde deutlich ab. Sie hatte die Augen geschlossen; Hals und Schultern, vom weichen Licht der Kerze überspielt, waren bloß; ihre Arme lagen kraftlos mit unruhig spielenden Fingern auf dem Deckbett.

»Was ist Ihnen?« fragte ich nochmals.

Sie schlug die Augen auf. »Ich weiß nicht . . . ganz plötzlich . . . mein Herz . . .«

»Haben Sie das öfters?«

Huschendes Lächeln: »Manchmal.«

»Kann ich etwas für Sie tun? — Ich meine: soll ich vielleicht Mutter . . .?«

»Aber nein! Frau Forstmeister darf doch das nicht wissen.«
»Nicht? — Nein, natürlich ...«
»Setzen Sie sich doch, Fränzchen — daher, auf die Bettkante. Es tut mir schon gut, wenn jemand da ist.« Sie rückte beiseite. »Hier. Es ist Platz genug.«
»Aber vielleicht brauchen Sie doch etwas.« Ich setzte mich. »Vielleicht Tabletten?«
»Nein, nein, nein. Es geht schon besser.«
Schweigen. Ich hörte ihren Atem, sehe das Licht auf ihren glatten Schultern. Mamsells Augen sind halb geschlossen; sie sieht wirklich sehr leidend aus und tut mir schrecklich leid.
»Soll ich nicht vielleicht doch ein paar Tabletten ...«
»Wirklich nicht, Fränzchen; es geht schon besser.« Beschwichtigend legt sie eine Hand auf mein Knie. Es ist wie ein elektrischer Schlag, der mich durchfährt und mir die Sprache raubt.
»Fühlen Sie mal«, sagt sie nach einer Weile, »mein Herz schlägt so unruhig.« Sie nimmt meine Hand und führt sie unter die Decke. Mir ist, als versteinere ich, gefrorenes Feuer. —
Frühmorgens: »Fränzchen! — Du mußt jetzt gehn. Schau nur, daß dich keiner hört.«
Und: »Fränzchen, bringst du mir wieder Tabletten heute abend?« —
Zum Fenster herein schaut der bestirnte Himmel.
Tags bin ich draußen im Revier mit Vater, mit Cato.
Abends schreien die Hirsche. Mächtig geht der gewaltige Ruf durch die flammenden Wälder und kehrt in vielfältigem Echo zurück. Vater geht vor mir auf dem schmalen Pirschsteig. Wir sind auf dem Heimweg. Es ist so dunkel, daß ich kaum die Umrisse seiner Schultern erkenne. Plötzlich erreicht mich seine Stimme. »Franz?!«
»Ja?«
»Sei vorsichtig, mein Junge. — Ich meine: es ist nicht nötig, daß deine Mutter etwas merkt. Frauen müssen nicht alles wissen.«

16 DER CLUB DER TAUFRISCHEN

Eberswalde, Sitz der Forsthochschule, die ich nach mehrmonatiger Seereise ins Mittelmeer und nach Nordafrika bezog, war zu jener Zeit ein ruhiges, liebenswürdiges Landstädtchen. Behäbige, meist einstöckige Häuser säumten mit freundlich blickenden, sauber gemalten und blank geputzten Fenstern die Straßen, über deren rundköpfiges Pflaster Bauernwagen und Lastfuhrwerke gemächlich dahinklapperten. Handwerker, Kaufleute und Gewerbetreibende, Beamte der Kreisbehörden, des Gerichts und der Stadt, Ärzte, Apotheker und Lehrer, Frauen aller Schichten und Kinder, Pensionäre, die hier ihren Lebensabend verbrachten, Gendarmerie, Militär und Forststudenten füllten die Bürgersteige, die Wohnungen und die durch weithin sichtbare Sinnbilder geschmückten Wirtshäuser, in deren behaglich verräucherten Stuben man sich zu Stammtisch und frohen Festen zusammenfand. Bauern und Gutsbesitzer waren hier täglich zu finden, die zu Markte kamen oder ihre Geschäfte bei Händlern und Behörden betrieben. Das Leben floß emsig-behaglich dahin. Der Himmel über der Stadt war freundlich und legte sein Licht breit auf die Straßen. Die Krümperwagen der Militärs, elegante Equipagen von den Gütern mit edlen, gepflegten Bespannungen und Reiter in Zivil und Uniform auf blitzblanken, tänzelnden und ins Gebiß kauenden Pferden belebten das tägliche Bild.

Ich hatte nach Abschluß meiner Forstlehre bei einem der in den Freiheitskriegen begründeten preußischen Jägerbataillone mein Jahr gedient und hielt nun, begleitet von Cato und Ica v. Moorberg, einer Deutsch-Drahthaar-Hündin, meinen Einzug in die kleine, freundliche Stadt.

Ach, das Leben, das nun begann, die Freiheit, die Freunde, die Hunde! Eine Bude, behaglich und hell, war schnell gefunden. Meine Wirtin, eine kleine, fröhliche Person von ausschweifenden Rundungen, Witwe eines mittleren Postbeamten, kinderlos, studentenfromm, gönnte der Jugend ihr Recht.

Sie pflegte, sobald sie des Morgens die kleine Wohnung auf Hochglanz poliert hatte, in ihrem Heiligtum, dem einzigen, das wir nie betreten durften, der Küche, zu verschwinden und dort in nie erlahmender Folge immer neue Gaumenfreuden zu erzeugen, an denen sie mich, durch reichlich gespendetes Lob ermutigt, freigebig teilnehmen ließ, was einer ratenweisen Rückzahlung der monatlichen Miete an mich nahekam und mir sehr gefiel.

Sie verließ das Haus nur, um einzukaufen, das Grab des verblichenen Postbeamten zu pflegen und der sonntäglichen Predigt in der Kirche beizuwohnen.

Dennoch war sie, dank eines im schrägen Winkel vor ihrem Küchenfenster angebrachten Spiegels, eines sogenannten »Spions«, und der Erzählungen ihrer als Hausschneiderin in der ganzen Stadt beschäftigten Freundin über alle Vorgänge auf der Straße und hinter den Wänden der Häuser stets ausgezeichnet unterrichtet und pflegte mir dies Wissen zusammen mit dem Morgenkaffee am Bett zu servieren, was mich der Notwendigkeit, eine Zeitung zu halten, enthob.

Fand sie mich infolge ausgedehnter nächtlicher Studien im Freundeskreise unlustig, den Frühbericht entgegenzunehmen, so hob sie die kurze, ein wenig aufgeworfene Nase, blinzelte listig unter runden, stahlgefaßten Brillengläsern zu mir her, fuhr sich mit der freien Hand in das melonenförmig auf der Mitte ihres Kopfes geballte Haar, prustete ein kurzes Lachen hervor und sagte: »Ja ja, Jugend muß sich austoben, 70 Jahre lang! Schlafen Sie nur, Herr Mueller, ja ja. Ich komme später wieder, nicht wahr? Jugend muß sich austoben, ja ja...«

Cato als ein ausgesprochener Kavalier erhob sich dann, geleitete sie mit freundlichem Wedeln bis zur Tür und kehrte erst, nachdem sie gegangen war, an seinen Platz auf dem Bettvorleger zurück, wo er sich seufzend und brummend zusammenrollte, während Ica, die junge, die unter meinem Bette zu schlafen pflegte, gar nicht erst Notiz nahm.

Aber nicht nur hinsichtlich meiner Unterkunft hatte mich das Schicksal an ein freundliches Gestade gespült; ich fand

Freunde in Eberswalde, die mir in lebenslänglicher Treue verbunden blieben. Kurt Fischer war der erste, groß, hager und hellblond, mit vergnügten »Portweinaugen«, Forststudent wie ich, ein guter Jäger und schneller, guter Schütze. Zu uns stieß bald der »lange Runge«, ein aktiver »Bremenser«, kühl und kühn, von klarem Verstand und vornehmem Herzen, der doch zuweilen in schnellem Zorn aufbrausen konnte. Bomberg war der nächste, würdiger Enkel des tollen westfälischen Grafen. Er hielt nichts von theoretischen Kenntnissen, baute jedoch zu seinem Vergnügen eine kopernikanische Sonnenuhr, steckte aller Schnurren voll und ließ sich das Leben was kosten.

Nach einem tierärztlichen Kolleg, in dem der Professor behauptete, daß Taxus für Pferde tödlich sei, schritt er, voller Zweifel über die Gültigkeit dieses Satzes für Taxenpferde, inmitten seiner Hunde zur praktischen Erprobung, fütterte sorgfältig der Reihe nach ein halbes Dutzend schläfrig an einer Ecke der Kreuzstraße, des Eberswalder Bummels, dösender Droschkengäule mit dem umstrittenen Grün und erwartete voll Spannung das Ergebnis.

Der Professor behielt recht. Nach kurzem bemächtigte sich der verschlafen nickenden Kutscher eine merkliche Erregung: Vorn in der Reihe war ein Pferd gefallen, schlug in den Strängen und verdrehte die Augen. Während sie sich noch mühten, es aufzurichten, fiel ein zweites, dann ein drittes, und den übrigen schien es auch nicht zum besten zu gehen. Im Handumdrehen bildete sich ein Volksauflauf, stockte der Verkehr, verwandelte sich der friedliche Bummel in ein Bienenhaus, bemühten sich schwitzende Pickelhauben vergebens, Ordnung zu schaffen.

Bomberg sah erstaunt zu. »So was«, sagte er, »hat der Kerl doch recht! Hätte ich nicht gedacht.« Er trat ganz unbeteiligt hinzu, erfragte leutselig den Preis der Tiere, zahlte ihn und ein übriges darauf und entfernte sich unter den Hochrufen der Menge und den Danksagungen der geschädigten Kutscher. Ganz Eberswalde war ob soviel sozialen Mitgefühls voll seines Ruhms.

Wir, die wir den Zusammenhang kannten, machten ihm Vorwürfe; besonders Runge schäumte vor Zorn. Aber Bomberg blieb kühl.

»Unsinn«, sagte er, »grausam! Die armen Biester waren längst reif für den Pferdehimmel; den haben sie nun. Seid ihr dafür, daß das lebendige Pferdefleisch sich bis zum Umfallen schindet? Im übrigen: sie sind gar nicht alle verendet.«

»Nein«, sagten wir, »wirklich.«

Er stand auf und blickte lächelnd im Kreise. »Die guten nicht, meine Herren; sonderbar, was?«

»Ja, sonderbar...«

»Denen habe ich vorsichtshalber weniger gegeben.« Er nahm seinen Hut, verbeugte sich würdig, pfiff seinen Hunden und entschritt. —

Klein, zierlich, blaß, still und ein Kopf voll tiefer Gedanken — das war unser Freund von Heydebrand und von der Lasa vom 1. Jägerbataillon in Ortelsburg, der abgöttisch geliebte Herr zweier fuchsfarbener Kurzhaarteckel. Weiter war Hubert da, Hubert mit dem Pudelpointer, und Brandhorst, Sohn einer alten Forstfamilie, breit, etwas grobschlächtig, unerhört intelligent und ebenso gutherzig, ein Fels der Freundschaft.

Wir bildeten bald einen unzertrennlichen Haufen, den »Club der Taufrischen«, und der § 1 unserer Vereinssatzung lautete: »Jedes Mitglied ist verpflichtet, vom Wecken bis zum Schlafengehen fröhlich zu sein.«

Weiß Gott, es fiel uns nicht schwer; wir hatten die Narrenfreiheit der Studenten, waren jung und schäumend lebendig und liebten unsere Arbeit, die uns das Rüstzeug geben sollte für einen Beruf, in den die meisten von uns von Kindesbeinen an mit Selbstverständlichkeit hineinwuchsen.

Fast alle gehörten wir dem Reitenden Feldjägerkorps an, einer traditionsstolzen, ausschließlich aus höheren Forstbeamten gebildeten Formation. Friedrich der Große hatte dies Korps der »Heidereuther« 1742 als Kurierkorps der Könige und Generale gegründet. Drei Reitende Feldjäger gehörten bis 1918 zu jedem Armee-Oberkommando, Reitende Feldjäger vor 1918 zu jeder deutschen Auslandsvertretung, wohin sie als Forstassessoren für Kurierdienste, die absolute Zuverlässigkeit verlangten, routinemäßig kommandiert wurden.

Einhundertfünfundsiebzig Jahre hat das Reitende Feldjägerkorps bestanden, und in einhundertfünfundsiebzig Jahren ist keine Meldung, die einem Reitenden Feldjäger übergeben wurde, nicht an ihr Ziel gelangt.

Das Eberswalder Kasino dieser ruhmreichen Truppe war der gastliche Mittelpunkt unserer täglichen Zusammenkünfte, zumal einige von uns in den im Obergeschoß gelegenen Wohnungen für Feldjäger Quartier genommen hatten.

Hier erfanden wir das »Fest der aufgehenden Sonne«, der wir bei offenen Balkontüren mit Batterien Irscher 1911er entgegenfeierten, hier tat Kurtchen Fischer sehr ernsthaft und feierlich den bejubelten Ausspruch: »Herzensdisziplin muß man halten, Freunde, Herzensdisziplin! Nicht zu früh heiraten!« Und hier sprang Ica v. Moorberg, meine schöne Hündin, eines Tages, als ich, von einem kurzen Gange zurückkehrend, unten pfiff, blindlings vom Balkon herab und verletzte sich schwer. Eine Niere hatte sich gelöst, und es kostete uns Wochen mühsamer Pflege, ehe sie genas.

Immer waren die Hunde bei uns, ob wir arbeiteten oder feierten; sie gehörten dazu, und es war Ehrensache, nach verzechten Nächten die Morgenarbeit mit den Hunden zu absolvieren, ehe man sich schlafen legte.

Kurtchen Fischer freilich, Langschläfer aus Passion, schloß sich häufig von diesen Exerzitien aus und legte sich aufs Ohr, während wir von 5 bis 7 Uhr früh unsere Hunde arbeiten ließen.

Eines Tages, gegen Mittag, rückten wir Kurtchen auf die Bude. Er lag in tiefem Schlafe. Sein Deutsch-Drahthaar »Treff« aber, ein schöner, lebhafter, eigentümlicherweise mit einer Stummelrute geborener Rüde, den ich ihm besorgt hatte, stand in gespannter Haltung am Kachelofen vor; denn er war ein leidenschaftlicher Fliegenfänger, und der Ofen saß steif voll.

Neben Kurtchens Bett standen vorsorglich zwei bis drei

Flaschen Portwein, von dem er sagte, daß er »im Liegen vor dem Essen am bekömmlichsten, aber auch stehend oder sitzend genossen, nicht direkt gesundheitsschädlich« sei.

Davon überzeugten wir uns während Kurtchens Lever; es wurde schnell gemütlich, aber bald mußte uns doch der Hund auffallen, der, unbeweglich wie ein Denkmal, mit angezogenem Vorderlauf wie bei einem Stück Wild am Ofen vorstand.

»Treff?« sagte Kurtchen trocken, »Treff hab' ich ein bißchen beschäftigt; er stört mich sonst beim Schlafen.«

Wir blickten ihn zweifelnd an und sagten, wir verstünden ihn nicht.

Er betrachtete uns milde aus freundlichen Portweinaugen: »Der Treff ist doch wie doll auf Fliegen. Gottseidank gibt es in diesem Zimmer keine. Ich hab' ihm welche an den Ofen gemacht. Mit Tinte. Nun wartet er, daß sie herumkriechen und wundert sich, daß sie es nicht tun. Praktisch, nicht?« —

Zu allen Stunden des Tages begleiteten uns unsere Hunde; selbst in manche Kollegs nahmen wir sie mit, und Professoren, die unsere Vierbeiner im Hörsaal nicht dulden wollten, sanken in unserer Wertschätzung.

Kurtchen hatte Treff, ich Cato und Ica, Runge einen Sohn Catos, den braungetigerten Becas von Moorberg, der ihm bei den Bällen im Kaiserbad, wo wir zu den Klängen eines Symphonions mit Windmühlenflügeln und elektrischen Blaulichtern allsonnabendlich das Tanzbein schwangen, selbst auf der Tanzfläche nicht von der Seite wich, so daß Runge bei den strammen Dienstmädels und lebenslustigen Ladenfräuleins, in deren Armen wir das Walzen und Galoppieren, das Plänkeln und Blinken von Grund auf erlernten, bald nur noch »der Lange mit dem Hund« genannt wurde.

Natürlich hatten auch wir unsere Hunde mit; sie lagen abgelegt unter unseren Stühlen. Nur Becas, von Natur aus eigensinnig und schwer zum Gehorsam zu bringen, ließ es sich nicht nehmen, seinen Herrn auch beim Tanz zu begleiten.

Morgens zogen wir hinaus auf den Scheibenstand, jeder schoß stehend freihändig seine 20 Schuß nach der Hundert-

Meter-Scheibe, und anschließend kamen die Kunststückchen; man schoß einander auf dreißig Meter Entfernung eine zwischen Daumen und Zeigefinger gehaltene Streichholzschachtel aus der Hand, wobei wunderbarerweise nie jemand verletzt wurde.

Danach begann die Dressurarbeit. In dem großen Forstgarten vor der Stadt, jenseits der »Harmonie« und Dr. Möllers Pilzinstitut, an der Berliner Chaussee lagen die Versuchsfelder, auf denen z. B. Düngungsversuche für Forstpflanzen angestellt wurden, und hier war reichlich Platz, die Hunde auf den breiten Schneisen arbeiten zu lassen.

Cato kannte und beherrschte seit langem jede Anforderung, Ica dagegen, die junge, und ihr Bruder Becas mußten hier erst in die Schule, und es erwies sich bald, daß sie schneller und mit mehr Lust lernte als der getigerte Rüde.

Verloren, apportieren! Sie hatte es sehr schnell heraus, daß sie den Gegenstand, den ich unbemerkt hatte fallen lassen und zu dem ich sie zurückführte, aufnehmen sollte, und nicht minder schnell begriff sie, daß sie auf das »Such verloren!« meiner Spur rückwärts folgen und das Verlorene bringen sollte.

Welche Lust, gelobt zu werden, wenn man das Verlorene brachte, welche Lust, wenn man dafür »Brocken« bekam!

Anfangs wußte sie ja nicht, was das Ganze sollte, aber nun: es hieß, auf der Spur zu bleiben! Auf der Spur lag das Verlorene. Anfangs wurde einem unter Zwang und Zureden der Apportierbock zwischen die Zähne geschoben. Wozu? Ach so: sie sollte ihn tragen und bringen, über eine kurze Strecke zuerst, dann über weitere: ein interessantes Spiel: sie gab sich ihm mit Passion hin. Die Spur, wo auch immer das »Such verloren!« sich ereignete, lag unter dem Winde. Nur eine Methode, das hatte sie bald heraus, führte zum sicheren Erfolg: sich strikt an die Spur zu halten und sich durch nichts ablenken zu lassen.

Während aber so Ica sich recht schnell zu einer guten Sucherin und Bringerin entwickelte, hatte Runge mit Becas seine liebe Not. Der Rüde hatte keine Lust. Kaum daß er dazu zu bewegen war, den Apportierbock aufzunehmen und zu tragen. Unermüdlich mühte sich Runge, hochrot vor Ärger, aber Becas wollte nicht.

»Ich weiß nicht, was das ist mit dem Viech«, sagte Runge schließlich, »sieh mal zu, ob du's fertigbringst. Der Hund ist doch nicht dumm, also muß ja ich es sein, der irgendwas falsch macht.«

»Kann sein«, sagte ich, »aber was?«

Wir wußten es beide nicht. Niemand wußte zu jener Zeit etwas von den Gesetzen der falschen oder richtigen Einwirkung auf den Hund. Alle jene wissenschaftlichen Erkenntnisse, denen wir später unsere Einblicke in die Psyche des Hundes verdankten, waren noch nicht gewonnen. Die Abrichtung eines Hundes beruhte mehr oder weniger auf »Zauberei« — man »konnte« es oder man konnte es nicht, man hatte eine Hand dafür oder nicht, und die damals bekannten Dressursysteme gingen von Anschauungen aus, die wir nach unseren heutigen Kenntnissen für falsch halten müssen. Besonders — und das wurde später entscheidend bedeutsam — gab es damals noch keinen Gedanken an ein System, das es etwa erlaubt hätte, aus jedem Manne einen durchschnittlich guten und erfolgreichen Abrichter zu machen.

Ich hätte daher auch damals nicht sagen können, was ich »richtig« und Runge »falsch« gemacht hatte, als mir gelang, was ihm versagt geblieben war, nämlich Becas das Aufnehmen des Bockes und das Bringen beizubringen und die Suchlust in ihm zu wecken. Runge versuchte es, und Becas tat's nicht, ich versuchte es, und Becas tat's; warum, blieb uns beiden verborgen.

Neben der Arbeit mit Ica beschäftigte mich die Weiterentwicklung von Catos Fähigkeiten. Nicht nur, daß sie beide lernten, in einem Meter Abstand von mir zu gehen und diese Distanz zu halten, als ob sie »bei Fuß« gingen, Cato gelangte auch dahin, auf der Spur vergrabene Gegenstände zu finden, auszugraben und zu bringen. Das brachte uns auf die glorreiche Idee, ihn Fünfmarkstücke suchen, ausgraben und bringen zu lehren. Immer fanden sich in der Folge Zweifler, mit denen sich über diese erstaunliche Fähigkeit wetten ließ, wodurch wir, dank Catos unfehlbarer Zuverlässigkeit in die glückliche Lage gerieten, unsern Konsum an Irscher 1911er um manche Flasche steigern zu können.

Was wir damals nicht wußten und bedachten: Cato roch nicht oder nicht nur das vergrabene Geldstück; weit mehr half ihm der Geruch der frisch aufgebrochenen Erde, das Gesuchte zu finden.

Viele Jahre später sollte auch diese Tatsache unvorhergesehenes Gewicht erhalten: Im zweiten Weltkrieg half der gegenüber der Umgebung veränderte Geruch aufgegrabener Erde den Minensuchhunden, die Stellen zu zeigen, an denen Minen im Boden lagen. Wer zählt die Soldaten, denen die sichere Arbeit und die feine Nase der Minensuchhunde Leben und Gesundheit erhielt?!

Einstweilen jedoch lebten wir noch in der Heiterkeit, die Jugend, Glück und Sicherheit des Daseins und seiner Werte verleihen.

Die Kreuzstraße, der Bummel von Eberswalde, war unser »Revier«, das wir allnachmittäglich »durchdrückten«.

Auch hier spielte Cato eine wichtige Rolle. Ließ ich ihn auf Abstand an der Leine neben mir gehen, so war es ein leichtes, mit der Schönen, der die Pirsch galt, unverfänglich ins Gespräch zu kommen, indem man sie beim Begegnen oder Überholen in der Leine sich verfangen ließ.

»Pardon, gnädiges Fräulein«, hieß es dann, »...tausendmal um Entschuldigung — der Hund ... noch nicht vollkommen erzogen...« Und sie, hold errötend: »Oh, bitte«, und verlegen lachend, »das kann ja passieren. Nein, schlagen Sie ihn nicht! Darf man ihn streicheln? — Ein schönes Tier...«

Ach ja, es war ein gutes System; es führte fast regelmäßig in eine der Nischen in der Weinstube Kretschmar, es war so gut, daß meine Freunde kamen und sich Cato zum »Damenfang« ausliehen, sobald es sich darum handelte, einer schwer zugänglichen Schönen zwanglos zu nahen. —

Auf der Kreuzstraße lebte ein Zigarrenhändler, der eine Bulldogge besaß. Alle unsere Hunde waren ihr spinnefeind; denn immer saß sie fett, höhnisch und drohend zwischen den Beinen ihres dicken Herrn in der Ladentür und knurrte, während unsere Hunde mit gesträubter Rückenborste und hochgezogenen Lefzen mißtrauisch an ihr vorüberstelzten.

Da wir die Kreuzstraße durchaus als unser Herrschaftsgebiet ansahen und uns der dicke Zigarrenmensch mit seinem unablässigen Aufpassen ebenso lästig war wie seine fletschende, fette Dogge ärgerniserregend, entschlossen wir uns zu drastischen Maßnahmen.

Eine Zwille war schnell zur Hand, ein Rehposten auch, und so schlenderten wir harmlos auf der gegenüberliegenden Straßenseite entlang.

Es war ein sonniger Nachmittag, die Luft so ruhig — der Zigarrenhändler schaute ahnungslos den zierlich blauen Kringeln nach, die seinem karpfenartig gerundeten Munde ruckweise entquollen. Zwischen seinen kurzen Schenkeln hockte die Bulldogge, fletschte und grollte.

Ich hielt die Zwille in Hüfthöhe quer in der Linken, zog mit der Rechten, visierte, schätzte den Vorhalt... ließ fliegen.

Aufheulend wie unter einem scharfen Hieb, schoß die Bulldogge empor, riß den Ringlein paffenden Dicken aus dem Gleichgewicht, und schon wälzten sich beide mit angelnden Gliedmaßen auf den Stufen der Ladentreppe, während eine halbe Brasil, einen dünnen blauen Rauchfaden aussendend, langsam über den Gehsteig rollte.

Das Gelächter und der Aufruhr in der Straße befriedigten uns tief; unser Erfolg war total: Für die Zukunft blieb die Tür des Zigarrenladens geschlossen, wir waren des unerwünschten Beobachters ledig, und der Stadtklatsch wußte zu berichten, daß die Furcht vor erneuter Lächerlichkeit in dem Dicken über die Neugier obgesiegt habe.

Unzählig waren die Streiche unseres »Clubs der Taufrischen«, unzählig und fröhlich, wie es der § 1 unserer Satzung vorschrieb. Es fehlte nicht der traditionelle Krieg mit den Stadtpolizisten, den »Nachträten«, wie wir sie zu ihrem Verdruß anredeten, und es fehlte nicht die Aufregung und Spannung, wenn uns ein Streich ein wenig übers Ziel hinausgerissen hatte und die beleidigte Staatsgewalt zu »Maßnahmen« zu schreiten drohte.

»Maßnahmen« waren bei uns durchaus unbeliebt, standen wir doch, bei aller studentischen Freiheit, im Dienste eben jenes preußischen Staates, dessen Ordnungswahrer wir als Studenten zur Zielscheibe unseres Übermuts machten, und niemand wollte sich schließlich die Conduite verderben.

War daher wieder einmal eine akute Gefahr überstanden, so gingen die Wogen im Feldjägerkasino hoch, und wir begossen immer noch einmal unser Motto:

> Wer keine Sorgen je
> und kein Verzagen kennt,
> Wer immer lichterloh
> und nie zuende brennt,
> Lebt seinen Jugendtag
> als richtiger Student.

17 PREISSUCHE

In jenen Ferien nahmen wir, wie schon oftmals früher, an den Preissuchen des Pommerschen Jagdhund-Vereins teil.

Die Hunde hinter uns, radelten wir schön langsam die vielen Kilometer durch das frühherbstliche Pommern. Es war sonnig und warm, Altweibersommer wehte. Langsam bräunte sich das Laub auf den Bäumen, und auf den weiten Feldern standen die Hockenreihen auf gelber Stoppel. Der erste Hirsch »stößt an« um diese Zeit. Bald wird, mit dem vollen Herbst, die Brunft einsetzen. Die Luft ist so klar, so leicht; man ist nie ermüdet, und während man sich sachte durchs Land tritt, denkt man an die Tagjagd auf Hühner und die Abende, an denen man auf den Hirsch pirscht. Man folgt der Chaussee, die von Ebereschen und Ahorn flankiert ist, und passiert die Dörfer, in denen nun die Dreschmaschinen brummen, während noch die Fuder, hoch beladen, vom Felde hereinschwanken. Man hält ein paar Steine in der Tasche bereit — für die Dorfköter, die den eigenen drei Hunden zu Kleide möchten. Minutenlang hallt das Dorf wider von ihrem Gekläff, bis es allmählich hinter uns verklingt.

Wir radeln nach Loitz bei Demmin. Dort stellt der Weidmann und Gutsbesitzer Briest-Boltenhagen alljährlich seine gute Niederjagd für die Preissuche zur Verfügung, und dort im »Deutschen Haus« versammelten sich die Hundeführer, Forstmänner und Liebhaber, und es begann mit Hallo und Handschlag und viel Boltenhagener Jäger-Kümmel und Jagdgeschichten ohne Ende und Zahl. Wir sangen Jägerlieder — sie handelten alle von Wald und Wild und kecken, jungen Förstern, und jedes zugleich von den schönen Mädchen und ihren Erlebnissen im grünen, grünen Wald, und keines vergaß, das Trinken zu loben. Und Briest-Boltenhagen, der Jagdherr, begrüßte die Teilnehmer und hieß sie willkommen. Er war dem Weidwerk leidenschaftlich verbunden und legte buchstäblich testamentarisch fest, daß er dereinst nicht in einem Sarge, sondern in eine Hirschhaut eingenäht begraben zu sein wünsche. Und so geschah es. —

Am andern Morgen dann zog man ins Revier, die Prüfungsnummern wurden verlost, und die Arbeit begann. Die drei bis vier Preisrichter gehen mit dem vorgeführten Hunde mit, beobachten seine Arbeit und schreiben ihre beurteilenden Noten, aus denen sich endlich die Bewertung ergibt.

Sie lassen sich die Feldsuche an Rebhühnern zeigen, sie prüfen Hasenreinheit und Schußfestigkeit, Gehorsam und Nase, die Art, wie der Hund bei der Suche den Wind schneidet und ob er das ganze Gelände mitnimmt, sein Vorstehen und seine Arbeit im Wasser an den Wildenten. Sie lassen ihn eine Schweißsuche auf künstlicher Fährte zeigen, er muß tot verbellen und tot verweisen und ablegen, und man erwartet voll Spannung, ob er liegenbleibt, wenn ein Schuß fällt. Endlich muß er buschieren und stöbern, und über alledem füllt sich langsam die Zahl der beurteilenden Punkte.

Ich erinnere mich, daß ich einmal an einem Tage den ersten und den zweiten Preis gewann mit Cato v. Moorberg und Mix-Schuenhagen, einer herrlichen Brauntiger-Kurzhaarhündin, und daß ich am andern Morgen, schwer beladen mit Preisen, vor meinen Hunden heimwärts radelte, ein junger Kerl mit stolzgeschwellter Brust.

Kaum zurück von den Preissuchen, die zu dieser Jahreszeit überall im Lande stattfanden, brachen wir, ohne das Bett gesehen zu haben, nach kurzem Frühstück wieder auf zur Hühnerjagd, der diese goldenen sonnenspinstigen Tage gehörten, in denen sich die Reife des Jahres vollendet, die Zeit, in der die Luft so leicht ist, so voll Frische, so klar, und doch schon die Kühle des Herbstes ahnen läßt. Da breiten sich vor uns die weiten Schläge der abgeernteten Stoppelfelder, und die Hunde arbeiten in leichten, federnden Sprüngen mit hoher Nase, fliegenden Behängen und wedelnder Rute am Winde dahin, bleiben zuweilen wie angenagelt stehen, kauen, einen Vorderlauf angezogen, den Wind und folgen dann, wie an unsichtbarem Drahte gezogen, der Witterung, die ihnen die Luft zuträgt. Immer langsamer, gleitender, zögernder wird das Spiel ihrer Gliedmaßen — bis sie endlich vorstehen, gespannt und gereckt, Fang und Blick der Stelle zugewandt, die vor ihnen die erregende Witterung ausströmt. Wild!

Unbeweglich, keinen Muskel rührend, stehen sie vor, und der Jäger kommt näher, so rasch und lautlos er's vermag.

Leiser Zuruf. Der Hund drückt nach. Purrrrr! Purrrrr! steht das Hühnervolk auf, bomm . . . bomm! fallen die Schüsse. Federn, feine, leichte, bräunlich-grau und rötlich gezeichnete Federn stieben und segeln noch lange mit dem Altweibersommer dahin, während drunten der Hund die Beute aufnimmt und sie stolz und aufrecht heranbringt, sich setzt und wartet, daß man sie ihm abnimmt . . .

Spätsommertage! Frühherbsttage! Hühnertage! Hirschabende! Man ist wie trunken in solchen Herbsten; es hält einen kein Bett; man ist zwanzig Stunden täglich unterwegs, unermüdlich und immer müde, unfähig zu ruhen und sitzt selbst nach später Pirsch noch im Freien oder am offenen Fenster, das die kühle Dunkelheit einläßt, und fühlt, wie allmählich im Schweigen Leib und Geist sich entspannen.

Gäste kommen nach Schuenhagen. Hohe Gäste: Prinz Eitel-Friedrich, Königliche Hoheit, hat sich bei Vater zur Pirsch angesagt, ein großer, schwerer Mann, freundlich und doch von einer gewissen Strenge.

Schon früh, als Junge, hatte ich ihn zur Jagd führen müssen, und es gab großes Aufsehen im Kadettenkorps, als eines Tages Kadett Mueller auf Höchsten Wunsch Sonderurlaub erhielt, um Seine Königliche Hoheit auf der Pirsch zu führen. Man muß sich des Geistes und der Anschauung jener Zeit zu erinnern vermögen, um zu begreifen, was das bedeutete.

Der Prinz wohnte bei uns; er fühlte sich wohl in Schuenhagen; er war einfach, liebte es nicht, daß seinetwegen Umstände gemacht wurden, behandelte meine Mutter mit größter Artigkeit, Vater kameradschaftlich, ohne je eine gewisse Würde zu verlieren, und uns junge Kadetten mit einer Mischung aus Onkel und Vorgesetzter. Wir mochten ihn gern.

Er jagte mit Vorliebe im benachbarten Forstamt, das er um großer landschaftlicher Schönheiten willen liebte. Aber er wohnte bei uns; der Nachbar verfügte nicht über so günstige Unterbringungsmöglichkeiten wie Schuenhagen.

An mir mußte er einen Narren gefressen haben. Kaum angekommen, erklärte er: »Franz muß mit — und Cato.« Das hatte seine Bewandtnis: Er wußte, was Cato wert war; denn er hatte eines Tages einen Hirsch angeschossen, der Kapitale war flüchtig abgegangen, und Cato mußte nachsuchen.

Wir spannten die Braunen ein und rollten hinüber in die benachbarte Forst. Der federnde Boden der Waldschneise verschlang Hufschlag und Räderrollen. Weich glitten wir dahin. So tief das Auge drang, hohe, grausilbrige Buchenstämme, ein mächtig gewölbter Dom, gefüllt mit bräunlichgrünem Licht, das durch die dichten Wipfel herabfilterte. Inmitten eines herrlichen Bestandes alter Buchen hielten wir am Rande einer kleinen Waldwiese. Wie ein offenes Auge lag sie in dem weiten, rauschenden Waldesmeer.

Der Prinz reckte sich die Steifigkeit aus den Gelenken und bedeutete uns zu folgen. Cato ging sachlich und ruhig am Riemen neben mir her. Ich sah sogleich: dies mußte ein Haupt-Brunftplatz sein: der ganze Boden war von Hirschfährten bedeckt; überall hatten die harten Schalen die Grasnarbe durchtreten, so daß der schwarze Waldboden hervorsah. Der Prinz zeigte uns, von wo er geschossen und wo der Hirsch gestanden hatte, und wir gingen hinüber an den Anschuß.

Ja, es war Schweiß da und auch Schnitthaar, dunkles, derbes —: Schulterblatthaar, dachte ich bei mir, indem ich mich erinnerte, daß der Prinz sehr niedrig, durch Buschwerk behindert, geschossen hatte, so daß die Kugel leicht durch einen Halm abgelenkt sein konnte.

Cato nahm die Fährte eifrig auf, legte sich in die Halsung und suchte, uns am Riemen voraus. Zuweilen zeigte er, mit der Nase stoßend, Schweiß an.

Die Fährte lief quer durch den hohen Buchenbestand, sie kreuzte die Chaussee, die den Wald durchschnitt, führte wieder in Hochwald, über trockenen, festen Grund, durch Unterholz, das wir, genau nachforschend, in Schulterhöhe von Schweißspritzern gezeichnet fanden, und brachte uns endlich an eine kleine, wie eine Mauer undurchdringlich gefügte Buchendickung.

Ich besah sie mir. Nirgends war ein Einbruch zu erkennen, nirgends eine Spur, ein Zeichen, das den Hirsch in der Dickung vermuten ließ.

»Ich glaube nicht, daß er da drin ist, Königliche Hoheit«, sagte ich, »vielleicht sollten wir die Dickung umschlagen, ob er drüben heraus ist?«

Aber er war anderer Ansicht: »Wir wollen lieber dem Hunde folgen, Franz, der weiß es besser als wir.«

»Dann müssen wir ihn jetzt schnallen.«
»Gut. Schnall ihn.«
Wie ein Pfeil schoß Cato in die grüne Mauer hinein. Sekunden später hörten wir das Prasseln, mit dem der Hirsch vor dem Hunde flüchtig wurde, das Brechen und Knacken von Astwerk, das Rauschen und Rascheln von Laub, dazu Catos tiefen, erregten Hals, und schon ging die Jagd ab mit dem Echo zwischen den Stämmen und dem vollen Jagdlaut des Hundes, der sich rasch entfernte, zur Seite auswich, wieder näherkam und endlich in stetigen, weithin läutenden Standlaut überging. Wir fanden den Hirsch unter einer Gruppe mächtiger, alter Samenbuchen, das starke, dunkle Geweih mit den schneeweißen, dolchspitzen Enden dem Hunde zugewandt, der, immer in sicherem Abstande vor- und zurückgehend, seinen Gegner unablässig beschäftigte.

Der Hirsch versuchte einen Ausfall; man sah, daß er krank war: der eine Vorderlauf gehorchte nicht; er schlug auch nicht mit den Schalen nach dem Hund, wie sie es sonst tun.

Cato wich mühelos aus und suchte dem Geweihten die Flanke abzugewinnen, aber immer sah er sich den dunklen, böse nach oben gedrehten Lichtern mit dem blutunterlaufenen Weiß des Augapfels und den drohenden Kerzen gegenüber, die ihn zu schlagen und an den Boden zu nageln wünschten.

Ich zog mir die Schuhe und Strümpfe aus.
»Nanu?« flüsterte der Prinz.
»Am leisesten pirscht man barfuß, Hoheit«, erwiderte ich.

Er nickte, und ich machte mich auf, dem von Cato gestellten König der Wälder ungesehen die Flanke abzugewinnen, um ihm den Fangschuß zu geben.

Wenig später klang das »Hirsch tot!« durch den Wald, und das Echo brachte den Ruf von weit her hell, jubelnd und allmählich immer leiser klagend zurück.

Wir fanden, was ich vermutet: die Kugel des Prinzen hatte, abgelenkt wohl durch einen Halm, ihr Ziel um eine Handbreit verfehlt und dem Hirsch dicht unter dem Schulterblatt den Vorderlauf zerschmettert.

Der Prinz beugte sich zu Cato nieder, kraulte ihm Kopf und Behang und klopfte ihm die Seiten. »Ein braver Hund bist du«, sagte er, »ein tüchtiger Kerl. Ersparst dem Wild viel Leiden, wenn die Menschen es krank geschossen haben.«

Seit jenem Hirsch hatten Cato und ich einen Stein bei ihm im Brett, und wenn er nach Schuenhagen kam, wollte er von mir geführt sein, und Cato mußte mit.

18 LETZTES GLAS — LETZTER GRUSS

Der Winter 1913/14 vereinigte den alten Freundeskreis wieder in Eberswalde; es würde unser letztes Semester sein; das Forstreferendarexamen stand für das Frühjahr bevor, und wir beschlossen, hart zu arbeiten; denn daß wir bestehen mußten, war Ehrensache.

Runge kam, sehr bedrückt und in seinem Ehrgeiz getroffen, von einer Offiziersübung bei den Oelser Jägern zurück. Man hatte ihn untauglich geschrieben; das wurmte ihn sehr. Aber wir erklärten ihn für blödsinnig, wenn er sich das zu Herzen nähme; schließlich war er nicht Berufssoldat, sondern Forstmann, und da gab es kaum einen, der es ihm zuvortat.

So hielten wir denn, einer nach dem andern, wieder Einzug im Feldjäger-Kasino, begrüßten, dem Brauche gemäß, die breite und behäbige Köchin und meldeten unsere Hunde bei ihrer Tochter Dora als Pensionsgäste an.

Dora, erst sechzehn, aber voll entwickelt, etwas beschränkt und von Wuchs fast so breit wie kurz, war ausgesprochen hundelieb. Ihr unterstand der Extra-Hundekessel in der Küche ihrer Mutter, und von ihr hing das Wohlbefinden unserer Vierbeiner in hohem Maße ab.

Stets hatte sie ein Lächeln, stets war sie freundlich, stets sagte sie »ja« zu allem, was man ihr vortrug, und stets verstand sie nur die eine Hälfte von dem, was man wollte, und die andere machte sie falsch, aber die Hunde hatten es gut bei ihr und liebten sie heiß.

Doras Herkunft war nicht völlig geklärt; ihre Mutter legte ausdrücklich Wert darauf, mit »Fräulein« angeredet zu werden, und Debatten, die wir der Frage der Paternität widmeten, führten zu keinem Ergebnis. Böse Zungen, die mit Hinweis auf Doras Geistesgaben und die Unwiderstehlichkeit des Adels gewissen Vermutungen Raum schaffen wollten, wurden einstimmig in ihre Schranken verwiesen.

Einstimmig aber war auch der Beschluß des »Clubs der Taufrischen«, Dora in Anerkennung ihrer Verdienste um die Verpflegung unserer Hunde einen »Hut nach Wahl« zu stiften und die Mittel hierfür gemeinsam aufzubringen.

Wir führten sie also eines schönen Tages in das Erste Haus am Platze, wiesen die erstaunte Verkäuferin an, den Wünschen Fräulein Doras in jeder Weise dienlich zu sein, und erlebten nun, wie Dora, die anfangs gar nicht an solch unverhofftes Glück und soviel Ehre zu glauben wagte, allmählich erwarmte, wie sie Mut faßte, strahlend den weitaus größeren Teil der Kollektion durchprobierte und, vor dem Spiegel hin und her gehend, sich drehte und wandte; wie die Putzlust, die schon Urmutter Eva bei der Drapierung des Feigenblatts dokumentierte, in ihr erwachte, und wie sie schließlich mit einem auf Stroh montierten, schleierumspielten Blumenarrangement auf dem Kopfe das Haus verließ, dem auf ihren ausdrücklichen Wunsch seitlich noch einige Kirschen, ein Schmetterling und eine Schwalbe angeheftet worden waren.

Eine erstaunte und erschöpfte Verkäuferin zurücklassend, folgten wir Dora und führten sie als unseren Gast in Kretschmars Weinstuben, wo sie, obwohl sie sich vorbildlich bescheiden und völlig unauffällig betrug, doch einiges Aufsehen erregte. Es gab eben nur e i n e n derartigen Hut in ganz Eberswalde; was Wunder, daß die Damen tuschelten.

Es war Doras großer Tag, und sie genoß ihn kindlichen Gemüts, arglos und aus vollem Herzen. Hatten es unsere Hunde bisher gut gehabt — fortab lebten sie wie im Himmel.

Im Frühjahr nahmen wir alle — frischgebackene Forst-Referendare — Abschied von Eberswalde. Wir würden uns hier wiedertreffen, immer würden wir uns hier wiedertreffen, das wollten wir uns vornehmen — mindestens einmal in jedem Jahr!

Jetzt zwar würde uns das Leben erst einmal auseinanderwehen, aber wir würden wieder hier zusammenkommen, um ausgelassen und fröhlich zu sein und Irscher 1911er zu trinken, und dann würde jeder erzählen, was er inzwischen erlebt! Runge und ich vor allen andern; denn wir wollten an der großen forstlichen Expedition teilnehmen, die für den Spätsommer nach Ostafrika geplant war.

Vorher aber würde ich ein Semester zum Studium der Staatswissenschaften nach Breslau gehen und — Glück der Freundschaft! — bei Hubert Hübner in seinem Elternhaus auf dem Forstamt Kottwitz wohnen, mit ihm zusammen in dem berühmten Rehwild-Revier auf den roten Bock pirschen und den Enten nachstellen dürfen, die in Massen den toten Arm der Oder bei Kottwitz bevölkerten.

Weit und offen lag die Welt vor uns! Runge und ich bestellten uns schon die weißen Tropensmokings beim Schneider. Wenige Monate später reisten sie in unserem Gepäck nach Genua, von wo die Expedition ausreisen sollte.

Und dann kam der Krieg.

Heydebrand und v. d. Lasa fiel als erster. Bei Tannenberg wurde er weidewund geschossen und hat schrecklich gelitten.

Kurtchen Fischer kam heil aus dem großen Treiben heraus. Brandhorst fiel in Frankreich, schon 1914.

Runge, den die Oelser untauglich geschrieben hatten, ging am 2. August ungefragt freiwillig hinaus. Am 1. September hatte er schon beide Eiserne Kreuze und am Ende — fast unvorstellbar für damalige Verhältnisse — als Jägerleutnant die höchste Tapferkeitsauszeichnung, den Pour le Mérite. Die ganzen vier Jahre lang hielt er draußen durch! Die ganzen vier Jahre lang trug er keine Schramme und keinen Kratzer davon; es hieß, er sei »fest«. Nur auf der Jagd wurde er einmal angeschossen, aber das gehörte nicht eigentlich zum Krieg; er ließ sich die Schrote aus dem Sitzfleisch nehmen, und damit gut.

Und dann — am letzten Kriegstage — 1918 — fiel er in Frankreich durch eine verirrte Kugel: Kopfschuß.

Ich selbst kam davon. Aber das ist eine Geschichte für sich. Von allen Berufen hatten in jenem Kriege die höheren Forstbeamten die prozentual höchste Verlustziffer.

Wie hatten wir gesagt? In Eberswalde würden wir wieder zusammenkommen, mindestens einmal in jedem Jahr. Jetzt würde uns das Leben erst einmal auseinanderwehen, aber dann ... Wir sind nicht wieder zusammengekommen. —

19   ABSCHIED UND AUFBRUCH

Am 1. August sandte ich ein Telegramm an meinen Freund, den Hauptmann Graf Lüttichau von den Gardejägern; es bereitete ihn auf mein Kommen vor. Er hatte mir nach Sarajewo versprochen, mich mitzunehmen, »falls etwas passierte«. Nun war es passiert. Ich nahm Abschied von den Eltern, Abschied von den Hunden.

Lüttichau nahm mich mit nach Frankreich, schwarz: er fragte nicht viel. Wir gingen viele Patrouillen. Es waren heiße Sachen, die an alle Instinkte und Erfahrungen des Jägers appellierten, wenn wir vorfühlten, spähten und scharmützelten in Feindesland.

Eines Tages tat ich einen Sturz und trug eine Leberquetschung davon. Das brachte mir Lazarett ein und Garnisondienst im Gardejägerbataillon. Mai 1915 durfte ich endlich wieder an die Front. Nicht für lange; denn mich erwischte die Ruhr, und als ich wieder einigermaßen auf den Füßen war, bekam ich ein Genesungskommando: Feldjäger beim Oberkommando der Armee-Abt. A in Straßburg. Und dort erreichte mich mein Schicksal in Gestalt einer Akte.

Es war ein dünnes, grünes Dossier, das mir der Ic eines Tages über den Schreibtisch hin reichte. »Da, Mueller, Sie verstehen doch was von Hunden. Lesen Sie sich das mal durch.«

Es war die Akte »Erfahrungen mit Hunden an der Front«, und diese Erfahrungen waren negativ. Die Front lehnte die weitere Verwendung von Hunden ab.

»Die Hunde«, so hieß es da, »erfüllen nicht die in sie gesetzten Erwartungen«, ... »haben enttäuscht«, ... »sind den Anforderungen nicht gewachsen«, ... »bieten keine Gewähr für exakte Meldung«, ... »belasten die Truppe« oder schlicht und vernichtend: »... haben versagt.«

Mir war über den Einsatz von Hunden für militärische Zwecke bisher keine besondere Kenntnis zuteil geworden; nur bei meinen Patrouillengängen im Anfang des Krieges hatte ich gesehen, daß Hunde des vom Großherzog von Oldenburg begründeten Sanitätshundewesens beim Aufspüren und bei der beschleunigten Bergung von Verwundeten, besonders während der Vormärsche im unübersichtlichen Gelände, etwa in den Vogesen und Argonnen, ausgezeichnete Leistungen vollbracht hatten, denen mancher brave Mann sein Leben verdankte.

Aber hier handelte es sich um etwas anderes: um Meldehunde, von denen verlangt wurde, daß sie Nachrichten schnell, zuverlässig und unauffällig von vorn zurückbrachten, und dabei sollten sie versagt haben.

Das wollte mir nicht in den Kopf. Ich brauchte nur an die großen Leistungen zu denken, zu denen Gebrauchshunde unserer Jagdhundrassen und Polizeihunde bei richtiger Abrichtung fähig waren, um zu wissen, daß hier nicht richtig geurteilt worden war. Und dann dachte ich an Cato, meinen Liebesboten zu Claire Blanquardet — ach ja, Claire, wo mochte sie jetzt sein?! —, und hatte schon aus eigener Erfahrung den Beweis dafür in Händen, daß es möglich sein mußte und möglich w a r, absolut zuverlässige Meldehunde abzurichten. Denn was war Cato damals anderes gewesen als ein Meldehund?!

Man tat den Hunden Unrecht! Wahrscheinlich waren sie

ungenügend ausgebildet, und man verlangte nun Dinge von ihnen, die sie ohne richtige Spezialausbildung gar nicht leisten konnten!

Mein Widerspruchsgeist, ohnehin recht lebendig, erhitzte sich gegen diese kühlen, und, wie mir schien, teilweise zu oberflächlichen Urteile; irgendwie gingen sie mir selbst gegen die Ehre, da sie den Hunden, meinen treuen Freunden von Jugend auf, die Kriegsbrauchbarkeit vorschnell bestritten.

Wie sah denn die jetzige Ausbildung aus? Seit 1890, soviel ich wußte, waren Meldehunde in verschiedenen europäischen Armeen bekannt. Sie hatten einen Führer, zu dem sie gehörten, aber ein fremder, ihnen nicht vertrauter Mann nahm sie mit zum Einsatz nach vorn, und dann sollten sie mit der Meldung zu ihrem Führer, der hinten geblieben war, zurückfinden.

So war der Stand der Dinge bei uns, so handhabten es auch die Engländer und Franzosen. Die Hunde meldeten also nur in einer Richtung, während schon Liebesbote Cato doch zuverlässig in beiden Richtungen gelaufen war, nie versagend, präzis wie eine Uhr. Allerdings — und hier ging mir ein großes Licht auf — hatte Cato ja Claire gut gekannt und war mit ihr nach einiger Zeit fast so vertraut gewesen wie mit mir selbst; er hatte also z w e i »Führer« gehabt, zwischen denen er hin und her lief!

»Nun?« sagte nach einiger Zeit der I c, nachdem er gesehen, wie ich grübelnd über der grünen Akte gesessen hatte, »was halten Sie davon?«

»Die Hunde müssen das können«, sagte ich.

»Gegenwärtig, soviel scheint mir doch festzustehen, können sie es jedenfalls nicht.«

»Stimmt«, sagte ich, »die Front schreibt es. Aber — haben die da vorn Zeit und Geduld genug, solche Sache richtig durchzuexerzieren? Die wollen doch f e r t i g e Waffen und Geräte. Was nach vorn kommt, muß einsatzreif sein.«

»Hm«. Er rieb sich das Kinn. »Sie meinen also, daß die jetzigen Hunde nicht einsatzreif sind.«

»Es scheint so. Soweit ich es beurteilen kann, ist die ganze Geschichte falsch aufgezogen. Meiner Meinung nach müßten die Hunde h i n t e n fachlich richtig ausgebildet werden, und zwar von erfahrenen und befähigten Abrichtern, die für diesen Zweck aus der Front herauszuziehen wären. Haben die Stamm-Abrichter die Hunde fertig, so müssen interessierte Soldaten an diesen Hunden ausgebildet werden, und zwar je zwei Mann auf jeden Hund, damit der Hund zwischen zwei ihm gut bekannten Personen hin und hermeldet, zwei Leuten, die er aus der Ausbildung genau kennt, zu denen er gern geht und mit denen er eingearbeitet ist. Man kann dies Verfahren vergleichen — sagen wir — mit der Ausbildung von Telefonisten. Die brauchen auch nicht imstande zu sein, einen Telefonapparat selber zu bauen; es genügt, wenn sie ihn bedienen können. Ebenso brauchen die beiden Hundeführer nur am fertigen Hund ausgebildet zu werden und zu lernen, wie man mit ihm umgeht. Voraussetzung ist allerdings, daß der Hund selbst wirklich fertig ist, und das sollen ja die Stamm-Abrichter machen.«

»Ist das nicht sehr optimistisch?« fragte der I c.

»Ich glaube nicht. Ich bin vielmehr überzeugt, daß die Front über richtig abgerichtete, wirklich einsatzfähige Meldehunde sehr glücklich wäre.«

»Allerdings. Wahrscheinlich.« Er machte eine Pause, nahm die Akte, blätterte darin herum. Dann:»Würden Sie sich denn zum Beispiel zutrauen, eine solche — äh — Hundeschule zu organisieren?«

»Gewiß.«

»Hm. Das klingt alles sehr gut, aber ...« Er schwieg unschlüssig.

»Wie ist denn die gegenwärtige Situation?« fragte ich. —
»Stellungskrieg. Zerschossene Leitungen. Lückenhafte Nachrichtenübermittlung. Starke, wie wir wissen, s e h r starke Verluste unter den Meldegängern ... Ist da nicht der Einsatz jedes Mittels gerechtfertigt, das bessere Wirkung verspricht? — Das vor allem Blut spart und geeignet ist, vielen Soldaten

Leben und Gesundheit zu bewahren?!« Ich hatte mich in Eifer geredet; nun hob der I c begütigend die Hand.

»Ich bin ja gar nicht dagegen, Mueller.«

»Nein«, sagte ich, »sehr gütig, Herr Major.«

»Also, ich werde mit dem Chef sprechen.«

Zwei Tage später stand ich, wie üblich, nachmittags mit der Unterschriftenmappe vor dem Chef des Generalstabs, Oberst Weidner, und während er Seite für Seite sorgsam studierte und dann seinen Namenszug daruntersetzte, schoß er plötzlich, ohne von seiner Arbeit aufzusehen, eine Frage gegen mich ab: »Sagen Sie mal, Mueller, der I c hat mir da was von Hunden gesagt, — wie macht man sowas?«

Ich wußte, daß er Kürze, Knappheit, Sachlichkeit verlangte und gab in Stichworten wieder, was ich schon dem I c gesagt hatte.

Er erledigte die letzte Unterschrift, klappte die schwarze Mappe zu, lehnte sich in seinem Stuhl zurück und sagte: »Sie dürfen ruhig ausführlich sein, Mueller; mich interessiert das.«

Er war ein älterer Mann von mittelgroßer, untersetzter Statur. Über dem hohen Uniformkragen schwebte, gleichsam abgehoben von dem übrigen Körper, sein hageres, faltiges Gesicht mit den breiten, buschigen Brauen, dem Kneifer vor den ruhigen, aufmerksamen Augen, der zerfurchten Stirn und dem glatt gebürsteten eisgrauen Haar.

»Sie haben viel mit Hunden zu tun gehabt?« fragte er einmal in meinen Vortrag hinein.

»Jawohl, Herr Oberst, von Kindesbeinen an.«

»Gut. Bitte fahren Sie fort. Wie denken Sie sich die praktische Seite Ihrer Ideen?«

»Ich denke für den Anfang an etwa vierzig Hunde und zwanzig Stammausbilder, Unterkunft mit geeignetem Übungsgelände. Nach der Ausbildung der Hunde Kommandierung interessierter Soldaten aus der Front zur Ausbildung an den fertigen Hunden.«

»Wie lange dauert das?«

»Nach sechs bis acht Wochen könnten die ersten Hunde mit

je zwei Führern frontreif sein.«

»Hm ... Und was kostet das?«

»Achttausend Mark, Herr Oberst, — für den Anfang, zum Ankauf der Hunde.«

»Viel Geld, Mueller.«

»Etwa soviel, wie die Pension einer Unteroffizierswitwe in drei Jahren ausmacht, Herr Oberst.«

Pause. Schweigen. Dann: »Sie haben recht. Die Möglichkeit, Leben zu sparen — sehr gut.«

Er fuhr sich mit dem Zeigefinger im Kragen entlang, ließ ihn eingehängt und sann einen Augenblick nach.

»Sie geben mir eine Denkschrift herein«, sagte er dann, »zwei Seiten. Stellungnahme zu den Äußerungen der Front Dann Ihr Vorschlag. Morgen vormittag.«

»Jawohl, Herr Oberst.«

Noch am gleichen Abend verfertigte ich das befohlene Papier. Der I c, dem ich es zeigte, nannte es »ein ziemlich freches Dokument«. Der Chef las es, blickte mich über den Kneifer hin forschend an, nickte. »Immer frisch von der Leber, Mueller, wie? Aber wenn Ihre Hunde uns nur einen Mann weniger kosten, — na, schön ...«

Anderntags erhielt ich Befehl: »Leutnant und Feldjäger Mueller zur Meldung beim Oberbefehlshaber.« Das Papier schien gewirkt zu haben.

Der Oberbefehlshaber der Armee-Abteilung-A, Exzellenz v. Falkenhausen, saß in einer Schule, einem nüchternen Sandsteinkasten. Vor dem Tore schob der Posten seine Wache, in den Korridoren hallten die Kommißstiefel der Ordonnanzen, und im Vorzimmer Seiner Exzellenz residierten vornehmlässig die Adjutanten, Graf Perponcher und v. Westernhagen.

»Mit Hunden wolln Se'n Krieg jewinnen?« sagte Graf Perponcher, als ich mich anmeldete, »na Prost die Mahlzeit. Viel Jlück!«

Der Oberbefehlshaber nahm meine Meldung entgegen.

»Sie haben sehr persönliche Ansichten über den Einsatz von Meldehunden«, sagte er.

»Jawohl, Exzellenz.«
»Worin liegt das Neue Ihres Vorschlags?«
»Darin, daß ich dem Hund z w e i Führer gebe, Exzellenz, die der Hund gut kennt, mit denen er eingearbeitet ist und zwischen denen er zuverlässig hin und her pendelt, so daß er Meldung nach hinten u n d Antwort und Befehl nach vorn bringen kann.«
»Das hat man bisher anders gemacht?«
»Jawohl, Exzellenz. Die Hunde meldeten nur in einer Richtung, mußten nach jeder Meldung von einem fremden Mann wieder mit nach vorn genommen werden und waren, glaube ich, nicht richtig und nicht gründlich genug ausgebildet. Daher die Mißerfolge.«
Da er schwieg und mich nur unnahbar, wenn auch wohlwollend betrachtete, fuhr ich fort: »Was ich erreichen will und mit zwei Führern auch erreichen kann, ist, daß der Hund, wenn er die Einsatzstrecke einmal gegangen ist, zuverlässig und beliebig oft die Meldestrecke zwischen seinen Führern hin und her läuft.«
»Zuverlässig und beliebig oft, hin und her«, wiederholte er.
»Jawohl, Exzellenz.«
»Und die Ausbildung soll h i n t e n stattfinden, nicht in der Front?«
»Alle Waffen werden hinten fabriziert, Exzellenz, auch der Meldehund ist in diesem Sinne ein ›Gerät‹. Die Front hat keine Zeit für die Entwicklung von Gerät; daher empfindet sie die Hunde bisher als Belastung.«
Streng und kühl kam seine nächste Frage: »Und Sie glauben, daß Ihre Ausbildungsmethode bessere Ergebnisse zeitigt?«
»Jawohl, Exzellenz.«
»Sie sind Feldjäger, also Forstmann.« Er musterte mich noch einmal abschätzend, durchdringend. »Also gut. Ich werde Ihnen Gelegenheit geben, die Richtigkeit Ihrer Theorie zu beweisen. Fangen Sie baldmöglichst an.«
Er nickte. Ich war entlassen.

»Dann«, sagte ich, »bitte ich zunächst gehorsamst um sechs Wochen Front.«

Zum ersten Male zeigte sein Gesicht einen Anflug von Überraschung: »Front? — Wozu?«

Das klang fast mißtrauisch. Dachte er, daß ich auf diese Weise versuchen wollte, mich nach vorn aus dem Stabe zu verdrücken?

»Ich möchte mit den Kompaniechefs sprechen, Exzellenz«, erwiderte ich, »die künftigen Arbeitsverhältnisse der Hunde studieren, die Meldewege der Hunde kennenlernen und geeignete Ausbilder heraussuchen. Daß ich die Bedingungen auf den Meldewegen zwischen vorderster Stellung und Kampfgruppenkommandeur genau kenne, ist Voraussetzung für die richtige Ausbildung, bei der die Ernstfallverhältnisse möglichst naturgetreu gestellt werden müssen.«

»Gut«, sagte er, »das ist einleuchtend. Genehmigt.«

Sechs Wochen lang kroch ich nun vorn herum, von Graben zu Graben, von Stellung zu Stellung. Sie hatten es dreckig da vorn, dreckig und hart. Der Boden, schwerster Lehm, triefte vor Nässe. Von den Wänden der Unterstände rannen Schlamm und Wasser. In den Grabensohlen quatschte es zwischen den Planken des Bretterbelages. In den Trichtern stand es, trübe und gelb. Die Uniformen der Männer waren lehmbedeckt, klamm und feucht. Das Brot schimmelte schnell; es kam ja schon naß und klebrig nach vorn, Kriegsbrot 1916.

Die Chefs empfingen mich mißtrauisch und reserviert. Besucher aus den rückwärtigen Stäben waren nicht sehr beliebt. Man hatte so seine Erfahrungen. Die hinten hatten gut reden; bei ihnen sah sich alles ganz anders an als vorn, wo das harte Handwerk den Tag beherrschte, den Tag und die Nacht, wie es eben kam ...

Was wollte ich? Hunde einsetzen? Das hatten sie doch schon probiert. Damit war nichts los. Unnütze Belastung der Truppe. Und sie berichteten von ihren Erfahrungen und schlossen sich dabei, allmählich und unmerklich, mehr und mehr auf. Ja —, wenn man ihnen wirklich fertige Hunde schicken könnte,

Hunde, die Meldegänger zuverlässig ersetzten, das wäre schon etwas; nur: nach den bisherigen Erfahrungen ...

Ich setzte ihnen auseinander, was ich anders zu machen gedächte, worin ich die Fehler des bisherigen Systems sähe, und sie hörten zu, erwärmten sich für die Idee und betrachteten mich nach einiger Zeit als einen der ihrigen.

Nach und nach fand ich auch die zwanzig Männer, die ich als Stamm-Ausbilder brauchte, hier einen und dort einen. Da sagte etwa ein Chef: »Ich hab' da einen Unteroffizier, der was von Hunden versteht, Polizei im Zivilberuf.« Oder: »Unter meinen Leuten ist einer, der ist Zuchtwart bei so 'nem Hundeverein. Wenn Sie den mal sprechen wollen ...«

Und dann kamen diese Männer, und ich fühlte ihnen auf den Zahn — in Anwesenheit der Chefs — und pickte mir die heraus, die mir die besten schienen: fronterfahrene, tüchtige Abrichter.

Nur einen von ihnen will ich hier nennen, den Feldwebelleutnant Prein, von Zivilberuf Polizeikommissar aus Mettmann im Rheinland. Prein war trotz seiner 260 Pfund Lebendgewicht von höchster Beweglichkeit, der beste Patrouillengänger seines Regiments, des Landwehrregiments Nr. 60. Unglaublich erfinderisch und listenreich in der Schädigung des Feindes, begabt mit allen Instinkten und vertraut mit allen Kniffen des Kriminalisten, war dieser Hüne, der ungeachtet seiner Schwere wie eine Schlange durchs Gelände zu robben verstand, der »geborene Krieger«, eine jener seltenen Erscheinungen, die erst durch den Krieg zur vollen Entwicklung ihrer Eigenschaften gelangen. Als er das EK I erhielt, marschierte das Regiment — eine ganz seltene Ehrung — im Paradmarsch an ihm vorbei.

Prein, sofort Feuer und Flamme für die Idee der Meldehunde, war es auch, der mir über seine Verbindung zu Polizeihund-Vereinen die ersten vierzig Hunde beschaffte, Prein, das spätere Kernstück meiner Truppe. —

20 DIE KRIEGSHUNDE

Mitte August 1916 stand im Armeebefehl:
»Es wird aufgestellt mit dem 1. September 1916 die Kriegshundeschule — KHuS — in Hubertville. Die kommandierten Dienstgrade sind von den Truppenteilen in Marsch zu setzen ... usw. Kommandeur der KHuS ist der Leutnant und Feldjäger Mueller.«

»Kommandeur« — ein komisches Gefühl, das da zu lesen. Kommandeur ...

Am 1. September rückten wir in Hubertville ein, einem typischen lothringischen Kuhdorf. Zwei Dutzend grau verputzte, unregelmäßig hingehockte Häuser mit flachen Pfannendächern, versinkend im Dreck der Misthaufen und des schweren, nassen Lehms; über dem Ort auf einem Hügel unser Quartier, das »Schlößchen«, ein zweistöckiger Kasten mit fünfzehnfenstriger, schmuckloser Front, einem Türmchen an einer Ecke und glattem Rotziegeldach, das sich von dem weißen Putz der Wände munter abhob. Von seinen Bewohnern verlassen, teilweise ausgebrannt und im übrigen von der elsässischen Bevölkerung bis auf das letzte Inventarstück ausgeplündert, lag es zwischen einigen leidlich erhaltenen Scheunen und Stallungen in einem hübschen, aus schönen Baumgruppen und weiten Rasenflächen gebildeten Park.

Dort also hielten wir Einzug, ein »Kommandeur«, zwanzig Mann und vierzig Hunde.

»Na«, sagte Prein, »das ist ja'n schöner Saustall«, als wir das besichtigten, was die erste Kriegshundeschule werden sollte, »da wern wir'n paarmal erheblich in die Hände spucken.«

Und wie wir »spuckten«! Im Handumdrehen waren Bretter da, Werkzeuge, Strohsäcke und Maschendraht, der als Matratzenersatz unter die roh gezimmerten Bettrahmen genagelt wurde.

Im Nu entstanden, nach gemeinsamer Beratung über den

besten Entwurf, unsere Hundehütten, geräumige Kisten mit ebenem Dach, auf dem die Hunde tagsüber liegen konnten, wie sie es lieben, und strohgefülltem Untergeschoß mit einem Vorhang aus einem Stück Decke vor dem Einstieg, der sie vor Zugluft schützte; denn so gleichgültig Hunde gegen Kälte sind, so empfindlich sind sie gegen Zugluft.

Außerdem bekam jeder Hund im Gelände seinen Pfahl, an dem wir ihn anbinden konnten und in dessen näherer Umgebung er sich zu bewegen vermochte.

Bei der Besichtigung der Umgebung des Schlößchens stießen wir in knapp zweitausend Meter Entfernung auf ein Jagdhäuschen, das mit je zwei Zimmern im Erd- und Obergeschoß, Küche, Kammern und Nebengelaß, hübsch im Grünen gelegen, ein ideales Stabsquartier abzugeben versprach. Haute Gore — meine Soldaten gaben ihm den Namen Riesenmatt, ohne daß ich sagen könnte, wie diese Übersetzung entstanden wäre — war einfach und behaglich — jagdhausmäßig eingerichtet; ich brauchte nur einzuziehen. Das benachbarte Pachthöfchen gehörte Monsieur Pélard, einem unscheinbar grauen alten Männchen, das auf Haute Gore von dem Pächter der Jagd als Verwalter eingesetzt war.

Monsieur Pélard besaß drei ziemlich schmutzige Kühe, einige Äckerchen, ein kleines, struppiges Pferd und, was wichtig war, eine Pferdekoppel, auf der auch ich mein Dienstroß frei gehen lassen durfte. Wir kamen schnell auf freundnachbarlichen Fuß.

Einige Tage lang brummte Hubertville wie ein Bienenhaus. Meine zwanzig Mann hämmerten und sägten, hobelten und klopften, putzten und malten, gruben und hackten, pfiffen und sangen, daß es eine Lust war. Prein, allgegenwärtig, nahm nach allen Richtungen »Verbindung« auf. Seinem Spürsinn blieb nichts verborgen, nicht das Sägewerk, nicht die Feldbäckerei und -schlachterei, nicht die Ortskommandantur, noch das Estaminet im Dorfe, das einen ausgezeichneten Keller führte, und überall verstand es der joviale Hüne, unseren Wünschen Erfüllung zu verschaffen. Ob Stroh, ob Futter für die Hunde, ob Schreibmaterial oder zusätzliche Arbeitskräfte — Prein brachte es herbei.

Besonders die ständige Kommandierung einiger Stallwachen ließ er sich angelegen sein, die die Hunde putzen und die Ställe reinigen mußten; denn die Stammausbilder waren mit dem Abrichtedienst voll ausgelastet. Fünf bis sechs Hunde täglich abzurichten, erforderte volle Konzentration.

Dazu kamen die Spaziergänge im Gelände, die Besprechung der Arbeitserfahrungen, das unablässige »Erfinden« neuer Ernstfallbedingungen ...

Wie sollten wir die Hunde einstellen? Auf Fährtensicherheit? Auf Ortssinn? Es war ja Neuland, das wir betraten; jeder Schritt wollte genau erwogen, jede Maßnahme gründlich vorbedacht sein. So schlossen wir die Fährtensicherheit nach eingehender Überlegung vom Übungsprogramm aus. Zu leicht konnte sich eine Fährte im Gelände verlieren, wenn Trommelfeuer aller Kaliber den Boden umpflügte. Zu leicht konnte bei dem Umeinander der eigenen und feindlichen Patrouillen der Hund auf dem Meldewege von der alten eigenen auf die frischere Fährte einer französischen Patrouille übergehen. Zu wahrscheinlich konnte dabei eine eigene Meldung in Feindeshand fallen! Es galt also, die Hunde auf Ortssinn einzustellen, wobei das Ziel war, daß sie über eine Strecke von durchschnittlich zweitausend, aber auch von drei- bis viertausend Meter zwischen ihren beiden Führern »pendelten«.

Prein hatte uns vierzig wirklich erstklassige Hunde beschafft, fast ausschließlich Deutsche Schäferhunde, Rüden und Hündinnen, große graue mit schwarzen Rücken und schwarze mit gelber Zeichnung an Fang und Läufen. Es war eine Pracht, sie zu sehen, wie sie da neben ihren Abrichtern standen, wenn ich morgens vor der Arbeit die Front zur Musterung abschritt. Die durchgearbeiteten, gereckten, federnden Körper mit den tiefhängenden, buschigen Ruten, die hochgestellten Gehöre, die weit gespaltenen Fänge mit den hechelnden Zungen, die klugen, lebhaft blickenden Augen — alles in allem: das Ergebnis langjähriger züchterischer Arbeit.

Schon in den ersten Tagen zeigte sich, daß wenigstens ein Teil der Hunde eine gute Grundschule mitbrachte, so daß wir sofort dazu übergehen konnten, sie auf ihre neue Aufgabe einzuarbeiten.

Auf zwei Dinge kam es dabei entscheidend an: die Hunde mußten absolut schußfest und gegen jede Art von Lärm gleichgültig gemacht werden, da sie ja unter allen Bedingungen der Front, von der Stille bis zum Trommelfeuer laufen sollten. Und: sie mußten so erzogen werden, daß sie nicht nur einen bestimmten, sondern jeden beliebigen Meldeweg liefen.

Entgegen allen üblichen Dressurgesetzen — Stille — Unabgelenktheit — Ausschaltung jeder Störung — ließen wir unsere Hunde auf engem Raum zusammen arbeiten und schalteten auf der ziemlich kleinen Übungswiese jede erdenkliche Störung ein, die dem Hund an der Front begegnen konnte. Das begann ganz langsam damit, daß der aufsichtsführende Unteroffizier während der Einzelarbeit Pistolenschüsse abgab. Jedesmal, wenn es knallte, sprach der Ausbilder seinem Hunde gut zu, liebelte ihn, gab ihm, wenn er sich ängstlich zeigte, sogar »Brocken«, den Gipfel aller Hundefreude, und ließ ihn merken, daß »Knall« nichts Übles bedeutete, ja, daß »Knall« Angenehmes im Gefolge hatte. Allmählich steigerten wir dann die Stärke der Knalle; an die Stelle der Pistole trat der Karabiner, ihn wieder löste die Handgranate ab, und zuletzt ließen wir Kanonenschläge los; es war ein ganz hübscher Schlachtenlärm, und wir veranstalteten ihn bei jeder Gelegenheit, tags während der Dressurarbeit, vor und mitten in der Fütterung, nachts bei den Hütten. Der Erfolg gab uns recht: Nach kurzer Zeit kümmerte sich keiner unserer Hunde mehr darum, wenn es ringsum knallte. Aufmerksam und eifrig arbeiteten sie ihr Pensum. Wir konnten mit der Einstellung auf die Meldeläufe beginnen.

Jeder Hund bekam nun »Führer« und »Gegenführer«, deren Hauptsorge es war, den Hund innerlich eng an sich zu binden, die Anhänglichkeit des Hundes zu erwerben. Das war in Spiel und Arbeit und durch Fütterung ziemlich leicht und schnell erreicht, da jeder Hund aus seiner Uranlage heraus als Meutentier den »Leithund« sucht und ihn im »Herrn« findet. Aus dieser Harmonie zu dritt begann dann die Meldearbeit.

Der eine Führer nimmt den Hund mit sich, der andere bleibt stehen. Große Überraschung! Wo bleibt der zweite Herr?! Er war doch sonst immer überall dabei! Den Kopf zurückgewandt, geht der Hund gleichwohl mit dem Führer, aber sein Gefühl ist zwiespältig. Nun bleiben sie stehen, etwa dreißig Schritt von dem Führer entfernt.

»Sitz!« sagt der Führer, und ›Caro‹ sinkt folgsam auf die Keulen. »Meldung!« ruft der Führer, »Meldung!« und zugleich ruft der Gegenführer von drüben: »Komm! — Komm, Caro, na, komm schon, komm!« Caro, mit aufmerksam gespitzten Ohren von einem zum andern sehend, weiß nicht recht, was tun. Hier ist der eine Herr, drüben der andere — dazwischen die Strecke, die leere, auf der man allein ist! Der Instinkt warnt vor der Vereinsamung. Alleinsein ist schlimm, Einsamkeit tut weh. Es ist die Lehre aus der Erfahrung langer Geschlechterfolgen wildlebender Hunde, die als Erbgut in sein Blut überging: als Meute sind wir stark, allein schwach. Als Meute jagen, stellen, reißen wir Hirsche, als einzelne fangen wir Mäuse... Also bleibt ›Caro‹ sitzen und wedelt mit der Rute.

»Meldung!« sagt wieder der Führer, diesmal schon schärfer, und weist mit dem Arm hinüber zu dem andern Herrn, »Meldung!« Und von drüben lockt der zweite, die gleich vertraute, die jetzt soviel freundlichere Stimme: »Komm, Caro, komm, na komm, mein Hund...«

Vielleicht ist es doch besser, hinüberzugehn, sagt sich Caro und steht zögernd auf. Wenn nur die lange Strecke nicht wäre und der Herr h i e r, von dem man doch so ungern fortgeht! »Meldung!« klingt es im gleichen Augenblick wieder, scharf diesmal, unfreundlich, und es gibt einen leichten Schlag mit der Gerte! Au! Das tut ja weh!

Und wieder: »Meldung!« und Schlag.

Drüben die Lockung: »Komm, na komm doch...«

Langsam, zögernd setzt sich Caro in Bewegung, hinter sich das scharfe »Meldung«, vor sich den Ruf, die Anziehung, die ihm hilft, seine Zweifel zu überwinden.

Und nun ist er drüben, empfangen von Lob und Liebe: »So ist's brav, Caro, so ist's brav«, Streicheln und Brocken aus freundlicher Hand. Aha, merkt Caro, hier ist es gut: Laufen zum andern Herrn nach »Meldung!« bringt Angenehmes, Nichtlaufen tut weh.

Und schon wendet sich das Blatt, heißt es »Meldung« hier, und lockt die Stimme drüben. »Meldung« heißt also hinüberlaufen zum andern Herrn. Wenn es weiter nichts ist...!

So, halb spielend, halb im Ernste, lernen sie, Meldewege zu laufen, die »Caros« und »Astas« und »Donars«, und mit den länger werdenden Strecken zwischen Führer und Gegenführer gewöhnen sie sich daran, den einen nicht mehr zu sehen, wenn der andere sein »Meldung« sagt, und trotzdem schnurstracks zurückzurennen zu ihrem zweiten Herrn. Ja, nun, schnurstracks —, das ist so eine Sache. Wenn da ein Baum steht am Wege, ein interessanter Baum, der gut riecht —, da muß man doch wohl nachsehn, um was es sich handelt, und auch — auf Hundeweise — mitteilen, daß man dort war! Caro bleibt also stehen, geht steifbeinig, die Rute erhoben, um den Baum, schnuppert, hebt ein Bein...

Und wir, die wir diese Erfahrung machen, sagen uns: das geht so nicht! Wenn ein Hund das an der Front machte! Im Gelände bummelte und privater Lustbarkeit frönte, während die wichtigste Meldung in der Meldetasche an seinem Halsband schmort! Unmöglich! Der Hund mußte lernen, ohne jeden Verzug von Führer zu Führer zu laufen. Wie aber das sicherstellen? Wie ihm klarmachen, daß »Meldung« nicht nur »Laufen zum andern Herrn« hieß, sondern »schnurstracks und auf schnellstem Wege zum andern Herrn laufen«?!

Es konnte ja sein, daß er zuerst dreihundert Meter lief, dann z. B. ein totes Pferd fand, das mit aufgetriebenem Bauch und aufwärtsragenden Beinen im Gelände verweste, und sich daran wälzte, wie es alle Hunde mit Vorliebe tun —, daß er dann weitertrabte, irgendwo Geschäftchen erledigte, sich im Gelände zu schaffen machte und endlich fröhlich und unbeteiligt beim zweiten Führer hinten eintraf, ohne daß inzwischen die Möglichkeit bestand, auf ihn einzuwirken ... Es war ein verdammt schwieriges Problem, und wir rätselten lange daran herum. Wir konstruierten einen Funksattel, der es erlaubte, eine Stahlrute drahtlos zu betätigen, die dem Hund eins hintendrauf schlug, sobald er seine Pflicht vernachlässigte; es war kein großer Erfolg.

Wir versuchten dies und das und jenes dritte, meist recht komplizierte, und es dauerte geraume Zeit, ehe wir die richtige Lösung fanden, eine ganz simple Lösung: wir ließen die Hunde während der Übung am Draht laufen, eben »schnurstracks«. Und wir taten ein übriges: wir versteckten uns über die ganze Meldestrecke verteilt, und wenn ein Hund unterwegs stehenblieb und privatisierte, brannten wir ihm eine zur Kugel geballte leichte Wurfkette auf den Pelz, bis er begriffen hatte, daß es für ihn nur einen einzigen Schutz gegen Unannehmlichkeiten gab: auf der Meldestrecke so schnell und gerade wie möglich von dem einen Führer zum andern zu laufen. »Stehenbleiben auf der Meldestrecke tut weh« hieß diese Formel.

Ende Oktober 1916 waren die ersten Meldehunde »fertig«; die Ausbildung der Front-Hundeführer und Gegenführer konnte beginnen. Täglich trafen nun Männer ein, die die Front zur Einarbeitung an den Hunden zu uns kommandiert hatte. Unter der Anleitung der Stammabrichter lernten sie rasch und sicher.

In der Zwischenzeit organisierten Prein und ich den Hunde-Nachschub. Bewährten sich unsere Hunde an der Front, so war mit verstärkter Nachfrage zu rechnen, und dann mußten wir »liefern« können.

Prein hatte uns schon die ersten vierzig Hunde besorgt. Nun traten wir, was recht ungewöhnlich war, mit »zivilen Stellen« direkt in Verbindung. Die Zucht- und Gebrauchshundvereine in der Heimat sollten uns helfen. In ihnen waren die wirklich interessierten Besitzer geeigneter Hunde zusammengeschlossen, der Schäferhunde, Airedale, Dobermänner, der Boxer, Jagdhunde, Terrier und wie sie alle hießen, die unsern besten Nachschub bilden sollten.

Die selbstlose, in vielen Jahrzehnten geleistete Arbeit all dieser Vereine sollte uns nun zugute kommen. Unter der Leitung bewährter Kynologen würden wir zentrale Meldehund-Sammelstellen einrichten. Dort konnten die Hunde vorgeprüft, ungeeignetes Material ausgesondert und wertvollste Vorarbeit für uns geleistet werden. Männer wie der Leiter des Deutschen Schäferhund-Vereins, v. Stephanitz, wie Fröbus, Berlin, und der großartige Otto Grosse, Hamburg, der in zwei Kriegen der Diensthundesache unvergängliche Dienste geleistet hat, nahmen unsere Anregung begeistert auf und begannen in Wort und Schrift mit der Werbung unter den Mitgliedern ihrer Vereine. Außerdem erschienen von nun ab, von uns gelenkt, monatlich in viertausend Zeitungen die Aufrufe: »Hunde an die Front!«

Die Wirkung beider Maßnahmen übertraf bei weitem unsere Erwartungen. Von den Tausenden von Hunden, die wir in der Folgezeit bekamen, wurde uns der weitaus überwiegende Teil als »Geschenk für Kriegsdauer« überlassen, so daß anstatt des vorveranschlagten Kaufpreises von achtzig Mark für jeden Hund in Wirklichkeit nur achtzig Pfennige durchschnittlich ausgegeben werden mußten.

Unsere Arbeit schwoll von Tag zu Tag lawinenartig an. Wo ich auftauchte — und ich war viel unterwegs — begrüßten mich die Kameraden in den Stäben mit gutmütig-spöttischem Gebell. »Ach, der Kuß-Mueller«, sagten sie, der Abkürzung KHuS für Kriegs-Hunde-Schule einen neuen Sinn unterlegend, »na, nun brauchen wir ja bald keine Soldaten mehr. Mueller macht das bißchen mit seinen Hunden.«

Darauf war nicht viel zu erwidern. Neuerungen haben es immer erst nötig gehabt, sich durchzusetzen.

Mittlerweile — es war Mitte November geworden, und die Fenster des Schlößchens von Hubertville blickten in eine trübgraue Regenlandschaft hinaus — standen die ersten fertigen Hunde mit Führer und Gegenführer »zum Einsatz heran«. Nun mußte es sich zeigen, ob sie halten würden, war wir versprochen, ob unsere Arbeit die erwarteten Früchte trug.

Aber wir waren voller Zuversicht.

In Begleitung erfahrener Unteroffiziere aus den Reihen meiner Stamm-Abrichter schickte ich zehn Wochen nach Gründung der Schule die ersten Männer und Hunde zu ihren Regimentern zurück, und während die Abrichter nach kurzer Erklärung des richtigen Einsatzes bei den Kompaniechefs nach Hubertville zurückkehrten, begannen die Hunde ihre Arbeit an der Front.

Und nun geschah wirklich das, was wir erwartet und worauf wir uns mit unseren Nachschubmaßnahmen eingerichtet hatten: der allgemeine Erfolg dieser ersten Einsätze unserer Meldehunde im Frontbereich der Armee-Abteilung A zwischen Metz und den Vogesen war so, daß die Nachforderungen der Truppe rapide anstiegen. Unser Nachschubbedarf belief sich bald auf zweitausend Hunde im Monat.

Dem aber ging etwas Wichtiges voraus: eine Zusammenkunft von achtundvierzig sachverständigen Offizieren in Rocroy bei Sedan. Dort wurde nach dreitägiger Debatte und nachdem wir vorgetragen, was wir bereits aufgebaut hatten, einstimmig beschlossen, dem Generalquartiermeister unser System als die richtige Lösung zu empfehlen. Die Oberste Heeresleitung verfügte daraufhin die Aufstellung einer Meldehundstaffel von 150 Mann unter Führung eines Hauptmanns oder Majors für den Bereich jeder Armee. Und wir — Hubertville — wurden Zentrale des Meldehundwesens des deutschen Heeres.

Um diese Zeit besuchte uns der Chef des Generalstabs unserer Armee, der nunmehrige General Weidner. Er besah alles, fragte eingehend und kritisch, sprach wenig. Aber der Bericht, den er dem Oberbefehlshaber gab, schien günstig; denn kurz darauf erschien Exzellenz d'Elsa persönlich zur Besichtigung, und die offenbar interessierten und freundlichen

Worte, die er nach seiner Rückkehr ins Stabsquartier im Offizierskasino für unsere Arbeit fand, zeitigten eine doppelte Wirkung: Wir waren plötzlich interessant. Wo man mich gestern noch mit Hallo und Gebell empfangen hatte, in den Vorzimmern und Adjutanturen, herrschte eine mit recht schmeichelhafter Achtung gemischte Zuvorkommenheit: »Erzählen Se doch mal, Mueller, wie Se das machen mit Ihrn Hunden. Tolle Sache, tolle Sache! — Können wir was tun für Sie...? OB war ja ganz begeistert...«

Bergehoch stieg nun unsere Arbeit an: Ausarbeitung der Dienstvorschriften für die Meldehund-Staffeln, Personalwirtschaft und Kommandierungen, Ausbau und Fortsetzung der Arbeit an den Hunden, Auswertung der Fronterfahrungen für die Ausbildung, Nachschub-Propaganda in der Heimat durch die Zucht- und Gebrauchshund-Vereine, deren Arbeit sich hervorragend bewährte, Unterstützung dieser Arbeit durch Filmvorträge — dies wurde ein großer Erfolg! — und Werbevorführungen von Meldehunden »unter kriegsmäßigen Bedingungen« auf deutschen Rennbahnen wie Grunewald oder Daglfing.

Draußen aber — und ich erlaubte niemand in meinem Bereich, das zu vergessen — kämpfte indessen in verschlammten Gräben, in der Mondlandschaft der Trichterfelder, in verstümmelten Wäldern und um verbrannte, zermahlene Dörfer, die Front. Ihr zu dienen, ihre Last zu verringern, ihren Forderungen, wo immer möglich, nachzukommen, ihr das Beste, das Brauchbarste zu liefern, blieb unser erstes Anliegen.

Und es gab Berichte, die uns mit Stolz auf unsere Hunde und tiefer Befriedigung erfüllen durften! Das Regt. 67, das vor Verdun an einem einzigen Tage über sechzig Mann auf Meldegängen verloren hatte, meldete nach drei Wochen Meldehund-Einsatz den Verlust von drei Hunden, aber keines einzigen Meldegängers.

Der berühmte »Flandernhund« der Meldestaffel 4 der IV. Armee, ein mächtiger schwarzer Schäferhund-Rüde, legte an einem Tage neunzig Kilometer im Trommelfeuer der

Flandernschlacht zurück. Fünfzehnmal pendelte er zwischen der vordersten Linie, durch den Höllenlärm der berstenden Granaten und die Wälder der splitterdurchsetzten Erdfontänen zum Kampftruppenkommandeur, bei dem in der Telefonzentrale sein Führer wartete, und wieder zurück zum Gegenführer nach vorn. Das war beim Marinekorps des »alten Schröder«, des Löwen von Flandern.

Läßt sich ermessen, wie vielen Kindern er den Vater, wie vielen Frauen er den Mann, welchen Müttern er den Sohn erhielt, wenn er losjagte, die Meldekapsel am Halse, ein schwarzer Schatten, zu schnell für die Kugel des Schützen, einzig erfüllt von dem Drang, seinen zweiten Herrn auf schnellstem Wege zu erreichen?!

Oder jene kleine, schwarze, quicklebendige Schäferhündin »Wanda«, die, wie manche Hündin überhaupt, erst in der Schlacht ihr volles Feuer und Temperament entwickelte, und bei der man immer aufpassen mußte, daß sie nicht losrannte, um vor dem Graben niedergehende Leuchtkugeln zu apportieren!

Als bei Douaumont ein ganzes Bataillon vom Gegner eingeschlossen und »hinten« schon aufgegeben war, brachte »Wanda« durch die Vorhänge aus Feuer, Eisen und Dreck noch eine Meldung nach hinten, und das Bataillon wurde entsetzt.

Oder aber der Dobermannpinscher »Hans No. 9«, ein leidenschaftlicher Meldegänger, der einmal in schwerstem Feuer loslief und nach kurzer Zeit umkehrte und in den Graben zurückkam, weil der Hagel schwerster Kaliber in der kurzen Spanne seit seinem letzten Meldelauf die »Landschaft« derartig verändert hatte, daß er sich nicht mehr auskannte und seinen Meldeweg nicht mehr fand. Als nach dem Schweigen der Batterien der Gegenführer den »neuen« Meldeweg mit ihm abging, lief »Hans No. 9« zuverlässig wie zuvor.

Uns in Hubertville stellten derartige Vorfälle, besonders aber die Tatsache, daß unsere Gegenführer an Patrouillengängen teilnahmen, und, während ihr Hund nach hinten meldete, ihren Standort wechselten, vor neue Erwägungen und Aufgaben.

Was sollte der Hund tun, wenn er, zurückkehrend, seinen Gegenführer nicht vorfand? Die Fährte aufnehmen natürlich. Aber was, wenn die Fährte durch Artilleriefeuer unterbrochen und verwischt worden war?

Es kostete uns einiges Kopfzerbrechen, ehe wir die »Heringslaken-Spur« erfanden. Der Gegenführer bekam ein mit scharfduftender Heringslake getränktes Verbandspäckchen unter einen Fuß gebunden und hinterließ nun eine Duftspur, die unverwechselbar war und dem Hunde selbst im umgepflügten Schlachtgelände erlaubte, den neuen Standort seines Gegenführers auszumachen.

Praktisch hieß das, daß wir unsere Ausbildung auf kombinierte Ortssinn- und Fährtenarbeit umstellen mußten.

Aber nach Versuchen im Abschnitt Moussey-Vogesen liefen unsere Hunde bald auch nach diesem Verfahren mit alter Zuverlässigkeit.

Mancher fiel, und seine Freunde im Graben, die ausgemergelten, zerschlissenen Grabenkämpfer von 1917, die nun längst den Wert ihrer schnellen Melder kannten und ihre Hunde liebten und verwöhnten, bereiteten ihm, wenn sie ihn fanden, ein ehrenvolles Begräbnis.

Immer wieder erreichten uns solche Berichte, und wir gaben sie weiter an die Heimat, an den früheren Besitzer, wie denn überhaupt Berichte über das Ergehen der vierbeinigen Kämpfer einen erheblichen Teil unserer Korrespondenz ausmachten. Denn so ist der Mensch: Blieb die Nachricht von Sohn oder Bruder aus, so warteten sie zu Hause, in Sorgen sicherlich, aber geduldig, bis er sich wieder meldete, aus der Front, aus der Ruhestellung, aus dem Lazarett, oder bis seine Einheit Nachricht gab, daß er verwundet sei, gefallen oder vermißt. Hörten sie aber eine Zeitlang nichts von ihren Hunden, so setzten sie sich hin und schrieben einen Brief, nicht etwa an uns, sondern in mehr als einem Falle gleich an die Kaiserliche Kanzlei, um sich nach dem Ergehen ihres vierbeinigen Lieblings zu erkundigen, und dann gelangten diese Rückfragen, mit unsichtbaren Ausrufungszeichen versehen, an uns, und wir hatten unsere liebe Mühe, festzustellen, wo sich »Alex« oder »Drina« eben befanden.

Meist aber sorgten die Hundeführer selbst dafür, daß die »Herrchen« ihrer braven Gefährten laufend über das Ergehen ihrer Hunde unterrichtet wurden; ja, es soll vorgekommen sein, daß einzelnen Hunden neue Abenteuer eigens angedichtet wurden, wenn der Strom der Liebesgabenpäckchen an Dichte zu wünschen übrigließ.

Oft wurden wir gefragt, wie sich Hunde verhielten, die beim Meldelauf verwundet wurden, und ob sie nicht etwa in blinder Angst irgendwohin rannten und damit Meldungen ausfielen oder in fremde Hand gerieten.

Dann mußten wir beruhigen, und wir konnten es mit gutem Gewissen tun; denn die Erfahrung hatte gezeigt, daß der verwundete Hund nur n o c h schneller seinem Herrn zustrebte als dem Ort, wo die Vereinsamung aufhörte, wo dem »Meute-Instinkt« Befriedigung ward, wo man sicher war, weil dort die Überlegenheit des »Leithundes« — des Herrn — einen empfing.

Gelegentlich allerdings wurden Hunde »platzscheu«, weil sie, unterwegs verwundet, die Erfahrung gemacht hatten, daß der Meldeweg »wehtat«. Aber Versuche, die wir alsbald mit solchen Hunden auf anderen Strecken anstellten, zeigten, daß sie die schmerzhafte Erfahrung nur mit d i e s e m einen Meldeweg verknüpften. D i e s e n Weg verweigerten sie, auf allen anderen, also etwa schon im Nachbarabschnitt und unter gleich schweren und gefährlichen Bedingungen, liefen sie zuverlässig wie je.

Oder es gab Kompromiß-Fälle, in denen Hunde nur den unmittelbaren Ort der schmerzhaften Erfahrung mieden und die Stelle, an der sie verwundet worden waren, künftig im Bogen umgingen.

Endlich gab es die feuerscheu gewordenen Hunde, bei denen bittere Erlebnisse im Meldegelände die in der Ausbildung geschaffene Erfahrung »Knall tut nicht weh« so gründlich überdeckt oder durch das Gegenteil ersetzt hatten, daß sie nicht mehr melden wollten. Diese Braven zogen wir aus der Front; sie kamen als Wachhunde zu Depots rückwärtiger Stellen.

Die Mehrzahl aber blieb feuerfest und lief bei Tag oder Nacht, wann immer die Front es verlangte, half dem Grabensoldaten in seinem schweren Kampfe oder zog nachts mit dem einsamen Trichterposten ins Gelände vor der Stellung.

Da saßen sie dann oder kauerten in der feindselig schweigenden Finsternis, hinter deren trügerischer Stille jäher Überfall, Gefangennahme und Tod sich verbargen, und der einsame Mann, der mit angespannten Sinnen ins Dunkel hinausstarrte und -lauschte, fühlte die freundliche Wärme, die zu ihm herüberströmte, wenn sich sein Begleiter nach Hundeart eng an sein Knie lehnte, den Trost, der von diesem Lebendigen an seiner Seite ausging, und das Mehr an Sicherheit, das die schärferen Sinne des Hundes ihm bescherten.

21 KAISERBESUCH IN HUBERTVILLE

Längst schrieben wir 1917 — mehr als tausend Hunde waren bereits durch unsere Hände gegangen und taten nun schon seit Monaten Dienst an der Front — als plötzlich ein Kurier nach Hubertville gebraust kam: »Befehl für Leutnant Mueller: Sofort bei der Armee melden.«

O weh! dachte ich, was ist da wieder los? — denn wann hätte man je hundertprozentig sicher sein dürfen, daß im eigenen Bereich alles stimmt und, wie es soll, am Schnürchen läuft?!

Mit etwas gemischten Gefühlen warf ich mich in den Meldeanzug und fuhr hinüber.

»Mensch, Mueller«, empfing mich der Adjutant, »haben Sie schon gehört? Der Kaiser kommt zu Ihnen.«

Der Kaiser!? Ich holte tief Luft. Der Kaiser — das w a r ja gar nichts Schlimmes, das war ja — Donnerwetter, das war d i e Anerkennung für die Hunde!

»Majestät ist bei der V. Armee«, hörte ich ihn sagen, während ich schon fieberhaft nachdachte, was nun zu tun sein würde, »Majestät wünscht übermorgen die KHuS zu besichtigen. Dienstbetrieb wie immer. Aber 'n bißchen was Besonderes müssen Se doch wohl machen.«

»Klar«, sagte ich, »haben Sie einen Wagen für mich?«

Eine Viertelstunde später brauste der Wagen des Armee-Oberbefehlshabers mit mir als einzigem Fahrgast nach Hubertville zurück, und während wir den Nachschub, der frontwärts rollte, bespannte Batterien, Lastwagen, Train und marschierende Truppen passierten, entwarf ich den Schlachtplan für den Großen Tag der Hunde.

Hubertville verwandelte sich in ein Bienenhaus. Ich holte meine Stamm-Abrichter zusammen. Punkt für Punkt setzten wir den Besichtigungsplan auf. Was würde am interessantesten sein für Seine Majestät? Was war »weniger wichtig«? Natürlich war alles wichtig, aber worauf es ankam, war, alle Phasen der Abrichtearbeit so aufzuteilen, daß Seine Majestät einen zwanglosen Überblick bekam. »Dienstbetrieb wie immer«, lautete die Weisung. Das würden wir machen. Aber besichtigungsmäßig aufgeteilt. Klar? Verstanden? Jawoll. — Und dann mußte Musik her. Schließlich kam der Kaiser nicht jeden Tag, nicht wahr! Also Musik ...

Die Kapelle der Schlettstädter Jäger erklärte sich bereit. Selbstverständlich. Wenn Seine Majestät kommt ...

»Und sagen Sie Ihrem Musikmeister, er soll den ›Fürstengruß‹ einstudieren. Jawohl. Richtig, das alte Jagdsignal ...«

Alles lief auf hohen Touren.

Und dann kam der große Tag. Weiße Wolken, blauer Himmel, strahlende Sonne. Kaiserwetter. Die ganze KHuS blinkte und blitzte. Der Betrieb auf der großen Ausbildungswiese lief wie geölt. Die Waffen mit Platzpatronen, die Kanonenschläge und Minen für die Demonstration, wie man die Hunde schußfest macht, lagen bereit oder waren im Gelände vergraben, der Draht, an dem die Hunde den kürzesten Weg laufen lernten, war gespannt, die Männer mit den Wurfketten im Gebüsch längs des Meldeweges versteckt. Es konnte losgehen.

Und dann rollte der große, offene Wagen vor das Schlößchen. Seine Majestät stieg aus, ernst, schmal, das Gesicht von Anstrengung und Sorge gezeichnet. Ich meldete. Die Kapelle setzte ein. Hell, funkelnd und blitzend wie das Blech der Instrumente schmetterte der alte, jagdübliche »Fürstengruß«, brach sich an den Wänden der Gebäude und stieg empor in die sonnige Luft. Und die Hunde sangen mit...

Majestät war bester Laune, ließ sich eingehend über unsere Gedanken und Pläne berichten und sah sich unsere Einrichtungen voller Interesse an. Wohin er kam, überall herrschte wieseleifriger Betrieb, in den Stallungen, an den Pfählen, wo Putzdienst gemacht wurde, auf der Übungswiese, wo nun der Ausbildungsbetrieb ernsthaft und sachlich, doch mit fühlbarer Unruhe abrollte.

»Womit schmeißen denn die Kerls nach den Hunden?« fragte er, als wir das Laufen am Draht vorführten.

»Mit Wurfketten, Majestät.«

»Warum denn?«

»Damit die Hunde lernen, so schnell wie möglich, ohne jeden Aufenthalt, vom Führer zum Gegenführer zu laufen, Majestät.«

»So eine Gemeinheit. Die armen Hunde, das tut ihnen doch weh.«

»Jawohl, Majestät. Das m u ß ihnen wehtun, damit sie absolut zuverlässig auf schnellstem Wege melden, ebenso zuverlässig wie ein Meldegänger. Die Hunde sollen ja die Meldegänger ersetzen und uns Verluste an Verwundeten und Toten ersparen.«

Er nickte nachdenklich. »Das leuchtet ein. Das Tier muß einen kleinen Schmerz erleiden, damit den Menschen ein großer erspart bleibt. Ich bin froh über jeden Mann, der uns durch die Hunde erhalten wird.«

Wir gingen weiter. Des Kaisers Laune hellte sich bald wieder auf, und er fand einfache, freundliche Worte für diesen oder jenen der Abrichter, den er ansprach.

Die Besichtigung näherte sich ihrem Höhepunkt, dem Meldelauf der Hunde »unter kriegsmäßigen Bedingungen«. Der Kaiser, dem die eifrige Arbeit unserer Vierbeiner sichtlich Spaß machte, wandte sich an seinen Generaladjutanten, Exzellenz v. Plessen, der als Chef des Reitenden Feldjägerkorps zugleich mein Chef war. »Na, Plessen«, sagte er, »das ist wohl etwas für Sie hier.«

»Jawohl, Majestät«, erwiderte Plessen schmunzelnd, »das ist aber auch einer von meinen.«

Der Kaiser lachte und blickte zwischen Exzellenz v. Plessen und mir hin und her.

»Richtig, der Mueller ist ja Feldjäger.«

In diesem Augenblick geschah das Unglück.

Irgend etwas an der Zündung der verborgenen Kanonenschläge funktionierte nicht, ein allzu eifriger Mann sprang hinzu, um den Fehler zu beheben, der Kanonenschlag ging hoch, und mit zerschmetterter Hand rollte der arme Kerl in den Graben.

Abtransport ins Lazarett nach Anlegen eines Notverbandes, erklärende Worte an den Hohen Gast, — es ging alles blitzschnell.

»Was ist der Mann von Beruf?« wollte der Kaiser wissen.

»Waldarbeiter, Majestät.«

»Berichten Sie mir über Plessen, wie es dem Armen geht.«

»Jawohl, Majestät.«

Es half nichts; der Schatten war gefallen. Wir gaben uns alle erdenkliche Mühe mit dem weiteren Verlauf der Veranstaltung, aber immer wieder kam der Kaiser auf den Verunglückten zurück.

»Sagen Sie«, fragte er endlich, »können Ihre Hunde eigentlich auch Parademarsch?«

Und ob sie konnten! Dieser Parademarsch rettete zuletzt den Tag.

Die Musik marschierte auf, schwenkte ein, intonierte.

Und meine Abrichter und Soldaten, obwohl bedenklichen Gesichts, entsannen sich plötzlich der Künste ihrer Rekrutenzeit. In breiter Front, die vor Aufregung bellenden, jaulenden und singenden Hunde zwischen sich, kamen sie herandefiliert, krampfhaft Richtung haltend, die Blicke fest auf den Kaiser geheftet, Glied nach Glied; — es war ein köstliches Schauspiel, und der Kaiser lachte Tränen.

Kurz darauf verabschiedete er sich. Was er gesehen, hatte ihn »stark interessiert« und »sehr beeindruckt«, »besonders Ihr Parademarsch der Hunde, nicht wahr, Plessen? — Es tut so gut, einmal wieder richtig herzhaft zu lachen.« Und dann noch einmal, als er schon im Wagen saß:

»Ich möchte Bericht haben über den verletzten Mann. Bitte Plessen, notieren Sie das.«

Der Wagen zog an. Ich stand, die Hand am Helm, und blickte ihm nach in einer Mischung aus Stolz und Erleichterung. Gottlob, das war geschafft!

Eines aber hatte ich nicht vorausgesehen: der Kaiserbesuch in der Kriegs-Hundeschule sprach sich wie ein Lauffeuer herum, und die Besuchswelle höherer und hoher Offiziere, die irgendwie in die Nähe von Hubertville kamen, stieg derart an, daß sie die Regelmäßigkeit unseres Ausbildungsbetriebes ernsthaft gefährdete und wir die Besichtigungszeiten durch Armeebefehl auf freitags zwischen 16 und 19 Uhr beschränken mußten. —

Wenige Tage nach dem Besuch des Kaisers kam die erste Rückfrage des Hofmarschallamts: Seine Majestät hätten nach einem Verwundeten bei der KHuS gefragt. Warum noch kein Bericht eingegangen sei.

Fast gleichzeitig eine Anfrage des Sanitätschefs. Warum und so weiter. Wir antworteten. Wir berichteten in der Folgezeit nach einer nochmaligen Mahnung routinemäßig, und als unser Verletzter, dem leider die Hand hatte abgenommen werden müssen, genesen war, sorgte der Kaiser dafür, daß er als Waldhüter im Forst von Rominten eingesetzt wurde.

Monate vergingen, Monate, in denen immer neue Transporte von Hunden aus der Heimat durch unsere Hände gingen, ausgebildet und mit den auf sie eingearbeiteten Frontführern nach vorn geschickt wurden. Es war eine arbeitsreiche Zeit, die Schule lief wie eine gut geölte Maschine, und seit wir in Koblenz eine Nachschubstelle für Geräte eingerichtet hatten, klappte auch diese Seite unseres Betriebes zur Zufriedenheit.

Im Herbst 1917 mußte ich nach Berlin, befohlen zur Meldung bei Generalfeldmarschall v. Hindenburg.

Ich fand die Heimat verändert. Die Folgen der Hungerblockade zeichneten ihre Spuren in jedes Gesicht. Der Herbsthimmel über Berlin war trübe, die Gesichter der Menschen müde, fahl, hohl. Überall hockte, hinter mühsam aufrechterhaltener Fassung, die Not. Man fühlte: es stand nicht sehr gut um uns.

Zur befohlenen Stunde betrat ich klopfenden Herzens das Gebäude des Großen Generalstabes. Hier herrschte Stille, eine kühle und lautlose Emsigkeit, die durch die vielen geschlossenen Türen mit ihren Beschilderungen auf die langen Gänge herauszustrahlen schien.

Ich wurde durch ein Vorzimmer geschleust, betrat das Allerheiligste, ahnte noch, wie sich eine Tür hinter mir schloß, schnurrte meine Meldung herunter: »Leutnant und Feldjäger Mueller, Kriegs-Hundeschule...«

Der Generalfeldmarschall erhob sich hinter seinem Schreibtisch, eine gewaltige Gestalt, großer, forschender Blick, eisgraues aufrechtes Haar. Machtvolle Ruhe ging von ihm aus.

»Ich habe von Ihren Hunden gehört«, sagte er, »Sie werden mir gleich davon berichten. Jetzt sagen Sie mir erst: Was waren Sie, ehe Sie Feldjäger wurden?«

»Gardejäger, Exzellenz.«

»Gardejäger? — Mit denen lag ich 70/71 vor Paris.« Er schmunzelte leicht. »Da ritt ich immer abends 'rüber und spielte Skat mit dem K-Chef der 3. Kompanie...«

Dann, nach kurzem Sinnen: »Ja, die Jägerbataillone ...«
Endlich: »Sagen Sie mal, — sind Sie verwandt mit dem Oberforstmeister Mueller in Königsberg? Mit dem war ich als junger Mann befreundet.«
»Das war mein Großvater, Exzellenz.«
»Was macht denn der Hans?«
»Das ist mein Vater.«
»Grüßen Sie ihn sehr herzlich von mir, und wenn er mich trifft und sagt Exzellenz zu mir, dann hau' ich ihm eine ins Genick.« Er lachte, sah mich forschend an und sagte: »Also der Hans! Und Sie sind sein Sohn. — Na, dann erzählen Sie mir mal von Ihren Hunden.«

Während ich eingehend über die Entstehung der KHuS und den Einsatz der Hunde berichtete, saß er ruhig, aufmerksam und selten unterbrechend hinter seinem Schreibtisch. Warf er etwas ein, so geschah es auf eine väterlich-freundliche und deutlich interessierte Weise, die zum Weitersprechen ermutigte und jede Befangenheit wegnahm.

Ehe ich mich's versah, waren zwanzig Minuten vergangen, und der große, alte Mann brach nicht etwa die Unterredung ab, sondern sagte mit einer Art Grollen zur Uhr hin: »Sehen Sie, mein Lieber, so geht das nun, wenn man hier oben sitzt: Draußen steht schon wieder einer und wartet.« Damit erhob er sich, kam um den Schreibtisch herum und legte mir in väterlicher Geste die Hand auf die Schulter. »Grüßen Sie Ihre Hunde. Und Ihre Soldaten. Sie machen da etwas sehr Gutes. Es hat mich gefreut, einmal Genaues darüber zu erfahren. Man kommt sich so leicht dumm vor, wenn man über etwas nicht genau Bescheid weiß, nicht wahr?« Er reichte mir die Hand, nickte mir zu und erinnerte lachend:

»Vergessen Sie nicht, was Sie Ihrem Vater ausrichten sollen.«
»Nein, Exzellenz. Gehorsamsten Dank.« Ich war entlassen. —

Vor der großen Frühjahrsoffensive von 1918 erreichte mich der Befehl zur Meldung bei dem andern Teil des großen Zwiegestirns, beim Generalquartiermeister, General Ludendorff.

Die Sonne schien, der offene Wagen preschte über die zerfahrenen Landstraßen dahin. Das Land atmete unter dem ersten Frühlingshauch; es war so recht ein Tag, um für ein paar Stunden die drückenden Sorgen der immer schwierigeren Kriegslage zu vergessen. Ich ließ mich ein wenig treiben, aber im Hintergrunde beschäftigte mich doch unablässig die Frage: Was kann Ludendorff von dir wollen? — Klar: die Hunde. Aber in welchem Zusammenhang? —

Der General ließ mich nicht lange im unklaren. Er saß in dem dreifenstrigen Raum links an einem großen Schreibtisch.

Völlig unvermittelt, sofort dem Kern der Sache zustrebend, kam seine erste Frage: »So, nun erzählen Sie mir mal, wie denken Sie sich den Einsatz von Meldehunden bei einer Offensive, einem Vormarsch. Ist es möglich, die Hunde, die sich im Stellungskrieg ja vorzüglich bewährt haben, auch im Bewegungskrieg mit Erfolg einzusetzen?«

Ich bejahte ohne Besinnen.

»Es sind da doch«, fuhr er fort, »bei den Jägerbataillonen schon um 1900 Versuche mit Meldehunden gemacht worden. Und bei den Feindarmeen wohl auch. Wissen Sie darüber Bescheid?«

Ich wußte es. Die Hunde beim Gegner, soweit er sie überhaupt benutzte, hatten nur e i n e n Führer; sie meldeten nur in e i n e r Richtung, nicht wie bei uns in beiden.

Ludendorff ließ sich über den Einsatz der Hunde im Bewegungskrieg eingehend Vortrag halten. Er hörte schweigend und aufmerksam zu; seine Art, gelegentlich Zwischenfragen zu stellen, die wie mit Messerschnitten ein Teilproblem herausschälten, wirkte wunderbar belebend. Das Wesentlichste war, daß er nicht einen Augenblick lang einschüchterte, sondern es verstand, alles Wissen zu mobilisieren und herauszuholen. Ich fühlte, wie mir heiß wurde und ich in Eifer geriet, wie die Klarheit der Fragen die Klarheit der Antworten förmlich erzwang.

Ehe ich mich's versah, hatte ich länger als eine Stunde über Ausbildung der Hunde, Nachschub und Leistung berichtet.

»Wie verhält sich der verwundete Hund?« fragte Ludendorff endlich.

»Der Schmerz läßt ihn, soweit seine Kraft noch reicht, eiligst zu seinem Führer streben, um Schutz zu suchen.«

»Was tun Sie, wenn, wie Sie berichteten, ein Hund sein Gelände nach einem Feuerüberfall nicht mehr wiedererkennt?«

»Wir stellen den Hund neu ein.«

»Wie machen Sie das?«

»Wir lassen ihn die Strecke mit Führer gehen, damit er sie in ihrem neuen Aussehen kennenlernt.«

»Und dann laufen die Hunde wieder zuverlässig?«

»Jawohl.«

Er stand auf. »Was mich besonders beeindruckt hat«, sagte er, »sind die Verluste, die durch den Einsatz Ihrer Hunde vermieden worden sind. Eine dankbare Aufgabe haben Sie, Mueller.«

Er reichte mir die Hand. »Auf Wiedersehen.«

»Auf Wiedersehen, Exzellenz.«

Die Tür schloß sich hinter mir. Nachdenklich fuhr ich nach Hubertville zurück. Eines war klar: Eine neue Offensive stand bevor. Nicht umsonst hatte der allmächtige Generalquartiermeister nach der Verwendbarkeit der Meldehunde im Bewegungskrieg gefragt. Aber würden wir noch imstande sein, eine solche Offensive zum Erfolg zu führen? — Wenig später wurde ich zum Studium des Ziehhundwesens in der österreichischen Armee nach Levico und Trient an die Alpenfront kommandiert.

In Bozen fiel ich unter die Kaiserjäger, die nach neun Monaten Kampf in der Alpenstellung zum ersten Male in Ruhe kamen. Sie entdeckten meine Jägeruniform, und es gab ein ungeheures Fest im Batzenhäusl und im Ratskeller, bei dem Rot- und Weißwein tablettweise durcheinandergetrunken wurden. Nach achtundfünfzig ehrlich getrunkenen Bruderschaften blieb ich schließlich auf der Strecke und fuhr, als ich anderntags wieder zu mir kam, schleunigst fort, da für den Abend bereits ein weiteres Fest geplant war, bei dem weitere wenigstens zweiundvierzig Bruderschaften meiner harrten, und ich mich dieser sprunghaften Vergrößerung meiner Brüderschar nicht gewachsen fühlte.

Droben, in den Felsenfestungen der Alpen, hatte der Krieg sein besonderes, grimmig-hartes Gesicht. Die Unterhaltungen mit den Regimentskommandeuren und der Augenschein überzeugten mich bald davon, wie brauchbar Ziehhunde unter besonderen Verhältnissen, besonders im Schnee, sein konnten. Der Besuch eines kombinierten Ski- und Ziehhunde-Lehrgangs auf einer Hütte in den Hohen Tauern bestärkte mich in dieser Ansicht, und so gliederten wir nach meiner Rückkehr der Schule in Hubertville eine Ziehhundabteilung an, für die wir im Depot in Koblenz ein besonderes Gerät entwickelten, einen Wagen, der durch einen Handgriff in ein Kufenfahrzeug, einen Schlitten, verwandelt werden konnte.

Unsere Ziehhunde, die im Dreigespann nebeneinander gingen, ein Hund in der Schere, zwei daneben wie in der russischen Troika, kamen schon nach kurzer Zeit beim Transport von Munition und Maschinengewehren in Nordfrankreich und Belgien, im Elsaß und beim Alpenkorps in Italien zum Einsatz. Zu jedem dieser Gespanne, die Lasten bis zu fünf Zentnern bewegten, gehörte ein Führer. Wieder halfen die Hunde, indem sie Arbeiten übernahmen, die bisher von Männern verrichtet werden mußten. —

Ich möchte dieses Kapitel nicht abschließen, ohne in Dankbarkeit derer zu gedenken, die in der Front, im Nachschub, in den Gebrauchshundevereinen, Hundeschulen und wo sonst immer mitgeholfen haben, unsere Kriegshunde auszubilden und zahllosen Soldaten dadurch das Leben zu erhalten.

22 WIEDERSEHEN MIT SCHUENHAGEN

Die Ereignisse des November 1918 überraschten mich in Berlin. Jede Verbindung mit Hubertville war augenblicklich unterbrochen. Selbst der Nachrichtenchef, zu dem ich zur Berichterstattung befohlen war, stand den Tatsachen machtlos gegenüber. Der Waffenstillstand, die Abdankung des Kaisers, meuternde Soldateska, rote Fahnen, Schüsse, Proklamationen, Umzüge sprachen eine eindeutige Sprache.

Wir saßen in unserer Berliner Nachschubstelle in der Suarezstraße, Ecke Kaiserallee, im IV. Stock, hatten die Türen verrammelt und uns nach bester Möglichkeit verschanzt. Auf allen Fensterbänken lagen Stiel- und Eierhandgranaten zum Wurfe bereit; der Feind konnte kommen. Aber er kam nicht. Niemand kam. Die Revolution kümmerte sich nicht um uns. Der Zusammenbruch war da, unaufhaltsam ...

Erst sehr viel später erfuhr ich von meinen alten Männern, die sich nach und nach zur Berichterstattung einfanden, was sich in jenen Tagen in Hubertville abgespielt hatte, wie die Schule der Auflösung verfiel, wie fast alle Hunde gestohlen und daß das Depot in Koblenz mit den dort lagernden 1500 Gespannen vom Pöbel geplündert wurde. Das also war das Ende gewesen. Ich selbst war, als ich dies alles erfuhr, schon wieder in Schuenhagen, nachdem ich, noch im November 18, noch in Uniform, aber mit Lodenhut und Lodenmantel herumlaufend, mein Forstassessorexamen abgelegt hatte.

Altes, geliebtes Schuenhagen! Wie wohl tat der Verbitterung der Empfang in der Heimat, wie wohl taten ihr die Wälder mit ihrer schweigsamen Größe, die Saujagden und einsamen Pirschen! Was auch geschehen war: hier war eines geblieben: das Zuhause.

Cato war noch da; er war alt geworden, eisgrau und ein wenig steifbeinig, aber er geriet außer sich vor Freude, als er mich erblickte und wich mir in den folgenden Tagen nicht von der Seite. Immer ruhte sein Blick auf mir, tief, still und aufmerksam; ich konnte keine Bewegung tun, die er nicht verfolgte, keinen Schritt, den er nicht begleitete. —

Vater schien mir wenig verändert. Unter dem grauen Haar hatten sich die Augen ihr blauen Blitzen bewahrt, aber Zorn und Trauer über die Demütigung und Zerstückelung des Reiches nagten scharf an ihm und machten ihn aufbrausend und jäh zufahrend. Trotz seiner mehr als sechzig Jahre war er noch Soldat gewesen und hatte alle Hebel in Bewegung gesetzt, um ein Frontkommando zu erhalten, und sich, als ihm dies mißglückte, in seiner Stellung als Etappenkommandeur so zuschanden gearbeitet und auf weiten Ritten erschöpft, daß er schließlich im Lazarett gelandet und von dort nach Schuenhagen entlassen worden war, wo er, kaum gesundet, die Zügel des Forstamts wieder fest in die Hände nahm.

Das kam uns jetzt zugute. Der Ruf unnachsichtiger Strenge, der ihm vorausging, bewirkte, daß sich jedermann hütete, die Schuenhagener Rechte zu schmälern.

In Mecklenburg hatten marodierende Spartakisten gesengt, gemordet und geplündert. Vater berief deshalb die benachbarten Gutsbesitzer zu einer Versammlung nach Schuenhagen und gründete ein Widerstandszentrum mit Nachrichtendienst, Verpflegungslager und Waffen: Es war an alles gedacht.

Da kamen denn die Nachbarn, ausgerüstet nach Vaters Aufruf, vierspännig mit Waffen und Essen und Trinken auf den Hof gerumpelt; denn niemand wollte hungern, und es hub ein großes Ratschlagen und Pläneschmieden an, wie man die Güter am besten gemeinsam schützte.

Unsere Mutter, so froh sie war, »ihre Männer« wieder beisammen zu haben, und so sehr ihre Natur zum Ausgleich aller Gegensätze, zu Freundlichkeit und Friedsamkeit neigte, zeigte hier doch ihren preußischen Kern: »Wer seinen Besitz nicht verteidigt«, sagte sie, »ist nicht wert, daß er ihn behält. Einmal kann man nur sterben, und es ist besser zu kämpfen, als sich vom Pöbel ausplündern zu lassen.« So wurde das Forstamt zur Festung umgewandelt: an jedem Fenster standen zwei geladene Büchsen griffbereit, und unter den Dielen legten Hans-Wilhelm und ich heimlich ein Reserve-Waffenlager an für den Fall, daß Schuenhagen in unserer Abwesenheit angegriffen und geplündert werden sollte; denn wie schlimm auch alles kommen mochte — nichts konnte schlimmer sein, als waffenlos dazustehen. So warteten wir, nachdem alles organisiert war, und verfolgten aufmerksam die Zeitungsmeldungen über den Verlauf der Revolution. Wir begriffen nicht, wie all dies möglich war, und es erschütterte uns tief.

Der Novemberregen rieselte. Die großen Herbststürme fuhren über das Land. In den Städten loderte die Flamme des Aufruhrs. Zugereiste Spartakisten, rote Landarbeiter und beutelüsternes Volk, das immer, wie aus dem Erdboden hervorgezaubert, sich einfindet, wenn irgendwo eine alte Ordnung stürzt, terrorisierten das Land.

»Laß sie nur kommen«, sagte Vater. »Wenn die ersten drei liegen, verlieren die übrigen zweihundertsiebenundneunzig die Lust; niemand will der vierte sein«, und er sorgte dafür, daß in der ganzen Gegend in den Kneipen geflüstert wurde: »Wenn Schuenhagen angegriffen wird, gibt es Tote. Wo Spartakisten ein Gut anfassen, wird geschossen ...«

Das wirkte Wunder.

»Man muß nur wissen, was man will«, sagte Vater, »und die andern müssen wissen, daß es ernst gemeint ist. Das kühlt die Köpfe ab.« Er behielt recht.

Die Herbststürme verbrausten. Der Winter zog ins Land. Nichts geschah. Ein einziges Mal zogen Spartakisten in der Nähe Schuenhagens vorüber.

»Wollen wir da nicht mal hin?« fragte ein Ortsfremder.

»Nää — lewer nich«, wurde ihm geantwortet, »doar sitt de Forstmeister. De schütt ...«

Während der langen Wintermonate saßen Hans-Wilhelm und ich oft zusammen am Kamin, starrten schweigend in die zuckende Flamme und hingen unseren Gedanken nach. Wie verändert war die Welt! Und wie schwer war es, einen Sinn in das Geschehene zu bringen!

Oder wir kamen ans Erzählen: Weißt du noch...?! Und die Gestalten unserer Kindheit, unserer Jugend und des endlosen Krieges zogen an uns vorüber. Wo waren sie geblieben?! Fritz Balzer zum Beispiel? — So, er war jetzt Förster im Mecklenburgischen? Er hatte den Krieg mitgemacht, drei Jahre Westfront und nur einmal verwundet? So ein Dusel! — Oder Mamsell, die rasche, blonde. »Kannst du dich an Mamsell erinnern, von der Fritz Balzer immer ›Du — die!‹ sagte und sich so kennerisch die Lippen leckte?!«

Hans-Wilhelm wurde plötzlich ganz lebendig bei dieser Frage. »Und ob«, sagte er, »und ob!«

Es war deutlich, daß er ein aufsteigendes Lachen mit einem raschen Schluck hinunterspülte. »Was ist eigentlich aus ihr geworden? Lebt sie noch?«

»Ich weiß es nicht. Sie soll geheiratet haben. Im Kriege. Einen Verwundeten aus einem Genesungsheim hier herum. Einen Süddeutschen, soviel ich hörte.«

Wieder sah ich, wie ein Lächeln um seine Lippen zuckte.

»Ist etwas mit ihr?« fragte ich, plötzlich einen kleinen Argwohn im Herzen.

Er zögerte einen Augenblick, als wöge er das Gewicht der Antwort. »Ja«, sagte er endlich, »es war etwas mit ihr: sie war — wie soll ich es ausdrücken? — sie war mein — hm — mein erstes Erlebnis.«

Ich starrte ihn ungläubig an.

»Ja. Das hätt'ste nicht gedacht, was?« Er nickte.

»Die Mamsell?« fragte ich, noch immer ganz konsterniert. »Ja, wie ist das denn gekommen?«

»Mein Gott, wie so was kommt! Ich kam unangemeldet auf Urlaub. Die Eltern waren nicht da, niemand außer ihr und mir im Hause. Zudem hatte sie gerade gebadet und lief mit so 'ner behelfsmäßigen Löwenmähnenfrisur herum — also ich muß schon sagen: alle Achtung! — Zuerst machte sie mir das Abendbrot, prima, so mit Bratkartoffeln und allem, wie es sich gehört, und während ich aß, stand sie immer so um mich herum, dann auf der Seite, dann auf der — und hat so allerlei geschwatzt: ›Wie ist es denn in der großen Stadt, junger Herr? Sicher sind Sie inzwischen ein ganz Schlimmer. Sicher haben Sie da doch längst einen Schatz!‹ ›Na, ich gehe jetzt hinauf. Gute Nacht, junger Herr. Und wenn Sie noch etwas wünschen — Sie brauchen bloß Bescheid zu sagen.‹ Lacht und ist weg . . .

Damit saß ich plötzlich allein da bei meiner Flasche und hatte es die ganze Zeit im Ohr: ›Wenn Sie noch etwas wünschen . . .‹ Was hatte sie damit gemeint? Denn sie h a t t e doch was gemeint!

Schließlich ging ich hinauf, schön müde und langsam, und als ich oben an den Absatz kam, du weißt ja, die Nische, wo wir uns früher immer versteckt haben, und wo der Mamsell ihr Zimmer ist, da sah ich mit einmal Licht, so'n schmalen Streifen auf den Dielen. Nanu, dacht' ich: schläft denn die noch nicht?, blieb also stehen und hörte mit einmal ein Stöhnen, ganz schrecklich sag' ich dir, als ob mindestens jemand sterben wollte.

Ich also an die Tür. ›Ist etwas?‹ frage ich. Keine Antwort. Stille. Dann: ›Sind Sie es, junger Herr? Oh, mir ist so schlecht!‹

›Soll ich hineinkommen?‹

›Ja! Bitte!‹

Ich war noch nie in dem Zimmer gewesen; es war ja nur klein. Drüben, an der Wand, lag sie in ihrem Bett, verteufelt hübsch in dem Kerzenlicht, kann ich dir sagen. ›Fehlt Ihnen was?‹ sag' ich, ›sind Sie krank?‹

Stöhnen. ›Ich weiß es nicht. Mein Herz . . . mir ist so . . .‹

›Na, na‹, sag' ich, ›haben Sie das öfters!?‹

Kopfschütteln, huschendes Lächeln: ›Manchmal.‹

Scheußliche Situation, so'n hübsches Frauenzimmer vor dir im Bett — und dann krank! Und so ein mitleidiger Mensch wie ich! Und keine Ahnung von irgend was. Völlig unbeschrieben. Versetz' dich mal in meine Lage, bitte!«

»Kann ich nicht! Wär' mir nie passiert«, murmelte ich, weiter!«

»Ja, ich fragte sie also, ob ich etwas für sie tun könnte. ›Vielleicht ein paar Tabletten?‹

Wieder Kopfschütteln. ›Danke. Aber vielleicht setzen Sie sich einen Augenblick hierher — da, auf die Bettkante. Es tut mir schon gut, wenn nur jemand da ist.‹ Dabei rückt sie beiseite. ›Hier. Es ist Platz genug.‹

›Aber vielleicht brauchen Sie d o c h etwas!‹ sagte ich und setzte mich.

›Nein, nein, nein, wirklich nicht — es geht schon besser.‹

Schweigen. Ich hörte ihren Atem, sah das Kerzenlicht auf ihrem Gesicht, auf ihren bloßen Schultern. Ihre Augen waren halb geschlossen, aber sie sah mich immerfort an; mir wurde ganz merkwürdig dabei, und plötzlich nimmt sie meine Hand. ›Fühlen Sie bloß mal‹, sagt sie, ›wie unruhig mein Herz schlägt!‹ Und dann hatte sie plötzlich den Arm um meinen Nacken, und das Licht fiel um und war aus. Es war eine regelrechte Verführung.«

»Joseph und Potifar«, sagte ich, »wer hätte das gedacht!«

»Ja, nicht wahr?« Er lachte und trank. Na —, am andern Morgen: ›Junger Herr, Sie müssen jetzt gehn! Schau'n Sie nur, daß Sie keiner hört. Und — bringen Sie mir wieder Tabletten, heut' Abend?‹«

Er lachte wieder und hob sein Glas. »Auf i h r Wohl«, sagte er. »Ja, auf ihr Wohl!«

»Vielleicht hätte ich dir das gar nicht erzählen sollen, aber es ist so lange her — und das Ganze kam so zur rechten Zeit und war so zauberhaft —, du kannst es dir nicht vorstellen!«

»Nein«, sagte ich, »kann ich nicht — wer hätte das auch ahnen können! Solche Möglichkeiten in unserem preußischen Forsthaus!« »Ja, nicht?! Und dabei hatte ich immer gedacht, daß du was mit ihr hättest!« »Ich? — Bewahre...« —

Im Frühjahr 1919 war es Hans-Wilhelm, wie er sagte, »müde, Mosel zu trinken und auf die Spartakisten zu warten«. Die Nachricht über die Bildung der Marine-Brigade Löwenfeld in Kiel, eine Formation, die sich zunächst ausschließlich aus Offizieren, Fähnrichen, Seekadetten und Deckoffizieren zusammensetzte und sich in den Spartakuskämpfen im Reich wie in den Aufständen der polnischen Sokoln in Schlesien rühmlich bewährte, ließ ihm keine Ruhe. Er fuhr nach Kiel, trat der Brigade bei und wurde Löwenfelds Adjutant.

Ungefähr zur gleichen Zeit wurde ich als Revierassistent dem Forstamt Reinerz im Glatzer Bergland zugeteilt, wo ich vornehmlich mit sogenannten »Einrichtungsarbeiten« beschäftigt wurde, bis ich mit dem Fortgang meines Forstmeisters zum Revierverwalter aufrückte.

23 KREUZBURGERHÜTTE

Einrichtungsarbeiten — zum ersten Male stand ich vor dieser Aufgabe, die mir alsbald außerordentlich zusagte.

In jedem Forstamt wird von Zeit zu Zeit ein für zwanzig Jahre gültiger Wirtschaftsplan festgelegt; denn jeder Forstmann strebt danach, aus dem Walde eine »auf ewige Zeit gleichmäßige Rente« zu erzielen. Das aber ist nur durch eine lang vorausschauende Wirtschaftsplanung möglich. Der Wald ist keine Fabrik; man kann ihn nicht ausbeuten, ohne daß er sich rächt. Vorsichtig und behutsam will er behandelt sein, gehegt und gepflegt, und die »Einrichtungsarbeiten«, die die Holzwirtschaft in einem Forstamt für zwanzig Jahre festlegen, bezwecken, die Kontinuierlichkeit in der Behandlung eines Waldes unter dem wechselnden Temperament und den wechselnden Anschauungen einander ablösender Forstmänner zu wahren. Kurzlebiger als der Wald sind die Menschen, in deren Hand sein Wohlergehen, sein Werden und Vergehen gelegt sind, und so muß der Mensch immer wieder den Wald gegen den Menschen in Schutz nehmen.

Der mathematisch geschulte Verstand, das beste Hochschulwissen, alle Kenntnis der Literatur sind nichts, wenn die Ehrfurcht fehlt! Minuten genügen der Motorsäge, einen Riesen zu Fall zu bringen, der hundert und zweihundert Jahre brauchte, um zu seiner vollen Größe heranzuwachsen.

Wer einmal unter Bäumen stand, die schon ihre Blätter trieben, als Luther seine Thesen an die Schloßkirche zu Wittenberg nagelte, als Wallenstein zu Eger von Mörderhand fiel, als der Friede von Münster und Osnabrück das dreißigjährige Morden beendete und das Deutsche Reich zerriß, als die Burggrafen von Nürnberg des Heiligen Römischen Reiches Streusandbüchse zu Lehen nahmen, als der Zweite Friedrich, der Große, den Krieg der sieben Jahre schlug, als mit der Französischen Revolution ein neues Zeitalter heraufzog, als Napoleon nach Osten zog und geschlagen zurückkehrte und als Bismarck das Deutsche Reich neu schuf — wer einmal unter solchen Bäumen stand, ein Mensch, der nicht älter wird als siebzig, und wenn es hochkommt, achtzig Jahre — und hätte der Ehrfurcht nicht — der täte besser, er bliebe dem Walde für alle Zeiten fern.

Denn der Wald ist langsam, wie alles Große. Er hat Zeit, wie alles Große. Und er wird nur von wenigen verstanden, wie alles Große ... Früh schon, früher als andere, haben die deutschen Forstmänner begriffen, welche Verantwortung ihnen der Wald auferlegte, dessen Schicksal in ihre Hand gelegt war. Mag es sein, daß dereinst das ganze Volk in den Wäldern lebte und den Wald heilig hielt, mag es sein, daß der Sage nach seine Götter aus Bäumen, Esche und Ulme, die ersten Menschen bildeten — oder sei es, daß die Deutschen mit der wachsenden Rodung ihrer Wälder am frühesten erkannten, wie sich Boden und Klima dabei veränderten —, Tatsache ist, daß es in Deutschland immer Männer gegeben hat, die dem Walde in Ehrfurcht und Frömmigkeit dienten, die seinen über die Jahrhunderte reichenden Rhythmus fühlten und ihr Leben daran setzten, das Gesetz der Grünen Hallen zu erforschen und dem Lebensspender Leben und Bestand zu wahren.

Zahllos sind die Hilfsmittel, bis in Einzelheiten der Bodenchemie gehend die Erkenntnisse, die dem modernen Forstmann bei der Planung seiner Waldwirtschaft zu Gebote stehen; dennoch sieht er sich immer aufs neue vor Fragen gestellt, die nur mit größter Behutsamkeit und weiter Voraussicht zu lösen sind, und vor denen er guttut, der Lehre des alten Forstlehrers Pfeil eingedenk zu sein, des Satzes: »Fraget die Bäume.« Denn der Wald selbst gibt die besten Antworten. — Wirtschaftlich gesprochen umfassen Entwicklungsarbeiten den Plan, nach dem in einem Waldgebiet das, wie der Forstmann sagt, »abtriebsreife« Holz geschlagen, wo, wie und mit welchen Baumsorten aufgeforstet werden soll, welche Wegebauten und welche Meliorationen, wie Trockenlegungen oder Anlegen von Vorflutgräben durchgeführt werden sollen — und wo und zu welchen Zeitpunkten dies zu geschehen hat. Umfangreiche Messungsarbeiten — die sogenannten Massenmessungen — gehören dazu, mit denen festgestellt wird, wieviel schlagfähiges — »abtriebsreifes« — Holz je Hektar eines Bestandes vorhanden ist. Natürlich gibt es hinsichtlich der besten Nutzung der Massen — wie über alle Gegenstände, deren sich die Wissenschaft bemächtigt — mindestens zwei einander heftig befehdende alleinseligmachende Lehrmeinungen. Die Praxis verfolgt — zum Segen des Waldes — eine Mittellinie. Waldbau-Fachleute und Bodenkundler wie Dengler, Wiedemann oder Wittich, die mit glasklaren Begründungen alle romantischen Übertreibungen abschnitten, haben sich damit unvergängliche Verdienste um den Waldbau der Welt erworben. Immer aber bleiben demjenigen, der über Schicksal und Gestalt eines Waldes für zwanzig lange Jahre zu entscheiden hat, eine Menge Fragen offen, die er allein richtig beantworten und entscheiden kann, indem er »die Bäume fragt« und sich hineinfühlt in das Wesen und Gesetz des ihm anvertrauten Waldes, in Bodenverhältnisse, Grundwasserstand, allgemeine klimatische Bedingungen und die Lebensbedingungen der Tierwelt, die diesem seinem Walde zugehörig ist.

Es hat — auch in der deutschen Forstwirtschaft — rationalistische Zeiten gegeben, in denen die Bäume, nach Sorten geordnet, in Reih und Glied wie auf dem Exerzierplatz gezüchtet wurden, in denen man beispielsweise Kiefern sozusagen am laufenden Band zog und jeden andern Baum aus solchen Beständen verbannte. Auch dem Walde drückt jedes Zeitalter seinen Stempel auf, und es ist bezeichnend, daß dieses System der uniformen Baumwirtschaft sich seit langem im Rückzuge befindet, verdrängt durch die tiefere und, wenn ich so sagen darf, seelenhaftere Einsicht, daß ein Wald ein lebendiges Ganzes ist, dessen einzelne Glieder zum Gedeihen aufeinander angewiesen sind und sich gegenseitig fördern und stützen.

Ich hatte diese Arbeiten kaum beendet, als meiner Bewerbung um ein freigewordenes Forstamt in Oberschlesien entsprochen und ich nach Kreuzburgerhütte in der Nähe Oppelns versetzt wurde.

In der dortigen Gegend stehen etwa 250 000 Morgen Wald in einem Stück; das Forstamt Kreuzburgerhütte umfaßte davon 28 000 Morgen, darunter viel Kiefer und Fichte sowie Tannen- und Mischbestände mit großer Nutzholzmasse bei feuchten Böden und flachem Grundwasserspiegel. Das Land war eben, kaum von einigen niederen Hügelwellen unterbrochen. Alte, sechs Wagenspuren breite Landstraßen liefen ins Weite, bis sie sich in den schwarzblauen Wäldern verloren, die sich überall wie Bollwerke aufbauten. Inmitten der gewaltigen Waldmassen lagen die Dörfer wie Inseln in einem mächtigen Meer — je sechs- bis siebenhundert Morgen gerodetes, dem Walde abgerungenes Land. Sie trugen vielfach die Namen preußischer Generäle, und wer sich mit ihrer Geschichte befaßte, fand, daß sie ihre Entstehung dem kolonisatorischen Willen eines einzigen Mannes verdankten, dem Willen des Großen Friedrich, und er bewunderte die hohe Weisheit, mit der inmitten endloser, unwegsamer Waldwildnis harmonisch gebildete Siedlungen geschaffen worden waren, deren Bewohner von den Früchten ihrer Äcker und dem Ertrag der Waldarbeit jederzeit auskömmlich leben konnten. Sieben solcher Gemeinden gehörten zu Kreuzburgerhütte, und da der Forstmeister gleichzeitig den Posten des Amtsvorstehers bekleidete, stand ich mit ihnen in ständigem Verkehr.

Wir lernten einander sehr schnell kennen. Die einstmals reichen Rotwild- und Rehwildbestände waren durch Wilddieberei in den Kriegsjahren und unter der Gesetzlosigkeit der Nachkriegszeit stark zusammengeschmolzen; Sauen hatte es hier nie viel gegeben, die Birkwildjagd war mäßig; über Mangel an Raubzeug, Füchsen und Dachsen hatten wir nicht zu klagen.

Zu meiner großen Freude aber gab es auch Haselhühner, und oft habe ich mit dem Pfiff des Knöchleins, das den Lockton nachahmt, die hübschen, lebhaften Hähne herangelockt und mich an ihrem kampflustig-aufgeregten Gebaren erfreut, wenn sie vor mir im Gezweig einfielen, ihre Brust im Lichte schimmerte und sie mit gerecktem Halse umheräugten und -lauschten. Die weitläufigen Reviere waren von Flößgräben durchzogen, auch dies eine Maßnahme Friedrichs des Großen, um den Abtransport der gefällten Stämme zu erleichtern. Ein Floßmeister und eine Kolonne Waldarbeiter waren ständig beschäftigt, die Gräben krautfrei zu halten, und man muß zugeben, daß dieser Mann, der in jedem Jahre monatelang mit seinen Waldläufern durch die Reviere zog, Sorgen und Widerständen besonderer Art gegenüberstand.

Eines Tages stand er vor mir, drehte die verschossene grüne Mütze zwischen den harten Händen und sagte: »Herr Forstmeister, es ist ja unangenehm, aber ich muß es Ihnen sagen: meine Leute und auch die Mägde auf der Försterei wollen nicht mehr immerfort die Krebse essen ...«

»Was wollen sie nicht?« fragte ich ungläubig.

»Nicht mehr immerfort Krebse essen.«

»Mann! — Krebse! — Wie kommen Sie an Krebse?!«

»Die Flößergräben stecken ja voll davon.«

Ein wahrer Himmel tat sich vor mir auf. »Könnten Sie mir denn gelegentlich ein paar Dutzend herüberschicken?«

»Gewiß, Herr Forstmeister, eimerweise. Aber — wie ist es mit den Leuten?«

»Geben Sie ihnen ruhig etwas anderes; zweimal die Woche Krebse ist wirklich zuviel.«

Ich eilte ans Telefon.

Am anderen Ende meldete sich mein vor längerem auf dem Nachbarforstamt eingesetzter Freund, Freiherr Grote.

»Tag Grote«, sagte ich, »Thomas, alter Schlemmer, willst du ein paar Krebse bei mir essen?«

»Ob ich was? — Wo hast du die her?« Er nannte den Namen eines piekfeinen Lokals in der nächsten Kreisstadt.

»Was meinst du?« entgegnete ich, ohne seine Frage direkt zu verneinen, »ich die Krebse, du die Flaschen?«

»Einverstanden.«

Es wurde ein wunderschönes Fest. Wir schlemmten, die Servietten nach Vätersitte um den Hals gebunden, bis wir nicht mehr konnten, und beschlossen, daß wir es für die Zukunft bei dieser Kostenteilung belassen wollten.

Erst als ich Kreuzburgerhütte wieder verließ und wir zum letzten Male beisammen saßen, um meinen Abschied bei Krebsen und Mosel würdig zu begehen, sagte ich: »Thomas, altes Haus, einen Tip noch, ehe ich gehe: wenn du auch weiterhin Krebse essen möchtest, mußt du dich an meinen Floßmeister Schanz halten, den, der die Flößergräben auch in deinem Revier reinigt; der hat sie.«

Es riß ihn förmlich zusammen; er verschluckte sich, und es dauerte eine Weile, ehe er antworten konnte.

»Willst du damit sagen, daß alle unsere Krebse ...?«

»Alle.«

»Mensch!« sagte er, »so was von Heimtücke!«

»Heimtücke? — Waren die Krebse etwa nicht gut?«

»Doch«, sagte er ehrlich, »die besten, die ich je gegessen habe.«

»Deines Mosels würdig.«

»Es ehrt mich, daß du das wenigstens zugibst.« Er fischte sich einen weiteren Krebs aus der Terrine, zerlegte ihn, kostete genießerisch und versank in Sinnen.

»Da schwimmt so was sozusagen direkt vor meiner Haustür herum«, sagte er endlich, »und ich habe keine Ahnung davon. Das muß m i r passieren! Na — Prost, Mueller!«

»Prost, Grote!«
Und dann lachten wir, daß uns die Tränen die Backen herunterliefen, und feierten bis in den jungen Tag.

24   EIN MISSVERSTÄNDNIS

Nicht immer ging es so fröhlich zu in Kreuzburgerhütte. Zwischen den Wilderern, einheimischen aus den Walddörfern, Zureisenden aus den Industriestädten sowie streunendem Gesindel und allem, was die grüne Farbe trug, bestand eine Blutfeindschaft, wie sie erbitterter nicht gedacht werden konnte. Wo immer sie aufeinandertrafen, ging es um Leben und Tod, um den Sekundenbruchteil des schnelleren Schusses, die blitzschnelle Reaktion, den kompromißlosen Entschluß. Härter fast als im Kriege galt hier das Du oder Ich; denn jedesmal, wenn es knallte, handelte es sich um einen gezielten Schuß.

Kreuzburgerhütte lag, 28 Kilometer von der damaligen polnischen Grenze entfernt, in dem sogenannten oberschlesischen Abstimmungsgebiet. Dem von Korfanty entfachten Aufstand der polnischen Sokoln, der das Ziel hatte, dem geschwächten Deutschen Reich möglichst große Teile Oberschlesiens zu entreißen, traten die deutschen Freikorps unter General Hofer, Major v. Heydebreck, Roßbach, Aulock und anderen mit der Waffe entgegen. Es kam zu der berühmten Schlacht am Annaberge.

Engländer, Italiener, Franzosen hielten das Gebiet als Abstimmungstruppe besetzt, die den deutschen Widerstand in jeder möglichen Weise hemmte und behinderte.

Hand in Hand mit den Freikorps wiederum arbeitete der Deutsche Selbstschutz, die geheime Verteidigungsorganisation der deutschen Bevölkerung.

Es gab plötzlich keinen anderen Gegensatz mehr als den der Nationalitäten: deutsch — polnisch. Wer deutsch war, wer deutsch fühlte, hielt zum Selbstschutz, wer nicht — war Feind.

Der Kampf wurde mit unglaublicher Erbitterung geführt. Bestialische Morde polnischer Insurgentenbanden an Deutschen in Städten, Dörfern, einsam gelegenen Gehöften, schürten den Haß. Selbst zwischen den gnadenlos miteinander verfeindeten Wilderern und Forstbeamten kam es zeit- und stellenweise zu einer Art Waffenstillstand. Ich selbst nahm mir den berüchtigtsten Wilderer von Kreuzburgerhütte vor, der zu meiner Selbstschutztruppe gehörte. Ich warnte ihn und nahm ihm das Versprechen ab, nicht zu wildern, solange er zum Selbstschutz gehörte. Er gab es. Und hielt es. Er war ein riesenhafter Kerl, blond, breit, mit allen Schlichen seines Handwerks vertraut.

Der französische General Le Rond in Oppeln entsandte eines Tages eigens ein Detachement, um ihn zu fangen.

Die Poilus trafen am Ortseingang einen Mann. Sie fragten ihn: »Du kennen Bimmel? — Wo wohnen Bimmel?«

Der Mann wies sie ins Dorf. Er zeichnete ihnen den Weg in den Sand, einen weiten Weg, und ganz am anderen Ende der Dorfstraße machte er ein Kreuz: »Das Bimmel.«

»Merci«, sagten die Franzosen.

Der Mann setzte seinen Weg fort. Es war Bimmel.

Unausrottbar scheint im Volke die Ansicht, Wildfrevel sei eine Art Kavaliersdelikt, der Wilderer handele »aus unbezwinglicher Jagdleidenschaft«, er »könne es nicht lassen«, es »liege ihm im Blut«, und er sei darum mit Milde zu beurteilen.

Immer ist der Wilderer in den Augen der Menge von einem romantischen Hauch umschwebt.

Dabei ist nachgewiesenermaßen nackte Gewinnsucht das Tatmotiv in 90 Prozent aller Wildererfälle. Gewinnsucht. Nicht Not. Nicht der »geheimnisvolle Drang des Blutes«.

Der Wilderer schießt nieder, was ihm vor den Lauf kommt. Geld will er, Geld für das Fleisch, Geld für das Fell, Geld für die Stangen. Und wo ihm der Beamte im grünen Rock entgegentritt, da reißt er bedenkenlos die Büchse an die Wange und mordet. Es gibt nur ein Gesetz in diesem Kampfe: Du oder ich.

Weit über hundert Forstbeamte fielen in den ersten Jahren nach 1918 den Kugeln wildernder Mordschützen zum Opfer. Es gibt ein ganzes Buch über diese Kette von Mordtaten: »Förstermorde«. Der Verfasser ist der Kriminalkommissar Bussdorf.

In der Nachbarschaft von Kreuzburgerhütte gab es einen Forstsekretär, einen jungen, frischen, kräftigen Kerl. Er war eben verheiratet; seine Frau, schlank, hochgewachsen, weißhäutig und von goldfarbenem Haar, war eine Schönheit.

Eines Morgens geht er ins Revier. Auf einem Weg sieht er ein halbes Dutzend Leute, offenbar beim Holzbesehen. Er kennt sie nicht, aber er denkt sich nichts Böses. Es sind wohl Holzkäufer; das kommt vor. Sie achten auch nicht auf ihn. Plötzlich, als er auf dreißig Schritt heran ist: »Hände hoch!«

Er gehorcht.

»Herkommen.« — Ehe er sich's noch versieht, sind sie über ihm. Mit Knüppeln, mit Fäusten, mit den Stiefeln. Als er, schwer verprügelt, halb bewußtlos am Boden liegt: »Aufstehen! — Scher' dich nach Hause!«

Was soll er machen? Allein — gegen sechs. Ohne Waffen. So geht er. Und da — nach ein paar Dutzend Schritten — schießen sie ihn von hinten zusammen. Und da er nicht tot ist, sondern sich ächzend in seinem Blute wälzt, kommen sie heran und wollen ihm mit seinem eigenen Drilling den Fangschuß geben. Aber sie kommen mit der Waffe nicht zurecht. Sie finden die Sicherung nicht. Und in diesem Augenblick biegt ein Holzfuhrwerk in das Gestell ein; das rettet dem Manne das Leben. Die Banditen flüchten.

Drei Monate liegt der Forstsekretär in Oppeln im Krankenhaus. Sie haben ihn zum Krüppel geschossen; er wird nie wieder ganz gesund werden. Er wird nie Kinder haben ...

Es folgt die Verhandlung vor dem Schwurgericht. Der Staatsanwalt erhebt Anklage wegen Mordversuchs. Die Ränge des Gerichtssaales sind dicht besetzt. Draußen vor dem Gebäude rottet sich eine nach Hunderten zählende Menge zusammen, schickt einen Sprecher in den Zuhörerraum. Der steht auf der Galerie: »Ihr da — die Geschworenen: Sehen Sie sich vor. Wir warnen Sie ...«

Das Urteil lautet auf drei Monate Gefängnis wegen Körperverletzung.

Und was ist die Folge solcher Urteile unter dem Druck der Straße? Eine ungeheure Verbitterung unter den Forstbeamten, die sich als Freiwild vorkommen müssen. Verdiente ein Förster nicht den Schutz des Gesetzes? Setzte er nicht täglich sein Leben ein für das Gesetz? Für den Staat?

Es blieb den Forstbeamten gar kein anderer Ausweg als der der Selbsthilfe. Was sollten sie anders tun in einem Lande, das, von Fremden besetzt, vom politischen und Nationalitätenkampf zerrissen, keine wirkliche Autorität, keine festgefügte Ordnung kannte. Und so wehrten sie sich ihrer Haut, so gut sie's vermochten. Etwa folgendermaßen:

Irgendwo im tiefsten Walde, in einer der entlegensten Förstereien, saß der hünenhafte Förster Reymann, viele Kilometer weit von der nächsten Ortschaft entfernt. Er war alter Feldwebel des Gardejäger-Bataillons, ein Mann der Zucht, der Ordnung, des Gesetzes. Er war breit wie ein Schrank, und fast ebenso breit war der mächtige Vollbart, der ihm, unten quer abgeschnitten, bis tief auf die Brust reichte.

Seine kleine, zierliche Frau war von Natur ängstlich und wagte in der düsteren Einsamkeit der Försterei kaum zu atmen. Nie hätte sie eine der Waffen ihres Mannes angerührt. Als Reymann einmal versehentlich eine seiner Flinten im Schlafzimmer auf den Ehebetten liegengelassen hatte, ging sie, da er die Nacht draußen im Revier zubrachte, nicht zu Bett; sie schlief auf einem Stuhl.

Reymann gehörte zu den bestgehaßten Förstern in weitem Umkreis. Er war gutmütig wie ein Neufundländer; seine blauen Augen in dem wetterrissigen Gesicht strahlten kindlichfreundlich, aber nur so lange, wie alles nach Gesetz und Ordnung zuging. Wehe dem, der in seinem Revier das Gesetz verletzte! Wehe dem Wilderer, der ihm vor den Lauf kam. Reymann wußte, daß er längst auf der schwarzen Liste stand, daß ihn jeden Tag das Blei treffen konnte, daß ihn nichts schützte, als die Angst, die sie vor ihm hatten, als das bessere Auge, das den Gegner zuerst sah, und der schnellere Schuß. Trotzdem blieb er auf seinem einsamen Posten.

Doch eines Tages geschah, was kommen mußte. Er war auf Wilddiebspirsch. Er sah einen Kerl mit geschwärztem Gesicht und schußbereiter Büchse vorsichtig sichernd aus einer Fichtenschonung auf das Gestell hinaus äugen. Er rief ihn an. Die Schüsse fielen. Reymanns Kugel war schneller.

Was tun? Die Försterei, seine Frau, das Revier konnte er nicht allein lassen. Wer weiß, was in seiner Abwesenheit geschah! Telefon hatte er nicht. Zur nächsten Ortschaft gehen? Das war zu weit. Inzwischen konnten Polen, Wilddiebe, Gesindel den Roten Hahn auf die Försterei setzen. Die Zeiten waren danach. Es gab Beispiele genug.

Reymann zerrte also den Toten in die Dickung zurück und begrub ihn. Er betete ein Vaterunser und ging heim.

In der Dämmerung des nächsten Morgens lag der Tote auf der Schwelle der Försterei.

Reymann rekognoszierte sorgfältig die ganze Umgebung seines Anwesens. Es war niemand da. Also lud er sich den Leichnam auf, trug ihn wieder in den Wald und begrub ihn zum zweiten Male.

In der Dämmerung des nächsten Morgens lag der Tote abermals auf der Schwelle der Försterei.

Da machte sich Reymann auf und bestattete den Toten zum dritten Male, und diesmal so, daß er nicht mehr wiederkam. Und dann setzte er sich hin und schrieb eine »Meldung betr. Versetzungsgesuch und Selbstanzeige«. In dem Gerichtsverfahren, das folgte, wurde er freigesprochen.

Er kam nach Süllenrode.

Auf seinem ersten Reviergang sah er eine Gruppe von Waldarbeitern, und mitten zwischen ihnen einen Mann, der nicht Waldarbeiter zu sein schien und lebhaft gestikulierend auf die Männer einsprach. Reymann hörte Dinge wie »nicht mehr arbeiten für solchen Hundelohn... eure Brüder, die Arbeiter in der Stadt ... glorreiche Errungenschaften ...« und ähnliches ... Reymann trat näher. »Was machen Sie hier?« fragte er barsch, »sind Sie Waldarbeiter?«

Nein, der andere war kein Waldarbeiter. »Ich bin Abgesandter...«, sagte er.

»Wir brauchen hier keinen Abgesandten«, erwiderte Reymann, »hier ist Staatsforst; da bin ich Abgesandter. Vom Herrn Forstmeister.« Sprach's, faßte den Mann beim Rockkragen, drehte ihn kurz um, wies auf den Weg und sagte: »Dort entlang. Das nächste Mal, wenn ich Sie hier sehe, gibt es Schläge.«

Der Mann ging, und er kam auch nicht wieder.

Dafür aber kam andern Tages Herr Säftel, der mit der ganzen Sache gar nichts zu tun hatte, ein Händler und Hausierer aus dem Dorfe.

Herr Säftel, klein, schwarz, mager und mit Spitzbart, trieb allerlei höchst zwielichtige Geschäfte; wir hatten ihn seit langem dringend im Verdacht, Wilddiebsbeute als Hehler an die Wirte in der Umgebung zu verschärfen. Nur beweisen konnten wir's ihm noch nicht; immer fehlte der Punkt auf dem i.

Säftel war viel unterwegs, zu Fuß unterwegs, und da er es meistens eilig hatte, achtete er nicht auf den Weg unter seinen Füßen, sondern ging querfeldein, und sein Unglück wollte es, daß Reymann seiner ansichtig wurde, als er eben mitten durch eine Kultur frischgesetzter Jungfichten trabte.

»He! Sie!« rief Reymann.

Säftel blieb stehen.

»Sehen Sie nicht, daß Sie da mitten in der Kultur 'rumtrampeln?«

»Ich geh' hier immer«, erwiderte Säftel.

»Um so schlimmer! Ab heute nicht mehr.«

»So? — Im Wald kann jeder gehen, wo er will.«

»Das werde ich Ihnen gleich zeigen.«

Am Nachmittag erschien daher Herr Säftel beim »gnädigen Herrn Forstmeister«, und zwar besonders in dessen Eigenschaft als Amtsvorsteher, der ich ja nebenher war.

Er beschwerte sich.

Er ruhte nicht, bis ihm erlaubt wurde, Rock und Hemd abzulegen. Und da waren dann sehr viele blaue Flecken zu sehen; Reymann hatte Herrn Säftel »angefaßt«. Herr Säftel erstattete Anzeige.

Wohl oder übel mußte ich ein Protokoll aufnehmen. Es stand alles darin: das Gespräch. Das »Anfassen«. Die blauen Flecke. Es war kein schönes Protokoll, und es konnte für Reymann recht unangenehme Folgen haben. Also versuchte ich es mit Güte: »Wollen Sie wirklich Anzeige erstatten, Herr Säftel?«

»Ja, gnädiger Herr Forstmeister.«

»Tja, dann... Wissen Sie was, Herr Säftel, ich habe hier noch ein Protokoll, das geht dann gleich mit. Es handelt sich um verbotene Schlachtungen. Um... mehrere verbotene Schlachtungen, Herr Säftel, und um Hehlerei. Wollen Sie mal lesen?«

Ich suchte das Blatt aus der Mappe und schob es ihm über den Tisch zu.

»Aber gnädiger Herr Forstmeister, ich habe bestimmt nicht...«

»Herr Säftel«, sagte ich, »wir wissen doch alle, nicht wahr...?« Er druckste und rückte unruhig auf seinem Stuhle hin und her. »Auf Schwarzschlachtung steht Gefängnis«, sagte ich, »und auf gewisse andere Dinge auch...« Eine lange Pause entstand. Säftel wog ab, was ich an anderen Dingen wissen konnte.

Plötzlich blitzte ein Funke durch seine listigen Augen. »Herr Forstmeister, wenn ich nun...«

»Ja, das wäre natürlich etwas anderes.«

»Aber entschuldigen muß er sich. Das ist das wenigste.«

Ach, du lieber Gott, dachte ich, Reymann und sich entschuldigen. Aber es würde nicht anders gehen.

»Ich werde mit Herrn Reymann sprechen.«

Natürlich wollte Reymann nicht. Er fühlte sich im Recht; wer auf jungen Bäumen herumtrampelte, verdiente Strafe, noch dazu wenn er frech wurde.

Schließlich einigten wir uns nach langen Verhandlungen. Reymann war bereit, Herrn Säftel gegenüber zuzugeben, daß es sich »um ein Mißverständnis gehandelt« habe.

Ich ließ Herrn Säftel kommen. Reymann blitzte ihm aus blauen Augen entgegen. Er lief rot an, so sehr mußte er sich zusammennehmen, um nicht zu explodieren; denn Herr Säftel war sichtlich obenauf; er tänzelte fast, als er zu seinem Stuhle schritt, und das Spitzbärtchen an seinem vorgereckten Kinn zitterte.

Ich eröffnete die Verhandlung, verlas das Protokoll, das Gespräch, das Einschreiten, die blauen Flecke, alles ...

Säftel auf seinem Stuhl wuchs Zoll um Zoll.

»Nach dem, was wir weiter besprochen haben, Herr Säftel«, sagte ich endlich, »sind Sie bereit, Ihre Anzeige zurückzuziehen, wenn sich Herr Reymann bei Ihnen entschuldigt.«

Er nickte eifrig; Reymann rang nach Atem.

»Herr Reymann hat mir erklärt und erklärt auch Ihnen, daß es sich um ein bedauerliches Mißverständnis ...«

In diesem Augenblick stand Reymann auf, so daß Säftel erschrocken herumfuhr.

»Ja«, knurrte Reymann, indem er sein Gegenüber drohend anstarrte, »Mißverständnis«. Er sah auf Säftel nieder wie ein Löwe auf ein Kaninchen; im nächsten Augenblick würde er ihn zerreißen. Nur sein mächtiger Bart hinderte mich daran, zu erkennen, ob er sich schon die Lefzen leckte.

Eine Sekunde lang war es vollkommen still. Dann sagte Reymann noch einmal grollend »Mißverständnis« und ging hinaus.

Es dauerte eine ganze Weile, ehe sich Säftel erholte. »Gnädiger Herr Forstmeister«, sagt er, »war das ... sollte das ...?«

»Sicher, Herr Säftel, Sie haben es doch selbst gehört. Damit ist wohl die Sache erledigt?« Ich spielte mit den Protokollen. »Oder ...?«

»Jawohl«, sagte er zögernd, »ja ...« Und dann ging er.

25 EINZUG INS KÖNIGREICH

Dreiunddreißigjährig, im Herbst 1923, bekam in den Darß — Forstamt Born aus dem Darß, Traum und Sehnsucht meiner Jugend, Traum und Sehnsucht schon meines Vaters, der zu seiner Zeit Schuenhagen nur genommen hatte, weil er das Königreich der Adler und alte Leibrevier der Schwedenkönige vor Pommerns Küste nicht hatte bekommen können. Merkwürdig, daß sich nun für den Sohn erfüllte, was dem Vater versagt blieb!

Der Darß! Ich erinnere mich, wie wir als Kinder vom benachbarten Schuenhagen aus mit dem Dampfboot über den Bodden nach Born fuhren; freilich nicht, um dem alten Forstmeister v. Raesfeld eine Aufwartung zu machen, der mit unserem Vater aus irgendwelchen Gründen erbittert verfeindet war, sondern, um den Leuchtturmwärter am Darßer Ort zu besuchen, Vaters Freund Jochen, den einzigen Menschen auf Meilen in der Runde.

Und ich erinnere mich, daß nach einiger Zeit des rauschenden Dahingleitens über das glatte Boddenwasser weit voraus im Grausilber der Kimm ein schwarzblauer Strich herauskam: der Darßer Wald, düster und geheimnisvoll, — und ein wenig später ein freundlich-hellgrüner, wogender Streifen: der Riedgürtel im flachen Wasser vor den Ufern der Halbinsel.

Abweisend, dunkel, ein blaugrünes Bollwerk, dicht gefügt und lückenlos wie eine Mauer, so erschien der Darßer Hochwald von der Boddenseite dem Besucher, und es fiel nicht schwer zu glauben, was uns Vater von wilden und abenteuerlichen Ereignissen vergangener Zeiten zu erzählen wußte, die hier ihren Schauplatz gefunden hatten.

Wie das schon klang: Leibgehege der schwedischen Könige!

Das heutige Forsthaus in Born war einst ihr Jagdhaus gewesen! Bereits zu Zeiten Karls XII., des jungen Feuerkopfes, der mit halb Europa in Fehden lag und auf dem alten Kontinent wie ein Wirbelwind einherfuhr, bis ihm in Rußlands

Weiten endlich der Atem ausging —, zu seinen Zeiten also hatten drei Könige im Darßer Forsthaus beisammengehockt und gezecht, der Däne, der Brandenburger, wenn ich recht erinnere, und der Pole, während ihre reisigen Völker den schwedischen Adler zu Stralsund wie in einem Käfig eingeschlossen hielten. Eines Nachts aber, so hieß es, sei er mit vierzig Reitern heimlich ausgebrochen, um über den Zingst nach Born zu gelangen und die drei Widersacher aufzunehmen. Beim Übersetzen über den Prerowstrom jedoch sei er erkannt worden, und man habe die drei Könige so rechtzeitig gewarnt, daß sie gerade noch in einem Fischerboot auf den Bodden hätten fliehen können.

Wie haben wir uns dieses Bild ausgemalt: den geharnischten königlichen Jüngling mit dem bloßen Schwert inmitten der Unordnung des hastig verlassenen Zechquartiers — und draußen, auf dem dunklen Bodden, im armseligen Fischerkahn die drei gekrönten Häupter!

Aber Vater wußte noch mehr und andere Geschichten vom Darß, der ihn zeitlebens innerlich angezogen und beschäftigt hatte und nach dem ihn, trotz seines schönen Reviers in Schuenhagen, die Sehnsucht nie ganz verließ.

Er erzählte von Zollkriegen, wie sie allen Ernstes um Salztransport und Salzrechte zwischen so bedeutenden Orten wie Althagen und Born gelodert und geschwelt hatten, oder von der Sturmflut des Jahres 1864, da mitten im Dorfe Prerow ein großes Seeschiff auf Land gelegen, wohin es die gewaltig gestiegene Flut getragen hatte.

Und wieder stellten wir uns vor, wie das ausgesehen haben mochte: der mächtige Rumpf mit den Stümpfen der niedergebrochenen Masten, mit zerrissenen Segeln und verwirrtem Tauwerk mitten im Dorfe auf der Straße zwischen den reetgedeckten Fachwerkhäusern! Rings herum die Menschen, noch erschöpft von der Not der Sturmnacht, hungrig, müde, naß und doch mit offenen Mündern wie an ihren Platz genagelt im Staunen über das Denkmal, das Sturm und Flut mitten im Dorfe sich selbst gesetzt hatten. —

Ja, es war für uns von klein auf an etwas Besonderes, Großartiges und Wildes um den Darß, um die Geschichten von Stürmen und Schiffbrüchen am Darßer Ort, von denen wir schon als Kinder in Schuenhagen alljährlich hörten, und um seine Menschen, die als Seefahrer in aller Welt bekannt waren und aus aller Welt die seltsamsten Dinge in ihre schilfgedeckten Hütten in den Dörfern am Rande des großen Waldes heimgebracht hatten.

Manche von diesen dämmerigen Schifferstübchen glichen Museen mit fremdartigen Waffen, Haifischgebissen und Bildern aus Kolibrifedern und metallisch schimmernden Schmetterlingen, und manche beherbergten auch Kostbarkeiten, um die sie von richtigen Museen beneidet wurden. — Nun ist, seit im Jahre 45 die rote Brandfackel aus dem Osten darüber hinfuhr, auch davon das meiste wohl dahin —, sicherlich auch die alte Darßer Chronik, die, als ich sie zum ersten Male sah, vom Schwiegersohn des damaligen Forstmeisters geführt wurde. Der aber war schon seit fünfzig Jahren auf dem Darß, und auch sein Vater war dort schon Forstmeister gewesen, so daß allein in dieser einen Familie die mündliche Überlieferung leicht ein Jahrhundert zurückreichte.

Seither habe ich selbst dort fast ein Vierteljahrhundert verlebt, glückliche Jahre, den besten Teil eines langen Lebens, und es fällt schwer zu denken, daß inzwischen schon wieder mehr als ein Jahrzehnt vergangen ist seit dem Tage im Frühsommer 1945, an dem ich die Bunker aufgeben mußte, die ich mir im Walde angelegt und in denen ich gehofft hatte, den Ansprung der Roten Horden überstehen zu können.

Es fällt schwer zu denken, daß damals vieles langsam in Jahren Gewordene und Gewachsene, daß Überliefertes und ehrfürchtig Gehegtes, daß Bäume und Tiere, Menschen und menschliche Einrichtungen, geheiligte Bräuche und das Daseinsrecht in vielen Generationen bewährter Lebensformen fortgefegt und vernichtet sein sollen, für heute, für lange, wer weiß, ob nicht für immer.

Es fällt schwer zu denken, daß ich den Darß, in dem die Arbeit meines Lebens steckt, mit dem der Kern meines Lebens

verwachsen ist, zum letzten Male gesehen haben könnte, als sie mich so eng eingekesselt hatten, daß ich mich bei Nacht und Nebel von dannen drücken und meinen vorausgeschickten Kindern folgen mußte, ein Losgerissener nun auch ich, ein Heimatloser mehr in dem großen Elendsstrom jenes Jahres ...
Aber all dies eilt den Ereignissen weit voraus.

Der Darß mit dem Forstamt Born, das ich am 1. Oktober 1923 übernahm, umfaßte »26 000 Morgen Wald, zu 80% Kiefernbestände unterschiedlichsten Alters, zu 15% Laubwald, Erle und etwas Buche, auf verhältnismäßig armen Böden bei allerdings flachem Grundwasserspiegel«.

So konnte man es im heimatkundlichen Schulbuch nachlesen. Und dazu einiges über das erdgeschichtliche Werden dieser Halbinsel am äußersten Rande des Reiches, die nur durch die schwanenhalsschmale Strandverbindung zwischen Ribnitz und Arenshoop, das Fischland, mit dem festen Lande verbunden blieb, und die im Westen und Norden auf endlose Kilometer Länge von der Ostsee, und binnenseitig von den weicheren Gewässern des Boddens benagt wird, eine grüne, welt- und menschenferne Wildnis, letzter Schlupfwinkel unberührter Natur und selten gewordenen Getiers.

Diluvial — flach, voreiszeitlicher Heidesand, ist der Südteil, — alluviale Dünen und Grünlandmoor bilden den Norden — Dünen, die dadurch entstehen, daß das Meer am Weststrand alljährlich zwei bis drei Meter Boden abträgt, der als Frachtgut mit der starken Strömung um die Spitze von Darßerort mit ihrem stolzen Leuchtfeuer herumgekarrt und oben im Norden, wo der Strom nachläßt, wieder sachte angelagert wird. Da entstehen dann Sandkliffs und Einschließungen kleiner und größerer Wasserflächen, und eben diese bilden, von außen, von den Rändern her, nach innen zuwachsend, die Grünlandmoore, die das Wild liebt, in denen Kraut und Busch und Baum tausendfältig durcheinander siedeln, in denen fester mit trügerischem Boden, Trockenheit mit Nässe wechseln, und in deren Mitte oft noch eine Wasserblänke unter dem klaren Himmel ein strahlend blaues Auge aufschlägt. Das ist der Norden des Darß, und vier bis fünf Meter Neuland setzt der müdegewordene Strom hier alljährlich dem Lande zu, mehr also, als er am Weststrande unbarmherzig nimmt, wo Jahr für Jahr die Abbrüche mit Bäumen und Buschwerk zur Flut hinabrutschten, unaufhaltsam ...

26 000 Morgen Wald, das ist der Kernteil meines neuen Königreiches, in dem außer dem Leuchtturmwärter auf Darßerort kein Mensch haust; denn die Dörfer, Prerow und Arenshoop seeseitig, Born und Wik binnen am Bodden, trauen sich nicht in den Wald hinein, sondern hocken vorsichtig und mißtrauisch an seinem Rande, Born mit 900, Wik mit 400 Seelen: alle, wie sie gebacken sind, hartes, zähes, nüchterndenkendes Pommernvolk, das genau weiß, wie viele Pfennige zu einer Mark gehören. —

Gleich jenseits des Prerowstromes, dessen seeseitiger Ausfluß nach der großen Flut zugeworfen wurde, beginnt der Zingst, früher »die Insel Zingst« — 26 000 Morgen = 6500 ha Wald und Wiesen, die den Forstmeister vom Darß vorerst gar nichts, später aber, als Darß und Zingst zusammengetan und zum Naturschutzgebiet erklärt wurden, sehr viel angingen und ihn viel Zeit und Kraft kosten sollten.

Durch Einbeziehung der Försterei Fuhlendorf auf der Festlandseite und Hinzupachten der Wasserjagd auf dem Bodden abgerundet, nahm zu jenen späteren Zeiten die jagdliche Gebietshoheit des Darßer Forstamts wahrhaft königliche Ausmaße an, und der Forstmeister wurde nicht immer wohlmeinend, aber, wie man zugeben muß, auch nicht ganz zu unrecht, der »König vom Darß" genannt. Was ihn keineswegs veranlaßte, den Kopf hängen zu lassen. —

Einzige Schienenverbindung der Halbinsel Darß mit Kontinental-Vorpommern bildete der ›Barth-Prerow-Expreß‹, für den eine Mehrzwecke-Brücke über den Bodden geschlagen war, die von Schienenfahrzeugen, Autos und Pferdefuhrwerken in einem durch den Eisenbahnfahrplan bestimmten Rhythmus abwechselnd benutzt wurde.

Über diese seit 1912 bestehende Verbindung rollte denn auch mein von Oberschlesien in Marsch gesetzter Hausstand mit Pferden und Möbeln, Hunden, Weib und Kind in Prerow an. Weib und Kind — jawohl; denn ich hatte inzwischen geheiratet und war stolzer Vater eines vergnügt und kräftig in seiner Wiege krähenden Sohnes geworden. Meine Frau ... selbst als sich später unsere Wege wieder trennten, sind wir gute Freunde geblieben — bis auf den heutigen Tag.

Sie nahm Hans-Wilhelm mit, auch in die neue Verbindung, die sie später einging. Aber wir blieben gute Freunde. Er kam zu mir in den Sommerferien, zur Hirschbrunft, wie sich die Gelegenheiten ergaben. Er wurde ein drahtiger Bursche.

Als er sein Abitur gemacht hatte, ging er zu den Soldaten, einer jener Generation, die zwei Jahre dienen sollte und dann acht, neun oder zehn Jahre zu dienen hatte.

Er kam, wie es kaum anders sein konnte, zum Diensthundewesen — und mit den Hunden nach Rußland, als es nach Osten ging, in einer der ruhmreichen Gebirgsjägerdivisionen, die hinunterzogen bis an die Kaukasusberge, den langen Marsch nach Südosten und den ebenso langen, aber viel bittereren zurück, durch die Nogaische Steppe, immer den Rückzug der anderen deckend, immer umschwärmt von russischen Divisionen, und ihre Ehre darein setzend, daß auch nicht ein Mann, nicht ein einziges Maschinengewehr zurückblieb.

Von Flecktyphus befallen und in einem Viehwagen Richtung Wien verfrachtet, kam er nach drei Wochen glücklich an der Donau an und hatte, wie die Ärzte zu ihrer Überraschung feststellten, »die Krise bereits überwunden«.

Ein leidenschaftlicher Bergsteiger, Höhlenforscher und Naturfreund und natürlich auch sehr guter Jäger, bereitete er nach dem Kriege eine der ersten deutschen Anden-Expeditionen vor. Aber das Glück war gegen ihn. Ein Rückfall seines Flecktyphus zwang ihn, in der Heimat zu bleiben. Heute lebt er im Berchtesgadener Land, verheiratet, Vater eines Sohnes, der kaum, daß er laufen gelernt, schon seinen Vater auf die höchsten Berggipfel zu begleiten versuchte. —

Bis Prerow reichten die Schienen —, von dort nach Born führte das, was man einen »unbefestigten Weg« nannte; ein Sandweg — tiefer, loser Sand, vierzehn Kilometer lang, und alle Leiden und Leistungen meiner Onkel und selbst meines Vaters im unwegsamen Afrika schienen mir zusammenzuschrumpfen gegenüber der Aufgabe, meinen Hausrat über diese vierzehn Kilometer nach Born zu schaffen.

Aber ich kam endlich doch richtig hin, wenn auch unterwegs der Möbelwagen mit dem Konzertflügel meiner Frau mit einem empörten und lange nachklingenden Totalakkord neben der Fahrbahn in den Moorgraben kippte.

Kaum etwas hätte schlimmer sein können:

Meine Frau war Pianistin.

Aber — Gott sei Dank! — sie besaß Humor. Und außerdem war sie nicht anwesend und erfuhr erst sehr viel später von dem Ausrutscher ihres kostbaren Instruments. Und da lachte sie darüber ...

Meinen Pferden waren die vierzehn Kilometer Sandweg sichtlich lieber als die ganze vorherige Bahnreise von Oberschlesien herab. Sie trotteten gemächlich hinter den Möbelwagen einher, die schlanken Hälse waagerecht voraus, zuweilen mit Köpfen und Schweifen nach lästigen Herbstfliegen schlagend, und die Hufe lässig in den feinen Sand setzend. Man sah ihnen an, wie wohl ihnen war, und nicht anders schien es mit den Hunden zu sein, die, noch in den Transportkäfigen, hoch auf den Leiterwagen die feinen Nasen gegen die Verdrahtung ihrer Reisekäfige drückten und eifrig und aufgeregt jede Witterung aufnahmen, die ihnen der Wind aus dem Forst zutrug, Witterung von Rotwild, Rehwild und, vielleicht, von einigen der wenigen Sauen; denn damals, 1923, gab es praktisch kaum Schwarzkittel auf dem Darß.

»Adria«, »Grisella« und »Laute« hießen meine Pferde, mit denen ich in das Land meiner Sehnsucht einzog. »Adria« war eine Samländerin, die beiden anderen zwei kleine, schnelle Jucker aus ostpreußischen Ställen. Und zu ihnen blickten vornehm-ergeben und geduldig hoch vom Wagen zwei Schweißhündinnen herab, Edda-Schuenhagen und Silva, während drei Rauhhaarteckel in der Kiste nebenan unaufhörlich jieften und sangen: die saufarbenen Stern-Wetterfest und Imma und die gelbe Trix. Hinter einer dritten Verdrahtung endlich, edelgelangweilt, die gelbäugige Deutsch-Drahthaarhündin Dita v. Moorberg.

Eines Tages hatte ich sie dann alle glücklich beisammen: Hausrat, Weib und Kind, die Hunde, den Konzertflügel und die Pferde. Es war ein stolzes Aufgebot, und Stolz und Dankbarkeit erfüllten mich, als ich mit all meinem lebenden und toten Inventar schließlich das neu-alte Heim bezogen hatte, eben jenes Jagdhaus der schwedischen Könige, in dem der junge Adler, Karl XII., vergebens die geflüchteten drei Könige gesucht hatte: das Forstamts-Haus in Born-Darß.

Eine riesige, uralte Eiche stand neben der Einfahrt an der Straße, knorrig und gelassen wie ein Wachtmann. Andere breiteten ihre Kronen hinter dem Hause und den Nebengebäuden, und ein ehrwürdiger Eibenbusch mit einem mächtigen Stein davor wuchs auf dem Hofplatz vor der breiten Treppe, über die man ins Haus gelangte, in eine Diele zuerst, an die links das Kaminzimmer, rechts die Garderobe anschloß.

Geradezu führte ein schmaler, dunkler Korridor an Küche und Wirtschaftsräumen vorüber zum Eßzimmer, von dem aus man von Westen über Süden nach Osten durch eine ganze Flucht von Räumen wandern konnte, jeder einzelne hoch und groß für städtische Begriffe. Der größte von ihnen, zehn mal sechseinhalb Meter messend, wurde mein Arbeitszimmer, ein wahrer Saal, in den das Licht durch hohe Bogenfenster breit hereinfiel, und der mit Kaminzimmer und Damenzimmer durch direkte Zugänge verbunden war. Das Speisezimmer wirkte geradezu klein neben dieser Flucht. Es bot jedoch zehn bis zwölf Personen reichlich Platz.

Schlaf- und Baderäume, Kinder- und Gästezimmer füllten den ersten Stock, und ich vermehrte sie noch, als ich das Haus um einen kleinen Büroflügel vergrößerte, durch den Ausbau von Mädchen- und Gästekammern im Obergeschoß, so daß es an Unterbringungsmöglichkeiten in Zukunft niemals mangelte. —

Von meinem Arbeitsplatz aus fiel der Blick über den Hof auf das ›alte Büro‹ und die ›Scheune‹, zwei strohgedeckte, stattliche Gebäude, deren eines die Forstamtsräume, das andere Kutscherwohnung, Boxen für die Pferde, Wagenremisen und Stallung für Kühe und Schweine beherbergte.

All das lag an der Boddenseite des Dorfes Born in einem etwa dreißig Morgen großen Park, den einer meiner Amtsvorgänger, der ›alte Raesfeld‹, vor anderthalb Jahrzehnten auf dem wenig ergiebigen Wirtschaftsland sehr hübsch angelegt und so geschickt aufgeforstet hatte, daß nicht nur das Forstamt wie eine stille Insel für sich allein in einem mit jedem Jahre schöneren Walde lag, sondern auch sein Herr und Bewohner, der Forstmeister, jederzeit ungesehen ins Revier hinüberwechseln und überraschend hier, da und dort auftauchen konnte, ein Vorteil, der gar nicht hoch genug einzuschätzen war. —

Als wir Einzug hielten, pfiff drüben in Pommern der Herbstwind über die kahle Stoppel. Auf dem Darß flammte alles Laubholz in herbstlicher Farbenpracht, die weiten Flächen mit ihrem Bewuchs von mächtigen, brusthohen Adlerfarnen wogten wie ein rostrotes und goldenes Meer, und darüber orgelte der Baß der Wälder, das tiefe, gewaltige Brausen, mit dem der volle Atem des Seesturmes in die Wipfel der Fichten und Fuhren und der silberschäftigen Buchen einfiel. Zudem war Brunftzeit, die Hirsche schrien! Und die Zweige der Birken zuckten und peitschten wie Flammen im Wind; ihr Laub stob wie goldener Funkenregen von dannen, weithin über Heide und Beerkraut, in deren struppiger Härte die scharfe Luft schrillte und pfiff — hinaus auf die weizengelb umschilften Wasserblänken, die so flammend aufwärts blickten wie ein blaues Auge im Zorn.

Ulla ritt mit uns, als wir in Born einzogen; Ursula Anna, Reichsgräfin Dohna, Hans-Wilhelms Braut. Aber sie trug Schwarz, und Hans-Wilhelm war tot.

Es gibt Dinge, deren man nicht Herr wird, die man wohl

hinnimmt, aber nicht begreift. So war es mit Hans-Wilhelms Tod.

Er war U-Boot-Kommandant gewesen und hatte überlebt. Er hatte den Engländern als Gefangener ebenso vollkommen den Verrückten vorgespielt wie sein Kamerad Dönitz, und sie waren beide als »unheilbare Fälle« ausgetauscht worden. Er hatte mit mir zusammen Schuenhagen und die vorpommerschen Güter gegen die Roten verteidigt und Vaters Mosel probiert, bis ihn sein Tatendurst ins Baltikum zur Marine-Brigade trieb. Da wurde er Löwenfelds Adjutant.

Und als das vorüber war, und er hatte es gleichfalls überlebt, die blutigen Kämpfe um den deutschen Osten, und hatte gesehen, wie die Freikorps ausgenutzt, um ihren Lohn geprellt und dann kaltgestellt worden waren —, da hockte er eine Weile wütend in Berlin, und wenn er schrieb, was selten war, etwa zu Weihnachten oder Ostern, so trugen seine Mitteilungen die Grußformel: »Heil, Sieg, Monarchie, Ruhm, Rache, Revolution!« Dabei war er gar kein Radikalist, sondern durchaus friedlich und liberal. Aber man schrieb damals so...

Endlich holte die Reichsmarine ihn sich wieder, und er verlobte sich mit der Schwester seines Freundes Dohna. Das war sein Höhepunkt. Ich sehe ihn noch vor mir, strahlend vor Glück. Er war damals Offizier bei der 5. Küstenwehr-Abteilung in Pillau. Und dort brach er sich 1922 durch einen unglücklichen Sprung beim Baden das Rückgrat.

Wir begriffen nicht, wie das geschehen konnte, und auch nicht, daß es geschehen konnte: es erschien so sinnlos, doppelt in diesem Augenblick. Aber wir sollten später erfahren, daß es weitaus Sinnloseres gibt als einen einzelnen unverständlichen Tod.

Hans-Wilhelms Asche wurde von Torpedobooten feierlich der See übergeben. —

Ulla begleitete uns, als wir einzogen, und half uns beim Einrichten, und sie war mit, wenn wir ausritten, um das Revier kennenzulernen, das Reich meiner Sehnsucht, die letzte unberührte Wildnis vor der pommerschen Ostseeküste.

Es gab nicht viele Straßen damals auf dem Darß, nur einen öffentlichen Weg genaugenommen; er führte von Prerow in der einen Richtung nach Arenshoop, in der anderen nach Born, und wie dieser, so waren auch alle anderen nur Sandwege oder Wildwechsel. Eine feste Straße gab es nicht, und wer den Darß besichtigen wollte, der mußte ihn, wenn er nicht zu Fuß gehen wollte, bereiten oder mit Pferden befahren. Das letztere hatte mein schwerkranker Vorgänger getan, und es erregte viel Aufsehen, daß ich, der ›Neue‹ überall unkontrollierbar kreuz und quer im Sattel die Bestände durchstreifte.

Was ich übernahm, als mir der Oberforstmeister v. Sydow aus Stralsund den Darß übergab und mich den Revierbeamten vorstellte, erfahrenen Förstern, die zum Teil schon dreißig Jahre dort waren —, der Wald, den ich übernahm, zeigte, das sah ich sehr bald bei der Begehung, in erschreckender Weise die Spuren des Krieges.

Von 1914 bis 1918 war auf dem Darß in immer zunehmendem Maße geholzt worden, und in den Jahren, die folgten, hatten Mangel an Mitteln und die Not der Zeit den notwendigen Ausgleich verhindert. Ein Vorwurf traf niemanden, am wenigsten meinen Vorgänger, der, in den letzten Jahren ein todkranker Mann, gleichwohl das Menschenmögliche getan hatte, um den Verfall des Waldes und den Folgen des übermäßigen Einschlages entgegenzuwirken.

Trotzdem war der erste Eindruck, forstlich gesehen, schlimm: die Vorflutgräben nicht geräumt, viele Kulturen durch Flugsand erstickt, vom Wild verbissen, von Farnen überwuchert — die Umzäunungen verwittert, zerstört, nicht vorhanden. Daneben riesige Kahlschläge, deren Aufforstung Geldmangel vereitelt hatte.

Geldmangel: Damals trug ein einziger Schieber mittleren Ausmaßes Summen, die dem Jahresetat der Preußischen Forstverwaltung entsprachen, in der Aktentasche bei sich, und es ist klar, daß eine Institution, die auf Begriffen der Ehre, der Zuverlässigkeit und der Beständigkeit der Werte aufgebaut war, als letzte darauf verfiel, den Holzabtrieb der preußischen

Staatsforsten für Dollars zu verkaufen, und also den Geschäftsmethoden der Moderne notwendig unterlegen war. Was weniger mit Bedauern als mit Stolz vermerkt wird. —

Um das Wild stand es nicht viel besser: in der ganzen riesigen Waldwildnis gab es kaum zweihundert Stück Rotwild, praktisch k e i n Schwarzwild, wenig und kein besonders starkes Rehwild. Alles in allem: stark ausgeschossen.

Flugwild dagegen gab es in Hülle und Fülle: dichte Schwärme von Enten auf den zahllosen Wasserblänken und Schilfbülten. Wildschwäne — im Winter Singschwäne — aus dem Norden: Flüge von tausend Stück, die mit einem Schlage aufstanden, waren keine Seltenheit. Dann erhob sich ein weißes Geflimmer, griff weiter, erfaßte ganze Flächen, die wie beschneit erschienen waren, füllte sie mit weißem Geflacker und leerte sie, während sich die schimmernde Wolke schräg auffahrend in die Luft erhob: Es war ein grandioses Bild.

Alle Jahre im Herbst kamen zudem die Wildgänse, unabsehbare Scharen, heraneilend aus dem Norden wie schon in meiner Jugend in Schuenhagen: unruhiges Rufen in der Nacht, pfeifender Flügelschlag, rauhes Gacksen, Trompeten und Geschnatter unter dem dunklen Himmel, und am anderen Morgen sah man sie auf dem Wasser liegen, graue Flottillen aufmerksamer, mißtrauischer Vögel. Sie waren fett von der Sommermast im Norden und schmackhaft wie die Schwäne, von denen ich in jedem Jahr zwei Exemplare schoß, um ihre Mägen zu untersuchen und dann an Hand des Befundes wieder einmal die angeblichen Fischereischäden durch Schwäne ins Reich der Fabel zu verweisen.

Und dann die Kraniche, die mit jedem Frühling kamen, pünktlich am 5. April — ich hörte sie, wenn ich durchs Revier ritt, auf der Buchhorster Mase trompeten — es war ein lauter, weithin hörbarer Ruf, und er sagte, daß nun auf dem Darß der Frühling angebrochen sei, unwiderleglich, und daß sie wieder zu mehreren Paaren die große Waldwiese bewohnen würden, die mit einer Fläche von sechshundert Morgen in das Revier eingebettet lag, drei Kilometer lang, bald tausend Meter breit, ein weites Gräsermeer, mit Waldvorsprüngen und Buchten, in denen das Wild zu äsen liebte, und mit offenen, im Winde wogenden Flächen, auf denen sich im Umgang des Jahres alles, was Haar-, Woll- und Federkleid trug, ein Stelldichein gab.

Da konnte man die großen Vögel tanzen sehen, Balzspiele, so hinreißend — aufgehobene, schlagende Flügel, schwebende Gestalten, verzückt getragene Köpfe — unvergleichlich.

Wie klug sie waren, wie wachsam, wie tapfer die Kranichmütter, wenn sie ihr Nest verteidigten, selbst gegen die Sauen, diese schlimmen Räuber...

Hügelan und -ab zog sich die Wildnis über die Riffe des Darßer Kliffs und die rohrbestandenen Senken und feuchten Wiesen der Masen, über denen der Seeadler in der Höhe mit mächtig gespannten Schwingen seine Kreise zog, wo in den Baumkronen entlegener Dickungen Schreiadler und Schlangenadler brüteten, wo der Wanderfalke jagte und die Fischadler in winddurchsungenen, hohen Wipfeln einsamer Bäume horsteten, herrlich kühne Flieger, die mit Vorliebe paarweise auftraten, große, nahezu weiße Vögel, schimmernd wie Blitze unter dem Himmelsblau, wenn sie in verwegenen Sturzflügen auf den Seeadler hernieder haßten, um Haaresbreite an ihm vorbeischossen und genau achtgaben, nicht in die Reichweite seiner starken Fänge zu geraten. Es waren Bilder einer wahrhaft artistischen Flugkunst und herrlicher Kraft, die sich in diesen feindlichen Spielen entfalteten —, man konnte sich nie daran satt sehen...

Den ganzen ersten Herbst hindurch ritt ich im Walde umher, ohne viel anzuordnen; nichts verträgt der Wald weniger als Eile. Alles darin ist auf Dauer gerichtet. Nur was dauern kann, dem Winde gegenüber, dem Wasser, dem Frost, der Hitze und Dürre, dem Mitbewuchs, besteht und wird Bestand. Der Landwirt säet und sieht die Frucht wachsen und erntet — und er mag darin ohne Schaden den neuesten Moden und Methoden folgen, denn schon nach Jahresfrist liegt der Acker wieder vor ihm, frisch bestellt, und wartet auf neue Aussaat;

Fehler und Irrtum erweisen sich schnell. Anders der Forstmann, der in Jahrzehnten und noch längeren Zeitabschnitten denken muß und dessen Saaten erst in Menschenaltern reifen. Mehr als jeder andere bedarf er der Ehrfurcht und der Geduld. Er muß ›die Bäume fragen‹, um so mehr, je jünger er ist und damit geneigt, den neuen Theorien nachzueifern, von denen die Hochschulen in jeder Generation wenigstens eine ausbrüten und deren Niederschlag dann im Walde Gestalt gewinnt, so daß wohl der Kenner sie nach Jahrzehnten noch von den Beständen ablesen kann — an den Schäden zumeist und den Naturwidrigkeiten, die sie aufweisen. Es gibt klimatische Änderungen, denen eine Landschaft durch den Raub am Walde verfällt; Tiere treten auf oder wandern ab; eine Baumart, die auf einem Boden früher üppig gedieh, stirbt allmählich ab und wächst nicht mehr nach ... Es schweben und weben zarte und geheimnisvolle Wechselbeziehungen, sichtbare und unsichtbare zwischen den Dingen, den Stoffen und Kräften, die das Gleichgewicht eines Waldes schaffen. Der Tau, der fällt, das Grundwasser, das aus der Tiefe durch die Wurzeln und Adern der Pflanzen zum Lichte steigt und in den Blättern kocht, die Umsetzung von Stoffen im Blattwerk unter der Einwirkung des Sonnenlichts, das Licht selbst mit dem ständig wechselnden Trommelfeuer seiner Wellen, seiner Wärmegrade, seiner Farben- und Kräftegehalte, die Salze und Säuren, die Faulstoffe und Mineralien, das Kleinstleben unzähliger Bakterien, die halb tierischen, halb pflanzlichen Zwischenexistenzen in, auf und über der Erddecke, all das Unaufzählbare, das aus abgefallenen Blättern, verfaulenden Hölzern, Pilzen, Moosen, Algen, Tierleichen, Haaren, Federn und Wolle, Knochen und Horn in der Auflösung frei wird und sich geheimnisvoll zu neuen Zwecken verbindet — der Wind und die Stille, der Tau des Morgens, des Abends und der der Nacht, der Unterschied, ob ein Regen bei Tage oder bei Nacht fiel und ob ihn der Westwind über See heranführte oder der Ost aus dem Lande — all dies, unwägbar, kaum faßbar und nur höchst unzulänglich aufzuzählen, wirkt durch- und aufeinander, und wer will beweisen, daß es gleichgültig sei, ob der Ruf eines Rotkehlchens sich dem beimischte oder nicht? —

Einer der ersten Gäste in meinem heimlichen Königreiche war mein Vater; wie hätte es anders sein können! Er lebte seit einigen Jahren im Ruhestande auf einem Gutsvorwerk nahe Schuenhagen, in der Freundschaft seines Nachbarn, des Gutsbesitzers Metelmann, den ich oft bei ihm antraf, und mit dem wir uns nächtelang in forstliche Probleme vertieften, Gespräche, denen ich viel von dem verdankte, was mir jetzt, auf dem Darß, zugute kam: Einsicht und Geduld.

Vaters und meine Ansichten, in meiner Sturm-und-Drang-Periode häufig recht gegensätzlich, glichen sich mehr und mehr an, und selbst da, wo meine anders blieben, bauten sie weiter auf den Grundlagen, die ich seiner Unterweisung verdankte, seiner strengen forstlichen und jagdlichen Erziehung von Jugend auf.

Was den Darß anlangte, so waren wir ein Herzschlag und ein Puls. Nichts hätte ihn glücklicher machen können als das Wissen, daß seinem Sohn nun doch die königliche Wildnis zugefallen war, der er selbst ein Leben lang insgeheim nachgetrauert hatte. Er besaß daher auch jegliches Verständnis dafür, daß ich mich hier, am äußersten Vorposten des Kontinents, »weit abseits von Lavendel«, wie wir es nannten, in der Wildnis »vergrub«, anstatt, wie es durchaus im Bereich des Möglichen gelegen hätte, um ein Forstamt etwa in der Nähe der Hauptstadt, des Ministeriums und damit häufiger hoher Besuche und subtiler Pflichten auf den eisglatten Parketts der Diplomatie einzukommen. Er wußte, daß man in solchen Stellen vielleicht schneller befördert werden und dennoch abhängig bleiben konnte, während man der Wildnis den Stempel seines Wesens geben und hier dem Walde bis ins Alter hinein dienen konnte, frei und weitgehend selbständig, ein Herr, der nichts über sich hatte als seinen Eid. Und er war für Freiheit!

Er fuhr mit mir im leichten, hochräderigen Jagdwagen, da ihm das Reiten schon zu beschwerlich war, ohne auch nur das kleinste Stück auszulassen, die Grenzen meines Königreiches der ganzen Länge nach ab, und wir hielten am Feuer von Darßer Ort, wo nun längst ein anderer Wärter seines alten Freundes Dienst versah.

Wir lagen noch einmal wie schon in meiner Jungenszeit im wärmenden Feuer der herbstlichen Sonne auf jenem seltsamsten aller Pfühle, das ich in der Welt gefunden habe —, der Buchenhecke am Darßer Westrand, deren Laub nun goldrot war, und ich merkte ihm an, wie er die Stille und den weiten Blick über die Unendlichkeit der blauen Ostsee genoß, und ahnte, ohne dessen voll bewußt zu werden, daß es ein Abschiedsbesuch war, den er dieser altgeliebten Stelle abstattete.

»Weißt du«, sagte er plötzlich, »was ich mich immer gefragt habe, wenn ich einmal in meinem Walde nicht weiter wußte? — Dann bin ich hingegangen und habe mir die Frage vorgelegt: Wie haben die Alten von damals hier diesen hundertjährigen Bestand gemacht? Wenn man das tut, findet man meist auch bald die Antwort. Sie liegt immer in der Nähe der Ehrfurcht. Man muß nur lange genug leben, dann wird man bescheiden und geduldig und sieht, wie rasch Theorien vergehen, wie wenig der Mensch vermag, wie sehr sich die Natur ihr Recht nimmt. Alles geht vorbei, Franz. Nur was immer gut war, was in Gottes Ordnung wächst, bleibt.«

Es war eine der letzten Weisheiten, die er mir gab, ehe er, noch im Dezember 1923, schnell und unerwartet verstarb.

Mutter zog danach zu uns in das Forstamt in Born, und sie blieb auch dort, als meine erste Ehe geschieden wurde, blieb und führte mir liebevoll die Wirtschaft in den Jahren danach, in denen ich, wie wir gern scherzend sagten, »à la carte lebte«, — blieb, lebendigen Anteil an allen Ereignissen nehmend und immer ganz besonders glücklich, wenn die Zeit der lustigen Schwedenjagden anbrach. Sie blieb auch, als ich in meiner zweiten Ehe das große Glück meines Lebens fand, und starb, vom Schicksal gnädig bewahrt, ehe eine Welt zusammenbrach, deren Vorstellungen und Wertbegriffe auch die ihrigen gewesen waren.

26   WEM DER HERR EIN AMT GIBT...

Nach und nach lief sich das Leben ein in dem Forstamt Born. Das Gesinde gewöhnte sich. — Meinen Kutscher, den »bestbezahlten Rosselenker Vorpommerns«, hatte mir mein Freund, Gert von der Goltz, der »im Bedarfsfalle Kutscher und Pferde besorgte«, in Insterburg-Land ausfindig gemacht, und es war einer der besten, treuesten Männer, die je in meinen Diensten standen. Leider verlor ich ihn bald, schon nach acht Jahren. Er heiratete und starb früh. Sein Nachfolger hieß Boikat, Albert Boikat, und besaß im kleinen Finger mehr Pferdeverstand als mancher andere in seinem ganzen Kopf. Ich beteiligte ihn an allen meinen Pferdeankäufen und -verkäufen, und da ich häufig neue Pferde hatte, die, weil sie »schwierig« waren, billig eingekauft wurden, zugeritten aber gutes Geld brachten, kam es vor, daß ich Albert an Tantiemen allein mehrere hundert Goldmark auf ein Brett auszahlen konnte, was sich natürlich herumsprach, sehr zum Mißvergnügen mancher Leute, die der Ansicht waren, daß ich Albert verwöhne und die Preise in Kutschern bis weit nach Pommern hinein verdürbe. Das tat mir zwar leid, aber ändern konnte ich es nicht.

Im Forstamt wirkten im Büro ein Forstsekretär und zwei Hilfsarbeiter, ferner im Außendienst wohl zwölf Revierbeamte, überwiegend alte, erfahrene Förster, die mir bei der Neuaufforstung und dem allmählichen Wiederaufbau eines später wirklich ungewöhnlich guten Wildbestandes wertvollste Unterstützung gaben und ihre Förstereien, große geschlossene Reviere, sorgfältig bewirtschafteten.

In der Forstamtsküche wirtschafteten eine Mamsell und drei Mädchen unter dem sanften und sachverständigen Regiment meiner Frau. Das scheint viel für städtische, ist aber wenig für die Begriffe eines weitläufig angelegten Forsthauses, dessen Bewohner es liebten, Gäste zu haben, und dessen Gäste sich die Klinke warm von Hand zu Hand gaben. Nicht zu vergessen, daß einige Kühe, Schweine und zahlreiches Geflügel zu betreuen waren, bis wir das Federvieh abschafften, nachdem meine Teckel auf einen Schlag sechzig Hühner totgebissen und angefressen hatten.

Landwirtschaft gehörte, abgesehen von geringfügigen Resten von Dienstland, die der alte Forstmeister v. Raesfeld nicht mit aufgeforstet und in den Park einbezogen hatte, nicht zum Hofe. Ich benutzte etwas davon als Gartenland für die Küche, das übrige als Weide für meine Pferde, anfangs drei, dann vier, später bis zu elf an der Zahl, darunter ein Vollbluthengst und acht sehr edle Stuten, wie zum Beispiel mein Liebling, Burta, eine schwarzbraune Orlow-Traberstute von ungewöhnlicher Schönheit.

Neben der Zahl meiner Pferde nahm die meiner Hunde ständig zu. Ihre Zwinger standen, wie einst in meiner Jugend in Vaters Forstamt im Harz, auf dem Hofe zwischen den Wirtschaftsgebäuden, und es gab jedesmal ein lautes Konzert, zusammengesetzt aus dem tiefen Hals der Schweißhunde und dem helleren Geläut der Rauhhaarteckel, wenn ich in ihr Blickfeld geriet oder einige von ihnen zum Reviergang aus den Zwingern holte.

Züchtete ich zu Anfang nur diese beiden Rassen, so kamen später die Wachtel hinzu, unter ihnen berühmte Hunde wie Claus v. Wiesenbek, meine »Tatü« oder Vera v. d. First.

Höher in der Schulter und womöglich noch schärfer und passionierter als die Teckel, eigneten sich die Wachtel in besonders hohem Maße für ein Revier wie den Darß, in dem oft 2000 Morgen und mehr in einem einzigen Treiben, obendrein im Wasser der unendlichen Rohrpläne oder bei tiefem Schnee, zu bewältigen waren.

Später nahm ich noch Jagdterrier hinzu, mittelhohe, schwarzgelb gezeichnete, äußerst scharfe Lautjager, die nun zusammen mit zwölf Wachteln und dreizehn Teckeln meine Saumeute bildeten, einen satanswilden Haufen ruppiger, blutgieriger, feinnasiger Fährtensucher und Stöberer, unter denen sich die Teckel und Wachtel als Finder, die Terrier, zumal im Schnee, als schnelle Verfolger durch ihre Schärfe besonders hervortaten.

Täglich, ehe sie ihr Futter bekamen, ließ ich ihnen durch den Forstlehrling auf dem Waldhorn den ›Hunderuf‹ blasen, und dieses ›Futterblasen‹ geschah weniger wegen der Musikalität und Romantik, als weil es immer wieder seine Schwierigkeiten hatte, in dem riesig ausgedehnten Revier verjagte Hunde zuhauf zu bekommen. Waren sie jedoch durch den ›Hunderuf‹ daran gewöhnt, Hornsignale mit der Vorstellung der Fütterung zu verknüpfen, so fanden sie sich im allgemeinen bald nach dem ›Jagd vorbei!‹-Blasen hechelnd und atemlos ein. Im gleichen Sinne bewährte es sich außerordentlich, wie ich es regelmäßig tat, bei Treibjagden als Jagdleiter beim Treiben zu Pferde zu sein. Beritten kann man dem Geläut der jagenden Meute, besonders bei Nachsuchen, weit rascher folgen als zu Fuß, und — man behält es länger im Gehör, was besonders auf dem Darß mit seinem ewigen Wind seine Bedeutung hatte.

Zugleich gelangte der berittene Jagdleiter in den Genuß eines Erlebnisses, das selbst erfahrenen Jägern oft nicht bekannt ist: der jagdlichen Passion des Pferdes.

Stundenlang könnte ich über meine Erlebnisse mit Pirschpferden erzählen. Wenn ich ›Adria‹ ritt — querwaldein durch die Bestände —, gegen den Wind, wie spielte sie mit den Ohren, wie schnaubte sie verhalten-beteiligt! Wie warf sie den schönen Kopf vor Wohlbehagen! Schon am Spiel ihrer Ohren konnte ich erkennen, wann sie Witterung von Hochwild bekam, weit früher als ich selbstverständlich, da Pferde mit einer feineren Witterung begabt sind als selbst die Hunde. Sie wußte, um was es ging, und ihre Fähigkeit, das Wild früh zu wittern, hat mir manchen Pirscherfolg gebracht, der mir ohne sie wohl versagt geblieben wäre.

Welch ein Pferd! Welch ein Gefährte und Freund!

Ich bin von früh an ein passionierter Reiter gewesen. Wenn ich darüber nachdenke, wo ich die meisten Stunden meines Lebens verbracht habe, unterwegs auf Schusters Rappen, anständiges Leder mit derben, verläßlichen Kernsohlen an den Füßen —, im Sattel, die wechselnden Gangarten meines Reittiers verspürend, in Autos, Fuhrwerken oder Bahnabteilen, dann liegt die Wahrscheinlichkeit bei den Stunden im Sattel meiner Pirschpferde, und nirgends habe ich mich je wohler befunden, abgesehen von einigen Stunden, die ich zwischen duftenden Leintüchern verbrachte, oder unter raunenden Waldwipfeln.

Meine Pferde! Worauf anders kam es denn an, als sie für jede Aufgabe auszubalancieren, wie es im Grunde der Sinn jeder Dressur ist: sie tüchtig zu machen, auch quer durch dichte Bestände im Galopp so in der Hand des Reiters zu bleiben, daß er mit heilen Knien herauskommt.

In einem so großen Revier wie dem Darß war das Reitbedürfnis gegeben. Forstschutz und Jagdschutz waren nicht besser zu erfüllen, als wenn ich im Sattel quer durch die Bestände ging, das heißt das betrieb, was ich nachmals die »diagonale Aufsicht« nannte.

Mein Vorgänger, schwer nierenkrank, war an den Jagdwagen und damit an die Gestelle gebunden und kontrollierbar gewesen. Sehr zum Leidwesen einiger Unterbeamter und Haumeister war das der berittene neue Forstmeister nicht. Er machte sich damit höchst unbeliebt. Ob Tag oder Nacht —, immer da, wo man ihn am wenigsten vermutete, tauchte er unerwartet auf, aus der Dickung, aus dem unübersichtlichen Bestand, aus der stubenhohen Kultur.

Der Kranke, der, vom Pflichtgefühl bezwungen, trotz seiner Schmerzen im Jagdwagen zum Beispiel das sechzehn Kilometer lange Große C-Gestell entlangkam, fand immer fleißig über die Kulturarbeit gebückte Rücken.

Der junge Nachfolger hingegen, der unsichtbar durch den dichten Bestand herankommt, als wolle er feststellen: ›Wie sieht für den Hirsch vorm Austreten eine freie Fläche aus?‹ — der junge Nachfolger sieht mit der Uhr in der Hand zwanzig Minuten lang zu, wie die Kulturarbeiterinnen miteinander schwatzen, ohne einen Handschlag zu tun. Und dann kommt er plötzlich aus der Dickung auf die Blöße geritten: »Haumeister: alles, was recht ist: so geht das aber nicht. Wie die Arbeit, so die Bezahlung. Das nächste Mal ziehe ich Ihren Damen« — ›Damen‹, sagte er! »zwanzig Minuten vom Lohn ab.« Und ob sich auch die Kulturarbeiterinnen sofort tief über ihre Arbeit bücken —, es bleibt Unbehagen zurück, wenn er ohne viel weitere Worte entreitet.

Ein paarmal knirscht es auch, ehe sich neu und alt richtig zusammenfinden, ein paarmal geht es hart auf hart: ob zum Beispiel der Förster X ein paar alte Bäume schlagen lassen darf, die er auf seinem Abtriebsplan stehen hat, und insbesondere, ob er dies tun darf, obwohl es der Forstmeister ausdrücklich verboten hat.

Er darf nicht, wie sich zeigt. Und mancher andere darf nicht mehr ganz wie bisher. Ohne Rücksicht auf Popularität.

Eines Tages sagt dann der Haumeister Matthies, ein langsamer, schwerer Mann: »Herr Forstmeister, man hört ja so manches. Man hört: ›Der is‹ um drei morgens draußen am Jagen X, um vier reitet er über das Gestell Dora — um fünf ist er noch draußen, meist bei den jungen Kulturen . . .‹ — ich mein' bloß: es wird so dies und das gesprochen.«

»So? Wird es? Dann sagen Sie denen nur: Es ist in ganz Oberschlesien bekannt: der Forstmeister ist kugelfest.«

Und als der Matthies das verdaut hat, mit vertraulichem Vorbeugen: »Unter uns, Matthies: der Forstmeister nimmt auch nie denselben Weg zurück, auf dem er ausgeritten ist. Außerdem ist er jeden Tag woanders. Und endlich: bisher hat der Forstmeister immer schneller geschossen als der andere. Vielleicht — ich meine nur —, wenn Sie das den Leuten sagen würden, die darüber nachdenken, wann und wo sie mich am besten im Revier antreffen . . .«

Matthies feixt ein bißchen und sagt nichts.

»Wer mich aber s p r e c h e n will, Matthies: gegen Mittag bin ich eigentlich immer im Forsthaus. — Im übrigen: Sie und ich, wir wissen ja, daß die reelle Arbeit immer noch das sicherste und beste ist. Und wer hier reell arbeitet, der wird auch reell bezahlt werden, darauf können Sie sich verlassen. Na, dann Mahlzeit, Matthies.«

»Mahlzeit, Herr Forstmeister.« Damit nimmt er seine Mütze, macht seinen schwerfälligen Kratzfuß, nickt freundlich und schiebt sich sachte aus der Tür. —

Man braucht — und ich glaube auch, man s o l l —, was man will, nicht immer vierkant hinausposaunen. Es geht viel besser mit der halben Lautstärke und den halben Tönen zwischen den Zeilen, ohne daß damit im geringsten intrigiert würde. Was man will, und was die Sache verlangt, muß man haargenau wissen, aber man muß es jedem in der Sprache sagen, die er versteht. Matthies hatte mich vollkommen verstanden, und die, denen er, was ich gesagt und nicht gesagt hatte, übersetzte, verstanden es offenbar auch, denn gemessen an dem, was ich von Oberschlesien gewohnt war, blieb der Darß zu allen Zeiten ein ausnehmend friedliches Revier, in das erst im Mai 1945 der Mord einzog.

Selbst die Wogen politischer Bewegungen, die von den großen Städten ausgingen, liefen nur in kraftlosen Ausläufern zu uns heraus, und es war nicht schwer, sie zum Versickern zu bringen. Weit besser als die fremden Redner, die von irgendwoher zu uns geschickt wurden, um die Waldarbeiter aufzuklären, waren die Forstverwaltung und der Forstmeister mit den Problemen ihrer Untergebenen vertraut. Gesunde, ausreichend geräumige Wohnungen, Sicherung ihres Alters, angemessene Entlohnung, eine Anzahl sozial wünschenswerter Maßnahmen, die bei etwas Geschick, Einsicht und gutem Willen schrittweise erreichbar erschienen —, das war es, worum es sich handelte, und es lag in meinem eigenen Interesse ebensosehr wie in dem meines Waldes, nicht nur die Förster, sondern gerade auch die Waldarbeiter an den Wald zu binden, sie in i h r e m Walde zu beheimaten.

Die Waldarbeiterhäuser auf dem Darß, die mit der großzügigen Hilfe des Hamburger Industriellen Philipp Reemtsma in den folgenden Jahren gebaut und mit jeder Monatsmiete zunehmend Eigentum ihrer Bewohner wurden, gehören daher noch heute zu den wenigen Dingen, von denen ich glaube, daß ich mir etwas auf sie einbilden kann.

Und der Wald hatte die gute Zusammenarbeit bitter nötig, besonders im Norden, wo die Anlandungen der Meeresströmung durch Aufforstungen gesichert und gefestigt werden mußten, wohin aber, mangelnder Mittel, schlechter Löhne und weiter Anmärsche wegen nicht recht Arbeitskräfte zu bekommen waren, bis wir darauf verfielen, den jungen Mädchen und Frauen in den Dörfern Leiterwagen mit Ziehharmonika-Begleitung zu versprechen.

Hin- und Rücktransport frei, und dazu Leistungslöhne, die einen sichtbaren Gewinn versprachen; da waren sie plötzlich da, 30—40 für jede Kultur, und es gab kein Frühjahr mehr, in dem nicht die Pflänzlinge vor Einsetzen des trocknen Ostwinds gesetzt und unter Ausnutzung der Winterfeuchte angewachsen waren.

Singend fuhr unsere fröhliche Fracht allmorgendlich hinaus ins Revier; die Ziehorgel dudelte lustig mit, und singend und lachend senkten sie auch die jungen Baumpflänzlinge in das vorbereitete Erdreich, während die Gespanne in der Zwischenzeit zu allerlei Diensten im Revier ausgenutzt wurden, bis zu Feierabend die Fuhren wieder heimwärts rollten durch den frischen Vorfrühlingsabend.

Neben den Kulturen kamen sogleich die Gräben an die Reihe, die Vorflutgräben, die besonders in einem flachen Revier so außerordentlichen Einfluß auf den Grundwasserstand und damit zugleich auf die gesamte Entwicklung der Baumbestände und auch der Böden eines Reviers besitzen.

Worauf es mir besonders ankam, war, richtig regulierte, n i v e l l i e r t e , ständig fließende Gräben zu bekommen, damit nirgends das Wasser stand und stockte. In fließendem Wasser hält sich auch der Leberegel nicht, der Todfeind gesunder Wildbestände. — Es kommt dabei nicht darauf an, daß das Wasser immer a b fließt, sondern daß das Grabensystem bei auftretenden Fluten mit hohem Wasserstand in der Ostsee das Wasser aufnimmt und es hernach ohne Überstürzung, aber reibungslos und zuverlässig ans Meer zurückführt, daß also immer B e w e g u n g in den Gräben ist, ein Auf und Ab wie das des Atems in einer Lunge — Bewegung, gleichviel in welcher Richtung. Und so hatte ich bald mit Gummistiefeln und Motorpumpen ausgerüstete Spezialteams unterwegs, die die Gräben systematisch überholten und im abschnittweise trockengelegten Bachbett s e h e n konnten, was sie arbeiteten, wo sie entkrauten, entschlammen, den Bachgrund abtragen oder aufhöhen mußten.

Der Lohn dieser Mühe blieb nicht aus. Die Wiesen entsäuerten sich, das Gras wurde süß und fett, und man glaubte es förmlich zu spüren, wie der Kreislauf der Säfte in Kräutern, Busch und Baum leichter und lebhafter, freudiger und kräftiger vonstatten ging, seit mit der Vergrößerung der Grabenquerschnitte und -tiefen die stagnierende Nässe beseitigt war.

Nach wenigen Jahren schon hatte ich die herrlichsten Wildwiesen im Walde, sechshundert Morgen etwa, die, wieder in Ordnung gebracht, sehr schöne Erträge brachten, besonders nachdem Dünger aufgefahren worden war und ich begonnen hatte, den Schnitt partienweise zu versteigern. —

Alles im Walde will auf lange Sicht getan sein, durchdacht und behutsam, in dem Bewußtsein, daß Mißgriffe in ihren Folgen erst nach Jahren erkennbar werden. Die Erde ist voll von Denkmälern dessen, was menschlicher Unverstand, menschliche Raubgier, menschliche Nachlässigkeit am Walde gesündigt haben. Nackte Felsstöcke, aus denen das fruchtbare Erdreich hinweggewaschen ist, blühende Ebenen, die sich in Staubwüsten verwandelten, Täler, in denen früher unbekannte Überschwemmungen jährlich ihren Opferzoll fordern, sie alle legen Zeugnis davon ab, wie sehr der Mensch sich hüten muß, die gewachsene Ordnung, das vorhandene Gleichgewicht der Natur, etwa eines Waldes, einer Landschaft, zu stören.

Und kein Wald ist wie der andere! Jeder ist auf seine Weise geworden, ist das Ergebnis des Zusammenwirkens vieler verschiedener Kräfte, und derjenige, in dessen Hand das Schicksal eines Waldes gelegt ist, trägt eine große Verantwortung.

Nun sind freilich Forst und Wald nicht ausschließlich ein Märchenreich für Gefühlvolle, sondern in dieser Welt, in der wir leben, ob in privater Hand oder als Staatsbesitz, ein bedeutendes Wirtschaftsgut, und Wirtschaft, Forstwirtschaft zu treiben, ist die Aufgabe des Forstmannes.

Aber der Wege, die er dabei gehen kann, sind viele, und nicht alle haben immer zum guten Ziele geführt: auch im Walde hat es Rechenschieber-Epochen gegeben, in denen nackter Materialismus ausschließlich nach Gewinnprozent-Gesichtspunkten handelte, in denen, wo früher das Geheimnisvoll-Lebendige wirkte und webte, man aus dem Walde eine Holzfabrik zu machen suchte, in der, nach Parzellen geordnet, Holzsorten in Monokulturverfahren hergestellt, abgetrieben und verkauft wurden. Da verband sich Merkantilismus mit subalternen Kasernenhof-Gesichtspunkten, um sortenweise in Reih und Glied Hölzer gleicher Art, Mächtigkeit und Nutzbarkeit zu erzeugen und sie im richtigen Augenblick zu günstigem Preise loszuschlagen. Eine Zeitlang war es ›dernier cri‹ der Waldmode, überseeische Baumsorten zu importieren, von denen man sich wegen ihrer Schnellwüchsigkeit und Holzqualität goßen Nutzen versprach. Das Experiment schlug fehl. Allein die Douglasfichte ist von all diesen eingebürgerten Fremdlingen auf die Dauer hierzulande wirklich heimisch geworden, während andere amerikanische Nadelholzarten, unfähig sich den europäischen Wachstumsbedingungen anzupassen, schnell degenerierten und kaum einen Bruchteil der hohen Erwartungen erfüllten, die man in sie gesetzt hatte.

Zu der Zeit, als ich den Darß übernahm, waren derartig rein materielle Forstwirtschaftsauffassungen aber schon nicht mehr von Bedeutung. Mancher alte Forstmann allerdings, mancher brave, im Dienst ergraute Beamte, hatte dennoch große Schwierigkeiten, zu begreifen, daß ein wilder Birnbaum in einer Kultur nicht unbedingt ausgemerzt, eine zweihundertjährige Kiefer, wie sie knorrig und von Stürmen zerzaust sich am Weststrande behauptet hatte, nicht ausschließlich nach ihrem Nutzholz-Ertrag bewertet werden mußte. Sie waren zum Teil noch in der Auffassung erzogen, in einem Bestand von Kiefern eben nichts anderes als Kiefern zu dulden, etwa die »peitschenden Birken« als angebliche Schädlinge auszumerzen und von einem zum Schlagen bestimmten Bestand ausnahmslos auch jeden Baum zu schlagen. Es war daher nicht ganz einfach, sie davon zu überzeugen, daß ein überständiger, uralter Baum zwar die ›Einheitlichkeit‹ eines Bestandes ›störe‹, daß es aber auf diese hierbei in gar keiner Weise ankomme, sondern auf die landschaftliche Schönheit, die Vielfalt, den Reichtum und das Miteinander der Lebensformen, vom Kerbtier im Beerkraut am Boden bis zum Adler im Wipfel der mächtigen Kronenbuche und der Kiefer auf dem hohen Kliff.

Mehr und mehr festigte sich in mir diese Überzeugung. Ich fand, daß der Forstmann ein bißchen sich fühlen und handeln müsse als ein Handlanger des Lieben Gottes, der Seinem Willen, wie er sich überall in der Natur ausdrückt, nachspürte und zur Verwirklichung verhalf und so mitschuf an der großen Harmonie des Lebendigen, in der alles seinen Platz findet, Pflanze und Tier und schließlich auch der menschliche Gesichtspunkt der Nutzung.

Behutsam sollte er vorgehen, geduldig, ausgleichend und fördernd; um so reicher würde das Leben unter seinen Händen gedeihen. Aber er würde auch den Mut haben müssen, zu schneiden, wo es not tat!

Es ging zum Beispiel nicht an, aus Sentimentalität den Wildstand in einem Revier so groß werden zu lassen, daß der Wald durch Schäl- und Verbißschäden ernsthaft Schaden litt. Auch hier war ein überlegt und planvoll geschaffener Ausgleich nötig und richtig. Und das hieß: das Wild kurz zu halten — der Wald war wichtiger als das Wild.

Ein guter Wildstand ist bald, in wenigen Jahren, aufzubauen, ein Wald dagegen —: wie langsam ein Wald!

Es hieß, in die Praxis übertragen: wieviel und welches Wild konnte man halten und s o l l t e man halten, ohne dem Walde

Schaden zu tun? Und die Antwort lautete: vor allem einmal n i c h t z u v i e l Wild, zum zweiten: nicht zuviel Kahlwild — nur etwa die gleiche Zahl Hirschkühe wie Hirsche und von beidem nur die besten. Es galt daher g e n u g zu schießen, nur die besten Hirsche, die stattlichsten Alttiere zu schonen und sich vererben zu lassen, und es gehörte bei den kurzen und meist unerwarteten Begegnungen im hohen Farnwuchs des Darß ein gutes Auge dazu, das Wild richtig anzusprechen, und häufig ein sehr rascher Entschluß, ihm die Kugel anzutragen.

Allmählich wuchs bei alldem auch der Gedanke, den Darß, diese letzte Wildnis an der pommerschen Ostseeküste, die mir das Schicksal in die Hand gespielt hatte, trotz korrekter forstlicher Nutzung als Naturschutzgebiet zu erhalten. Und so fing ich, zunächst noch ohne bewußten Plan, damit an, einzelne sehr alte Bäume an geeigneten Stellen zwischen dem jungen Nachwuchs stehenzulassen: mächtige Buchen mit säulenstarken silbernen Stämmen, mehrhundertjährige Kiefern, in deren turmhohen Wipfeln die Fischadler horsteten, uralte Eiben oder düstere Wacholder. Daneben ließ ich Wildobstbäume im Revier anpflanzen, jedes Jahr einige tausend Stück Wildapfel und Wildbirne, die bald sehr gut trugen und eine hervorragende Naturäsung ergaben. Und ich ließ Ebereschen mit Birne pfropfen, wie ich es in Schweden bei Bengt Berg gesehen hatte, der schon in den zwanziger Jahren auf dem Darß mein Gast war, der mein Freund und in manchen Dingen mein Mentor wurde und meinen Gedanken um das ›Naturschutzgebiet Darß‹ in langen Kamingesprächen starke und fördernde Anregungen gab.

Welch ein Mann! Einmalig und ungewöhnlich in Leben und Wesen. Er war der erste, der die Tiere nicht vermenschlichte, wenn er sie beschrieb, sondern sie so schilderte, wie sie wirklich lebten.

Kein studierter Mann im normalen Sinne des Wortes, sondern von der Schule ausgerückt, und nach mancherlei Abenteuern in aller Welt in Bonn im Museum König als Präparator — als Tierausstopfer gelandet. Seine Dioramen, die er für das Museum schuf, gelten noch heute als Meisterwerke.

Hinzu kamen später seine Geschenke: fast alle afrikanischen und asiatischen Büffel und Antilopen, überhaupt alle Dinge, von denen er glaubte, daß sie für ›sein‹ Museum König besonderen Wert haben könnten, gab er dorthin: ihre Zahl ist Legion. Mit Geheimrat König, dem Begründer und Leiter des Hauses, war er eng befreundet und weilte oft auf seinem Gute Blüchershof in Mecklenburg, wo er ihn bei der Rotwildhege beriet.

Schon früh hatte er sich eine ungemeine Fähigkeit genauer Beobachtung angeeignet, als er in Lappland und Nordschweden der Wildnis ihre Geheimnisse abzulauschen suchte.

Den großen Durchbruch brachte dem jungen und keineswegs sehr erfolgreichen Romanschreiber sein erstes Tierbuch: »Mein Freund, der Regenpfeifer«, unveränderlich eins der Meisterwerke der Tierschilderung und der Tierphotographie.

Ein Mann so eigenwilliger Art hatte natürlich nicht nur Freunde, groß und schlank, ein richtiger Wikinger, wie man sich ihn nur vorstellen kann, gerade heraus mit der Sprache, ein phantastischer Erzähler, Berichterstatter und Schilderer. Ich nannte ihn einmal einen »Gauer«, was, da es die Bezeichnung für einen außerordentlich bösartigen Büffel Hinterindiens ist, zunächst empörten Protest auslöste, dann aber doch mit einem gewissen Stolz akzeptiert wurde. Bengt konnte auch, wenn er wollte und jemand aufs Korn genommen hatte, gezielt und dadurch wahrhaft vernichtend boshaft sein. Und ebenso bestrickend liebenswürdig, wenn es ihm gefiel. Ganz, wie es gerade kam.

Man mußte ihn erleben, wenn er erzählte von seinen Reisen in fremden Ländern, seinen monatelangen Gastspielen an Höfen indischer Maharadschas, die sich von ihm in Jagdfragen beraten ließen, und man war fasziniert von seiner Gabe, die Hintergründe zu erfassen und dem Zuhörer sichtbar zu machen. Es war das gleiche wie in seinen Büchern: Schilderung seltsamer Dinge und Tiere wie in »Abu Markub«, in »Tiger und Menschen«, und wer erinnerte sich nicht des Umschlagbildes seines berühmten Buches »Die letzten Adler«?, wer nicht der faszinierenden Darstellung in »Mit den Zugvögeln nach Afrika«, die jedem Leser neue Welten erschloß und die Fernensehnsucht weckte, der er selbst erlegen war, als er den Zugvögeln nachreiste und den schwedischen Kranichen bis in ihre Winterquartiere am oberen Nil durchs Land und übers Meer folgte.

Bengt Berg, der große Tierkenner, war aber keineswegs ein Tierfreund im Sinne moderner Tierschutzbündler, sondern ein hervorragender Weidmann, und einer begeisterten Leserin und Bewunderin seiner Bücher, die enttäuscht war, daß er auch die Büchse führte, schrieb er unverblümt: »Ich glaube nicht, meine Dame, daß Sie viel Freude im Leben haben werden, wenn Ihr Gatte nur Äpfel zu essen bekommt. Der Mensch braucht zu seinem Wohlbefinden auch Fleisch. Blutige Steaks — so schrieb er wörtlich — dagegen werden Ihrem Manne dazu verhelfen, ein wirklicher Mann von Kraft und Saft zu sein!«

So, ein Mann von Saft und Kraft, unbändig und großartig, lebte er auf seinem Landsitz in Blekinge in seinem Hirschpark: Jäger, Fischer, Schriftsteller, Maler, Gastgeber, Erzähler, Berater und Bereicherer der forstlichen Wissenschaft, bis ihn auf der Jagd im Jahre 1966 ein Schlaganfall niederwarf.

Am 29. Juli 1967 wurde er von seinem Leiden erlöst. —

Mit jedem Jahre nun schäumte die weiß-rosige Woge der Wildobstblüte heller durch das Revier, und die Bäumchen wiegten sich in ihrem zarten Schmuck wie Prinzessinnen vor ihrem ersten Ball. Wie lind und leise fächelte die Luft an solchen Frühlingstagen im Windschatten hinter der Düne, wo der Wildapfelbaum mit seinem Schwall rosa Blüten vor dem Himmelsblau und Sonnengold prunkte und prahlte! Und wie scharf und hart fegte zur gleichen Zeit der Seewind den Sand zum Dünenkamm hinauf, der Rinde und Blattwerk der Bäume abschliff und in jahrelanger Beharrlichkeit die ›Windflüchter‹ formte, die ihre Kronen landwärts wehen lassen wie Fahnentuch.

Vor dem Dünenkamm, da wuchs jene einzigartige Hecke aus zähen Jungbuchen, die so abgeschliffen war vom Winde wie ein Polster und so dicht und elastisch, daß man, ohne eine Decke unterzulegen, darauf liegen konnte wie auf einem Bett. Seit ich als Junge mit Vater zum ersten Male hier gewesen war und mich in das grüne Pfühl hatte fallen lassen, gab es für meine Begriffe kaum etwas, das sich mit diesen Traumstunden vergleichen ließ! Man lag in der Luft, der Wind sauste unter einem hindurch — das weiche, junge Blattwerk flatterte und flirrte neben dem Ohr, in dem zähen Geäst sang und zirpte, ruschelte und flüsterte der Wind, und man hörte das unaufhörliche Knistern des Sandes, der mit dem Winde die Düne hinanwanderte, ebenso deutlich, wie das lispelnde Schrillen der Luft an den scharfen Kanten des Strandhafers, das ungeduldige Rascheln im trockenen Seegras und das vielstufig abgetönte Blasen der runden Flöten im Orgelwerk des Windes.

Und dieses ganze Konzert baute sich auf vor dem Hintergrunde des Brandungsrauschens, das einförmig und mächtig die Luft erschütterte und nur selten erstarb.

Ich brauche nur die Augen zu schließen, um heute noch, nach soviel Jahren, die unterschiedlichen Töne zu hören, mit denen der Wind in den verschiedenen Beständen durch die Wipfel ging, und sogleich ist mir, ich wäre wieder zu Hause. Ob ich das noch einmal erleben werde —, den milden Sommerwind, der in den Fichten singt —, ganz von Sonne aufgelockert und durchwärmt — süß und einlullend, eine betörende Sinfonie, die einem nie zuviel wird, der man lauscht und lauscht, zeit- und selbstvergessen, während unter dem sommerblauen Himmel die weißen Wolkensegel ziehn?!

Oder das zornige Brausen der Herbststürme, wenn am Strande die Brandung donnert und tost, und in den alten Beständen die dicken Stämme ächzen und knacken, wenn fallende Äste, von der Gewalt des Sturmes aus den Kronen gebrochen, krachend herniederprasseln und dumpf auf den weichen Waldboden aufschlagen. Wenn zu den gewohnten Stimmen des Windes das Große-Baß-Register gezogen ist und der Sturm mit vollen Händen hineingreift... Wenn die Pferde vor dem Jagdwagen unruhig im Gebiß kauen und steil und nervös die Hufe setzen und mit den Ohren spielen, ganz wach, ganz, bis in die Haarwurzeln der blanken Decken, voll Sprungbereitschaft und Leben.

Und die Hunde dann, die noch lebhafter und passionierter schienen als an anderen Tagen!

Sie liebten die kalte, harte Luft, die mit schrillen Stimmen durch das Unterholz fuhr, und warfen immer wieder rasche Mondsichelblicke zu uns herauf, als wollten sie sich vergewissern, ob wir auch den vollen Genuß dieses herrlichen Sturmtages zu kosten wüßten.

Damals glaubten wir's zu wissen, und es ist mir manche Szene wie ein Foto ins Gedächtnis gebrannt: die Pferde, die Hunde, der Wald — meine Frau neben mir im Jagdwagen, schweigsam und aufgeschlossen für alle Eindrücke, und neben uns, auf ihrem schönen Braunen, Ursula Anna! Heute freilich... Aber es nützt nichts, um Verlorenes zu klagen.

27 HÜTTE ÜBER DEM MEER

1925 baute ich meine Jagdhütte, zehn Kilometer von Born und dem Forstamt entfernt, mitten im hohen Walde: Pferdestall, Proviantraum, Küche, Gastzimmer, Wohnzimmer mit Bettnische und Kamin, das ganze unter tief herabgezogenem Rohrdach — ohne Telefon! —, unvergleichlich!

Von niemand erreichbar, konnte ich hier in der letzten vorgeschobenen Einsamkeit hausen, und ich hinterließ strenge und eindeutige Weisung: nie durfte mit dem Essen auf mich gewartet, und erst wenn ich am nächsten Mittag nach meinem Ausreiten nicht zurück war, durften Nachforschungen eingeleitet werden, vorher nicht. Bei aller Liebe — ich wollte nicht dauernd eine ängstliche Schürze hinter mir wissen!

Jahre später ließ ich dann noch — getarnt und für Wild und Mensch gleich unsichtbar — Telefon hinausverlegen, nachdem mir klargeworden war, daß es dem Revier zugute kam, wenn niemand mehr sich ausrechnen könnte, daß der Forstmeister, da in der Jagdhütte auf Stunden unerreichbar, hier oder dort nicht erwartet zu werden brauchte.

Leben auf der Hütte. Was in meiner Erinnerung käme dem gleich?! Keine Frauen! — und wenn doch Frauen, dann »räumte ihnen ein streng geachtetes Verbot das Vorrecht ein, keinerlei Arbeit verrichten zu dürfen«: Sie waren Gäste, und sie sollten sich als Gäste fühlen in einer Welt, die uns Männern gehörte und in der die Männer sich jede Arbeit vorbehielten, Küche, Stube, Herd und Abwasch...

Weit wird mir das Herz, wenn ich an meine Hütte denke und an das Leben darin mit meinen Freunden. Wie viele Male hat dort der Kamin gebrannt, wie viele Gedanken sorgenbelasteter Männer sind dort in die zuckende Flamme oder die langsam verglimmende Glut hineingesprochen worden, frohe, besinnliche, bekennende, wenn die wohlige Erschlaffung nach dem langen Pirschtag, wenn der Mosel oder der purpurne Burgunder nach dem deftigen Essen und die tiefe, raunende Stille der Waldnacht draußen die Zungen lösten.

Einer nach dem anderen ziehen sie mir herauf, die Freunde und Gefährten, die Jagd- und Pirsch- und Festgenossen vergangener Jahre. Für jeden von ihnen bin ich dem Schicksal Dank schuldig, das sie mir zuführte und mir ihre Zuneigung gewann.

Welche unendlichen Wellen des Gelächters haben sich, gleich der Brandung am nahen Strande, an den Balkenwänden des Jagdhauses gebrochen! Wieviel Ernst hat dort in heißer Sorge die großen Geschehnisse der Welt erwogen und erörtert —, welche Vielfalt der Charaktere, der Temperamente, der Berufe sich dort zusammengefunden!

Wollte ich Namen nennen —, wo sollte ich beginnen?!

Bei Christern, dem »unvermeidlichen« und immer erwünschten Teilnehmer aller Freuden der Jagd, des Sattels und des

Parketts, dem großen Landwirt und späteren Panzergeneral! Wir waren ein Herz und eine Seele und sind es noch.

Bei den Herren v. Asseburg, Vater oder Sohn, den unermüdlichen Förderern des deutschen Schweißhundwesens, meinen verehrten Freunden?!

Bei Frhr. v. Langen, dem berühmten Reiter, dem sagenumwobenen Olympiasieger von 1928 in Amsterdam, der allzufrüh, 1934, in der Großen Military den Reitertod fand, und seiner Frau ›Mimusch‹, oder bei Graf Herbert v. Trautvetter, dem Nachbarn, Freund und ausgezeichneten Jäger und Schützen? Bei Uli Jaenecke, dem Unwiderstehlichen, dem Frauenverehrer, Spaßmacher und geistvollen Witzbold, dem unerschöpflichen Quell immer neuer Erheiterungen, Uli, dem »Edeltreiber«?! Bei den Schweden vielleicht, die alljährlich zur Jagd auf den Darß kamen? Den drei Brüdern Carl, Jan und Krister Kuylenstierna, von denen Krister ›König Midas‹ genannt wurde, weil ihm, was er anfaßte, in den Händen zu Gold ward? Mit ihnen kamen Theodor v. Anckerkrona, der Meisterangler, und Graf Otto Wachtmeister mit seiner Frau, kamen Thorsten Olsson, Erik Bonde und Johan Berg v. Linde.

Ja, Erik Bonde! Ihm soll es nicht vergessen sein, daß er, der einzige, der nicht überreich gesegnet war mit irdischen Gütern unter meinen alten Freunden aus dem Norden, hilfreich aus der Ferne die Hand mir bot, als ich nach 1945 heimatlos und flüchtig in dem großen Strom des Elends trieb. »Komm«, schrieb Erik, »ich habe nicht viel, aber es ist genug, auch für dich, um deinen Lebensabend hier zu verbringen.«

Und sie alle brachten Lachen mit, Jagd- und Lebenslust, und je mehr es rund ging, je höher die Wogen schlugen, je wilder der Becher der Freuden überschäumte, desto wohler war ihnen.

Mit ihnen zugleich aber ziehen andere Bilder herauf, treten die Gestalten alter Nachbarn und Freunde aus der Erinnerung hervor: Helms auf Obermützkow in der Nachbarschaft Schuenhagens, elegant und charmant, vor dem Wagen die schönsten Traberhengste —, Metelmann, der Musterlandwirt, und der

Oberamtmann Matthies, ein Selfmademan, der durch rastlosen Fleiß, beispiellose Energie und hervorragendes Können wahrhaft fürstliche Besitztümer erarbeitet hatte, und der, wie er gern mit Betonung vortrug, »über tiefverschneite Scharseen herbeigeeilt« war. Matthies, der zu sagen pflegte, »die beste Kur ist die Übernahme eines verlotterten Gutshofes; eine andere braucht der Mensch nicht«, und der vom First seines höchsten Speichers aus mit dem Jagdglas nachsah, ob auf den entfernteren Schlägen auch fleißig gearbeitet wurde.

Neben ihnen mein Freund Feicht, der Brauereidirektor, der uns bei den winterlichen Saujagden »immer sein Direktionsbier aufdrängte«, unbeschränkt gastlich, wie er war, und der Geheimrat Pels-Leusden, berühmter Chirurg der Greifswalder Universitätsklinik, ein scharfer, geistvoller Kopf, hervorragender Operateur und passionierter Jäger, der jeden Forstmann unentgeltlich operierte und die Feinheit und Geschliffenheit seines Geistes gern hinter äußerer Grobheit verbarg.

Weiter Walten Juhl, zwei Meter Höhe, fröhliches Gemüt und so nette Frau, die im Juni 1945 auf so tragische Weise endeten: Auf ihrem eigenen Grund und Boden, unweit ihres Hauses, in dem wir so oft und fröhlich beisammen gewesen, wurden sie von einem ihrer Knechte mit Juhls eigener Doppelbüchse kaltblütig über den Haufen geschossen: ermordet. Wochen später erst fand man sie dicht am Gut im Walde auf...

Oder Graf Cartlow, der auf seinem Besitz im Demminer Kreis sein Leben ganz nach alter Herrenart lebte und genoß! Dazu die liebenswürdig-chevalereske, scharfgeistige Art des Regierungspräsidenten Dr. Haussmann aus Stralsund und die etwas deftige unseres Landrats jener Jahre, des Herrn Rönneburg mit seiner flotten, lebenslustigen Frau, die womöglich alle kleinen Drückjagden mitmachte, zu denen ihr Mann geladen war, und die viel lieber mit den Treibern die Dickungen durchstöberte, als auf dem Stande bei ihrem Mann zu frieren und auf Anlauf zu warten. — Die pommerschen Grafen Wachtmeister; die Bassendorfer mit ihren großartigen Töchtern, unseren geliebten ›Contessinas‹, mit denen wir so manche Nacht vertanzt, so manchem Morgen entgegengefeiert haben!. Die mit uns gingen durch dick und dünn. Und die n i c h t flohen, als 1945 der Russe kam, als ihre Eltern unter den Pistolensalven roter Kommissare endeten. Sondern die an der Erde festhielten, die die ihrige gewesen war, auf der sie geboren und aufgewachsen und glücklich gewesen waren, und die sie nun nicht glaubten verlassen zu dürfen . . .

Und immer noch kein Ende der befreundeten Gestalten! Ich denke an Dr. Heinrich, den Arzt in Prerow, den passionierten Weidmann, an meinen Freund Heyden-Linden, den besten Schützen mit der Büchse, der mir je begegnete, an die Lukascheks, die ich eines Tages durch Zufall kennenlernte auf ihrem verwunschen-abseitigen Besitz: ihn, den Erben und Herrn großer Industriebetriebe in Schlesien, verfeinert, gescheit, hochgebildet und kunstsinnig, zu alledem im Besitz praktisch unbeschränkter Mittel — »die haben zwohundertfuffzigtausend jährlich zu verleben« —, sie: eine der schönsten Frauen, die mir je im Leben begegnet sind, Tochter eines Forstmeisters, deren kurze, glanzvolle Karriere an der Seite dieses Mannes eine ihrer Schönheit würdige Krönung fand. —

Ich denke an General v. Römer, der oft mein Jagdgast war und später im Generalslager von Moskau elend eingegangen ist, denke an meinen alten, väterlichen Freund, den Oberlandforstmeister Laspeyres, der bis zu seinem Tode bei mir ein- und ausging, immer offenen Herzens für meine forstlichen Sorgen, immer bereit, seinen Einfluß, sein Wort, seine Unterschrift für das Gedeihen des Darßer Waldes einzusetzen, und zu dessen Gedächtnis wir später eine Revierförsterei Laspeyreshagen nannten. Ich denke an viele Ornithologen, Biologen, Forstwissenschaftler und alte Kriegskameraden, an Kynologen, Tierpsychologen, Fotografen und Filmleute, ich denke an den General v. Hammerstein, vor 1933 Chef des Generalstabes, den »roten« Hammerstein, so benannt wegen seiner Rußlandfreundlichkeit und — seines Verständnisses für den einfachen Mann, den ›kleinen Dienstgrad‹, denke an manchen

Jagdgast aus hohen Ministerien, dem ich Gastfreundschaft gewähren m u ß t e , als er kam, und den ich ungern scheiden sah, als er ging. Endlich aber, bewußt und aufgespartermaßen ganz zuletzt, gedenke ich Hans Korndörfers. Das war ein Mann, wie es nicht viele gibt — gab, denn er ist nun schon längst dahin. Aber sein Bild ist mir gegenwärtig, als könnte jeden Augenblick die Tür aufgehen und ›Pappi‹ Korndörfer eintreten, groß, massig, mit buschigen Brauen und kahlem Haupte, lebenskundig und lebensfroh.

Bis 1918 war er Kaiserlicher Marineoffizier, danach Mühlendirektor, Präsident der Handelskammer Altona und bald führende Persönlichkeit in der norddeutschen Wirtschaft, und zu Hause Familienvorstand in einem wahrhaft patriarchalischen Sinne.

Als er mir das erste Mal schrieb — einer Hundeangelegenheit wegen — ahnte ich nicht, wer hinter diesen sehr bescheiden gehaltenen Zeilen stand.

Als ich jedoch das erste Mal in seinem Hause in Altona an der Familien-Abendtafel teilgenommen hatte — zwei Töchter und vier Söhne, eines hübscher und wohlgeratener als das andere, und milde residierend darüber Clara, die eben ergrauende und nichtsdestoweniger liebliche Mutter dieser Kinderpracht —, da wußte ich, daß ich hier etwas sah, was es angeblich gar nicht mehr gab: eine richtige Familie.

Hans Korndörfer zu Hause und im Beruf, das schon war, soweit meine Erfahrung reicht, außerhalb der Norm. Hans Korndörfer in der Jagdhütte hatte nicht seinesgleichen. Obwohl ich leidlich koche und nicht sagen kann, daß mir der Herd direkt zuwider sei, muß ich zugeben: ich sehe lieber andere in der Frikadellenschmiede. Hans Korndörfer dagegen war — neben vielem anderen — ein Koch aus Leidenschaft! Wildbret, von ihm zubereitet ... wenn er da singend am Herde stand und schmorte und probte, schmeckte und würzte . . . es ging nichts darüber. —

Das ganze Jahr hindurch kamen und gingen die Gäste; freundnachbarlicher und beruflicher Verkehr griffen dabei oft ineinander über, und da ich nach und nach auf etwa vierzig umliegenden Gütern die Waldberatung übernahm, kam auch ich viel im Lande herum und bekam Einblick in viele Gutsbetriebe, gesunde und weniger gesunde, und in viele Familien auch. Und ich fand Freunde dort — unter den Alten, die ich in ihrer Waldwirtschaft beriet und denen ich die Forstgutachten für die finanzielle Bewertung schrieb, und unter den Jungen, nicht zuletzt den jungen Töchtern, die dem ›Jägersmann vom wilden Darß‹ ihr Herz öffneten und ihn an ihren Sorgen und Heimlichkeiten Anteil nehmen ließen.

Wie waren sie oft hin und her gerissen zwischen Vorsicht und Neugier! Nichts bereitet einem ja sicherer den Weg zu ihnen als der Ruf, kein schneeweißer Zuckerhund zu sein, und die Witterung, die nun einmal der grünen Farbe anhaftet.

Ich denke an manchen Jagdgang in solcher Begleitung, an manche stockende Beichte einer halblauten Stimme am Ansitz, an manches Duell schneller, wie Florettklingen hin und her stoßender Worte, an manchen gesenkten braunen Scheitel und an Tränenspuren auf dem grünen Tuch. Und ich möchte nichts davon missen. —

Am 12. Oktober 1923, beim frühesten Morgengrauen, schoß ich meinen ersten starken Hirsch auf dem Darß, den »Einstandshirsch«, einen ungewöhnlich kapitalen Vierzehnender. Es war zugleich der letzte Klassehirsch für lange Zeit; denn nun begann die Hege, die Erneuerung des Wildbestandes mit der Büchse, und so wurden für ein paar Jahre nur Kahlwild und nur solche Hirsche geschossen, die dem Zuchtziel nicht entsprachen.

Der Erfolg blieb nicht aus; noch in den zwanziger Jahren konnten sich die Darßer Hirsche wieder mit den meisten anderen im Reiche messen.

Nicht anders verfuhr ich mit dem Rehwild und den Sauen, die ich durch Zufuhr frischen Blutes vom Festlande her auffrischte und so vermehrte, daß ich schon nach wenigen Jahren daran denken mußte, einiges vom Bestand freizugeben.

So setzte ich mich also hin und schrieb etwa ein Dutzend Einladungen zu einer Saujagd in den ersten Januartagen, richtete Küche und Keller, teilte die Treiben ein, besprach ihren Verlauf mit den Revierförstern und den drei »Leibtreibern«, die ich mir aus dem Stamm meiner Waldarbeiter herangezogen hatte, und bestellte die Quartiere für meine Gäste.

Die Vorbereitung einer solchen Jagd war immer ein Stückchen Generalstabsarbeit; zu ihrem Gelingen gehörte nicht nur ein einwandfreier Zeitplan, gehörten nicht nur zuverlässige Schützen, sondern vor allem auch Treiber, die sich auf ihr Geschäft verstanden, in jedem Augenblick im Bilde waren und untereinander, mit den meuteführenden Jägerlehrlingen und den Hunden selbst zusammenzuarbeiten verstanden; denn niemand möge denken, daß das Treiben darin bestehe, mit viel Lärm randalierend durch den Wald zu ziehen, den Wind im Rücken, und das Wild zu beunruhigen!

Treiben ist eine große Kunst. Man muß lautlos treiben, so als ob man »schlecht pirsche«. Lärm reizt das Wild nur dazu, gegen die Treiberwehr durchzubrechen. Das leise, »ungeschickt« ausgelöste Geräusch dagegen macht es unruhig und veranlaßt es zum Rückzuge, zum Ausweichen vor diesen törichten Schleichern, die offenbar ihr Handwerk nicht verstehen und denen dennoch nicht zu trauen ist.

Wie die Treiber, müssen auch die Hunde zuverlässig eingearbeitet sein, die Meute dazu erzogen, nicht an Rot- und Rehwild, sondern nur an Sauen und Füchsen zu jagen.

Jungen Hunden, die noch verspielt und die jagd- und abenteuerlustig sind, ist das ziemlich leicht beizubringen, indem man sie unter Anführung eines erfahrenen Hetzers in eine gegatterte Kultur schickt, in der man ein jähriges Wildschwein, einen »Überläufer«, eingesperrt hat. Der Führer bringt sie rasch auf die Saufährte, und nun erleben sie, daß man auf solcher Fährte eine Sau hochmachen und sie großartig in dem Gatter herumjagen kann. Dieses unvergleichliche Vergnügen bildet ihre erste Jagderfahrung und prägt sich in ihrem Gedächtnis als schönste aller Erinnerungen so fest ein, daß sie in

Zukunft die Sauhatz allen anderen Hundevergnügungen vorziehen.

Bis Silvester trafen die Antworten ein: alle schrieben, sie würden gern kommen!

So war alles auf das beste bestellt, und ich konnte in ruhiger Erwartung an diesem letzten Nachmittag des Jahres, wie es nun schon meine Gewohnheit geworden war, mit meiner Frau durch das tief verschneite Revier fahren, die Fütterungen revidieren, die Grenzen der Treiben von übermorgen besuchen, im Schnee aus den Fährten lesen, und, wenn sich die Gelegenheit bot, ein Stück Rotwild, einen Fuchs oder einen Schwarzkittel schießen.

Der Winter war hart in diesem Jahr. Es lag viel Schnee. Das Wild hatte schwere Tage und nahm eifrig die Rinde der jungen Aspen, die ich allenthalben im Revier in Mannshöhe mit der Axt hatte anknicken lassen, die Eicheln, Kastanien und Kartoffeln, die Rüben und das Heu an den Fütterungen.

Ich liebte diese letzte Fahrt im alten Jahr. Wir sprachen nicht viel; eins fühlte des anderen Wärme; ringsum stand schweigend der vertraute Wald. Der Schnee verschluckte den Hufschlag der beiden Braunen vor dem Schlitten, nur zuweilen klang ein Eisen hell an einen Stein, oder eines der Pferde schlug, Zügelfreiheit begehrend, mit dem Kopfe und schnaubte vor Behagen.

Kurz vor der Dämmerung, wenn die Kälte wieder zunahm, begann der Schnee zu knirschen und unter den Kufen zu jammern. Die Sonne versank blutrot hinter einem Streifen alten grauen Gewölks, und der letzte Abglanz ihres Lichtes färbte die Stämme der Buchen, der Fichten und Föhren, die dürren Blätter im Brombeergerank zur Seite des Gestells und den alten Schnee, in dem sich die zahllosen Spuren mit Schatten füllten und deutlicher noch als vorher lesbar wurden wie eine blaßviolette Schrift.

Am Strande dann, bei den großen Windflüchtern von Esperort, blieben wir eine Weile stehen und blickten hinaus über das Meer, das steingrau, mit weißen Häuptern in unermüdlich wiederholtem Anprall die Küste berannte, schon eingehüllt in die stumpfen Farben der Nacht, die aus dem Osten heraufstieg und ein neues Jahr heraufführen würde, ein Jahr neuen Lebens, neuer Erkenntnisse und Erfahrungen und — wollte Gott — neuer Freuden.

Dann kehrten wir heim; das Kaminfeuer empfing uns; wir fühlten unsere Wangen glühen von der Fahrt in der frostscharfen Luft, und nachdem wir uns umgekleidet hatten, erwartete uns das letzte festliche Mahl des Jahres, altes Porzellan, schneeiger Damast mit frischen Brüchen, schimmerndes Silber und funkelndes Kristall. Und wir setzten uns und aßen und ließen den Weihnachtsbaum ausbrennen mit dem alten Jahr.

Wenige Tage darauf, mit dem 16.36-Zug von Barth, kamen die ersten Gäste. Es war ein bitterkalter Tag, der Himmel wie mit glattem grauem Tuch ausgespannt. In der Nacht noch hatte es geschneit, und so hatten wir unsere Schlitten über den makellos weißen Neuschnee an die Bahn gesandt und warteten nun, daß sie unsere Freunde nach Born holten — zum Empfangswärmer, dem klaren, scharfen Schnaps, gleich hinter der Windfangtür noch vor dem Ablegen der Pelze und Wintermäntel, zum deftigen kalten Abendbrot und zur Plauderstunde am Kamin, die allerdings — mit Rücksicht auf die Schießleistung des kommenden Tages — ohne scharfes Zechen verlief und pünktlich um zehn Uhr endete.

Und wie lebendig-gesellig waren trotz der ungewohnten Trockenheit selbst diese kurzen Kaminstunden am Vorabend der Jagd.

An Hand von Revierskizzen wurde die Jagdplanung besprochen, zeigte ich die Anstellung der Schützen in den einzelnen Treiben, wie sie mit den Revierförstern abgesprochen war, beantwortete Fragen, begrüßte dazwischen Neuankömmlinge und hatte meine Freude, alle die altbefreundeten Gesichter, die fröhlichen Stimmen, die vertrauten Gestalten unter meinem Dache versammelt zu sehen, die an diesem Tage oder Abend eintrafen und nach geräuschvoller Begrüßung entweder im Forstamt oder im Gasthaus in Born untergebracht wurden.

Die Jagdgäste aus der näheren Nachbarschaft hingegen kamen erst in der Frühe des Jagdtages zum verabredeten Treffpunkt im Walde, so Freund Feicht aus Stralsund, so die Gutsbesitzer vom Festland, so der Doktor aus Prerow oder der Landrat aus Barth.

Wir fanden sie, wenn wir mit Wagen und Schlitten eintrafen, schon zur Stelle. Ihre Autos parkten, ihre Pferde standen warm zugedeckt, und sie selber wärmten sich an einem der zwei oder drei großen Holzfeuer, die ich hatte entzünden lassen, zusammen mit den Treibern, die, die Rockkragen hochgeschlagen, die Hände tief in den Hosentaschen, wartend von einem Fuß auf den anderen traten. Daneben die Hundeführer mit der hechelnden und unruhig an den Riemen zerrenden Meute der Wachtel und Rauhhaarteckel, die früh um sechs schon ihr Futter bekommen hatten; denn ein vollgefressener Hund, den eine Sau geschlagen hat, ist schwerer zu flicken als einer, der seine letzte Mahlzeit bereits verdaut hat. —

Im Forsthaus begann der Jagdtag eine Stunde später.

Um sieben Uhr ließ ich den Jagdlehrling im Korridor zum Wecken blasen. Der Hornruf prallte von den Wänden zurück, stieß das Treppenhaus empor, drang durch Tür und Wand und Schlaf und wirkte äußerst belebend; denn alsbald wurden Rufe nach Rasierwasser laut, und nach kurzem erschienen unsere lieben Freunde rosig, frisch und ausgeschlafen im Speisezimmer, wo sie unter Händereiben und angedeuteten Verbeugungen ihren Guten Morgen und ihre höflichen Erkundigungen nach dem Schlaf der Nacht vorbrachten, um sich dann, erneut in eine gewisse Schweigsamkeit verfallend, einem guten und ausgiebigen Frühstück in voller Muße hinzugeben.

Draußen war es noch dunkel; wenn man an die Fenster trat, sah man nur die breiten, erleuchteten Vierecke der Scheiben auf dem Schnee und, gegen den noch fast schwarzen Nachthimmel, undeutlich die Kronen der Bäume.

Doch dann, während der fast anderthalbstündigen Schlittenfahrt zum Rendezvous-Platz, etwa »am Klein-g-Gestell, Kreuzung K«, graute allmählich der Tag, und ein eisiger Wind machte sich auf und fegte dünnen Schnee vor sich her über die Gestelle und durch die offeneren alten Bestände, an denen unsere Kavalkade mit klingenden Schellen dahinfuhr, bis in der Ferne zuerst die Feuer und dann die Gestalten der Wartenden sichtbar wurden, denen sich eben der Landrat aus Barth zugesellte, wie immer in Begleitung seiner flotten und unternehmungslustigen Frau.

Man gab sich ringsum die Hand, machte sich, wo nötig, miteinander bekannt, plauderte und lachte, stampfte den Schnee und rieb sich die Hände über dem Feuer, während ich zu den Förstern und Treibern ging, die ein wenig abseits in zwei Gruppen beisammenstanden und nun an den Mützen rückten und grinsend meinen Gruß erwiderten.

Der Revierförster Frohnhöfer erstattete mir Bericht. Er war mit seinen beiden besten, spurkundigen Waldarbeitern eine halbe Stunde nach Hellwerden weisungsgemäß ›kreisen‹ gegangen, d. h., er hatte im Schnee gesucht, wo sich das Wild ›gesteckt‹, in der Dickung verborgen hatte, und die drei zeigten mir nun ihre Notizbücher, in denen jede Fährte eingetragen stand, alles, was sie überhaupt gefunden hatten, ohne Rücksicht darauf, was und wieviel es war, und wohin es führte, ob in die Dickung hinein, ob heraus und wo vielleicht wieder hinein. Es war ein so vollständiger Rapport, wie man ihn bei gutem Spurenschnee nach sorgfältigem Kreisen nur erwarten konnte.

Hat man keinen Schnee, so kann es einem geschehen, daß man ganze Tage nichts findet, um dann beim letzten Treiben plötzlich auf eine Riesenrotte Sauen zu stoßen.

Ich verglich Frohndörfers Morgenmeldung kurz mit seinem und seiner Helfer Berichten vom Vortage, an dem sie draußen gewesen waren und die vorhandenen Fährten teils ausgestrichen, d. h. kenntlich gemacht, teils mit hartem Busch gefegt hatten, so daß alle frischen Fährten der Nacht klar zutage lagen, und ich mit einiger Genauigkeit wußte, was in den einzelnen Treiben zu erwarten stand.

Dann teilte ich die Schützen für das erste Treiben ein, vermahnte sie auf die Sicherheitsvorschriften und gab die Jagdparole aus, mit der der Jagdleiter bestimmt, was — und demnach auch was n i c h t — geschossen werden darf. Heute gab ich meinen Gästen Sauen, Raubzeug und — entgegen meiner ursprünglichen Absicht — auch Kahlwild frei. Es würde also — Rotwild plus Sautreiben — eine sogenannte »Wildjagd« gehalten werden, für die eine gewisse Änderung in der Taktik des Treibens vonnöten war: leises Durchdrücken wegen des Rotwilds — und dann erst die Hunde los auf die Sauen. Etwa 1000 Morgen mußten unter diesem Gesichtspunkt, unter Berücksichtigung des Zeitfaktors, der anderthalb Stunden Anmarsch und der Treiberanweisungen richtig disponiert werden.

Dabei mußten wegen des Rotwilds, das bei Beunruhigung unter allen Umständen gegen den Wind zieht, die Treiben so angelegt werden, daß im Winde stehende Schützen gerade so weit von der Dickung entfernt aufgestellt wurden, daß sie bequem an die Dickung hin schießen konnten. Das Wild kommt dann, nachdem es zunächst innen »gesäumt«, an der Dickungskante rekognosziert hat, ungeniert hervor. Rotwild, das hier nun, draußen, den Wind des Schützen bekommt, verhofft, zögert und bietet dabei zuweilen gute Gelegenheit zum Schuß. Sauen in dieser Lage dagegen brechen oft gegen den Schützen durch, wechseln aber wohl auch in die Dickung zurück und versuchen, den Rückwechsel zu gewinnen, der darum immer von erfahrenen, sicheren Schützen besetzt sein sollte.

Warum das eine Wild sich so verhält, das andere so? Wir sind mit den Gründen für sein Verhalten auch heute noch recht unvollkommen vertraut. Nach dem gegenwärtigen Stande der Wissenschaft kann das Wild nicht ›denken‹, aber es kann Erfahrungen sammeln, kann behalten und wissen, das gewisse Ereignisse mit bestimmten Folgen verknüpft sind, die wiederum ein gewisses Verhalten empfehlenswert machen. Hornruf zum Beispiel bringt Unannehmlichkeiten — also: abwandern. Gerade dieses, das Wild »rege zu machen«, bezweckt aber der Treiber mit seinem scheinbar ungeschickten Verhalten im Walde, und so verläßt es denn sein Lager, seinen Einstand in der Dickung und setzt sich, beunruhigt und argwöhnisch in Bewegung, zieht hin und her, sucht alle hilfreichen Finten seiner Erfahrung anzuwenden, um der Begegnung mit dem Menschen auszuweichen, und entgeht ihr am Ende meist doch nicht.

Für den Erfolg einer Wildjagd sind daher richtige Wahl der Stände und Sicherheit der Schützen gleich wichtig wie taktisch richtiges Treiben.

Drücken zum Beispiel die Treiber gegen den Wind, so liegt die Front im Wind, und die besten Schützenstände sind die Flankenposten 1 und 2 an beiden Seiten, da sie halben Wind haben und das Wild sie erst wittert, wenn es aus der Dickung schon heraus ist. Es ist also der Flankenschütze gegenüber dem in der Front keineswegs immer benachteiligt, und auch der Schütze am Rückwechsel hat, wie wir gesehen haben, seine Aussichten.

Ebenso kann es unter Umständen richtig sein, »mit dem Wind« von den Schützen weg zu treiben, da das Wild, das darauf drängt, gegen den Wind auszuweichen, nach dem Durchbruch hinter der Treiberkette in eine Zone ›gestörter Witterung‹ gelangt, in der es noch die Treiber zu wittern vermeint, während es doch schon auf die Schützen zuzieht. Aber all das sind Themen, über die sich lange reden ließe!

Frohnhöfer und ich gingen derweilen dazu über, jeder auf seiner Seite die Schützen zu den Ständen zu geleiten und sie mit leiser Stimme einzuweisen, Uhren wurden verglichen, Jagdstühle aufgestellt, die Jagdparole noch einmal eingeschärft, mit dem Revier vertraute Schützen mündlich eingewiesen und allein losgeschickt. — Endlich war es soweit, daß auch wir unsere Plätze — an den Flanken der Treiberkette — einnahmen. Und dann ging es los: das erste Treiben begann.

Leise rückten die Treiber vor, mein bester Finder, der Wachtelrüde Claus v. Wiesenbek, wurde geschnallt und stob wie ein Pfeil von der Sehne in die nächste Dickung.

Bis jetzt war, trotz des Fahrens und Kommens der Wagen und Schlitten, trotz der hohen Feuer, des Schnaubens der Pferde und des gedämpften Singsangs der Meute, trotz der gegenseitigen Begrüßung und des Murmelns und Räusperns der vielen Männerstimmen die eigentliche Ruhe des Waldes nicht unterbrochen worden. ·Still und mächtig standen die Bäume, silbergraue Buchenschäfte und dunkle Fichten- und Kiefernstämme mit schneebeladenen, weit gespannten Zweigen, und unter ihnen reckten sich Laubholznachwuchs und hier und da stubenhohe Fichten aus dem Schnee, durch den dürrer Farn, Dornen- und Beerengerank und vorjährige Wildstauden ihre gelben Stengel streckten. Es war auch kein Laut zu hören im Walde, kein Vogelruf und kein Axtschlag; nur der eisige Wind unter dem grauen Schneehimmel pfiff im Unterwuchs und sauste in der Höhe in den kahlen Wipfeln.

Jetzt dagegen, da ich das Zeichen zum Antreiben gab und Claus v. Wiesenbek mit einem ersten aufjauchzend hellen Laut in der Dickung verschwand, war das mit einem Schlage anders, geriet, ohne daß sich das äußere Bild im geringsten veränderte, der ganze Wald in Unruhe. Hier knackte ein Zweig, dort polterte die Schneelast von den Zweigen einer Jungfichte, Amseln begannen zu zetern, und der Häher warnte und rätschte, daß es weithin durchs Revier klang. Und all dies übertönte, begleitete und sozusagen ›erklärte‹ der volle Hals des Rüden, hin und her wandernd in der Dickung, bis er plötzlich an einer Stelle verharrt und steht.

Ich höre sogleich am Klang des Standlauts, daß er Sauen verbellt. Da — jetzt scheint die Rotte in Bewegung zu kommen: es ist gut zu verfolgen, wie sich die Jagd zur Flanke hinüberzieht, während nun das Geläute weiterer Hunde einfällt; der ganze Wald scheint plötzlich voll davon: die Meute ist los.

Und dann fällt der erste Schuß, und in den brechenden Widerhall hinein peitschen, rasch aufeinanderfolgend, zwei weitere. Das ist die Repetierbüchse v. Heyden-Lindens; ich erkenne sie am Klang, und während ich mit den Treibern weiter nachdrücke, weiß ich, ohne etwas gesehen zu haben: Heyden-Linden hat auf Rotwild geschossen, Sauen hätten die Dickung nicht so rasch verlassen; die trollen erst eine Weile hin und zurück, überlaufen nötigenfalls einen zu naseweisen Hund, so daß man sein Aufklagen und Jammern hört, und brechen erst spät hervor. Dem Rotwild dagegen sind der plötzliche Lärm und die Unruhe, das Geläut der Meute, das Räuspern und Husten der Treiber, das vorsichtige Beklopfen der Baumstämme sehr schnell unheimlich; es macht sich — je eher um so lieber — davon.

Während ich weiter vorrücke, überschlage ich im Geiste: Stand Heyden-Linden: Jagen 109; im Treiben: Dickung zehnjähriger Kiefern, etwas über mannshoch, dahinter lichteres fünfzigjähriges Stangenholz, unten hüfthohe, durch den Schnee etwas niedergedrückte Farne, wie sie die Sauen gern abpflücken und zusammentragen, um ihre Kessel damit auszupolstern. Außerdem dichte, anderthalb Meter hohe, unterständige Fichten, unter denen sich alte Keiler mit Vorliebe einschieben. Weiterhin Heideflächen mit Wacholder, denen sich Altholz anschließt — Kiefern und einzelne alte Buchen, unter denen die Sauen gern nach Eckern suchen. Das Ganze etwa 200 Morgen groß — drei Treiber, zwei Jagdlehrlinge, Revierförster Frohnhöfer und ich, dazu die Teckel und Wachtel — das Treiben wird etwa zwei Stunden dauern ...

Indessen fallen in schneller Folge weitere Schüsse — offenbar auf Rotwild, das seine Deckung flüchtig verlassen hat. Der volle, peitschenartige Knall stößt hell und hart über den Schnee. Juhls schwere Doppelbüchse antwortet, dann eine dritte draußen vor der Dickung. Dort steht Metelmann. Das ganze Treiben ist nun in vollem Aufruhr.

Dann Standlaut. Ein Hund hat eine Rotte im Kessel gestellt. Dumpf und beharrlich klingt der Standlaut aus der Dickung. Eine zweite Stimme kommt hinzu, fällt ein, klagt plötzlich auf und verstummt: von den angreifenden Sauen geschlagen. Das alte Lied: wer Schweineköpfe haben will, muß Hundeköpfe drangeben.

Ich renne hinüber, so schnell es der tiefe Schnee erlaubt. Ein Jägerlehrling, fast umgerissen von der Meute seiner Packer, die er noch nicht geschnallt hat, keucht von der anderen Seite heran, schnallt die Hunde und rüdet sie mit überkippender Stimme an. Es ist sein erstes großes Sautreiben; wir haben ihn erst seit ein paar Wochen, und er ist ganz hingerissen vor Passion; seine Augen blitzen, das schmale Jungensgesicht unter dem großen grünen Hut ist blaurot vor Kälte, und sein Atem dampft in langen Stößen.

Es knallt nun in allen Richtungen. Vor uns spritzt ein Überläufer aus der Dickung, will seitlich weg. Zu spät. Er liegt im Feuer. Zugleich haben die Hunde die Rotte in der Dickung gesprengt; nach allen Seiten preschen die schwarzen Gesellen heraus. Hetzer und Packer hart an der Schwarte.

Schüsse peitschen. Ich sehe einen Obertreiber nach einem Flankenschuß mit der Saufeder in die Dickung eindringen, um eine Sau abzufangen und die Hunde, die sie lauthals umtanzen, ins Jagen zurückzubringen.

Und dann, während ich noch hinhorche und einen Augenblick zaudere, ob ich selbst hinüber soll und nach dem Rechten sehen, prasselt es plötzlich vor mir in der Dickung, und ich sehe ein Rudel von elf jagdbaren Hirschen durch das Stangenholz auf die Treiberkette zuflüchten. Sie müssen Wind von den Schützen bekommen haben; nun, in dieser Sekunde bekommen sie den unserigen, werfen sich wieder herum und brechen in langen Fluchten unter Prasseln und Knacken nach der Flanke aus. Dort überrennen sie fast den Geheimrat Pels-Leusden, flüchten auf wenige Schritte in voller Pace an ihm vorüber und gewinnen das Freie, während er dasteht und etwas im Herzen spürt, eine Ergriffenheit und Begeisterung, für die er erst später Worte findet.

Claus und Tatü, seine Jagdgenossin, meine besten Wachtel, haben indessen, während die übrige Meute in der ganzen Dickung kreuz und quer sucht, einen starken Keiler vor sich, der mit hoher Fahrt den Rückwechsel annimmt und also wohl kein Neuling ist.

Aber der Schütze, der dort ansteht, kann nicht schießen. Beide Hunde hängen dem schwarzen Bassen an den Tellern und lassen sich mitziehen und kehren erst nach geraumer Zeit auf den Sammelplatz zurück, da sie nicht locker gelassen haben, bis sie merkten, daß die Unterstützung durch ihre menschlichen Jagdpartner ausblieb. —

Wir hatten inzwischen das erste Treiben beendet, die Schützen gaben den Abruf von Stand zu Stand weiter und kamen, erfüllt von dem, was sie gesehen, erlebt und erlegt, zum Sammelplatz zurück, um zu berichten. Alles beschossene Wild war glücklicherweise zur Strecke gebracht, auch die von Haumeister Blatt mit der Feder abgefangene Sau auf das Gestell geschafft worden, wo sie der Wildwagen später abholte.

Die Strecke betrug drei Überläufer, zwei junge Keiler und drei Stück Rotwild — alle von verschiedenen Schützen geschossen; die geteilte Freude war eine vielfache, besonders für den Jagdherrn, der es am liebsten sieht, wenn er jedem seiner Gäste ein Weidmannsheil sagen kann.

Während nun das Wild versorgt, das heißt a u f g e b r o c h e n oder » g e l ü f t e t « und für den Wildwagen auf dem Gestell bereitgelegt wurde, rief der Jägerlehrling die Meute durch den Hornruf zurück, und einer nach dem anderen kamen sie herbei, die Teckel schwerfälliger und zuweilen fast im tiefen Schnee steckenbleibend, die Wachtel behende und alle begierig auf den Brocken, den der Hornruf verhieß. —

Das zweite Treiben führte in zweieinhalbtausend Meter Länge und etwa der halben Breite längs des Westrandes bis zum Leuchtturm hinauf, durch Kieferndickungen und uralte Bestände riesiger Buchen, durch verlandete Seen mit Erlen, Schilf, Rohr und kleinen Wasserblänken in der Mitte, die wiederum von dunklen Kaupen, etwa achtzig Zentimeter hohen Bulten, durchwachsen waren, auf denen im Sommer die Kreuzottern mit Vorliebe Aufenthalt nahmen. Jetzt freilich trugen sie nur hohe weiße Schneemützen, und niemand lief

Gefahr, von den Giftzähnen des gerade etwa in Handhöhe in der Sonne dösenden und erschreckten Reptils geschlagen zu werden. Niemand auch holte sich nasse Füße; der Schnee unter den Kernledersohlen der Jagdstiefel jammerte und schrie vor Kälte; es fror Stein und Bein.

Auf und ab durch Kieferndickung und Bestände wechselnden Alters führte das Treiben zu den Seenpartien zwischen den Riffen und Kliffen am Leuchtturm; an der einen Seite lag — in ganzer Länge — die See als Grenze. Aber ich wußte wohl, daß beide, Rotwild und Sauen, gern auf die Düne gingen und, falls nötig, das Meer anfielen. In diesen Abschnitt der Jagd fiel auch ein Teil der wildesten, urwaldähnlichsten und schönsten Darßlandschaften: dreihundertjährige Kiefern mit Fischadlerhorsten in den zerzausten Kronen, und ich hatte für alle Fälle für einen Schützen einen Flankenstand auf der Düne vorgesehen.

Aber Feicht, mein dicker Freund aus Stralsund, wetterte: »Wenn hier Sauen kommen, freß' ich sie mitsamt den Borsten.«

»Gut«, sagte ich, »ein Mann ein Wort. Nehmen Sie den Stand, und wir werden sehen.«

Und dann, die Schützen eingewiesen, die Treiber angesetzt und die Finder geschnallt, begann wieder die Jagd, das Unruhemachen und leise Stöbern, das halblaute Abklopfen von Baum und Busch — ein Buchenstamm bei starkem Frost klingt hell wie Erz! — und der Spurlaut der Hunde, sobald sie auf frische Fährte stoßen und sich dann geradezu daran festsaugen. Dann der erste scharfe Knall — landeinwärts — und gleich darauf an der Seeflanke eine rasche Folge hell peitschender Schläge, die anzeigt, daß es so kommt, wie vorausgesagt: das Wild nimmt die Flanke an und sucht das Meer.

Das Treiben ist nun wieder in vollem Gange. Ringsum schießt es; ich versuche mitzuzählen, komme bis nahe vierzig und wundere mich: das ist sehr viel für ein Hochwildtreiben.

Freund Feicht steht indessen auf seinem Dünenstand, schußneidisch, wie er selbst zugibt, und wütend, als plötzlich vor ihm eine Rotte Sauen, schwarz wie der Satan auf dem funkelndweißen Neuschnee, aus Dornbusch und Dickung herausfährt und in voller Fahrt in einer Wolke aufstiebender Schneekristalle über den Dünenhang und den Strand braust, daß das dürre, hohlliegende Eis klirrend birst und splittert. Die Sauen nehmen das Meer an!

Und ehe Freund Feicht noch recht begreift, was er gesehen, schwimmen sie schon vor seinen Augen — »rinnen« sagt der Weidmann — etwa hundert Meter hinaus, biegen dann südwärts und versuchen offensichtlich, ihn — oder die Witterung, die sie von ihm bekommen haben, zu umschlagen, um dann wieder an Land zu gehen.

Und nun rennt und keucht er, Feicht, behindert durch den Schnee und den Harsch und das allenthalben liegende dünne, einbrechende Eis die paar hundert Meter vor, die er braucht, um einen günstigen Stand und eine Deckung zu gewinnen, kommt auch noch rechtzeitig und schießt eine einwandfreie Doublette und gleich danach noch ein drittes Stück.

»Nun?« frage ich, als er mir berichtet, »wie ist es mit den Borsten?«

Er lachte, bedachte sich ein Weilchen und erwiderte: »Was meinen Sie, wenn wir jeden dieser drei Schwarzkittel mit einem Fäßchen Stralsunder Bockbier ablösten?«

»Wenn die anderen Herren derselben Ansicht sind . . . ?«

Sie waren es, und das »Borstenbier« verhalf uns zu einem rauschenden Fest.

Zuvor aber ging die Jagd weiter. Das zweite Treiben hatte eine Strecke von neun Stück Rotwild und dreizehn Sauen gebracht, alle voll flüchtig mit der Kugel geschossen bei einem Munitionsverbrauch von zwei Schuß auf jedes gestreckte Stück Wild. Die Schützen stellten sich damit ein sehr gutes Zeugnis aus, und es war kein Anlaß zu Stirnrunzeln, daß für ein angeschossenes Stück Rotwild eine Nachsuche notwendig wurde. Der jüngste meiner Revierförster übernahm voller Eifer den Auftrag dafür, nahm sich einen guten, fährtensicheren Hund und machte sich sogleich auf den Weg. Aber das Unternehmen sollte sich mühsamer für ihn gestalten, als er es vorausgesehen hatte.

Vom Anschuß weg, wo er wenig Schnitthaar und noch weniger Schweiß gefunden, ließ er sich von seinem Hunde führen und gelangte auch nach einiger Zeit ohne größere Schwierigkeiten an ein großes, überfrorenes Bruch. Hier schnallte er den Hund, der sofort vorausschoß und bald aus der Tiefe des Bruchs Standlaut gab, wo sich das kranke Stück eingestellt hatte.

Und nun machte der junge Mann den Fehler, der ihn fast das Leben gekostet hätte. Viele Kilometer von der übrigen Jagdgesellschaft und selbst von seinem Hund getrennt, folgte er übereifrig dem Standlaut, der ihn, ganz nahe wie es ihm schien, herbeirief.

Und dann brach er ein. Es ging alles ganz schnell; das Eis unter ihm bog sich, knisterte, brach, und schon hing er bis unter die Achseln im eisigkalten Wasser.

Rufen? Zwecklos. Warten? Hoffnungslos. Und nirgends ein Halt, um sich daran herauszuziehen. — Doch, eingefroren ein Zweig, fast in Reichweite. Wenn es ihm gelang, die Eiskante soweit wegzubrechen, daß er diesen Zweig fassen konnte ...

Es gelang.

Und er kroch nun, sein Gewicht auf dem Eise verteilend, dem Hunde nach, der immer noch vorstand und mit lautem Halse rief, rief, rief.

Schließlich sah er ihn —, ihn und das kranke Stück, und schoß. Schoß vorbei, sah das Stück flüchten, kroch ihm abermals nach, brach ein zweites Mal ein, zog sich wieder heraus, kam nochmals zu Schuß und brachte diesmal endlich das Wild zur Strecke.

Danach kehrte er zu uns, der Jagdgesellschaft zurück, lehnte es, obwohl naß und steifgefroren, durchaus ab, sich heimschicken zu lassen und ließ sich erst abends in der Wirtschaft von uns auftauen. Das geschah mit Grog, den wir in ihn hineinfüllten, bis er durch und durch aufgetaut und dann wieder stocksteif war. Danach legten wir ihn im Nebenzimmer auf das Billard, deckten ihn warm zu und ließen ihn ausschlafen. Die Kur war probat und bewährte sich auch diesmal; er trug nicht einmal einen Schnupfen davon. —

Als das dritte und letzte Treiben des Tages begann, oben im Norden, jenseits des Leuchtturms, war schon früher Nachmittag. Ehe wir aber hinauffuhren, stärkten wir uns. Auf halbem Wege an geeigneter Stelle war ein Platz vorgerichtet, auf dem die Jagdherrin, die Frau Forstmeister, die mittlerweile eine richtige Weidfrau geworden war, die Kessel mit der heißen, kräftigen Suppe an eisernen Dreibeinen über dem flackernden Holzfeuer am Kochen hielt. Es gab Irish Stew oder Erbsensuppe —; man roch es schon von weitem, und das Wasser lief einem unversehens im Munde zusammen, so sehr spürte man plötzlich, wie hungrig die Treiben des Vormittags gemacht hatten.

Und dann stand man und löffelte; das Heiße fuhr einem glühend den Schlund hinab, aber auch das war schön, fast wie starker Schnaps, den man gern gehabt hätte und den es doch nicht gab, weil Schnaps und Jagd einander ausschließen. Niemals, falls es zu einem Jagdunfall kommen sollte, darf es hinterher heißen: »Kein Wunder — die hatten getrunken!«

Frisch gesättigt und aufgewärmt, fuhren wir dann mit den Schlitten hinauf zum Jagen 172, wo ein starker Keiler eingekreist und bestätigt war. Nur in Begleitung meiner beiden Teckel Vim und Trix von Moorberg ging ich hier selbst in die Dickung, ohne die Wachtel, und rüdete leise an: »Hussü, mein Hund, hussü, hussü . . .« Und es dauerte auch nicht lange, da hatten sie den Keiler im Kessel gestellt und wenig später, nach ein wenig Aufmuntern und Anrüden, aus dem Kessel gesprengt, und ab ging die Post, genau auf den schwedischen Grafen Wachtmeister zu. Der schoß auch, traf aber unglücklicherweise nicht so, daß der Keiler im Feuer lag, sondern mit hoher Fahrt in den Kusseln verschwand.

Am Anschuß fanden wir Schnittborsten und ein wenig Schweiß: Weidewundschuß, und ich entschloß mich, die

Fährte mit meinem Schweißhund Hirschmann-Neindorf selbst zu arbeiten, da die Wachtel, übermüdet von den Anstrengungen des langen Tages und besonders der Arbeit in dem eisigen Seewasser, bereits in ihrem Hundekorb auf dem Jagdwagen lagen und schliefen.

Ich ließ also Hirschmann bringen, legte ihn zur Fährte, die er sogleich begierig aufnahm und arbeitete gut anderthalb Kilometer durch Dickung, Rohr und Heide hinter ihm drein.

Die Dämmerung begann zu fallen. Der Wind nahm zu. Es wurde von Minute zu Minute dunkler und kälter. Meine Gäste warteten. Ich hatte Pflichten. Und am nächsten Morgen sollte ich hinüber aufs Festland, zu einer anderen Jagd. Mußte auch Graf Otto diesen verwünschten Keiler noch weidewund schießen, nachdem die ganze Jagd bis dahin so glatt und gut verlaufen war?

Und dennoch: konnte ich die Nachsuche abbrechen, das kranke Stück die Nacht über sich quälen lassen? Es gab nur ein Mittel, die Prozedur abzukürzen: den Hund zu schnallen in der Hoffnung, daß er den Keiler schnell fände und stellte. Das tat ich, und lauthals verschwand Hirschmann, der rote, auf der Wundfährte.

Aber seine Stimme, anfangs laut und voll wie das Geläut einer Glocke, wurde rasch schwächer, zog sich in die Ferne und verklang schließlich ganz. Meine Hoffnung hatte getrogen, das Experiment war mißglückt. Und ich würde nun den ganzen Abend anstatt nur nach dem Keiler auch nach dem Hunde suchen müssen. Oder doch suchen lassen; denn ich selbst war durch meine Gäste gebunden, hatte das letzte Treiben des Tages, das Schüsseltreiben im Forsthaus von Born zu leiten und brach daher mit Anbruch der Dunkelheit die Suche vorläufig ab.

Heimwärts ging die Fahrt — heimwärts durch die Nacht.

Wie ein hohe, schweigende Mauer, reglos, stand der Wald zu beiden Seiten der Gestelle, über die die Schlitten lautlos dahinglitten, während das Schellengeläute und manchmal das Rosseschnauben in unsere Unterhaltungen hineindrang.

Dann die Heide — düstere, gespenstische Wacholder, in denen der Wind pfiff — wieder der Hochwald und endlich das Forsthaus: breites gelbes Licht auf dem Hofplatz, Empfangsfröhlichkeit, stampfende Füße, Gelächter — und Wärme, herrliche, wohltuende Wärme. Jetzt erst merkte man plötzlich, wie kalt es draußen gewesen, wie sehr man durchfroren war von dem langen Tage im Walde und den vielen Stunden Fahrens und Stehens im eisigen Wind.

Die Gesichter brannten, die Hände schienen plötzlich trotz der Pelzhandschuhe klamm und steif, und man stand um den Kamin geschart, in dem mächtige Buchen- und Birkenkloben loderten und knackten.

Der Empfangswärmer kam, dargereicht von meinem verschmitzt lächelnden Kutscher, der in seinem Sonntagsstaat mit den weißen Handschuhen meinem Hauswesen das Ansehen ungemeiner Vornehmheit verlieh und, das Tablett auf der Linken, den Krug mit dem Klaren in der Rechten, die Gäste wohlwollend zum Trinken ermunterte: »Nehms' man noch'n Lütten, Herr Graf —, deiht 'n good . . .« »Na, gnä' Frau —, wu is't?« Und dann lachten sie und klopften ihm auf die Schulter: »Boikat — alter Verführer!«

Endlich begann das Schüsseltreiben — Speisenfolge nach genau festgelegter Tradition: Erbsensuppe mit schweinerner Einlage, dazu Bier aus Feichts Stralsunder Brauerei, das er trotz Abmahnens jedesmal hartnäckig wieder mitbrachte. Sodann Rotwildrücken nach alten Rezepten aus der Tradition meiner mütterlichen Familie; dazu Sauerkraut mit Ananas, Kronsbeeren, Kartoffeln und als Getränk ein kerniger Mosel. Zum Nachtisch endlich Punsch Romaine, mit brennendem Arrak übergossen, und zum Abschluß scharfen Schnaps und Kaffee.

Die Fröhlichkeit saß mit uns zu Tisch, das Behagen und der solide Hunger nach einem Tage ehrlicher Jagd und Arbeit; in den Leuchtern flackerten die Kerzen, Leinen, Silber und Kristall schimmerten und funkelten um die Wette, und allmählich röteten sich die Gesichter, flogen Rede und Gegenrede rascher über die Tafel. Toaste wurden ausgebracht, Anekdoten erzählt, auch ein wenig aus der Personalakte der vorpommerschen Adels- und höheren Beamtenfamilien vorgetragen, und dazwischen immer wieder die Ereignisse des vergangenen Tages besprochen: was jeder erlebt —, w i e den Geheimrat Pels-Leusden die Hirsche buchstäblich fast überrannt! — wie beinahe gelähmt vor Überraschung Feicht gewesen, als tatsächlich die Sauen die See annahmen! . . . Es nahm kein Ende und — merkwürdig! — es hörte nie auf, interessant zu sein. Jeder hörte dem andern gern zu; im Fluge war der Abend herum, und man begab sich zur Ruhe . . .

Etwa um diese Zeit kam Frohnhöfer zurück. Er war nach dem Essen mit zwei Schlitten aufgebrochen und hatte in weiten Kreuzschlägen im Mondlicht das Revier abgesucht, jedoch keine Spur von Hirschmann und seinem Keiler entdecken können. Nun stand er vor mir und versuchte, mich zu trösten: gleich am andern Morgen, sofort bei Hellwerden, würde er mit seinen beiden Wachteln aufbrechen und nicht nachgeben, bis er den Rüden gefunden und die Sau gestreckt hätte.

»Sie können ja die Jagd nicht absagen, Herr Forstmeister, und Sie können sich drauf verlassen, ich bring' den Hirschmann zurück.«

Mir war trübe, trotz dieser gutgemeinten Worte. Zu viele gute Hunde waren mir schon durch Keiler verlorengegangen, zu viele hatte ich mit heraushängendem Gescheide in der Dickung gefunden.

Freilich — es war auch staunenswert, wie diese Hunde hoffnungslos erscheinende Verletzungen glatt überwanden. Schon bei meinem Vater hatte ich zugesehen, wie er die aus der geschlitzten Bauchdecke heraushängenden und nachschleifenden Gedärme zuerst einfach dem Hunde beigepackt, sie dann zu Hause mit Karbol gewaschen, in die Bauchhöhle zurückgestopft und den Hund dann kurzerhand zugenäht hatte. Mit vollem Erfolg! Und ich selbst hatte einen Jagdterrier, der vom Halse bis zur Keule geschlagen und geschlitzt war, so daß ihm die Lunge an einer Stelle aus dem Brustkorb hervortrat, unter Entfernung eines Stückchens beschmutzten Lungenlappens, den ich einfach wegschnipste, sowie unter Anwendung der oben beschriebenen Methode so vollständig kuriert, daß der Hund noch im gleichen Winter wieder mit auf Jagd ging. —

Die Nacht verging. Der Morgen kam. Das Thermometer vor meinem Fenster zeigte — 16° C. Kein Hirschmann.

Ich brachte Frohnhöfer noch hinauf an den Anschuß, zeigte ihm die Wundfährte und die Stelle, wo ich Hirschmann geschnallt hatte, und fuhr dann schweren Herzens hinüber zum Festlande, zur Jagd.

Frohnhöfer folgte mit seinen Wachteln der Fährte, die nur wenig Schweiß zeigte und zunächst über acht Kilometer in voller Fahrt dahingegangen war, ehe der Hund den Keiler zum ersten Male gestellt hatte. Dann jedoch war die Hetze offenbar weitergegangen, und sie führte bis an eine große, von Wacholder und dichten Dornbüschen durchstandene Unlandfläche, wo sich der Keiler im dicksten Dornbusch mit guter Rückendeckung eingeschoben hatte.

Wie das Fährtenbild im Schnee zeigte, hatte der Hund ihn unermüdlich umkreist — bis zur völligen Erschöpfung — und jetzt, da Frohnhöfer an den Wundkessel herantrat, fand er Hirschmann vor dem Dornbusch liegen, den Blick unverrückbar auf seinen wütenden Widersacher geheftet und nur noch imstande, alle paar Minuten einen heiseren, fast tonlosen Blaff abzugeben, so sehr war er fertig und erledigt.

Auch jetzt, als der Revierförster zu ihm trat, zeigte er kaum Zeichen der Freude und des Erkennens; sein Blick haftete wie zuvor an dem Keiler, der, wie sich später herausstellte, nur eine Kugel durch die Keule bekommen hatte, daher noch sehr mobil war und nun krachend und prasselnd aus dem Kessel fuhr.

Aber er kam nicht weit. Frohnhöfers Wachtel hatten ihn schnell gestellt, und von der Kugel, die ihn endgültig in den Schnee warf, fühlte er nichts mehr. —

Wie er es versprochen, brachte Frohnhöfer mir meinen

Hirschmann unversehrt wieder nach Hause. Aber wie vollständig war der schöne rote Rüde erschöpft! Zweiundzwanzig Stunden hatte er bei 16 Grad Kälte den Keiler gehetzt und gehalten! Zweiundzwanzig Stunden sich nicht von der Vereinsamung, nicht von der Angst, nicht von Hunger und Kälte vertreiben lassen. Und nachdem er sich gründlich ausgeschlafen, schüttelte er sich von den Behängen bis zur Rutenspitze und blickte danach zu mir auf, als wollte er sagen: Wo bleibt die nächste Arbeit? —

28 DIE SCHWEDENWOCHE

Alle Jahre einmal hielten wir die große S c h w e d e n j a g d. Meine Beziehungen nach Schweden reichten in die Zeit vor dem Kriege zurück. Theodor v. Anckercrona hatte sie begründet, und durch ihn kam ich dann an die anderen, Torsten Olsson, Johan Berg von Linde, die drei Kuylenstiernas, die Grafen Erik Bonde, Mörne und vor allem Otto Wachtmeister, mit dem ich dann das »Reich aller Germanen auf alkoholischer Grundlage« begründete — Otto, der später in Schwermut verfiel und durch Selbstmord endete. Krister Kuylenstierna unterrichtete mich von diesem traurigen Ereignis:

»Unser lieber Otto hat sich geschossen«, schrieb er. »Er hatte in die letzte Zeit zuviel Umgang mit die Priesters, was nicht gut ist für ein aufrechter Mann und alte Germane.« —

Theodor v. Anckercrona, der nachmals ein großer Meisterangler wurde, was ihm in seinem Lande zu erheblichem Ansehen verhalf, hatte vor 1914 ein wenig bei meinem Vater gelernt, da er daheim in Schweden größere Waldungen erben sollte.

Wir mochten ihn alle schon damals sehr gern und waren daher ernstlich besorgt, als er eines Tages in Schuenhagen abgängig war.

Da aber Theo gelegentlich nach Stralsund zu fahren liebte, um auch das deutsche Stadtleben — und besonders das nach Sonnenuntergang — in seine Studien einzubeziehen, veranstalteten wir dort eine systematische Nachsuche.

Wir fanden Theo gegen Morgen im Hotel zum Löwen.

Er lag voll angekleidet, in ganzer Länge und durchaus ordentlich auf seinem Bett, in jeder Armbeuge eine Flasche Sekt, und schlief fest.

Wir weckten ihn vorsichtig, und er war sehr erstaunt ob der ungewohnten Tapeten, danach aber sogleich hoch erfreut, daß er den Champagner unmittelbar zur Hand hatte, um uns die sprichwörtliche schwedische Gastfreundschaft zu erweisen. Die Pfropfen knallten Salut.

»Wo bist du denn nur gewesen, Theo?« fragten wir nach dem ersten Skål.

»Oh«, erwiderte er fröhlich, »ich war bei eine Freund zu mich.«

»Also Prost auf deinen Freund«, sagten wir bereitwillig. »Skål, Theo. Wer ist es denn?«

»Ja, Skål auf euch«, murmelte er abwesend und tat einen langen Zug, »ich war mit eine Freund, aber verdammt, verdammt, ich falle nicht ein auf sein Name.« —

Die »Schwedenwoche«, zu der die Freundschaft mit Theo und meine Besuche zu den alljährlichen Elchjagden in seiner Heimat den Grund gelegt hatten, fand regelmäßig im Januar, möglichst bei viel Schnee und in Form eines acht Tage währenden Sautreibens statt und war immer sehr strapaziös, da wir kaum je nach Hause und so gut wie nie in die Betten kamen, sondern, zumindest mittags, im Walde aus dem dampfenden Kessel aßen, der über offenem Feuer aufgehängt war.

Es gab Irish Stew von der gepfeffertsten Sorte, Erbsensuppe oder dergleichen, dazu knirschende Äpfel, Butterbrote und Warmbier, das aus Bier, geschlagenen Eiern, Milch und Ingwer gemischt war und außerordentlich gut erwärmte, von »König Midas« jedoch entrüstet abgelehnt wurde.

»Ich dislike es«, sagte er angeekelt, »es ist ein Beleidigung für euer verdamter guter deutscher Bockbier.«

Dafür erklärte er dann des Morgens vor dem Frühstück, wenn ich mit den Vorbereitungen für die Jagd des Tages beschäftigt war, drei oder vier gut ausgeschlafene Vertreter seines nordischen Heldenstammes hinter sich: »Franz, verdamter Hund, mein Freund! Wir wollen jetzt wohl an dein Biermaschin gehen!« Damit führte er sie an das jederzeit während der Schwedenwoche angestochene und unter Druck stehende Faß im Speisezimmer und grüßte von dort aus den jungen Tag mit schäumendem Humpen und markigen Sprüchen.

Die »Biermaschine«, die Möglichkeit, den edlen Saft direkt vom Fasse selber abzuzapfen, versetzte sie jedesmal nahezu in den siebten Himmel der Verzückung; denn in ihrer sittenstrengen Heimat, in der jeder Recke sein Konsumbüchlein besaß und seine dürftigen Kubikzentimeter von Amts wegen zugeteilt bekam, gab es dergleichen nicht. Um so mehr genossen sie es, der Bevormundung für eine Weile ledig und einem unerschöpflichen Urquell so nahe zu sein; sie tranken mit einer so naiven Freude an Wohlgeschmack und Berauschung, daß man sie um diese Glücksmöglichkeit fast hätte beneiden können.

Dazwischen wieder jagten sie mit Passion, schossen gut und sicher und erklärten es mehr oder weniger unumwunden für eine Schande, daß ein solches Jagdrevier wie der Darß der Schwedischen Krone habe verlorengehen können.

Und dann lachten wir zusammen und tranken gewaltiglich alles durcheinander und glühten durch und durch, ohne daß irgend jemand hätte sagen können, wovon mehr: von unserer Jugend, dem unbeschwerten Daseinsglück, der Anstrengung der Jagd im scharfen Frost oder dem Feuer, das in den guten Tropfen gefangen saß, die wir uns zu Gemüte führten.

Es waren lauter herrlich junge und schrecklich nette Kerle, diese schwedische Adelsjugend, gut gewachsen, gut aussehend, sorglos und leichtlebig, manche von ihnen, wie die Kuylenstiernas, steinreich, andere »nur eben begütert« und alle zu tausend Streichen und Jugendtollheiten aufgelegt, eine Gesellschaft wie die Kavaliere von Ekeby.

Ich entsinne mich, daß wir einmal zu mehreren schon im ersten Treiben bis unter die Brust im Eis einer Moorblänke einbrachen und doch den ganzen Tag weiterjagten und uns gegen mögliche Erkältungen nur durch Einnehmen von viel Grog schützten.

Als endlich mit dem »Jagd aus — Sau tot!« die Jagd abgeblasen wurde, waren wir daher mächtig in Fahrt, und ich sehe noch Krister Kuylenstierna, schlank und dunkelhaarig, ein Bild von einem Kerl, aufrecht im Schlitten stehen, die Flinte schwingend und wilde Schreie ausstoßend, so daß die Braunen in erschreckten Galopp verfielen.

Der Mond war aufgegangen und stand schräg und rund vor uns über dem Gestell zwischen den schweigenden Mauern der Stämme, von denen das Geläut der Schlittenglocken widerhallte. Und Krister, dem der Mond aus irgendeinem Grunde zu mißbehagen schien, schrie fortwährend: »Franz, verdamter Hund, mein Freund! Siehst du der verdamter Laterne, der Mond? Ich bin so glücklich, ich soll wohl jetzt an den Monden schießen!« Und damit leerte er das Magazin seiner Repetierbüchse, daß der Hall der Schüsse laut und voll vor den Bäumen zurückschlug.

Sogleich ließen seine Brüder den dunklen Donner ihrer Elchbüchsen einstimmen, ihr Beispiel steckte die andern an, und schließlich brausten wir, Krister im Schlitten stehend vorweg, wie die Wilde Jagd durch den nächtlichen Darßer Wald.

Zu Hause erwartete uns schon meine Mutter mit dem traditionellen Jagdessen, und eben dort lockte auch wieder »der verdamter herrlicher Biermaschin ...«

Als nach knapp einer Woche das letzte Treiben getrieben, die beabsichtigte Zahl Sauen gestreckt und die letzten Flaschen Mosel geleert waren, verluden wir das populäre Gerät, 48-l-Faß, Druckflasche und Schläuche, im Fond des Rasenden Pommern, meines hochbeinigen Ford-Roasters, und schickten uns an, weiterzuziehen, zunächst nach Barth, in der Absicht, unserem Freunde, dem Landrat, unsere Aufwartung zu machen. Kristers amerikanischer Wagen mit der snobistischen, echtsilbernen Kühlerhaube führte den Zug an, Otto Wachtmeister, der seine Frau bei meiner Mutter zurückgelassen hatte, folgte mit Henrik Stahl, Torsten Olsson und Johan Berg v. Linde; Christern war selbstverständlich mit von der Partie; wir hatten den Jägerlehrling und die Meute der Teckel und Wachtel mit, und so holperten wir über die elenden Landstraßen, hielten in den Dörfern, verteilten Freibier an die erstaunten Pommern und ließen den Jägerlehrling eine starke Hornbegleitung dazu blasen, so daß uns, besonders nach Barth, wo es viele Arbeitslose gab, das Gerücht vorauseilte, es sei das Goldene Zeitalter ausgebrochen bzw. eine neue Partei gegründet worden, die Anhänger suche.

Wir wurden daher auch mit Hochrufen empfangen und hätten sicher leicht in Barth die Macht ergreifen können, wenn wir nur darauf verfallen wären, es zu versuchen. So beschränkte sich Krister darauf, eine Rede zum Lobe des Landes zu halten, in dem jedermann soviel Bier trinken durfte, wie er wollte und vertrug, und von niemand daran gehindert wurde, »ein so verdamt vorzüglicher Biermaschin in sein privater Haus aufßustellen...« Und er brachte drei Hurras aus, in die das versammelte Volk freudig einstimmte.

Danach zogen wir weiter zu den deutschen Wachtmeisters auf Bassendorf, wo wir am nächsten Tage zu jagen beabsichtigten, und wurden mit aller Herzlichkeit aufgenommen.

Die Bassendorfer waren richtige Vettern meines schwedischen Freundes Graf Otto, aber er kam zum ersten Male dorthin, und wir hatten ihm eingeschärft, daß es bei uns üblich sei und als ein Zeichen guter Erziehung gelte, bei Verwandtenbesuchen die Verwandtschaft, besonders, soweit sie weiblichen Geschlechtes sei, bei der Begrüßung sofort zu umarmen und abzuküssen. Bei Männern, so sagten wir, habe es dagegen gewöhnlich mit dem Wangenkuß sein Bewenden.

Otto schaute zwar ein wenig zweifelnd drein, aber es gelang

Christern und mir doch, ihn zu überzeugen, und so sahen sich unsere Freundinnen, die Contessinas, seine zwei reizenden Basen, einem unerwartet stürmischen schwedischen Vetter gegenüber, der, kaum aus dem Wagen, mit zwei Sätzen bei ihnen war und sie in einer Weise in die Arme schloß und herzte, die ihnen die Röte der Verwirrung in die hübschen Stirnen trieb.

Und auch seine Tante, die Gräfin, eine weißhaarige Dame von größter Distinktion, war nicht wenig überrascht über die Wärme der Begrüßung, die ihr der unbekannte Neffe zuteil werden ließ; aber sie dachte, daß das wohl in Schweden so Sitte sein müsse und fand sich mit Würde hinein.

Nach kurzem Imbiß fuhren wir hinaus zur Jagd, und bald hallten die Waldungen um Bassendorf vom Jiffjaff der Meute, den halblauten Rufen der Treiber und den scharfen Peitschenschlägen der Büchsen, wobei mein Freund Otto beinahe einen Hirsch geschossen hätte. Aber als er eben den Drückefinger krumm machen wollte, brach der Hirsch schon mit der Kugel eines anderen Schützen zusammen, und Otto stand da und rieb sich verdutzt die Augen.

»Was für eine Land«, sagte er, »wo die Hirschen schon umfallen, ehe man sie geschiessen hat!« —

Am Abend fand zu Bassendorf das denkwürdige »Fest der schwedischen Vetters« statt, und wie alle Feste in diesem Hause, in dem die Geschmackskultur von Generationen eine Einrichtung und einen Hausrat von erlesener Schönheit zusammengetragen hatte, stand es unter den glücklichen Sternen der Heiterkeit und Unbeschwertheit einer Jugend, die unter dem lächelnden Gewährenlassen der Älteren ihr leichtes Zepter schwang und zu den Klängen der unerschöpflich wechselnden Weisen tanzte, die Herr Fawilla, der zu solchen Zwecken herbeigerufene Musiker aus Rostock, dem großen Flügel entlockte, wobei er überdies noch in unübertrefflicher Naturtreue mit dem Munde ein Fagott nachahmte.

Rund ging das Fest, rund ging der Tanz, und es wurde wacker gezecht. Niemand war betrunken, aber wir alle waren berauscht von der festlichen Hochstimmung dieser Nacht, der samthäutigen Jugend unserer schönen Tänzerinnen und dem Feuerwerk bunter Einfälle, mit dem bald dieser, bald jener zur Unterhaltung der Gesellschaft beitrug.

Der schwedische Otto z. B., der mittlerweile auch den Festrausch übernommen hatte, empfand plötzlich das Bedürfnis, seinem Dank durch die Vorführung von etwas Ausdruck zu verleihen, was außer ihm niemand kannte, er selbst aber den »original-schwedischen Sauentanz« nannte.

Angetan mit Pelzmantel, Pelzmütze und hohen Stiefeln, die Saufeder in der Rechten, betrat er großmächtig das Parkett, verneigte sich nach allen Seiten und begann dann mit der dramatischen Einmann-Vorstellung einer Saujagd, wobei er in blitzschnellem Wechsel alle Rollen abwechselnd selber verkörperte: jetzt den Jäger, der schwer durch den tiefen Schnee keucht, jetzt den Suchhund, wobei er sekundenschnell auf alle viere ging und, die Nase tief am Parkett, aufgeregt hin und her schoß —, jetzt den Keiler, der in seinem Kessel sitzt, die Teller verstellend lauscht und schmatzend und schnaubend den Wind kaut.

Dann wieder den Jäger, schwitzend und fluchend, auf seine Waffe gestützt und in die Dickung spähend —, den Hund: da — nun hat er gefunden und gibt Standlaut! Umspringt den Keiler in seinem Lager — Otto schnellt sich mit allen vieren vom Parkett ab, kommt krachend wieder herunter, wird im gleichen Augenblick zum Keiler, der bläst und schlägt — wird wieder Hund, geschlagener, klagender Hund diesmal, wieder Keiler, der aus dem Kessel fährt, dann Hundestimmen, die von ferne nahen und rasch näherkommen, schon wieder Jäger, dessen Faust die Saufeder entschlossen umspannt, und nun kämpfender Keiler. Und wie er kämpft! Wie er bläst, die Schultern vorwirft, die Hunde abweist, mit den blitzenden Gewehren, Schaum vor dem Gebräche unter sie fährt und plötzlich, vom Stahl des Jägers getroffen, zusammenbricht!

Es war großartig, da lag er, Otto, der gefällte Keiler, mausetot auf dem Parkett von Bassendorf, und plötzlich sprang Krister hinzu, stellte sich breitbeinig über ihn, setzte das Jagdhorn an und blies ihm das »Sau tot!«, daß die kristallenen Lüster erzitterten.

Es war herzbrechend; wir lachten Tränen und trugen den toten Otto hinaus im flackernden Kerzenschein und legten ihn in den Schnee — es waren dreißig Grad Kälte — und deckten ihn mit der Saufeder zu ... und — gingen wieder hinein und — vergaßen ihn!

Da lag er nun und wußte von nichts, und es dauerte lange, bis er wieder zu sich kam, denn er war sehr voll.

Als er jedoch endlich erwachte, fand er dicht neben sich einen roten struppigen Schäferhund, der ihm ganz unbekannt war und ihm das Gesicht leckte, und er fragte sich vergeblich: wie komme ich nachts so betrunken, daß mir ein fremder Hund das Gesicht leckt, in Kullar Gunnarstorp in den Schnee vor das Schloß?!

Kullar Gunnarstorp hieß sein schwedischer Edelingssitz.

Da er jedoch allein keine Ordnung in seine Gedanken zu bringen vermochte, erhob er sich und ging »in das nächste Haus, um zu fragen und uns zu suchen«. Denn daß w i r in der Nähe sein mußten, war ihm irgendwie noch dunkel bewußt. —

An diesem Abend weilte eine alte schwedische Tante der Wachtmeisters in Bassendorf, von der es hieß, daß noch nie jemand sie zum Lachen gebracht habe.

Jetzt lachte sie so sehr, daß ihr die blanken Tränen über die Backen liefen und hinterher ihre Bluse ganz naß war.

Herr Fawilla aus Rostock aber spielte Rumtata, Düdada und blies dazu Schmelzendes auf dem Lippenfagott, und wir tanzten, tanzten, tanzten, bis der helle Morgen anbrach und wir in den sorgsam vorbereiteten Massenquartieren im Obergeschoß des Schlosses umfielen und viele Stunden lang schliefen. —

Am nächsten Tage nahmen die Schweden Abschied. Es war bitterkalt, die Sonne strahlte vom seidigblauen Winterhimmel hernieder auf den flimmernden Schnee und die kahlen Köpfe der Weiden am Wege, und auf der Freitreppe von Bassendorf standen die Contessinas und schwenkten die Taschentücher, bis unsere Wagen außer Sicht gerieten.

Unterwegs mußten wir mehrfach anhalten, weil es so verdammt kalt war und weil unseren nordischen Freunden der Abschied so ausnehmend schwerfiel, und so wurde es Abend, ehe wir nach Stralsund kamen, von wo sie mit dem Schweden-Expreß heimzureisen gedachten.

Aber zuvor wollten sie noch in den Ratskeller. »Nun sollen wir dich wohl einladen«, sagten sie, »das soll ein gute Abschiedsfest sein.«

Sie hatten nicht zuviel versprochen.

Der Ober kam uns entgegen und dienerte, rückte nach Kristers Weisung einige Tische zu einer langen Tafel zusammen, an der wir feierlich Platz nahmen, und fragte geflissentlich, ob die Herren vielleicht zuerst einen kleinen Aquavit nehmen wollten.

Aber mit diesem Vorschlag geriet er an den Unrechten.

»Was?« grollte Krister zornig auffahrend, »e i n kleines Aquavit? N e i n, du dummes Kerl, das wollen wir n i c h t! Wir wollen ßwei F l a s c h e n Aquavit!«

Da wehte es den Ober förmlich von der Stelle; nie wurde eine Bestellung schneller ausgeführt, und es folgten eilends die Speise- und Getränkekarte, und Krister gab seine Orders wie König Midas persönlich —, ein gewaltiges Menü, eine endlose Folge erlesenster Genüsse, Vor- und Zwischen- und Haupt- und Nachgerichte, spritzige Mosel, lieblich-volle Rheinhessen, feurige Burgunder in verstaubten Flaschen, hervorgeholt aus den geheimsten Winkeln des Ratskellers, wo sie seit Jahrzehnten geruht, und — Sekt: staubtrockene Champagner der Herren Heidsieck und Mumm; es war königlich.

Und die Kapelle mußte auf Kristers Wunsch aufhören, Tanzmusik zu machen und statt dessen leichte Tischmusik liefern — »ein wenig Grieg ßur Hors d'Oeuvre und ßu die Roastbeef Débussy« —, und nachdem wir drei Stunden ausführlich gespeist und getrunken und uns in von Geist funkelnden Toasten gegenseitig sehr gelobt hatten, was für ungewöhnlich feine Kerle wir wären, jeder von uns, und wie herrlich schön wir gejagt hätten und auch in Zukunft wieder jagen wollten —, da fand Krister, daß es nunmehr an der Zeit sei, ein Tänzchen zu wagen, und stand auf und hielt eine Rede an die anwesende Damenwelt: »Sie liebe, schöne Fräuleins«, sagte er leicht schwankend mit weit geöffneten Armen eine artige Rundverbeugung ausführend, »jetzt sollen wir gern ein großer, wilder Tanßerei machen.«

Aber die Damen saßen stocksteif auf ihren Stühlen und blickten geradeaus und rührten sich nicht. Und sie nahmen auch den Sekt nicht, den er für sie bestellte. Denn sie waren aus Stralsund.

Und dann kam der Mokka, und der Ober reichte die Zigarren, und als er zu meinem Nachbarn, Otto Wachtmeister, kam, ritt mich der Teufel, daß ich mich zurückbeugte und hinter dem Handrücken flüsterte: »Sind das auch Importen? — Königliche Hoheit raucht n u r Importen!«

Da erstarrte der Kellner, und es riß ihn abermals von der Bildfläche.

Und Otto Wachtmeister zischte: »Franz, bist du wahnsinnig?« Laut aber sagte er: »Mais c'est ennuyant. Du hast mein Inkognito gelüftet!«

Ringsum an den Tischen spitzten die Leute die Ohren; es hob ein Tuscheln und Raunen an.

Zwei Minuten später kam der Herr Ratskellerpächter persönlich angesaust, mit der Linken gerade noch den Schniepel schließend, auf der Rechten das silberne Tablett mit den Importen und dienerte tief und hatte die Ehre, und Otto wählte sorgfältig seine Habana, reichte sie dem Ober zum Abschneiden, schnupperte daran, sagte kennerisch »süperb!« und verabschiedete den Wirt mit leutseligem Wink.

Nun war das Spiel nicht mehr aufzuhalten. Während ich mich aus seiner Kiste bediente, raunte ich dem mir wohlbekannten Wirt einige Indiskretionen über meinen Hohen Nachbarn ins Ohr: »Wer?«, sagte ich, »das wissen Sie nicht? —

Der dritte Sohn des Königs von Schweden — der Herzog von Södermannland!«

»Ach...!«

»Ja! Aber streng inkognito! Reist als Graf v. Wachtmeister — wie die deutschen Wachtmeisters — kennen Sie ja — aber schwedische Linie.«

Er sog die Informationen angestrengt atmend ein. »Hätten Sie mir nicht vorher einen Wink...« klagte er, »ich meine, ich hätte doch...«

Aber ich schüttelte energisch den Kopf. »Ausgeschlossen, mein Lieber. Und ich muß Sie bitten, mit keinem Wort...«

Er versprach es hoch und heilig.

Zwei Minuten später spielte die Kapelle die schwedische Nationalhymne. Wir hörten sie stehend an; die anderen Gäste im Ratskeller standen als höfliche Leute mit auf, und als sie sich wieder setzten, rückten sie ihre Stühle so, daß sie uns gut sehen konnten; wir saßen nun wie im Brennpunkt eines Hohlspiegels. Aber Wogen der Sympathie umfluteten uns fühlbar; selbst die Damen blickten jetzt nicht mehr geradeaus, und als Krister kurzerhand eine blonde Schöne ansteuerte und sie zum Tanze bat, bekam er keinen Korb mehr; so wirkte selbst der Abglanz des königlichen Blutes.

Wirklich, das Fest rollte, wir hatten Kompression auf allen Zylindern; niemand mehr wies Kristers Sekt zurück; der Wirt ging unauffällig von Tisch zu Tisch und verbreitete unter dem Siegel der strengsten Verschwiegenheit, w e n die Herrschaften in dem hohen Gast zu erblicken hätten, und das »Herzog von Södermannland« ging ihm so glatt von der Zunge, daß jedermann dachte, er wisse auch, wo es liegt, und ihn sehr darob bewunderte. Das fühlte er, und es beglückte ihn sichtlich.

Dann kam »die Presse«, und es kostete nicht wenig Mühe, diesen von Berufs wegen zur Neugier verpflichteten jungen Mann davon zu überzeugen, daß es ausnahmsweise im Interesse der deutsch-schwedischen Beziehungen wirklich unumgänglich sei, die Anwesenheit Königlicher Hoheit auf dem Kontinent vorerst zu verschweigen.

Schließlich versprach er's mit heiligen Schwüren, und er hat auch Wort gehalten, sofern man davon absehen will, daß er es für seine Pflicht hielt, wenigstens den Bürgermeister der Stadt zu unterrichten, der daraufhin eilends erschien.

Er fand Königliche Hoheit in leutseligster Stimmung: aber wie konnte der Herr Bürgermeister auch ahnen, . . . es war ja doch Wert gelegt worden auf das allerstrengste Inkognito! Es war so s e h r liebenswürdig, daß der Herr Bürgermeister noch persönlich herbeieilte in so vorgerückter Stunde!

Erfreut und hochgeehrt durch soviel königliche Leutseligkeit hielt der Stadtvater eisern bei uns aus, während das Fest im Keller seines Rathauses immer höhere Wogen schlug und nach und nach immer mehr den Charakter eines Volksfestes annahm.

Die Bürger an den Tischen erinnerten sich an die alte schwedische Vergangenheit der Stadt: — so viele Bande verknüpften Stralsund und Schweden! — und ihre Frauen und Töchter fanden, daß die Begleiter Seiner Königlichen Hoheit flotte Tänzer und die liebenswürdigsten Kavaliere seien. Und ein alter Mann, der in seiner Jugend noch schwedisch gewesen war, kam von der Straße herein, bat, daß wir ihm Seine Königliche Hoheit zeigen möchten, und weinte, weil er »doch noch einmal einen richtigen, lebendigen König sehen« dürfe. Und alle lagen sich in den Armen und waren gerührt und glücklich. Es war ein großes Fest!

Der Bürgermeister fragte, ob wir nicht noch bleiben könnten, und der Freiherr Grote, der mit von der Partie war und den ›Verbindungsmann zur Reichsregierung‹ markierte, führte »ein Blitzgespräch mit Professor Heinkel persönlich«, ob es möglich sei, eine Seemaschine für den Rückflug Seiner Königlichen Hoheit zu bekommen.

Leider war es nicht möglich; die Eisverhältnisse verboten es, und so mußte Königliche Hoheit zu seinem allergrößten Bedauern doch den Nacht-Expreß nehmen; »denn morgen habe ich Empfang in Malmö, und ich kann ja die Ehrenjungfrauen nicht vergebens warten lassen, das verstehen Sie doch, nicht wahr?« Und Otto lächelte schmerzlich-erhaben: »So ist man Sklave von seine Pflichten.«

Da ließ es sich der Bürgermeister nicht nehmen, uns wenigstens zur Bahn zu geleiten, und auf dem Bahnhof wartete schon der Stationsvorsteher, trotz mitternächtlicher Stunde im korrekten Dienstanzug und mit seiner besten Mütze, und es war überhaupt alles wie einst im Mai.

Nur Königliche Hoheit, die zu diesem Zeitpunkt schon ein wenig angeschossen waren, wären zu guter Letzt fast noch aus der Rolle gefallen; denn plötzlich auf dem Bahnsteig schrie Wachtmeister: »Krister, verdamt! Sieh zu und habe uns ein Kasten Bier in der Abteil!«

Und Krister schrie zurück: »Eine ist wohl viel zu wenig, Otto, verdamt! Wir brauchen ßwei!«

Aber dem Bürgermeister, der ein guter Demokrat war, gefiel der herzhaft-freie Ton zwischen dem Prinzen und seinem Gefolge, und er wies den Stationsvorsteher an, sogleich das Erforderliche zu veranlassen, »Rechnung ans Rathaus«.

Endlich hatten wir sie glücklich im Zuge verstaut, die Lok pfiff, die Zurückbleibenden riefen Hurra, der Stationsvorsteher salutierte mit der Rechten und gab mit der Linken das Abfahrtsignal, und der Zug rollte langsam an. So ging die glorreiche Schwedenwoche zu Ende.

29 GÄSTEPIRSCH

Wenn die Blätter sich verfärbten, wenn die ersten Herbststürme über den Darß brausten und die Hirsche zu schreien begannen, kam in jedem Jahr eine Anzahl ›von oben‹ verschriebener Gäste. Das war vor 1933 so und nachher, und es gab ein gewisses Ritual, nach dem diese Besuche empfangen, geführt und zu Schuß gebracht wurden: Leute aus der Politik, aus den Ministerien, aus hohen, einflußreichen Stellungen im öffentlichen Leben, denen die Ministerial-Forstabteilung aus diesem oder jenem Grunde einen Hirsch freigab — und sei es nur, um ihnen eine Freude zu machen.

Früh, so daß man vor Anbruch des Büchsenlichts draußen war, begann mit ihnen die Jagd. Sie hörten die Hirsche schreien, und sie kamen, wenn ihnen Diana hold gesinnt war, zum Schuß, ehe es so hell wurde, daß die Hirsche in die Dickung zogen, womit es dann eben für diesen Morgen vorbei war mit der Jagd und nichts zu tun blieb, als sich auf halb vier Uhr nachmittags wieder zu verabreden — zur Abendpirsch.

Einigen wenigen aber führte ich, wenn es sich um passionierte Jäger handelte und um Männer, deren Wort für meinen Zauberwald von Gewicht sein konnte, die Tagespirsch auf den Hirsch in der Dickung vor, den unüberbietbaren Höhepunkt im Gegeneinander von Mann und Wild, die Jagd, wie sie an wenigen Orten der Erde von Naturvölkern noch geübt werden mag und in grauer Vorzeit im Kampf um die tägliche Nahrung überall geübt worden sein wird: das Anschleichen an das scheue Wild auf wenige Meter, auf Speerwurf- und Keulenschlagweite.

Da hieß es dann nicht: »Also, heute nachmittag um halb vier Uhr sehen wir uns wieder«, sondern es begann — nach einer kurzen Pause, wenn der Hirsch in die Dickung gezogen und der Tag in voller Helligkeit heraufgezogen war, so gegen 10 Uhr früh im Oktober — die hohe Jagd.

Befreit von allem Ballast und unnötigen Behang, den man vorher draußen ablegte und auf einem Baumstumpf zurückließ, drangen wir an der gleichen Stelle in die Dickung ein, an der auch der Hirsch hineingezogen war, aber nicht unter Brechen und Knacken wie er, sondern lautlos, unter dem Winde, jeden grünen Ast und dürren Zweig behutsam beiseite biegend und von Hand zu Hand gebend, bis er ohne Geräusch in seine Ausgangshaltung zurückgebracht war; denn selbst das Zweiglein, das am Antlitz entlangstrich, die Falte in der Kleidung, die bewegt wurde, waren, wenn auch vielleicht für uns unhörbar, Geräuschquellen, die verstopft gehalten werden mußten.

Oft vergingen Viertelstunden, in denen wir flachen Atems lauschten, ehe wir, wenn der Hirsch sich hatte hören lassen, vorsichtig jeden Tritt wählend und jeden Fuß setzend, uns weiterbewegten, um dann wieder, verharrend, zu lauschen und das Bruch vor uns mit Auge und Glas abzusuchen und zu durchspähen. Aus dem Vielerlei der Töne und Stimmen des Waldes aber war jenes eine vielleicht sehr schwache Anstoßen des Hirsches herauszuhören, der dösend im Bette saß, das die Richtung angab, in der wir weiter mußten, und das nur dem geschärften und seit vielen Jahren geübten Ohr überhaupt auffällt.

So dicht war dabei zuweilen die Dickung, so eng geflochten die grüne Mauer — wenn auch kaum eine von ihnen ohne Fehlstellen und auf den Wildwechseln nicht voranzukommen ist —, daß man auf wenige Meter an den Hirsch heran sein konnte, ohne von ihm bemerkt zu sein oder ihn selbst bemerkt zu haben!

Meistens blieb ich, ehe ich überhaupt in die Dickung eindrang, draußen davor sitzen und horchte, wie der Hirsch drinnen herumhantierte, aus dem Bette meldete, anstieß, brummte, wieder schwieg, eine Viertelstunde still war und dann — vielleicht — mit dem Geweih an einen Ast anstrich.

Alle diese Geräusche gaben mir Kunde von ihm, und ich mußte sie messen an meiner Kenntnis von den Verhältnissen im Innern des Bruches, denn daß ich diese genau von innen kannte — mit Fehlstellen, Laubholz, Dornbusch, Nadeldickicht, trockenen und nassen Stellen — war erste Voraussetzung jedes Erfolgs.

Suchte der Hirsch nach Kahlwild, bummelte er in der Dickung herum, so war es die eine große, manchmal unerfüllbare Kunst, sich unter Wind zu halten, die andere: sein Kahlwild zu vermeiden, das einen unweigerlich verraten hätte.

Und dann geschah es eben zuweilen, daß man durch eine lichte Stelle in der grünen Wand plötzlich so ein Stück einer schwarzen Stange entdeckte, und weiter zunächst nichts, und daß nun alles darauf ankam — nicht: zu schießen, sondern zu erkennen, ob diese Stange zu dem Hirsch gehörte, auf den man pirschte und den man schießen wollte.

Man sah vielleicht nur die eine Stange — ohne Krone, stark beperlt —, na, denkt man, könnte richtig sein! — oder durch eine Lücke in der grünen Laubwand ein handgroßes Stück seiner Decke oder des Hauptes oder einen Lauscher, und dann stand man reglos — wartend, wartend, und die Minuten dehnten sich, und im Halse schlug das Blut. Und endlich — nach Ewigkeiten — regte er sich, wandte den Kopf einem Geräusch zu, verhoffend —, und man konnte die andere Stange besehen ... und da war auch die Kugel schon aus dem Lauf heraus und auf dem Halsansatz angelangt; das geht ja wie der Blitz; denn als ich die zweite Stange sah — auch keine Krone —, wußte ich, daß ich den Abschußhirsch vor mir hatte, den ich haben wollte.

Lebt man lange genug eng mit dem Wild zusammen, so entwickelt sich mit den Jahren eine Art sechster Sinn. Dann fühlt man es wie eine schöne Frau, nach der sich die Männer umwenden, wenn Wild einen anschaut, und nicht selten, wenn man stehenbleibt und lange und sehr sorgfältig eine solche Dickung mit dem Glas absucht, aus der man sich angeschaut fühlt und in die man vielleicht fünfzig Schritt hineingucken kann, so entdeckt man plötzlich die Lücke im Blattwerk, an der man eben arglos vorüberging, und aus der einen das Stück, das darinnen steht mit seinem großen, dunklen Licht tief und neugierig anschaut. Es hat sich nicht geregt und regt sich auch jetzt nicht; denn es weiß sich unentdeckt.

Man selbst aber fühlt die seltsamen Ahnungen bestätigt, die Antennen, deren Vorhandensein, soviel Unsinn auch über den sechsten Sinn geschrieben worden ist, sich immer wieder erweist. Man spürt es körperlich, wenn man so aus der Dickung angesehen wird. Es überträgt sich etwas, und man nimmt es wahr.

Wie oft habe ich in jungen Jahren, wenn ich mit Vater pirschte und etwas, das er mir aufgetragen, vergessen oder verbummelt hatte, mit siedendheißem Erschrecken daran gedacht: ›Ach, du Donnerwetter, du solltest ja... Daß bloß jetzt der Alte Herr nicht daran denkt!‹ Und unter Garantie sagte er eine halbe Minute später: »Übrigens, hast du ...?« Und dann sagte ich: »Nein, ich habe nicht.« Etwas Ähnliches wie solche Gedankenübertragung war dieses ›Angesehensein‹.

Es gab zuweilen Leute unter den offiziellen Gästen, deren Schießkunst, besonders wenn es sich um den Kugelschuß auf flüchtiges Wild handelte, beim guten Willen endete. Für sie war das Wild »vorne zu schnell und hinten zu kurz«, und wir hatten Mühe damit, ihnen zum ersehnten Erfolg zu verhelfen.

Die strahlende Freude in ihren Augen, wenn sie an ›ihrem‹ Hirsch standen, der Stolz, der sie erfüllte, die Stärkung des trotz hoher und einflußreicher Stellung oftmals recht angestoßenen und mitgenommenen Selbstbewußtseins rechtfertigten die fromme Lüge und den kleinen Betrug, deren wir uns bedienen mußten, um in ihnen die Illusion zu erwecken, daß ihre Kugel es gewesen sei, die den Geweihten oder den Keiler streckte.

Da war, um nur ein Beispiel zu erzählen, der Oberforstmeister Pfänner, Karl Friedrich Pfänner — ich sehe ihn noch vor mir, klein und hager wie ein Italienerhahn und bolzengerade — aus dem Ministerium in Berlin. Er war nach einem Vierteljahrhundert, das er im Dienste der grünen Farbe in der Ministerialbürokratie zugebracht hatte, so waldfremd wie ein Linienschiffskapitän. Er war geradezu wie ein Kind, ließ willig alles mit sich anstellen, erstaunte über alles, was er unversehens an Wild zu Gesicht bekam, und freute sich, als ob er noch nie in einem Walde gewesen wäre.

Aber er hatte, da er schon recht alt war, mittlerweile die »Geldzählkrankheit« bekommen: Er zitterte sehr mit den Händen, und das wirkte sich ziemlich ungünstig auf seine Schußresultate aus; er traf nichts, was wiederum zur Folge hatte, daß sich seine Besuche im Forstamt meist ein wenig in die Länge zogen.

Nun wachsen ja die wahren Werke der Barmherzigkeit und

der Klugheit aus dem Herzen der Frauen. Eine kleine Küchenhilfe meiner Frau war es daher, die eines Tages sagte: »Können denn Sie nicht mal mitschießen, Herr Forstmeister, damit endlich . . .«

Ich sah sie scharf an. Sie stand da, rot übergossen.

Nun muß man sich vorstellen, daß er jedes Jahr kam, um ein oder zwei Hirsche oder ein paar Sauen bei uns zu schießen. Dann wohnte er bei uns — er war ja sehr nett, aber er hielt einen ja auch rasend auf; denn er blieb immerhin eine Reihe von Tagen, froh der Luft der Strenge und Untadeligkeit auf ein Weilchen entgangen zu sein, die sein »Gemahl«, wie er seine Frau nicht ohne milde Resignation zu nennen pflegte, daheim umwehte.

Seine mangelhaften Schießleistungen gingen also, um es ganz klar zu sagen, unmittelbar zu Lasten unseres Hauspersonals, und unter diesem Gesichtswinkel versteht sich das Mitgefühl, das jenen kleinen Hausgeist zu seinem »Können Sie denn nicht mal mitschießen?!« veranlaßte.

Nun — wir konnten. Ich stellte Christern von jetzt ab immer neben Karl Friedrich an und sagte: »Laß immer möglichst zuerst ihn schießen und schieß' du unauffällig mit.«

Das Verfahren klappte vorzüglich; bei der nächsten Jagd schoß Karl Friedrich einen groben Keiler, und als er etwas zu merken drohte, sagte Christern schnell: »Ich habe gefehlt, Herr Landforstmeister, ich bin zu weit hinten abgekommen«, und dann ging er mit mir in die Dickung, während Karl Friedrich draußen blieb. Drinnen lag der Keiler, mausetot, und zwei Überläufer; wir hatten sie bald gefunden und gingen nun die Fährte zurück. Ich hatte ein bißchen Schweiß aufgenommen und fragte, als wir wieder aus der Dickung traten:

»Ach, Herr Landforstmeister, wollen Sie, bitte, noch einmal genau sagen, wo der Anschuß war?«

»Hier«, sagte Christern hilfreich; denn Karl Friedrich war sich seiner Sache nicht ganz sicher.

»Ja«, sagte er, »ungefähr. Ein bißchen weiter links noch, würde ich sagen, etwas weiter zurück . . .«

Ich bewegte mich ganz nach seinen Weisungen, und plötzlich bückte ich mich, griff ins Beerkraut am Boden: »Da, Schweiß! Also Weidmannsheil!«

Es war herzbewegend, seine Freude zu sehen. Er war ganz aus dem Häuschen und konnte sich überhaupt nicht beruhigen; unser kleiner Betrug verklärte sich geradezu und bekam etwas von dem Heiligenschein der guten Werke; wir waren zuletzt ganz stolz, wenn auch etwas besorgt, daß jemand etwas bemerkt haben könnte.

Am andern Morgen, als er abreiste, bekam er die Gewehre »seines« Keilers mit. Stolz und unendlich beglückt fuhr er ab. Wir hatten aber, um das Maß der Güte vollzumachen, ein paar ganz andere genommen, die einem wesentlich stärkeren Keiler gehört hatten. Er merkte es nicht. Sein Glück war vollkommen.

Nicht immer hatten unsere kleinen Korrekturen der launischen Diana den gewünschten Erfolg. Ein wirklich guter Freund, der nur leider hundsschlecht schoß, sagte, als wir für ihn mit dem Weidmesser einen »Einschuß«, ein Loch in den Hirsch gemacht hatten, mit gelassener Würde: »Gebt euch keine Mühe, meine Lieben. Ich k e n n e den Beschiß.« —

30 TIERE WIE AUS EINER ANDEREN WELT

Alljährlich im Herbst werden in Schweden die Elche geschossen; für wenige Tage geht die Jagd auf die klobigen, ramsnasigen Riesen auf, und ich fuhr hinüber zu den Kuylenstiernas, auf ihr prächtiges Schloß am Sund, in Skåne.

Es war ein großer schneeweißer Querflügelbau und lag in einem Park mit weiten, wunderbar gepflegten Rasenflächen und herrlichen alten Bäumen, einem Flüßchen, einer alten Mühle und riesigen Eichen davor. Es besaß ein achteckiges Billardzimmer, in dem jede der acht Ecken mit einem Gemälde von der Hand des berühmten schwedischen Tiermalers

Liljefors ausgefüllt war, und der alte Baron pflegte, wenn er sie betrachtete, zu sagen, daß das Geld, das er in diese Bilder gesteckt habe, gut angelegt sei.

Er hielt viel davon, sein Geld richtig anzulegen, und da er hervorragend wirtschaftete und überdies aus eigenem Kraftwerk den Strom für das ganze benachbarte Halmstad lieferte, mangelte es ihm nie daran, und er durfte hoffen, jedem seiner zwölf Kinder soviel zu hinterlassen, daß keines von ihnen je würde darben müssen.

Nein, es mangelte an nichts in Schloß Sperlingsholm. In den Sälen und Zimmern und Gängen fand sich erlesenes, von vielen Generationen zusammengetragenes Mobiliar. In den Ställen standen schönste Vollblüter und bestes Zucht- und Nutzvieh. Küche und Keller waren auf das allerbeste bestellt, und die Gastfreundschaft wurde von keiner in diesem Lande der sprichwörtlichen Gastfreiheit übertroffen.

Krister und seine Brüder empfingen mich wie immer mit großem Hallo; wir tranken einen langen Abend hindurch Punsch und Whisky umschichtig, und am nächsten Tage ging die Jagd auf.

Sie begann mit einem Frühstück im Morgengrauen: Porridge, gebratene Bücklinge, Elchklopse, Kaffee selbstverständlich, Knäckebrot, kühle, helle Butter, Jam —, was das Herz begehrte, und man saß und aß sich langsam wach, wortkarg zuerst, allmählich aber die belebende Wirkung des Kaffees spürend, und sah, wie draußen der Himmel sich aufhellte.

Dann fuhren die Wagen vor; die Jagdgesellschaft brach auf, und es begann die Fahrt und danach der Aufstieg in die Bergwälder in ihrer herbstlichen Farbenpracht, und während man stetig Fuß vor Fuß setzte, schweifte das Auge über das Vorland hinweg auf den blauen Sund hinaus, von dem sich das Gelb und Braun und Rot des Herbstlaubs leuchtend abhob. Der Wind pfiff scharf und kühl, die Blätter flogen wie erschreckte Vögel weit hinaus, und auf dem Blau des Sundes wanderten die Schatten der Wolken und die weißen Schaumkronen der Wellen eilig dahin.

Weiter bergwärts steigend, gelangte man in die Hochmoore mit ihren Krüppelweiden und Zwergbirken, mit Sumpfporst, Modder und Moosen, mit hohen Wacholdern und mächtigen Felsblöcken, struppigem Beerkraut, Birkenbeständen und Moosbeeren, in deren krausem Blattwerk silbern und tauberlt die Spinnweben glänzten.

Es war still; man sprach wenig beim Aufstieg, und wenn man seinen Stand eingenommen hatte, an dem Paß zwischen zwei Seen etwa, wo der Elch gern wechselte, und die anderen Schützen weitergezogen waren, der alte Baron, seine Söhne und seine nicht minder passionierten Töchter, dann wurde das Schweigen allmählich vollkommen, das geheimnisvolle Schweigen der Wälder, der Wildnisse, des Himmels mit seinen Wolken und seinem wechselnden Licht.

Nach einer Weile dann begannen die Treiber sachte anzutreiben und das Moor vorsichtig durchzuklopfen; man hörte sie gedämpft von fern, man spürte die Unruhe, die plötzlich über das Getier kam, und man vernahm den dröhnenden Schlag des ersten Schusses, fühlte die erschreckte Stille, die sich danach für eine kurze Weile wie eine Lähmung ausbreitete, und sah zugleich Birk- und Auerwild aufstehen und in schnellem Fluge abstreichen.

Kurz vor mir in einer Kiefer fällt ein Birkhahn ein, breiter Stoß, schlanke Ständer, ein wenig hängende Schwingen, gereckter Hals und krummer Schnabel. Hell leuchtet das Rot an der Seite seines Kopfes, als er mißtrauisch umheräugt, eine Weile dem vorrückenden Treiben lauscht und plötzlich polternd abfährt.

Fast im gleichen Augenblick sehe ich die Elchkuh mit ihrem Kalb, das »Tier-wie-aus-einer-anderen-Welt«: den mächtigen Rumpf, das fremdartige, so geheimnisvoll anmutende Gesicht mit der melancholisch hängenden Nase, die hohen Läufe, stark wie Kolbenstangen einer Dampfmaschine und bei aller Mächtigkeit doch seltsam schwerelos und gleitend bewegt. Und ich sehe sie auf kürzeste Distanz an mir vorüberziehen, das Kalb eng an ihrer Flanke, jede ihrer Bewegungen wiederholend.

Lautlos, schwebend bewegen sie sich dahin; unhörbar setzen sie ihre Tritte, und schon hat sie der Bergwald wieder aufgenommen: ein Stein, ein Wacholder, eine Birke mit goldenem Laub, das im Winde ausweht wie eine lodernde Flamme —, sie schieben sich schützend dazwischen: fort sind sie wie Schemen . . .

Viele Stunden saß ich noch auf meinem Felsblock und lauschte der Jagd. Es lag mir nichts daran, zu schießen.

Nachmittags bei den herbstlichen Elchtreiben bezog sich häufig der Himmel, und es begann zu regnen. Dann befiel eine graue Traurigkeit den einsamen Bergwald, und man war schließlich froh, wenn es dämmerte, wenn die Jagd endete und man zu den wartenden Wagen ins Tal zurückkehren konnte.

Da ging es dann heim zu Bad und Schlaf und danach zu Frack und Diner im großen, kerzenhellen Saal, zu Punsch und Whisky, Champagner und Tanz bis in den grauenden Tag.

Und einmal, als uns der Hafer stach, veranstalteten wir mitten in der Nacht mit mehreren Wagen ein Autorennen rund um das Schloß auf der Ellipse, die das vier Morgen große Rasen-Rondell einschloß und an deren Spitze eine alte Eiche gerundet werden mußte. Sonderbarerweise machten wir keinen Bruch.

Und ein andermal, als ein Graf zu Gaste kam, der als Salonsozialist eine gewisse literarisch-politische Rolle spielte, fragten wir ihn, wieviel von seinem eigenen riesigen Landbesitz er selbst denn schon aufgesiedelt habe, was er gar nicht mochte, was aber den alten Baron veranlaßte, uns in Champagner fast zu ertränken.

Und ein drittes Mal, als die brüderliche Liebe wieder sehr hohe Wogen schlug, gründeten wir das berühmte »Reich aller Germanen auf alkoholischer Grundlage« . . .

Und endlich in einer solchen Nacht des schönen Jugendrausches wollte mein Freund Krister partout, daß ich sein Schwager werden sollte. »Mein älteste Swester«, sagte er, beharrlich mit dem Zeigefinger auf mein Knie klopfend, »sie ist eine sehr guten Mädchen. Sie sollst du wohl gerne geheiraten. Teufel, sie ist ja verrückt und gar nicht mehr so jung, aber sie hat so verdamt guter Papieren ...«

Das war um die Zeit, als ich ›Herzensbrecher‹, eine schöne Rotschimmelstute, an Johan Berg v. Linde verkauft hatte und sie ihm nach Duveke hinaufbrachte, seinem Besitz bei Axelvold, nicht weit von Malmö.

Zwanzig Liter Direktions-Exportbier, die Feicht, der Johan Berg besonders gern mochte, eigenhändig in der Streu des Transportwaggons versteckt hatte, fuhren illegal mit.

Ich war heilfroh, als Pferd, Bier und Begleiter glücklich in Malmö gelandet waren.

Dort fiel mir Johan um den Hals, einmal, daß er mich sah, zum andern, weil er sich unbändig über die Stute freute, in die er ganz vernarrt war, zum dritten, da ich ihm zuraunte, was in der Streu des Waggons verborgen liege.

Und dann fuhr er noch am gleichen Tage 150 km weit auf durchaus mäßigen Straßen mit mir über Land, nur, um seinem Schwiegervater zwei Flaschen von Feichts Direktionsbier hinzubringen, ein echter Schwede, Edelmann und Menschenfreund.

Ich habe später noch ein zweites meiner Pferde nach Schweden gegeben, eins der schönsten, die ich je besaß, ›Held von Skalde‹, einen wundervollen Fuchs mit drei weißen Strümpfen, den ich durch Vermittlung meines Freundes Gerd von der Goltz sehr günstig erworben und vier Jahre lang auf dem Darß durch dick und dünn geritten hatte.

Meine Mutter besonders war ganz verliebt in das Tier. »Wo bleibst d u auf d e m Pferd?!« pflegte sie zu sagen, obwohl sie sonst sehr stolz auf mich war, und Otto Wachtmeister sagte, als er ihn abnahm: »Held geht wie ein Kaiser!«

Das tat er allerdings, und ich hatte nichts unterlassen, um seine großartigen Anlagen zu entwickeln.

Ich hatte mir in der Nähe des Forstamts auf einem Waldweg einen richtigen Sprunggarten bauen lassen, lauter grobe Hindernisse, darunter einen Hoch-Weit-Sprung nach dem

Muster von St. Georg, Aachen, 150 × 200 cm, ein festes Hindernis, und ›Held‹ und ich fielen beim ersten Sprung prompt von oben hinein. Gott sei Dank brachen die Stangen, und wir blieben beide unverletzt. ›Held‹ aber wiederholte das Hindernis und nahm es von nun an reibungslos. Ich war sehr stolz auf ihn. Der Freiherr v. Langen jedoch, der sich meine Anlage kritisch besah, sagte nur: »Sie sind vollkommen verrückt. Sie werden sich noch das Genick brechen.«

Aber ich hatte auch meinen Stolz und sprang weiter, und meine Pferde dankten es mir mit Sicherheit in allen Gangarten und bei allen Geländeschwierigkeiten im Revier.

31 JAHRESREIGEN

Wie unvergeßlich waren unsere Mai-Ritte! Im Mai sind die Kulturarbeiten getan; die Jagd ruht; es ist wenig zu tun. Dann lud ich meine Freunde und werten Nachbarn zum Reiten ein, die Langens, Herbert Trautvetter und diesen oder jenen andern guten Reiter, und wir ritten hinauf zum nördlichsten Darß, dorthin, wo gerade erst die jungen Bäume sich selbst angesät hatten. Dort hatten wir Platz, dreitausend Meter Strand und Düne, ein paar Hindernisse, ein paar Gruben, ein paar Riffe — heute noch, nach fünfundzwanzig Jahren, sehe ich den Absprung vor mir, höre ich v. Langens Stimme, wie er sich im Sattel wendet und seiner Frau zuruft: »Mimusch, wie wird dir?!«, und schon braust die wilde Jagd weiter, dumpfer Hufschlag auf Sand und Waldboden, schnaubende Nüstern, knirschendes Leder —, und hinein ins hoch aufspritzende Wasser, kniehoch, dann über die Gurte, so daß man die Beine anzog, und wieder flacher, weiter, weiter in weißen und funkelnden Kaskaden, den Strand entlang, durch die Bestände, die Schneisen und Gestelle; es war ein einziger Rausch — unvergeßlich!

Ich ritt auch gern nachts, ebenso wie ich meine Hunde gern im Dunkeln arbeiten ließ, seit ich herausgefunden hatte, daß sie vielfach dann weniger abgelenkt und besonders zugänglich waren.

In meiner Reinerzer Zeit hatte ich eine Hündin, die nicht apportieren wollte, abends mit mir genommen. Wir stiegen einen Hang hinauf, und ich warf einen kurzen Stock, nach dem sie spielerisch geschnappt hatte, fort und sagte: »Apport!« Und siehe, die Hündin, die bei Tage um nichts in der Welt zum Apportieren zu bringen war, sauste hin und brachte das Holz!

Von da an gab es keine Schwierigkeiten mehr mit ihr; ich verlegte alle Dressurarbeiten in die Zeit nach Sonnenuntergang.

Die Nacht belebt; es ist alles fühliger des Nachts, sie hat das Mystische des Dunkels, das Erlösende der Kühle im Sommer, ein ungreifbares Fluidum, das auf Nerven und Phantasie zugleich einwirkt, ein unsichtbar Wirkendes, wohl empirisch Erfaßtes, aber nicht Bewiesenes. Man fühlt es; es steigt aus dem Waldboden auf; es hängt spürbar zwischen den Stämmen; es ist da, geheimnisvoll, spezifisch nächtlich, aber man kann es nicht greifen oder bezeichnen, sondern muß es hinnehmen wie so manches, und ihm Reverenz erweisen. —

Nächte und Tage — Monde und Jahre, vergangen, dahin! Aber die Erinnerung bleibt, unauslöschlich und drängt sich zusammen zu Bildern von wehmütiger Süße. —

Wie kamen im Frühjahr nach der Schneeschmelze mit den Schnepfen und den Märzhasen die ersten goldäugigen Himmelsschlüssel und kälteklammen Leberblümchen, die erst in der Wärme der Stuben ihr schönes, klares Blau entfalteten! Wie bedeckte sich der Waldboden zwischen den hohen Buchenstämmen mit dem Schnee der Anemonen!

Von den Ellernkätzchen wehte gelber Blütenstaub. Der Frühlingswald knisterte in den ersten warmen Mainächten vom Aufbrechen der Buchenblätter, die ihre braunen Knospenhüllen sprengten und klebrig sammetweich und silberbepelzt ihr lichtes Grün ganz langsam glätteten und wie helle Schleier zwischen den ernsten Stämmen aushängten.

Mit dem frühesten Morgenlicht war die Luft voll vom Ruf und Singsang meiner gefiederten Freunde; nacheinander kamen sie alle zurück und gesellten sich zu den Daheimgebliebenen: auf den Wasserblänken lagen die Entenschwärme, die dunklen Flecken der Bläßhühner und die Haubentaucher; den scheuen Brachvogel hörte ich und sah ihn im Seichtwasser neben den Uferschnepfen fischen und wurmen. Drosselrohrsänger und Schilfrohrsänger konzertierten, und dazwischen erklang der scharfe Ruf der Rohrammer mit dem schwarzen Kopfe und dem weißen Halsring. Lautlosen Fluges revierte die Rohrweihe, und über den dunklen Moorgräben und Tümpeln tanzten die Mückenschwärme im Mittagslicht.

In den Hundezwingern katzbalgten, rauften und schimpften die Welpen. Die Mägde in der Küche sangen. Die Forsteleven trugen die Hüte um ein paar Grad verwegener aufs Ohr gerückt; Grasmücke, Amsel, Kuckuck und Pirol sangen und riefen von früh bis spät. Der Buchfink schmetterte. Maiglöckchen im Walde, Obst- und Fliederblüte in den Gärten, weiße Kerzen auf den Kastanien in Fülle, die Schwertlilien leuchteten gelb vorm Rande der Waldtümpel; ehe man sich's versah, war Johannestag: die Eimer der Beerensucher klapperten im Walde.

Und welch ein Wald! Tropisch üppig die Vegetation! Das dichte Grün der Erlenbrüche! Die Baumriesen, umsponnen vom wild wuchernden Efeu! Das grüngesättigte Dämmer unter dem lichten Laubdach in der Höhe, durch das kaum ein Sonnenstrahl herabpfeilte! Geißblatt duftete betäubend, Holunder dazu, über und über besetzt mit den weißen Scheiben seiner Blütendolden im dunkelgrünen Laub. Und überall das grüne Meer der hohen Farne!

Über den stillen, verschilften Strandseen schwirren die Wasserjungfern und Libellen, glitzernden Flugs. Am heißen Sommerhimmel türmt sich schneeweißes Gewölk. Sensendengeln klingt von der Mase herüber; Heuduft weht mit dem

Winde, würzig und frisch, und die Fischer sagen, daß man es weit draußen auf See riechen kann, wenn auf dem Darß das frische Heu trocknet.

In den Dörfern dann der Rittersporn, der leuchtendblaue, daneben der Fingerhut, mannshoch den Hauszaun überragend, an dem Rosa centifolia, die hundertblättrige Rose, vor der Fülle ihres dichten grünen Blattwerks ihre zarten, duftenden Blüten mit dem dottergelben Kelch leuchten läßt, umbrummt und umsummt von Hummeln und Bienen, die sich wie Müllerburschen mit dem goldenen Blütenstaub bepudern, ehe sie schwer beladen den heimischen Stöcken und Nestern zutaumeln, wie betrunken von der Fülle der goldenen Ernte.

Die Bockjagd war auf um diese herrliche Zeit, und wir waren draußen vor Tau und Tag, lang ehe das Rotkehlchen mit seinem zierlichen Stimmchen das erste Licht begrüßte. Wir sahen den einsamen Adler seine Morgenjagd fliegen, golden befiedert in der Frühsonne, und sahen die Ricke zärtlich ihr frisches Kitz belecken, sahen die gehörnten Herren, die Rehböcke, plätzen und wie zwei rote Blitze aufeinander zufahren in eifersüchtiger Tollheit und sahen den Abgeschlagenen flüchten, während der Sieger ihm nachhöhnte, ehe er sich den neugierig zuschauenden Damen zuwandte.

Des Morgens stand der leichte Nebel silbern über den feuchten Wiesen unter blaßblauen Himmeln, und wenn er sich hob und auflöste, in der Wärme des heraufziehenden Tages, funkelten Halm und Blatt von diamantenem Tau.

Um die Mittagsstunde, wenn die Forst ihre blauen Schatten warf, lagen wir in der Sonne vorm Dünenwäldchen, sahen die Möwen wippenden Flugs die Seekante auf und ab patrouillieren und blinzelten hinaus über die weite, metallisch-unbewegte Fläche der See, auf der weit draußen die zartviolette Silhouette eines Dampfers ihre dünne Rauchsäule in die windstille Luft hinaufsandte. O mittagswarme Sommerstille! Nur ein Rotkehlchen singt im Dornbusch, zart, süß ...

Dann kamen die Abende, sie, die zuerst erinnern an den

bald nun nahenden Herbst. Das Tiefblau des Himmels verfärbte sich zu Rosa, Grau und Violett, ein kühler Wind sprang auf; man fröstelte; bald würden nun die Kronsbeeren reif sein ...

Zugleich aber warf unsere Kugel manchen Bock von den Schalen, der nicht gut genug war, um sich zu vererben, und an manchem Abend hatten wir die köstliche Leber zum stahligen Mosel auf dem Tische.

Wenn dann die Nacht fiel, der letzte Vogel verstummte, die Fledermaus taumelnden Flugs den Nachtfaltern nachstellte und das Käuzchen wie ein breites schwarzes Kreuz vor dem Himmel lautlos dahinglitt, saßen wir wohl auf der Veranda im Freien oder vor der Jagdhütte auf der Düne, sannen den Geschehnissen des Tages und der bewegten Zeit nach und blickten hinauf zu den unvergänglichen Sternen, die nun mit jedem Augenblick klarer und leuchtender aus dem Sammetblau des Nachthimmels hervortraten. Der Zeit der Waldmeister-Bowle war die der Erdbeeren gefolgt; bei besonderen Anlässen — und daran mangelte es nie — übergossen wir die ungezuckerten Früchte einfach mit Sekt —, und bald würde nun die Zeit der Kullerpfirsiche folgen, der langen Pirschgänge, um die Hirsche zu belauschen und zu sehen, was sie herausgefegt hatten unter dem Bast, wie sie zogen, wo sie suhlten und wo sie sich bei Tage einstellten —, die Zeit des zweiten Heuschnitts auf den Masen, der klappernden Mähmaschinen auf den großen Getreideschlägen jenseits des Boddens und der Feriengäste in den Bädern Arenshoop, Prerow und Zingst, die meinen Förstern und mir das Leben sauer machten, indem sie, alle Verbote mißachtend, überall in den Wald liefen, das Wild — und vor allem die Adler beunruhigten und singend, Stullenpapier verstreuend und Feuerchen anbrennend herumzogen, höchst empört, wenn wir ihnen dann das Strafgeld bar abknöpften und sie anschließend des Waldes verwiesen.

August! Das Jahr stand in voller Reife, im Laub der Bäume sott der grüne Saft in der Hitze; drunten in der Dickung stand der Feisthirsch in einer Wolke von scharfem Dunst und Fliegen; die Haselnüsse waren grün, saftig und milchsüß; bald würden sie reifen. Mannshoch über dem Boden erhob sich der undurchdringliche Wald der Königsfarne in den schattigen, feuchten Mulden, der Adlerfarne und des Wurmfarns und, wo diese Raum ließen, der Rauschbeeren, des Heidelbeer- und Kronsbeerenkrautes.

Wollgras nickte silbern im Winde, Moose überzogen, bald giftgrün und feuchtschwellend, bald dunkel und dürreknisternd den Grund; Sonnentau und Wasserhahnenfuß deckten den schwankenden Moorboden; am Rande der Kaupen und Moorlöcher blühte noch immer die Schwertlilie; Moosbeeren hingen im Gesträuch, und das Waldgeißblatt wucherte.

In den urigen Waldpartien am Weststrand schlangen wilder Hopfen und Waldefeu ihre gierigen Ranken von Stamm zu Stamm, von Krone zu Krone.

Nun aber, da das Jahr seinen Erntemond erreicht hatte, schien in dem wilden und stummen Kampf um Licht, um Wachsen und Entfaltung ein Halt einzutreten, ein Ausruhen in der Fülle des Seins, als spürten die lebendigen Dinge, daß das Ziel des Jahres erreicht, daß die Zeit gekommen sei, ganz langsam auf den Abschied, den Herbst, den langen Schlaf sich zu bereiten.

Immer noch glühte die Sonne über den Wäldern, den Seen und den Feldern in der Ernte; die Fülle war groß und vollkommen, aber wie ein erstes silbernes Haar auf dem Haupte der schönsten Frau zeigte sich doch hier und da ein gilbendes Blatt in der Fülle des Grüns; die Nächte wurden länger, die Sturmwetter häufiger und härter, und nur noch selten, an ruhigen und klaren Tagen, konnte man vom Darßerort fast bis Stralsund und bis nach Hiddensee sehen — in der Kimm schwimmend — und von Möen die Steilküste erkennen, die in der opalenen Kimm blinkte wie altes Elfenbein.

Eines Tages dann war der Herbst da. Er kündigte sich an in den Dörfern mit Astern und Dahlien in den kleinen Gärten, in denen die Fachwerkhäuser der Darßer unterm Rohrdach und dem großen Hausbaum breit und behäbig hockten, die Giebelbretter ausgesägt, die Türen geschnitzt und bunt bemalt, die Fensterläden zierreich ausgeschnitten. Er kündigte sich an mit den Pilzsuchern im Walde, die aus den Wagengleisen auf den Waldwegen die Steinpilze brachen, die dort mit Vorliebe wurzelten. Er kündigte sich an mit den ersten großen Stürmen.

Dann schlug die kochende Brandung bis hinauf ins Vorland; bei Süd- und Südsüdweststurm sägte die Küstenströmung mit fünf bis sechs Seemeilen Stundengeschwindigkeit an der unbewehrten Landkante dahin; Holzbuhnen fraß der Wurm, stählerne Spundwände die Unterspülung, und so sanken breite Dünen dahin, versanken Dornbusch und Bodennarbe, weggerissen von der erbarmungslos nagenden Flut —, ja es neigte sich hier und dort und immer wieder der eine oder andere der in jahrzehntelangen Seestürmen gehärteten Bäume; ihres Haltes beraubt, mit bloßgelegtem, ausgewaschenem Wurzelwerk sanken sie widerstrebend darnieder wie Kämpfer, denen ein tückischer Gegner die Knöchelsehnen zerschnitt. Während aber die einen untergingen im Strudel von Flut und Brandung, wusch von anderen, längst Gefallenen die nagende See die gebleichten Wurzelreste wieder aus dem Sande, so daß nach stürmischen Tagen der Strand wie bedeckt war mit den Gebeinen seltsamer Fabelwesen.

Am Strande wehten an solchen Tagen die Netze im Sturme aus; die Boote lagen, hoch auf das Trockene gezogen, wie ungefüge, dunkle Tiere da; Bachstelzen, Strandläufer und Austernfischer wippten, trippelten und stocherten an der Flutkante, mit den Brandungswogen vor- und zurücklaufend, und im Dornbusch saß mit windzerzaustem Gefieder die Goldammer und flötete ihr klagendes Piiip-piep.

Dann, eines Tages, waren die ersten Nachtfröste da; der Wald verfärbte sich zu flammendem Gold und leuchtendem Rot, zu Gelb und Braun aller Schattierungen; des Morgens hingen zartsilberne Spinnweben zwischen den Zweigen der Jungkiefern und blinkende Tautropfen auf Gräsern und Blättern; die See hinter der Düne am Jagdhaus war tiefblau wie angelaufener Stahl und zeigte weiße schäumende Häupter; es wehte hart, aus den Buchenkronen stob das bunte Laub, die Fichtenwipfel beugten sich und pfiffen; es brauste in den Wetterföhren und schrillte im Dornbusch; der Baß der Wälder erdröhnte, bis es gegen Abend abflaute.

An diesem Abend schrie der erste Hirsch.

Und bald antworteten ihm andere; nach einigem Anstoßen und Proben dröhnte das volle Konzert, und wir traten hinaus vor die Hütte und lauschten schweigend dem machtvollen Chor, der mit Anruf und Antwort durch die stillen Wälder orgelte, über denen ein schmaler, kalter Mond aufging und weiß die Sterne glitzerten.

Frisch und herbe war die Luft! Es roch nach Moos, nach Laub und Pilzen, nach Erde und zuweilen nach Salz und See. Wir standen lange, sprachen wenig und gingen schließlich früh zu Bett; denn nun kamen harte, herrliche Tage, die Hohe Zeit im Jahreslauf des Weidmanns.

Das Essen für drei Tage war vorausgekocht; es stand auf dem Ofen und brauchte jeweils nur gewärmt zu werden. Früh um drei Uhr schon kamen wir aus den Federn, schweigsam, wie wir uns gelegt hatten; dann nach einem ersten prüfenden Blick vor die Tür in den dunklen Morgen, nach dem Himmel und dem Winde, verfielen wir in tiefes Nachdenken über die beabsichtigte Pirsch. Es gab so vielerlei zu berücksichtigen: der Morgenwind kam von See und hatte hier, an der Düne, eine andere Richtung als im Revier. Wo standen — auf diesen Wind bezogen — unsere Hirsche? Wie würden wir sie am besten angehen?

Schweigend schlürften wir den schwarzen Kaffee; mit halblautem Ruf lockten wir den Hund; nur hin und wieder ein geflüstertes Wort wechselnd, trabten wir endlich ab ins Dunkel über die Gestelle, durch die Bestände, über Gräben, Stock und Stein, während der Himmel sich allmählich verfärbte, und ein erstes unwirkliches graues Dämmer durch die dünner belaubten Kronen herabsickerte. Dann fuhr der Frühwind durch den Wald, daß das dürre Laub der Jungeichen und der roten

Buchenjugend raschelte und sang, daß die letzten bunten Ahornblätter an den Zweigen flatterten wie Vögel auf der Leimrute und das schüttere gelblichgrüne Pappellaub wie aufgeregte Papierscheibchen im Winde wimpelte.

Wir pirschten bald hier, bald dort, keineswegs immer, um zu Schusse zu kommen; den Stand des Wildes zu ermitteln, seine Gewohnheiten kennenzulernen, war uns oftmals genug.

Oben, im Norden des Darß mit seinen Riesenrohrplänen, standen in einer wahren Urweltlandschaft starke Hirsche. Man hörte sie im Röhricht herumplatschen; man hörte sie mit rauher Stimme anstoßen, noch ehe das richtige Schreien der vollen Brunft begann, und man mußte eine schnelle und sichere Büchse führen, wenn man bei den alten, erfahrenen Herren zu Schusse kommen wollte, die hier ihren Stand hatten.

Nicht immer zogen wir so weit hinauf in den Norden. Es gab Hirsche überall, auch in unmittelbarer Nähe der Jagdhütte; einen nannten wir Caruso; es war ein stattlicher Zwölfer, und er stand Nacht für Nacht, oft nur zwanzig Meter von der Hütte entfernt, auf der Düne an der See und sang sein Stück an. Nie werde ich diese herrliche Stimme vergessen. Drei Jahre lang kehrte er Herbst für Herbst wieder, und niemals hätte ich ihn schießen lassen; aber eines Tages blieb er fort. Wahrscheinlich kam er beim Bummeln weit von der Hütte zur Strecke.

Gegen 9 Uhr kehrten wir gewöhnlich von der Frühpirsch zurück; eine jede war anders als die des vorigen Tages und in ihrer besonderen und unvergleichlichen Weise herrlich.

Nie schien die Luft klarer, nie reiner als in der Frische der Oktoberfrühe, wenn in manchen Jahren schon erstes dünnes Eis über den Pfützen knisterte und die Wagenspuren auf den Gestellen, leicht überfroren, dem Fuß nur unwillig nachgaben.

Stieg dann die Sonne herauf — im Osten über der schweigenden, weithin goldenen und weißen, vom Frühhauch hier und da zu tiefer Bläue angerührten See, so fielen ihre Strahlen in die zarten und kunstvollen Gewebe, die Tausende von Spinnen in lautloser nächtlicher Arbeit geknüpft hatten, und brachen sich funkelnd und diamanten in den winzigen Tautröpfchen, die jeden Webfaden dicht bedeckten. Es war ein überwältigender Anblick. —

Nach reichlichem Frühstück überließ ich meist meine Gäste der Morgenruhe, während ich selber durch den herbstfrischen Morgen ins Forstamt ritt, um dem Büro sein Recht zu geben.

Mehr als einige Unterschriften und Weisungen kamen freilich während der Hirschbrunft dabei nicht heraus; denn schon am späten Vormittag war ich wieder in der Hütte, und wir hielten zwei Stunden Mittagspirsch, mahlzeiteten, nahmen einen extrastarken Mittagskaffee und pirschten wieder von Nachmittag bis Dunkelwerden. Danach mundete das Abendbrot, und es mundete das Stralsunder oder bayerische Bier, und um 22 Uhr, wenn die Freunde nach einigem Gähnen und Gliederstrecken zu Bett gegangen waren, ritt ich nicht selten im hellen Mondschein noch einmal aus, um die Hirsche zu verhören, denen die Pirsch des nächsten Tages gelten sollte.

Ich wurde nicht fett bei diesem Leben, aber es kümmerte mich nicht, sowenig wie das Getuschel, das sich erhob und mir nachlief, wenn mein Jagdwagen mit den beiden schmucken Braunen durch die Dörfer fuhr und ich nicht allein auf dem Bock saß, sowenig wie die Kritik, die sich an gewissen Stellen mich betreffend ansammelte, die mir meinen Wald neidete, meine Freundschaften, meine Pferde und die Jagd.

Was scherte sie mich?! Ich kostete mein Leben aus; ich besaß nur dies eine.

Und ich genoß meine Freiheit mit vollem Bewußtsein und mit Dankbarkeit gegen das Geschick, das mir die Tage allmorgendlich wie Geschenke in den Schoß warf.

Wir werden nicht gefragt, wenn die bösen Dinge kommen; aber wenn die guten an der Reihe sind, und wir nutzen sie nicht aus, so ist es niemandes als unsere eigene Schuld.

Die guten Dinge!

Die lieblichen mit ihren holden Heimlichkeiten und verschwiegenen Begegnungen! Die raschen mit dem harten Herzpochen der atemlosen Diana im plötzlichen Hinsinken an das geliebte grüne Tuch! Die verplauderten und verplänkelten und die wie mit blitzender Klinge ausgefochtenen, der gesenkte Scheitel, die seligen Tränen und der zuckende Mund.

Und jene anderen:

Der gestreckte Galopp über Stock und Stein, Rick und Knick, die Pirsch und die Hatz und das Treiben, die Nachsuche hinter dem Hunde, der Hall und Widerhall des Hornrufs in den Wäldern über dem gestreckten Wilde, das Jiffjaff der Meute, das köstlich-derbe Jagdmahl aus dem brodelnden Kessel am Dreibein über dem flackernden Feuer im Schnee!...

Und die Waldgänge am Frühlingsmorgen, wenn es noch dunkel ist, und Busch und Baum und Halm prangen in voller Blüte und schließen sich auch des Nachts nicht, so als wären sie zu übervoll der Erwartung...

Alle diese guten Dinge, alle guten Dinge überhaupt —, wir sollten sie nicht dankbar empfangen? Welche Narren müßten wir sein!

Das Zwiegespräch mit dem Freunde, ohne Rückhalt und Winkelzug! — Die Kaminstunde im Jagdhaus, wenn die Flamme zuckend zusammenfällt und die Glut unter weißer Asche verlischt, wenn das Wort erstirbt und mit den Schatten unter der Balkendecke das gemeinsame Schweigen sich ausbreitet wie ein Mantel, der alle umhüllt und unter dem alle geborgen sind: die Menschen, das Gesprochene, das Ungesprochene und das kaum Gedachte. Wie? Das begegnete uns, und wir wüßten es nicht zu schätzen?!

Die Stunde, da unser Sohn die Augen zu uns aufschlägt, die andere, da er zum ersten Male neben uns herstapft auf unsicheren Füßen, seine kleine Hand in der unseren. Und wir sollten sie nicht einritzen mit dem Griffel der Erinnerung in unser Herz?!

Wir werden nicht gefragt, wenn die bösen Dinge kommen, und müssen sie hinnehmen. Aber wenn die guten an der Reihe sind, und wir saugen sie nicht aus bis auf den letzten Rest, so ist es niemandes als unsere eigene Schuld. Das Leben will gelebt werden. —

Zum St. Hubertustag 1937 tauften wir meinen Sohn. Sie waren alle da, meine Hüttenbrüder, die Jagdfreunde und Nachbarn; denn es war beschlossene Sache, daß dem hohen Fest eine dreitägige Jagd voraufzugehen habe. Und so geschah es.

Als mir der Junge geboren wurde, stand der gute Onkel Doktor Anders schon seit dem frühen Morgen bereit; denn es war ein Sonntag, der 13. Mai, und Muttertag dazu, so daß er keine Praxis zu versehen hatte. Ich dagegen hatte ›Dienst‹ — meinen allsonntäglichen Reiterdienst; denn ich war dörflicher Reiterführer, und meine Mannen erwarteten mich pünktlich auf dem Anger.

Ab 9 Uhr wurde ich unruhig. War es immer noch nicht soweit?! Wie lange sollte denn das noch dauern?!

Der Doktor sah mich über die Brille hin schräg von der Seite an. »Damit du es weißt«, sagte er, »es hat noch gar nicht angefangen. Fahr' du ruhig zu deinem Reiterdienst; hier dauert es noch ein Weilchen, und du störst bloß.«

»So?« sagte ich eingeschnappt, »ich störe?! Komm, Hans! Wir stören.«

Wir fuhren also hinaus, Christern und ich; denn selbstverständlich war Christern gerade da, um mir zur Seite zu stehen, und als wir an das Bruch kamen, das sich zwischen dem Dorfe Prerow und Wieck herausstreckt und das eben vor dem Außengatter liegt, so daß Wild, besonders Rotwild, selten darauf zu sehen ist, da standen dort an diesem Maimorgen, was ich nie vorher und auch in all den Jahren nachher nie wieder gesehen habe, auf den Feldern nahe der Chaussee sieben Hirsche; die äugten ganz vertraut zu uns herüber, die Häupter aufgeworfen und darüber die jungen, schon recht hübschen Geweihe im weißen Pelz des Bastes.

Noch als wir vom Hofe fuhren, hatten wir geschwankt, welchen Namen der Junge, falls es einer werden würde, bekommen sollte. Jetzt war es entschieden.

»Na?« sagte Christern, »was sagst du dazu?«

»Nur Hubertus«, erwiderte ich, »wenn es ein Junge wird, nur Hubertus.«

Nachmittags um 5 Uhr wurde er dann geboren und pinkelte als erstes dem Doktor im hohen Bogen ins Gesicht.

Nie werde ich diesen Nachmittag vergessen. Meine Frau hatte alles gut überstanden; müde und glücklich lag sie da, das erste Rot kehrte schon in ihre Wangen zurück. Rings um ihr Bett und überall im Zimmer blühte und duftete aus Krügen, Vasen und Gefäßen die volle Pracht unseres pommerschen Frühlings, und das kleine Bündel neuen Lebens krähte und plärrte in seiner Wiege.

Aus dem Lautsprecher aber kamen — es war ja Muttertag! — alle die alten, innigen und vertrauten Mutter- und Wiegenlieder unserer Jugend, plattdeutsche und hochdeutsche —; es war wie eine Huldigung, und wir lauschten bewegten Herzens.

Zum St. Hubertustag nun sollte mein Sohn getauft werden. Drei Tage lang hatten wir die Sauen getrieben; am Mittag des dritten Tages, gegen zwei, halb drei Uhr, hörten wir auf zu jagen und kleideten uns in das feierliche Kirchenschwarz, ein wenig erschöpft und müde, mit brennenden, windroten Gesichtern, wie es so ist nach drei Tagen der Jagd, und fuhren in die schöne, alte Fischer- und Schifferkirche von Prerow mit ihrem von vielen Generationen blankgesessenen Gestühl, ihren kindlich-frommen Bildwerken und ihrem alten Orgelwerk über dem Chor.

Buntes Herbstlaub und rote Ebereschenbeeren leuchteten an den Pfeilern, die letzten Astern und Dahlien prangten auf dem Altartuch, und Girlanden kränzten das Taufbecken; es war alles wunderhübsch gerichtet, und der Pastor empfing uns an der Schwelle seiner Kirche, den Talar und die weißen Bäffchen angetan und in den Händen das Neue Testament.

Weil wir aber ein wenig spät daran waren — das letzte Treiben hatte etwas über die Zeit gedauert —, blieb ihm keine Zeit mehr, sich wegen des Orgelspiels vorher mit Christern abzusprechen; denn natürlich sollte Christern, der sich auf viele Instrumente verstand und ein wirklicher Künstler auf der Orgel war, bei der Taufe die Orgel spielen.

Also winkte der Pfarrer Christern nur leutselig zu, und dieser stieg zur Orgelbank empor und dachte: Normalerweise verabredet man ja was mit dem Pastor, aber die alten grauen Jäger singen ja doch nicht; wozu also?! — Werd' ich nur zum Eingang etwas präludieren, und wenn ich fertig bin, kommt der Pastor — und danach wieder ich mit dem Rausschmeißer; so wird's richtig sein.

Damit wandte er sich um und schaute hinab in das Kirchenschiff, das im letzten Licht der scheidenden Herbstsonne lag, in dem die Dahlien glühten und die Ebereschen lohten, und sah in den engen Bänken Schulter an Schulter unsere Freunde und Nachbarn sitzen, lauter Reiter und Jäger, einer wie der andere, und dahinter ein paar von meinen Förstern, die von der Taufe Wind bekommen hatten, einige Leute vom Forstamt und die Neugierigen und alten Tanten aus dem Dorfe, die niemals fehlen, wenn sich innerhalb der Kirchenmauern etwas begibt.

Da überfiel es Hans Christern, während er in die Tasten griff und an all die Jäger in der Kirche dachte, daß er den Akkorden seines phantasierenden Präludiums, dem ›Nun danket alle Gott‹ und dem ›Großer Gott wir loben Dich‹ ein wenig jagdliche Farbe beimischte, ein wenig »Der Jäger aus Kurpfalz«; »denn« — so sagte er später — »das kann man auch noch sehr kirchlich machen«, und dahinter, nur mit der Flötenstimme wie ganz von fern, einen Hornruf, wie man ihn in alten Zeiten blies, wenn die Jagd aufging.

Und als er sich umblickte, sah er, wie unten alle die Jäger und Reiter lange Hälse und gerade Rücken bekommen hatten und wach und aufrecht in den schmalen Bänken saßen, gerade richtig für die Taufrede des Pastors; da setzte er ab und ließ dem Pfarrer das Wort, und erst als unten an dem alten Taufstein die heilige Handlung vollzogen wurde, fiel er mit leisem Tönen wieder ein.

Es folgte das Vaterunser; es folgte der Segen, laut und klar hineingesprochen in die Stille der kleinen Kirche, und Christern oben auf der Orgelbank erinnert sich: hiernach war es zu Ende. Es kam nur noch das stille Abschiedsgebet — wie hatte es früher in der Regimentsinstruktion geheißen? „... zum Schluß Leute, denn steht ihr uff und nehmt den Helm vor die Brust und betet ein stilles Gebet — det dauert bis dreizehn —, und denn wird rechtsum gemacht und aus der Kirchenbank wieder 'rausgegangen —' richtig! — und dann setzte, zum Zeichen, daß die Feier beendet sei, die Orgel zum Schlußspiel ein.

So griff also Christern in die Tasten und trat in die Pedale, zu einem mächtigen Akkord, der aufrauschend die Kirche mit seinem Donner füllte, und da er, während er spielte, sich an die Musik vergaß und all die Bilder unseres herrlichen Wald- und Hüttenlebens vor sich aufsteigen ließ, fing die Musik alsbald an, sich ihm unter den Händen wieder ein wenig jagdlich zu färben: es kam das Halali mit hinein, es kamen Hirschtot und Sautot, ein paar Reitersignale kamen und Zapfenstreich und dann — um Gottes willen, was denkt der Pastor bloß?! — mit großem Werk und großen Griffen »Nun danket alle Gott« und, in seiner ganzen Lieblichkeit mit wenigen Takten angedeutet, ein altes Madrigal, aber schon lief ihm ein Jägerlied wieder mit hinein, vom Jäger im grünen Walde, und er spielte und spielte und dachte, während er sich einen kurzen Augenblick umwandte: Nanu?! Die gehen ja gar nicht weg! — Nein, sie gingen nicht! Keiner ging; sie blieben alle sitzen und lauschten. Es war so schön; sie hörten alle zu!

Da hörte Christern auf zu spielen. Aber als er merkte, daß trotzdem noch keiner sich anschickte, zu gehen, stellte er das volle Werk an und spielte französische Fanfaren: Tá—tatatá— tatá — tatí...! und dann zum Schluß das Große Halali: Tatá— tatatá — tatatáta! Und mit voller Orgel, brausend und machtvoll: Tatá tatatá tatatá — tatá tatatá — tatatá tatatá tatatáah!, und dann angehalten mit vollem Werk, und weggerissen die Finger, daß nur der Nachhall blieb in der plötzlichen Stille. Und — rumms! — den Orgeldeckel zugeklappt! Sie sollen wenigstens hören unten, daß er aufhörte!

Aber während er die enge, gewundene Treppe hinabstieg, dachte er: jetzt hast du es wohl zu toll gemacht—alle die weltlichen Signale in der Kirche! Da kam ihm jedoch schon vom

Altar her der Pfarrer mit fliegendem Talar und ausgebreiteten Armen entgegengeeilt und sagte: »Mein lieber Herr! Ich kenne Sie ja nicht, und weiß nicht, wie Sie heißen, aber daß unsere Orgel s o schöne Töne und eine s o schöne Musik geben kann, das habe ich nicht gewußt. Ich danke Ihnen von Herzen. Das habe ich in meinem ganzen Leben noch nicht erlebt!«

Und als Christern die Bänke entlangblickte, da sah er sie immer noch alle dort sitzen, die ganze Schar der Freunde — Hans Korndörfer und alle die alten Reiter und Grausbärtigen; die saßen da alle mit blitzenden Tränen wegen seiner schönen Orgelpredigt und all der geliebten Reitersignale.

Das war die Taufe von Hubertus. —

Nach der Hirschbrunft kam der Spätherbst, lange Nebeltage, und die Luft voll vom Geruch der Holz- und Torffeuer. Im Walde begannen die Äxte zu klingen: der alljährliche Einschlag hub an.

Danach die Stürme: heulende Luft, brausende Baumkronen, donnernde, kochende Brandung. Es gab Strandgut: Papierholz, Grubenholz, sogenannte Props, Stammholz, Schnittholz, heruntergewaschen durch überkommende Seen von der Decksladung der Schiffe, die mit der Ernte der schwedischen und finnischen Wälder westwärts fuhren. Es gab Strandgut: Kisten verschiedenartigsten Inhalts, Ballen, Wrackgut, hier und da Rettungsboote, von der See aus ihren Davits gerissen und auf dem Darß angeschwemmt. Und es gab die stummen Reisenden, die die See bisweilen an den Strand brachte, auf daß wir ihnen eine letzte Ruhestatt bereiteten ...

Es kamen die Schneehimmel, bleifarben und eintönig, die den Winter ankündigten, und es kamen die ersten Schneefälle, häufig mit heulendem Nordost, und der Darß schneite ein und wehte ein hinter weißen Mauern.

Dann begann das Spurenlesen, wenn der Himmel endlich leer war, wenn es abgeklart hatte und die blauen Schatten auf dem besonnten Schnee lagen; es begann, wenn der Schnee harsch wurde und das Futter knapp, die Wildfütterung, und es begann auf dem frischen Neuschnee die Pirsch von Baum zu Baum auf der dünnen Fährte des Marders.

Es huben die Treibjagden an rings auf den Gütern; da ging es Meister Lampe an den Kragen; und zu mir kamen wie in allen Jahren meine Freunde zu Sautreiben und Wildjagd. So ging das Jahr herum.

Mit dem Januar fiel der blanke Frost ein; der Wald stöhnte und knackte vor Kälte; unter den Füßen knirschte und schrie der Schnee, und die Schlittenglocken läuteten, wenn wir durchs Revier flogen.

Eisschollen türmten sich in harten Jahren am Strande zu mächtigen Barrieren.

Wenn dann die frühe Dämmerung das Haus in ihre grauen Tücher schlug, wenn im Kamin die Kloben glühten und die Scheite knackten, brachen die Schreibtischstunden an: Unter dem begrenzten Lichtkreis, den der grüne seidene Lampenschirm auf die Platte zirkelte, wanderten die Akten hindurch; es gab viel Liegengebliebenes aufzuarbeiten, und es entstanden die fälligen Berichte, die Anträge auf Bewilligungen, die Beiträge für Jagdzeitschriften und Hundezucht-Blätter; denn nie in all den Jahren seit dem Kriege und seit ich auf den Darß kam, war meine Verbindung zum Hundewesen abgerissen, zu Most vor allem, dem Manne, mit dem ich im Kriege im Diensthundwesen am engsten zusammengearbeitet hatte, und der jetzt Leiter der Heereshundeanstalt der Reichswehr unter dem Inspekteur der Nachrichtentruppen war.

32 RINDERBLUT- UND TROPFKANNENKRIEG

Von jeher eingepflanzt und von Vater überkommen war mir die Liebe zu den edlen Schweißhunden; die Arbeit für den Verein »Hirschmann« war mir Herzenssache, ich selber zog und arbeitete Schweißhunde, und es gab kaum eine der großen internationalen Schweißhundprüfungen, an denen ich nicht teilnahm, in Kapuvar beim Grafen Esterhazy, beim Baron v. Rothschild in Österreich, beim Fürsten zu Solms auf der alten Burg Klitschdorf in der Lausitz, beim Großherzog von Mecklenburg in Gelbensande und wo immer sonst.

Meine alten Freunde aus Kindertagen traf ich dort, den Grafen Bernstorff, der immer noch trotz seines hohen Alters auf nüchternen Magen ein Liter kalten Wassers trank und die Mädchen des Morgens mit seiner Donnerstimme und dem Anblick seiner zottigen Brust erschreckte, den Prinzen Heinrich der Niederlande, der mir einst mit so bedenklichen Resultaten bei den Lateinarbeiten geholfen hatte, und Max und Edzard v. Asseburg; ich traf meinen Freund, Dr. v. Herring, seine Schwester, Gräfin Kinsky, die schönste Frau, die ich zeit meines Lebens gesehen, und seinen Schwager, den Grafen Kinsky auf Mährisch Kroman, der als Preisrichter des österreichisch-ungarischen Schweißhundvereins wirkte und mich, als er von meinen Versuchen mit Schweißhunden gehört hatte, eines Tages fragte, ob es auch möglich sei, für sein mit Niederwild ungeheuer reich besetztes Revier einen gegen Niederwild unempfindlichen Schweißhund für die Nachsuchen auf Hochwild einzuarbeiten.

Ich sagte, das glaubte ich wohl, jedenfalls sollten wir es versuchen, und so kam eines Tages Matschkal, ein flotter gräflicher Förster mit Hillebille, einer wunderschönen Schweißhündin, auf den Darß, wo ohnehin ein von dem unvergleichlichen Hundeexperten Most abgestellter Mann mich bei den Versuchen unterstützte, eine brauchbare künstliche Fährte zur Einarbeitung von Schweißhunden zu entwickeln.

Die Anregung dazu ging von Max v. Asseburg aus, der auf Neindorf bei Oschersleben an der Bode saß, einem wundervollen Besitz von einigen tausend Morgen besten Bördebodens. Max v. Asseburg, Freund schon meines Vaters, war Kopf und bewegende Kraft des deutschen Schweißhundwesens über viele Jahre; sein Interesse für alles, was damit zusammenhing, war unzerstörbar und unermüdlich, und er war einer der besten Schützen, die mir zeitlebens begegnet sind. Obwohl er eigentlich nie auf anderes als flüchtiges Wild schoß, habe ich ihn in zwanzig Jahren nicht einmal vorbeischießen sehen, weder mit der Flinte, noch mit der Büchse.

Die Preissuchen der ersten Jahre nach dem Kriege hatten nachlassende Resultate ergeben; die Qualität der Jagdwaffen war verbessert, ihre Schußleistung gestiegen, die Zahl der Nachsuchen, auf denen sich die Schweißhunde üben und bewähren konnten, dementsprechend zurückgegangen. Der Leistungsabfall war damit erklärt. Aber nun kam es darauf an, für die Hunde Lernmöglichkeiten unter natürlichen und der Original-Schweißfährte gleichwertigen Bedingungen zu schaffen; denn schließlich konnte man nicht absichtlich ein Stück Wild anschießen und es den schrecklichsten Qualen aussetzen, um den Hunden eine Gelegenheit zur Nachsuche zu verschaffen.

Max v. Asseburgs Weisung lautete daher: »Franz, kümmere dich um neue Ausbildungsmöglichkeiten. Laß dir was einfallen! Was wir brauchen ist klar: Schweißfährten, die der natürlichen möglichst gleichwertig sind.«

Als ich den Auftrag annahm, ahnte ich nicht, wieviel Arbeit damit verbunden sein würde.

Im Kriege hatten wir die ersten Meldehunde unter Ausnutzung ihres Ortssinnes abgerichtet und sie auf bestimmte Strecken eingestellt.

Später waren wir zu einer kombinierten Ortssinn- und Geruchsausbildung übergegangen, um sicherzustellen, daß selbst in umgepflügter und verwüsteter Landschaft der Hund seine Meldung richtig an den Mann brachte, obwohl dieser möglicherweise seinen Standort im Gelände hatte wechseln müssen.

Die erste und unabdingbare Forderung bei Einschaltung des Geruchssinnes aber war gewesen, daß die Fährte des Führers im Gelände unverwechselbar, unfehlbar von jeder anderen unterschieden war, damit nicht der Meldehund im Niemandsland womöglich von der Fährte seines Führers, den er suchte, irrtümlich auf die etwa einer feindlichen Patrouille überwechselte.

Der Duft, auf den wir dabei verfallen waren, der unverwechselbare, den wir — zunächst behelfsmäßig — dem Hundeführer in einem getränkten Päckchen Verbandstoff unter dem Fuß gegeben hatten, der Duft, der jedes Trommelfeuer überdauerte, war der von Heringslake gewesen, und die Heringslakenspur hatte sich tadellos bewährt.

Sie war denn auch der Ausgangspunkt der Versuche, die Most nach dem Kriege in der Heeres-Hundeanstalt in Sperenberg durchgeführt und für deren praktische Erprobung und Fortführung er für lange Monate einen Mann zu mir auf den Darß geschickt hatte. Es handelte sich um die sogenannte Heeres-Tropfkanne, die, vom Hundeführer mitgeführt, eine Riechstoff-Leitlinie für den Meldehund vortropfte, der damit unter Ausschaltung seines Ortssinnes ganz auf seinen stärksten und bestentwickelten, den Geruchssinn, eingestellt wurde und fortan nur noch nach der Nase arbeitete.

An diese Tropfkanne dachte ich, als mir Max v. Asseburg den Auftrag gab, eine Methode zu finden, nach der sich Schweißhunde einwandfrei einarbeiten und zu brauchbaren Leistungen entwickeln ließen.

Der Riechstoff, um mit dem Wichtigsten zu beginnen, konnte für den Schweißhund nicht der gleiche sein wie für den Meldehund des Heeres; strenggenommen hätte man Schweiß von Hochwild nehmen müssen, aber woher sollte für die zahllosen Hundeführer unter den Jägern, die einen Schweißhund einzuarbeiten wünschten, die erforderliche Menge Hirschschweiß, noch dazu eines verwendungsfähigen, das heißt frischen, nicht geronnenen Hirschschweißes genommen werden? Die bloße Fragestellung zeigte: mit dem Schweiß des edlen Hirsches ging es nicht; es galt einen Ersatz dafür zu finden, einen dem Hirschschweiß möglichst ähnlichen Stoff, der in genügender Menge verfügbar war.

So unausweichlich diese Folgerung, so heftig die Gegnerschaft aus Kreisen, deren Auffassung von Weidgerechtigkeit eine so ›hohe‹ war, daß sie es strikt ablehnten, den edlen Schweißhund an wie immer gearteten Surrogaten für die Nachsuche auf den edlen Hirsch ausbilden zu lassen. Als gar verlautete, daß wir beabsichtigten, Rinderblut dafür zu verwenden, war der Skandal allgemein. Rinderblut, man denke, etwas so Gewöhnliches wie Rinderblut!

Dennoch verhielt es sich so, um so mehr, als sich zeigte, daß das geschmähte Rinderblut im Geruch eine unerwartet große Ähnlichkeit mit dem Hirschschweiß aufwies und sich daher, durch chemische Zusätze gerinnungsfest gemacht, besonders gut für unsere Zwecke eignen würde.

Wir waren, wenn auch weit weniger schnell, als sich das hier niederschreibt, einen wichtigen Schritt vorwärtsgekommen.

Nun aber: wie sollte die Fährte naturgetreu getropft werden, die dem Hunde die Illusion der frischen Wundfährte vorgaukelte?!

Auch hier lag Neuland vor uns. Bisher hatte man in Ermangelung kranker Fährten einfach Teile erlegter Stücke eine Strecke weit durchs Revier geschleift und so künstliche »Fährten« gelegt, die diesen Namen nicht verdienten, sondern eher als »Autobahnen des Geruchs« bezeichnet werden mußten, auf denen kein Hund ernstlich etwas lernen konnte, das ihn auf die Arbeit an der echten Schweißfährte richtig vorbereitete.

Auch unsere Tropfspur jedoch mußte ja irgendwie »gelegt« werden. Würde dann aber nicht der Hund durch die neben der Tropffährte verlaufende Menschenspur geleitet oder v e r leitet werden?

Lange und systematisch erdachte und durchgeführte Versuche ergaben: Menschengeruch sinkt nicht erdwärts.

So bestiegen wir denn Stelzen, stiegen wie die Störche durch den Wald, tropften unsere Spur und stellten nachher fest: die Fährte enthielt eine Geruchskomponente aus Blut und Stelzen zuzüglich zerdrückter Pflanzen, Gräser und verwundeter Erde. Auch das war also noch nicht das richtige: die Stelzeneindrücke verletzten die Erde etwa wie ein Gärtner beim Rijolen des Bodens.

Wir stellten die Stelzen in fließendes Wasser, um menschliche Begleitgerüche auszuschalten, und siehe: eine wesentliche Verbesserung war erreicht; sie wurden so gut wie geruchsfrei.

Allein auf gewässerten Stelzen, die Tropfkanne an langer Stange neben sich, oder zu zweit auf präparierten Stelzen, die Tropfkanne in gutem Abstande zwischen einander, so konnte man endlich eine brauchbare Tropffährte legen.

Wieder waren wir ein gutes Stück vorangekommen.

Aber noch keineswegs am Ende, und wir saßen mit heißen Köpfen und berieten, was zu tun sei, um den Hunden die Fährte nun auch interessant zu machen und ihnen klarzumachen, daß man die Tropfspur nur zu Ende zu arbeiten brauche, um ausgesprochene Hundefreuden gewärtigen zu dürfen.

Wir gerieten — wie so leicht — vom Hundertsten ins Tausendste. Auch der große und heiße Streit, ob man Hunde auf kalter, gesunder Fährte einarbeiten solle oder auf der echten Schweißfährte, kam zur Sprache, und von ungefähr erzählte ich von meinem Vater, der um die Jahrhundertwende seine Hunde einem Förster in den Harz geschickt hatte, um sie im Sommer auf kalter, gesunder Fährte arbeiten zu lassen.

Unter diesen befand sich ein Schweißhund »Wodan«, der die Unart hatte, stumm zu jagen anstatt fährtenlaut, und der auch keinen Standlaut gab.

Aber der Förster wußte sich zu helfen. Er setzte eine Katze auf einen Pfahl, band sie an und ließ sie von seinen Teckeln verbellen. Dann holte er Wodan dazu, und allmählich gewöhnte sich der Schweißhund daran, zuerst ein wenig, dann aber immer kräftiger ›mitzubellen‹ und in den Standlaut der Teckel einzufallen.

Bis hierhin war ich gekommen, als Grabowski, der von der Heeres-Hundeschule auf den Darß kommandierte Mann, mich aufgeregt unterbrach: »Wir stellen 'ne Katze ans Fährtenende, Herr Forstmeister; das ist der Reiz, den wir brauchen. Und zu der Katze im Käfig legen wir eine ausgestopfte Rotwilddecke, dann haben wir alles beisammen.«

Grabowskis Gedanke war ebenso einfach wie richtig. Die Katze im Käfig mußte für den Hund am Ende der Fährtenarbeit ein hocherfreuliches Ereignis sein; sie veranlaßte ihn zugleich, das erwünschte Jubelgebell, den Standlaut, zu erheben! Zudem lag am Ende der Fährte, gerade dort, wo auch die »so erfreuliche Katze« sich befand, das ausgestopfte Wild, so daß es für den Hund, da er es regelmäßig vorfand, als zur Szene gehörig erschien, und damit »dem Ernstfall beinahe täuschend ähnlich« war, und dies um so mehr, als er feststellen konnte, daß er immer, wenn er die Katze tapfer verbellt hatte, am ›Tier‹ die nicht minder begehrenswerten Brocken ausgeteilt bekam, so daß schließlich, wenn eines Tages die Katze verschwinden und nur ›Tier‹ und Brocken bleiben würden, diese allein Anreiz genug bilden würden, um jede Fährte begeistert und im Hinblick auf das erfreuliche Ende erwartungsvoll zu arbeiten.

So dachten wir's aus — und so führten wir's durch. Und siehe — Grabowskis Gedanke erwies sich als vollkommen richtig; er gab uns, was wir brauchten, um die so mühsam entwickelte Tropfkannenspur mit dem verpönten Rinderblut mit dem erstrebenswerten Enderfolg auszustatten. Damit war — grundsätzlich — das Problem gelöst.

Aber der Tropfkannenkrieg war nicht der einzige, den ich führte, wenn ich am Schreibtisch saß! Die allzu vielen und geräuschvollen Fremden, die in jedem Sommer als Kurgäste nach Arenshoop, Zingst und Prerow kamen und rücksichtslos die Ruhe des Waldes störten, das Wild vergrämten und besonders durch ihre Neugier das Brutgeschäft der seltenen Adler gefährdeten, waren uns ein Dorn im Auge, und ich versuchte, jung und unduldsam wie ich war, sie mit allen Mitteln aus dem Walde zu halten.

Was, dachte ich, würde sie am sichersten vertreiben? Verbote? Kaum. Warnungen? Ebensowenig. Und dann verfiel ich auf das Richtige. Ich schrieb über den Darß, ich, der ortsansässige Forstmeister, dem man wohl glauben mußte. Und ich schrieb von den Schönheiten der verlandeten Seen mit Erlen, Schilf und Rohr und den achtzig Zentimeter hohen Bulten, den Kaupen, auf denen die Kreuzottern — »die fetten«, schrieb ich, »die fetten Kreuzottern« — in der Sonne brieten, kaum sichtbar dem ungeübten Auge, aber blitzschnell zustoßend, wenn sie sich bedroht fühlten. Und nichts war bekanntlich nervöser und unberechenbarer als Kreuzottern!

Besonders für Kinder, schrieb ich weiter, seien Kreuzottern, von denen der Darßer Forst wimmle, gefährlich. Wenn man es genau nehmen wolle, seien sie n u r für Kinder wirklich gefährlich, weil Erwachsene meist mit dem Leben davonkämen, wenn sie rechtzeitig genügend Alkohol einnähmen, die Wunde ausbrennten oder zur Zeit einen Arzt fänden...

Der Landrat, obwohl sonst mein Freund, tobte.

Darauf schrieb ich etwas Beruhigendes über den Rückgang der Kreuzottern in Preußen. Und ließ eine Notiz folgen, wonach auf dem Darß im letzten Jahre an Kreuzotternprämien nur noch tausend Mark bezahlt worden seien, fünfzig Pfennig pro Stück.

Und veröffentlichte kurz darauf einen Artikel in einer billigen, aber vielgelesenen Wochenschrift über die Schönheiten des Darß, die nur leider ab Anfang Juli durch Mückenplage, Kreuzottern und das Auftreten der leider unausrottbaren schwarzen Höhlennatter ein wenig eingeschränkt würden.

Fritzing, mein Landrat, rief an, fuchsteufelswild: »Wollen Sie für die Witwen und Waisen zahlen?« schrie er.

Ich sagte, daß ich das nicht wollte; es handele sich um ein Mißverständnis, wahrscheinlich in der Setzerei, und ich würde eine Berichtigung verlangen.

Worauf ich die Höhlennatter zurücknahm, den Kreuzottern statt dessen einige pikante Lichter mehr aufsetzte und im übrigen die ›blutdürstigen Moskitos‹ in glühenden Farben schilderte, wie sie, ähnlich denen in den Tropen, die die gefährliche Malariaseuche verbreiteten, zu Millionen aus den feuchten Gründen der Bruchs, der Moorniederungen und Röhrichte aufstiegen . . .

Mochte sich Fritzing Landrat auf den Kopf stellen —, es bewahrheitete sich wieder einmal der Satz, daß nichts den Wald besser schützt als die Furcht: in diesem Sommer hatte ich wenig Fremdenärger.

Später begriff ich, daß mein Verfahren falsch war. Es handelte sich nicht darum, die Leute aus dem Walde herauszuhalten; im Gegenteil! Man mußte sie in der richtigen Weise in den Wald hineinbringen! Man mußte ihre Liebe zum Walde, diesen eingeborenen Trieb, der allen Deutschen gemeinsam ist, nur in die richtigen Bahnen lenken, um für sich selber eine seltsame Bestätigung zu gewinnen: die Gewißheit, daß das Gefühl für das Göttliche in den Grünen Domen selbst in den Großstädtern nicht erstorben ist.

Ich habe mit den Menschen im Walde die überraschendsten Erfahrungen gemacht. Sie kamen mit ihren Autos auf wohlgepflegten Wegen angefahren, drangen irgendwo ins Naturschutzgebiet ein, parkten ihr Fahrzeug in den Beständen, spielten Grammophon und genossen den Tag, wie sie es in der Stadt gewohnt waren: mit Lärm und Geschrei.

Gelegentlich fand ich sie so, wenn ich durchs Revier ritt; dann verhielt ich, sah ihnen eine Weile schweigend zu und fragte schließlich beiläufig, ob sie eigentlich den Wind in den Bäumen schon gehört hätten.

Die meisten lachten — verlegen oder unverschämt, je nachdem —, aber einige waren immer darunter, die stellten ihre Musikmaschine ab und standen mit erhobenen Gesichtern und lauschten.

Und manche fingen an zu fragen und waren dankbar für die Antworten, die ihnen gegeben wurden, und ich entdeckte, daß viele von ihnen nur deshalb so laut waren, weil sie niemand gelehrt hatte, daß man mehr hört und tiefer sieht, wenn man leise ist.

Ich habe später richtige Waldführungen veranstaltet — Wagenfahrten durch mein grünes Königreich. Sie begannen regelmäßig mit lärmendem Juhu; es schien, als ob die Menschen zunächst die hohe Stille im Walde nicht zu ertragen vermöchten, und ich habe die Teilnehmer daher anfangs auch ruhig schreien lassen; aber nach anderthalb Stunden Fahrt auf weichen Waldwegen, hinter dem Auf und Ab der Pferderücken, da wurden sie schon ruhiger.

Dann ließ ich wohl anhalten und absteigen und stellte mich unter sie und fragte: »Wie alt ist dieser Baum?« und wies auf eine meiner Riesenbuchen.

Sie rieten, aber sie rieten falsch.

»Zweihundert Jahre?« sagte ich dann, »viel zu wenig.« Aber was war wohl damals, als die kleine Buchecker keimte und Wurzeln schlug, aus der dieser Baum geworden ist —, vor dreihundertfünfzig Jahren?! — Da lebte wohl Martin Luther noch, ja? Da gehörten die Niederlande noch zum Deutschen Reich, ebenso Burgund und Flandern und Brabant, das Elsaß und Lothringen.

Und als Wallenstein mit seinen Völkern vor Stralsund lag, hier ganz in der Nähe, und sich verschwor, er werde es erobern, ›und sei es mit Ketten an den Himmel geschlossen‹ — oder als nach dem Dreißigjährigen Kriege, der das Deutsche Reich verödete und zerriß, in Münster und Osnabrück der Westfälische Friede geschlossen wurde —, da war dieser Baum schon stark wie ein Mann und stand ein Menschenalter lang hier.

Damals — können Sie sich erinnern — kamen die Hohenzollern gerade nach Brandenburg. Und all die Zeit hat der Baum hier gestanden und ist gewachsen. Jahr für Jahr hat er seine Blätter abgeworfen und erneuert im Wechsel der Jahreszeiten und an Umfang zugenommen. Die Schwedenzeiten sind vorübergezogen, und Napoleon ist vorübergegangen, die sogenannte Revolution von 1848 und das Professoren-Parlament in Frankfurt — und auch das Kaiserreich der Hohenzollern; aber dieser Baum steht immer noch in voller Kraft und Gesundheit, und nicht nur dieser eine, sondern eine ganze Reihe anderer, die ebenso alt sind oder beinahe ebenso alt und hier in diesem abgelegenen Walde wachsen — seit dreihundert Jahren und länger.

Wissen Sie, warum ich Ihnen das zeigen wollte?

Damit Sie einmal sehen: soviel Zeit nimmt sich der Herrgott für einen einzigen Baum. Soviel Zeit gibt er ihm, um zu wachsen und seine volle Größe zu erreichen. Vielleicht auch noch länger. — Und wenn Sie das bedenken, empfinden Sie vielleicht, wie klein wir Menschen sind, wie unwichtig vieles, das wir so wichtig nehmen, besonders Sie in Ihren großen Städten, wo Sie hinter jeder Minute herrennen, damit sie sich bezahlt macht, und darüber ganz vergessen, daß hier draußen und überall, wo ein Wald steht, die Zeit mit ganz anderen Maßen gemessen wird, mit den Maßen der Ewigkeit ...

So redete ich mit ihnen, und ich fragte sie:

Wie kommt es, daß die Städter, wenn sie in den Wald ziehen, entweder gemeinsame Lieder singen, oder lärmen und Juhu schreien? Haben sie Angst vor der Stille? — Haben sie Angst vor dem Hoheitsvollen, das im Walde atmet? Schon unsere Vorfahren, Ihre und meine, haben es gespürt; es wehte sie geheimnisvoll an, jedesmal, wenn sie einen Wald betraten, und sie glaubten daher, daß Gott im Walde wohne und verehrten ihn im Walde, in heiligen Hainen. Ich für meinen Teil glaube das heute noch, und ich glaube, daß die Menschen aus den Städten öfter in die Wälder gehen müssen, daß sie wieder lernen sollten, schweigend und ehrfürchtig in den Wäldern umherzugehen, um etwas fühlen zu können von der göttlichen Führung des Weltalls. Ich glaube, daß sie das brauchen als eine Quelle ihrer inneren Kraft.

Ich kam mir manchmal bei diesen Ansprachen vor wie ein Prediger, und genau wie ein solcher versuchte ich, mein Bestes zu geben. Manche, die davon hörten, meinten: »Nun ist er vollkommen verrückt geworden und macht wilde Sachen da oben in seinem Wald«, aber von denen, die ich geführt hatte, kamen fast jedesmal Briefe mit Dank. Sie schrieben, sie hätten ›etwas mitgenommen aus dem Walde in die Stadt‹, und das war es gerade, worauf es mir ankam.

Es haben mir manche zum Vorwurf gemacht, gerade von den Herren meiner eigenen Grünen Zunft, daß ich zuviel Wesens aus meinem Walde machte. Ich glaube das nicht. Der eine sieht im Walde eine bloße Ansammlung von Bäumen, eine Wirtschaftsgröße, und die Vorstellung, auf einen in Geld ausdrückbaren Gewinn daraus um imaginärer Werte willen verzichten zu sollen, erscheint ihm absurd und vermag ihn bis zur Schlaflosigkeit zu quälen. Der andere verschmerzt leichten Herzens die so verlorenen Goldfüchse, aber er kämpft fanatisch um die Erhaltung eines verwunschenen, stillen Winkels, er verzehrt sich um einen einzigen schönen, alten Baum, ja, er verteidigt ihn, wenn nötig, mit der Axt und Flinte gegen Ingenieure oder andere Sendboten der Zivilisation, die ihn einer Straßenführung zuliebe aus dem Wege räumen möchten. Für ihn ist ein ›unersetzlicher Wert‹, was für den anderen als Wert überhaupt nicht erkennbar wird.

Sicher habe ich, wenn ich es jetzt rückblickend bedenke, manches übertrieben, zuerst die Abschließung gegen die Fremden, später vielleicht das, was man meine ›Waldwerbung‹ genannt hat. Es gibt aber eben auch nicht viele, die gerade den Wald wirklich bekommen, den sie sich seit Jugendzeiten ersehnt haben, den einen Märchenwald ihrer Träume, gemessen an dem alle anderen sich ärmlich ausnehmen — und seien es die schönsten Reviere der Welt.

So bedurfte es nur geringer Anstöße — unter anderem von seiten Bengt Bergs —, und ich saß und schrieb einen Artikel über meinen Wald, diese Gotteswildnis, die in ihrer Unberührtheit sich wie nichts anderes zum Naturschutzpark eigne —, und dieser Artikel erschien in zahllosen Blättern, und ich erhielt Waschkörbe voll Briefe. Alle waren begeistert. Nur mein vorgesetztes Ministerium in Berlin nicht. Ich mußte hinkommen und fand alsbald, daß dort ein eiskalter Wind wehte. Die hohen Vorgesetzten hatten eherne Mienen wie Erzengel. Ich kam mir vor wie Adam vor der Austreibung aus dem Paradies, und um ein Haar wäre es mir ergangen wie ihm: ich sollte versetzt werden — nach Schlesien.

33 WISENT-PREMIERE

In diesem Augenblick, da die Versetzung drohend über mir hing, griff das Schicksal ein. Wir hatten nicht lange zuvor das Dritte Reich bekommen — und Hermann Göring, dem neuen Preußischen Ministerpräsidenten und Reichsjägermeister, war von irgendeinem beflissenen Herrn mein beanstandeter Artikel über den Darß auf den Schreibtisch praktiziert worden.

Göring las den inkriminierten Erguß, fand Geschmack an der Sache, ließ sich meine Akte kommen, von der ich nicht weiß, wieweit sie seinem Geschmack entsprach, und schwebte nichtsdestoweniger kurze Zeit darauf in einem Wasserflugzeug auf dem Bodden ein.

Ich glaube nicht, daß es ein Drama gibt, in dem der Deus so im rechten Augenblick und so buchstäblich »ex machina« auftritt wie Göring damals auf dem Darß.

Er erschien in einem wahrhaft phantastischen Anzug — riesige rote Stiefel, graue Lederhose, ärmelloses, hellsämischledernes Wams, breiter Ledergurt mit silbernem Hirschfänger und breitrandigem, an der rechten Seite aufgeklapptem grünem Jagdhut. Er blieb drei Tage da, schoß drei starke Hirsche und sprach vor dem Abschied drei folgenschwere Sätze: »Mueller, Sie bleiben. Ihre Pläne gefallen mir. Der Darß wird Naturschutzgebiet.«

Ich war gerettet. Meine Lebensarbeit würde nicht ungetan bleiben!

Möge mir niemand verübeln, daß ich ihm, habe er sonst was auch immer getan oder nicht getan, wegen dieser drei Sätze ein dankbares Gedenken bewahre bis auf den heutigen Tag!

Und noch ein Verdienst soll ihm unvergessen bleiben, der zwar kein alter Jäger, aber mit ganzem Herzen bei der Sache war: die Unterzeichnung und Inkraftsetzung des neuen Reichs-Jagd-Gesetzes, das der Herzog Adolf Friedrich von Mecklenburg und Oberstjägermeister Scherping in jahrelanger Anstrengung geschaffen hatten und das die Erfüllung alles dessen brachte, wofür die besten deutschen Weidmänner seit Jahrzehnten gekämpft hatten. Es war das beste Jagdgesetz, das es je auf Erden gegeben hat, und ich glaube nicht, daß sich ein besseres denken ließe.

Als sich dieser entscheidungsvolle Besuch abspielte, war ich schon seit Jahr und Tag wieder verheiratet. Monna, meine Frau, hatte mir ein Töchterchen mit in die Ehe gebracht; Hubertus, unser beider Söhnchen, lief den lieben langen Sommer splitterfasernackt und selig krähend in den Dünen umher, balgte sich mit den Hunden in den Zwingern und verhielt sich im übrigen genauso, wie es sein stolzer Vater aus der eigenen Jugendzeit erinnerte.

Alles war gut; die Welt konnte nicht schöner sein, das Glück nicht vollkommener. —

Unter den Briefen, die mir auf meinen so folgenreichen Artikel über den Darß ins Haus gekommen waren, befand sich einer, den elf Bergleute an der Ruhr unterschrieben hatten. Die elf Kumpels schickten mir fünfundfünfzig Mark, damit ich ›gleich anfangen‹ könnte mit meinem Naturschutzpark. Sie, die immer unter Tage in der Kohle arbeiteten, in den düsteren Schatzkammern der vor vielen Jahrtausenden begrabenen Wälder, schrieben, sie fänden es wundervoll, wenn irgendwo an der See ein Wald gedeihen könne, in dem Pflanzen und Tiere wie im Paradiese leben dürften. Ich solle nur Elche und starke Keiler und kapitale Hirsche und Dachse und Adler und Damwild dorthin holen, soviel ich bekommen könne. Ob ich nicht auch Bären, Wölfe und Wisente aussetzen wolle?

Diesen Brief hatte ich Göring gezeigt. Und jetzt kamen also die ersten fremden Tiere, Elche aus Ostpreußen.

Aber es zeigte sich bald: sie paßten nicht in unseren Wald. Sie taten unverhältnismäßig viel Schaden. Das hohe schwarze »Tier aus einer andern Welt«, wie mir der Elch immer vorkam, einer Welt, die schon fast vergessen war, setzte mühelos über die Gatter, zerstörte die Kulturen, ritt die jungen Bäume zuschanden, die wir mühsam neu angepflanzt hatten, schwamm über den Bodden zum Festland — ›rann‹ sagen die Jäger dazu — und verheerte die Felder der Bauern bis nach Pommern, nach Rügen und selbst nach Mecklenburg hinein. Es blieb uns keine Wahl, als ihnen sehr bald das Halali zu blasen. Schon Friedrich Wilhelm I. hatte in der Mark die gleichen Erfahrungen gemacht, wo die Lebensbedingungen für die Elche ähnlich ungünstig waren wie auf dem Darß.

Nach den Elchen kamen die Wisente.

Zum ersten Male in Europa machten wir auf dem Darß den Versuch, wieder Wisente in Freiheit auszusetzen. Wir kreuzten sie dann mit ihren nahen Verwandten, den amerikanischen Bisons, die wir 1937 aus Amerika einführten.

Die Kreuzung der beiden so selten gewordenen Vettern, die den gleichen Ursprung haben und nur durch verschiedene Umweltbedingungen ihre äußere Form änderten, im Skelett aber heute noch nicht voneinander zu unterscheiden sind, gelang zur vollen Zufriedenheit; und später glückte es sogar, durch sogenannte Verdrängungszucht den Nachwuchs wieder auf den reinen Wisenttyp zurückzuzüchten, indem man nur reine Wisentstiere zur Nachzucht zuließ und alle Halbblutstiere abschoß, ehe sie vererbungsfähig wurden. —

Die Geschichte, wie die ersten Wisente auf dem Darß ankamen, habe ich schon einmal erzählt; trotzdem kann ich nicht darauf verzichten, sie hier zu wiederholen; sie hat nicht ihresgleichen:

»Als die Wisente ankamen, gab es ein Schauspiel! Ich hatte dem Maler Bondel Bescheid sagen lassen; er kam mit seinen Sandalen durch das hohe Gras der Spätsommerwiese gestelzt und stellte sich mit seinem Skizzenblock in angemessener Entfernung hinter einer Kiefer auf. Meine Förster und Eleven waren natürlich auch da und alle Waldarbeiter. Auch meine Frau und die beiden Kinder sollten den Wisenten Willkommen sagen.

Regungslos standen die schweren, dunklen Ungeheuer in ihren Holzverschlägen, die man mit Flaschenzügen von den Wagen gehoben hatte.

War nun Respekt angebracht? Wir mußten uns an diese neuen Waldgesellen gewöhnen und sie sich an die Freiheit und an uns.

Ich rief Brigitte herbei, mein Töchterchen, ließ sie auf den ersten Holzkäfig hinaufklettern, reichte ihr einen Stock und öffnete die Klappe am Schwanzende des Bullen. Brigitte begann ihn mit dem Stöckchen an der Nase zu kitzeln und mit Zurufen zu ermuntern. Sie trieb ihn langsam rückwärts, bis er mit allen vier Hufen auf dem neuen Boden stand. Aber kaum war der klotzige Schädel frei, so warf sich der Kerl herum, zuckte zusammen, als ob ein elektrischer Schlag den mächtigen Leib durchfahre, sprang hoch, ging nieder, bockte und streckte sich und bockte wieder und wieder. Mit funkelnden Lichtern führte er einen wahren Veitstanz auf. Brigitte schrie vor Vergnügen, und Bondel rannte, alle Sicherung vergessend, mit seinem Skizzenblock hin und her und schrie: »Mueller, das ist ja fabelhaft. Das ist phantastisch!« Er kam überhaupt nicht zum Zeichnen.

Ja, das war in der Tat ein Urtier von unbekannter Wildheit, und jetzt war ich geneigt zu glauben, was ich früher einmal gelesen hatte, daß nämlich der Wisent zu den Ahnherren der spanischen Arenastiere zähle. Er trommelte mit seinen Vorderhufen die Erde, daß es donnerte und die Erdbälle und Grasbüschel flogen. Er wühlte mit seinen kurzen Hörnern den Boden auf. Er glotzte böse aus aufwärts gedrehten Lichtern, daß man das gelbliche Weiß der Augäpfel blinken sah. Die Zunge trat ihm aus dem seibernden Äser, und der kurze Schweif peitschte die Luft. Es war, als wollte er diese ganze nordische Welt auf die Hörner nehmen.

Als er sich ein wenig beruhigt hatte, ließ ich den zweiten Kasten öffnen. Der neue Geselle war wesentlich ruhiger. Auch die anderen standen Bondel einigermaßen Modell.

Aber dann, als meine Förster die Wiese betraten, verschwanden sie plötzlich im Walde.

Am anderen Tage schon gab es Alarm. Der stärkste Bulle, der Veitstänzer, hatte sich dem Dorfgatter von Wieck genähert, eine Zeitlang an dem schweren, mit Ketten gesicherten Tor gerüttelt und es dann ganz unerwartet auf den ›Helm‹ genommen, wie der Jäger die kurzen, gedrungenen Hörner nennt, es losgerissen und hoch in die Luft geschleudert. Danach hatte er den Feldern einen schlimmen Besuch abgestattet und war schließlich friedlich in den Wald zurückgekehrt. Ich ließ das Tor wieder einsetzen. Sechs Männer quälten sich damit ab. Es wog fast acht Zentner.

Aber von der Kraft und Wildheit der Wisente sollten uns noch andere Proben geboten werden. Ich erinnerte mich an jenen zweiten Tag eines Besuches im Berliner Zoo, wo mir, als ich eine alte, eingesperrte Wisentkuh studierte, der Wärter gesagt hatte: »Wenn Sie zu unserem Königstiger in den Käfig gehen, können Sie vielleicht Glück haben und heil wieder herauskommen; aber wenn Sie sich zu der Wisentkuh hineinwagen, so garantiere ich Ihnen, daß Sie nach zwei Minuten als unförmige Masse zwischen den Gitterstangen hängen werden.«

Ich war jedoch anderer Meinung. Ich hatte einen Glaubenssatz, den ich leidenschaftlich bis auf den heutigen Tag verteidigt habe: Menschen und Tiere müssen bösartig werden, wenn man sie hinter Gitter und Zäune steckt. Alle Warmblüter müssen ohne Freiheit verderben! Alles Eingesperrte liebe ich nicht; alles Eingesperrte wird böse. Aber bei mir, auf dem Darß, würden die Wisente nicht eingesperrt sein, sondern in Freiheit leben!

Der gewalttätige Ausbruch des Bullen hatte daher auch diesem Glauben keinen Stoß versetzt; seine Wildheit war ja nur das Ergebnis der Freiheitsberaubung in der Transportkiste. Aber wir mußten auf der Hut sein, solange er sich nicht eingewöhnt hatte.

Um die Wahrheit zu sagen: die Wisente brachten zunächst mächtige Unruhe in den Wald. Überall, wo sie auftauchten, wurde das Wild flüchtig. Sobald sich einer dieser schweren schwarzen Panzer irgendwo durch die Dickung schob, rückte auch das stärkste Rotwild ab. Und wie diese Panzer losrollten! Sie stürmten von Futterplatz zu Futterplatz und plünderten die Nahrung für das Rotwild. Sie stießen mit ihren »Bulldozer«-Schädeln die schweren Tröge um und schleuderten sie wie Rugby-Bälle durch die Luft. Und dann zeigten sie ihre elastische Kraft. Spielend setzten sie, ohne Anlauf, über bis zu zwei Meter hohe Zäune, mit denen die jungen Kulturen umgeben waren. Trotz ihrer schweren, gedrungenen Gestalt entwickelten sie eine unglaubliche Schnelligkeit. In der ersten Woche ritt ich mit meinem Faktotum Puschke zur Kranichwiese, wo ein Rudel gemeldet war. Wir ritten im Galopp darauf zu und sprengten den Bullen ab. Wir trieben ihn rund um die Wiese. Er flüchtete — immer im Trab, und so sehr wir auch unsere Pferde antrieben, mußten wir doch erleben, wie der Wisent, immer noch trabend, uns weit voraus blieb. Wir konnten ihn nur einholen, wenn wir ihm über mehrere hundert Meter in der Schräge den Weg abschnitten.

Als die Wisente sich eingelebt hatten, ließen wir zwanzig Bisonkühe aus Kanada kommen. Sie betraten die Szenerie wie fromme Pilgerinnen und grasten friedlich wie unsere Dorfkühe in den Wiesen, während die Wisente weiter ruhelos durch die dichten Waldungen zogen und an Bäumen und Büschen ästen ...«

Soweit die Geschichte von den Wisenten.

Andere Erfahrungen mögen sie ergänzen, rätselhafte Erfahrungen zum Teil.

Eine Zeitlang überquerten die Wisente und Bisons unter Führung ihrer alten Leitkuh mit großer Regelmäßigkeit den etwa 60 m breiten Prerowstrom, um die Wiesen auf dem Wiecker Moor aufzusuchen, auf denen sich infolge häufiger Seewasser-Überschwemmungen ein besonderer salzliebender Pflanzenwuchs angesiedelt hat, der sehr nahrhaft ist und den sie sehr lieben. Es war unweit jener Gegend, in der Göring, später alle meine Einwände mit kurzem ›Ich befehle es!‹ abschneidend, seine Fliegerkasernen und seinen Bombenversuchsplatz anlegte. Eines Tages war die alte Leitkuh tot; eine andere trat an ihre Stelle. Und von Stund an hörten die Wisente auf, über den Prerowstrom auf die großen Salzwiesen zu ziehen. Das paßte nun keineswegs in unser Konzept; droben in der Salzflora hatten sie keinen Schaden getan; seit sie nicht mehr hinaufgingen, häuften sich die Klagen der Bauern, in deren Felder sie einbrachen. Also versuchten wir, sie mit Hilfe von fünfzig Waldarbeitern wieder auf die alten Äsungsflächen hinüberzudrücken. Ohne Erfolg! Die neue Leitkuh führte sie nicht mehr dorthin, und — also nein! — so lange sie auch daran gewöhnt gewesen waren, jetzt gingen sie nicht mehr hin; es war völlig rätselhaft, warum, die Motive blieben dunkel, aber im Endergebnis waren trotz aller Mühen nicht wir es, die unseren Willen durchgesetzt hatten, sondern die Wisente — genauer, die neue Leitkuh.

Bald hatte ich wegen des Wildschadens, den sie anrichteten, in mehr als einer Beziehung zu verhandeln, in erster Linie mit den Fischern, Bauern und Pächtern auf dem Darß. Immer wegen der Wisente. Es war märchenhaft, was alles die schwarzen Riesen verspeist, zerstört, verwüstet haben sollten. Sechzig Zentner von dieser oder jener Frucht pro Schadensfall, das war das wenigste. Ließ ich den Schaden dann in Augenschein nehmen und sachverständig abschätzen, so schrumpfte er regelmäßig auf etwa fünf Zentner zusammen. Und dann einigte man sich. So war es immer gewesen, und solange es bei den gewohnten Übertreibungen der gewohnten Kontrahenten blieb, war alles in Ordnung.

Die folgenden Jahre brachten Arbeit die Fülle. Wir erweiterten das Naturschutzgebiet durch Ankäufe von Ödland auf dem Zingst. Es handelte sich um achttausend Morgen einer großartigen Wüstenei, bestanden mit riesigen Wacholdern, mit Birken und Pappeln, Heidekraut und Schmielengras, mit ganzen Wildnissen von Himbeergerank, mit Rohrplänen und Wiesen, die, da zeitweise von der See überschwemmt, salzig und also frei waren von Leberegeln und daher ein besonders willkommener Zuwachs.

Überdies war das ganze Gebiet unbewohnt und unbebaut, zu nichts genutzt als zur Streugewinnung und — gelegentlich — zu etwas Torfstich. Es lagen Wiesen darin mit vierzigjährigen breitkronigen Kiefern, es gab kleine Erlenbrüche und auf den sandigeren Böden starke, doppelmannshohe Wacholder und störriges, zähes Heidekraut, hart und dicht wie die Reiser in einem Besen. Sommertags kamen die Imker aus Stralsund und brachten ihre Völker zu Wagen auf den wenigen Sandwegen heran, damit die Bienen aus der Heideblüte ihre Tracht schöpfen konnten; sonst kam kein Mensch in diese entlegene Urlandschaft. Weiter im Osten lagen Riffe — alte Dünen, die wir aufforsten würden, um Windschutz zu schaffen; dann würde der junge Wald wohl wachsen.

Natürlich hatte eine so verlockende Sache auch ihr Aber. Es bestand in der Ablösung von Gerechtsamen und Eigentum.

Ich stellte fest: 1650 Ankaufs- und Enteignungsverträge waren zu machen, lauter Einzelverträge. Eine Sisyphusarbeit!

Ich berief in Zingst eine Versammlung aller Beteiligten ein und erklärte ihnen, worum es sich handelte. Ich sagte ihnen den Preis, den ich würde zahlen können, und sagte ihnen, daß über diesen Preis nicht zu handeln sei. Die Aufregung war groß. Für und wider wurden hitzig erörtert. Ein Teil glaubte unseren Worten, verkaufte und trat ab; ein anderer mißtraute uns, spekulierte auf bessere Bedingungen bei entsprechendem Widerstand und weigerte sich. Darauf wurden die ersteren, die verkauft und abgetreten hatten, von Reue ergriffen und wollten zurück. Das wiederum lehnten wir ab, und so gingen sie hin und beschwerten sich, bei der Partei, beim Landrat, beim Ministerium. In Berlin hagelte es Berichte.

Ich wiederholte meine Zingster Versammlungen.

Ich versprach ihnen die Streunutzung zu belassen, unentgeltlich. Auch das Torfstechen würde erlaubt bleiben! Da sah alles schon viel günstiger aus. Und einen Weg würden sie bekommen, einen guten, festen Weg, der das Gebiet erschloß und auf dem sie Streu und Torf ohne Schweiß und Mühe nach Hause bringen konnten. Das ließ sich hören, und Schritt für Schritt, Vertrag für Vertrag kam ich voran.

1937 etwa war dieser Teil der »Eingemeindung« abgeschlossen; eine Sisyphusarbeit lag hinter uns.

Aber eine zweite, weit größere zeichnete sich ab: die Übernahme auch der nordöstlicher gelegenen Teile, der sogenannten »Insel Zingst« und des großen Werders, in meine »Gesetzlich geschützte Wildnis«.

In Parow nämlich, beim Freiherrn v. Langen, dem berühmten Turnierreiter, und bei Graf Herbert v. Trautvetter auf Hohendorf, sollten große Mengen Landes, bester Weizenboden, enteignet werden, um dort für die Luftwaffe einen Übungsplatz anzulegen. Es war geradezu jammervoll und — es war kurzsichtig. Wo heute noch die goldene Brotfrucht im Winde sich neigte, ehe die Mahd begann, sollten morgen Schieß- und Bombenabwurfsplätze entstehen, für die Heideboden, Sumpf und Moor sich gleich gut eigneten. Es war das Verhaßteste alles Hassenswerten, was aus diesen Plänen zutage trat: die fiskalische Phantasielosigkeit, die plumpe Amtsgewalt in der Hand ungeschliffener Geister. Der Platz schien »lagemäßig geeignet«, alles andere war nebensächlich, was dabei zugrunde ging, quantité négligeable.

Als Göring das nächste Mal kam, sprach ich ihn darauf an. Lieber, dachte ich, wollten wir mit seiner Hilfe die Sundischen Bauern umsiedeln und den Übungsplatz auf die Sundische Wiese nehmen, als daß diese herrlichen Weizenböden zum Bombenacker würden.

Die Sundische Wiese mit ihren 18 000 Morgen gehörte noch nicht zum Naturschutzgebiet —, ich hatte nur 1500 Morgen davon, und das Land dort war so arm, daß auf zwanzig Höfen die Bauern seit 1898 keine Steuern mehr bezahlt hatten.

Vielleicht, sagte in mir außerdem eine leise Stimme, kann man auf diese Weise — mit Hilfe der Luftwaffe und ihres langen Armes — dann auch noch den übrigen Teil des Zingst in das Naturschutzgebiet einbeziehen — und dann, natürlich, auch den Großen Werder ... Es waren Aussichten — geradezu unfaßbar; mein Hirn trieb Pläne, buntschillernd wie Seifenblasen.

Der Große Werder war eine Vogelinsel hinter Pramort im Norden des Zingst, voller Schwäne im Herbst und im Winter

— oft tausend bis fünfzehnhundert Stück! — Sommers brüteten dort Strandläufer, Kiebitze und Brandgänse im Schilf und auf den Dünen, und das Fahrwasser von Barth nach See hinaus, das draußen vorbeiführte, war von Tausenden von Stockenten bevölkert. Niemand hätte diese Entenschwärme zählen können; der Himmel verdunkelte sich, wenn sie aufflogen.

Ja, der Große Werder und die Insel Zingst —: es mußte schön sein, auch diese Wildnis noch mit unter die Fittiche zu bekommen. Und: es würde zu niemandes Schaden sein! Die Wege dort oben, wenn man sie überhaupt als solche bezeichnen wollte, waren unergründlich — achtzehn Kilometer von Zingst bis Pramort, knöcheltief oder knietief, Sumpf, Modder, Mahlsand: zum Absaufen. — Die Bauern, die man von hier wegsiedelte, würden, gleichviel wo man sie neu ansetzte, in jedem Falle ein besseres Auskommen haben als hier. Und wenn es gelang, das Ministerium dafür zu gewinnen, ließen sich vielleicht diese 16 500 Morgen, die ich noch nicht besaß, ohne die Wahnsinnsarbeit der Ablösung von anderthalbtausend Einzelverträgen in Bausch und Bogen schlucken?! Es war verlockend wie alles schwer Erreichbare, das plötzlich unerwartet dem Zugriff offenliegt, und nichts ist ja leichter, als sich selbst in die Rolle eines Wohltäters hineinzureden.

Göring runzelte skeptisch die Brauen, als ich ihn auf die Sache ansprach: »Da ein Bombenabwurfplatz? Dann schmeißen die mir die Hirsche tot.«

»Nein«, sagte ich, »Wild gewöhnt sich an so was. Ich werde außerdem rings um das Abwurfgelände und weiter zum Großen Werder hinauf schachbrettartig mit pinus austrica aufforsten; das ergibt dickste Dickung. Da haben sie Schutz.«

»So?« sagte er, immer noch widerstrebend, »meinen Sie?«

»Ja«, sagte ich zuversichtlich, »und außerdem liegt da ein altes Gutsgebäude, das eignet sich hervorragend als Scheiben- und Unterkunftshaus. Da kommt das Scheibenkommando hinein — zwanzig, dreißig Mann, mehr sind ja nicht nötig, und die setzen wir jeden Tag von Barth her mit dem Boot über, dann brauchen wir auch keine Straße ins Naturschutzgebiet.«

»Gut«, sagte Göring schließlich, »ich werde mit Milch darüber sprechen.«

Anderntags rief Milch mich an. Er stimmte zu. Wir waren völlig einig; ich schwamm in Plänen und schwelgte in Zukunftshoffnungen.

Wir waren so einig, daß ich, anstatt schon darüber mißtrauisch zu werden, arg- und ahnungslos in Urlaub fuhr. Aber als ich zurückkam, war mit einmal alles ganz anders: ungeheure Bauvorhaben lagen im Plan fertig vor! Ein ganzes Flak-Lehrregiment, alles was ursprünglich für das Festland vorgesehen war, sollte nun auf dem Zingst stationiert werden. »Wir machen jetzt...«, hieß es von früh bis spät, »und dann machen wir...«, »und danach machen wir...«; »Sie bekommen sogar eine Asphaltstraße bis hinauf nach Pramort!«

Als ob mir an einer Asphaltstraße gelegen gewesen wäre! Ich fühlte mich elend und überfahren. Und Göring hörte auf keinen Einwand mehr; er wischte sie alle mit einer Handbewegung vom Tisch: »Ich befehle es!«

Was dann wirklich hinkam, als die Anlage stand, war ein Luftwaffen-Übungsplatz, auf dem in vierzehntägigem Wechsel Flak-Abteilungen aus dem ganzen großen deutschen Vaterlande angereist kamen, um dort ihre Scharfschießen zu halten. Es donnerte und knallte von früh bis spät. Unser Friede war dahin.

Mitten auf der Sundischen Wiese entstand zudem ein Bombenabwurfplatz von zwei mal drei Kilometer Flächenausdehnung, auf dem gigantische Schiffsmodelle aufgebaut wurden — Schlachtschiffe im Walde! — Abbilder der »Nelson« und »Hood«, Ziele für die Stukas, die alltäglich von den Horsten auf dem Festlande herübergedonnert kamen, mit aufheulenden Motoren erdwärts stürzten und Übungsbomben warfen.

Auch Hitler war eines Tages da, um die Anlage zu besichtigen, mit ihm »alles, was Beine hatte«, ein Gewimmel von Uniformen, Gold und Streifen: Generalität, Admiralität, Ministerien. Das Blau der Marine wirkte womöglich noch platzfremder als der Wald voller Schlachtschiffe.

Hitler selbst war unauffällig, schweigsam und in sich gekehrt; er wirkte bedrückt, geistesabwesend und sorgenvoll. Nach wenigen Stunden schon reiste er wieder ab. —

Zu den Neuerwerbungen, die in das Naturschutzgebiet fielen, gehörte besonders der Anschluß an das Freesenbruch, ein riesiger Unlandbezirk, achttausend Morgen groß, vielfach mit Jungmischwald bestanden, in dem es Eicheln gab, Unterholz, Brombeerdickichte, Himbeeren und unterständige Buchen — ein Paradies für das Wild.

Aber wir machten merkwürdige Erfahrungen. Die Hirsche, die so gern auf den Salzplänen in der östlichen Ecke des Hauptreviers standen, gingen wider Erwarten nicht ins Freesenbruch, obwohl sie früher ständig dort hinausgedrängt hatten. Jetzt aber, kaum, daß das Gatter gefallen war, schienen sie jeden Drang in dieser Richtung verloren zu haben: es war rätselhaft.

Anders die gescheiten und neugierigen Sauen: Binnen weniger Wochen hatten sie das ganze Gebiet gründlich inspiziert.

Schweine sind die intelligentesten unter unseren Haustieren; sie stehen darin ihren wilden Vettern nicht nach. Sie sind aber auch, so unglaublich es klingt, die schnellsten. Ein Großonkel von mir, zu seiner Zeit ein erfolgreicher Vollblutzüchter, schloß einmal eine Wette darüber ab. »Meine Schweine«, sagte er, »sind schneller als selbst ein Vollblüter.«

Seine Freunde lachten ihn aus; so kam die Wette zustande.

Er gewann haushoch; denn die Schweine, die die vereinbarte Rennstrecke zwischen dem Gutsvorwerk und den Ställen seines Gutes in den abgemachten drei Trainingswochen durch Auslegen von Futter genau kannten, wußten überdies, daß in den Ställen auf dem Gut ihre vollen Tröge sie erwarteten, und es lag ihnen um so mehr daran, schnellstens dorthin zu gelangen, als er sie zur Schärfung ihres Eifers ein paar Tage vor dem Rennen hatte hungern lassen.

Als ihnen daher zum Start dieses einzigartigen Wettbewerbs

das Gatter geöffnet wurde, waren sie davon wie der Blitz; man sah nur noch eine Wolke mit Ringelschwänzen, die schon die halbe Strecke hinter sich hatte, ehe die konkurrierenden Reiter auch nur richtig abgekommen waren. Der Triumph der Schweine war vollkommen, der Rest — Gelächter und ein handfestes Gelage, an dem eine Artschwester der siegreichen Sauen sich als Festbraten persönlich beteiligte. —

Aber zurück zu den Hirschen.

Es hat Jahre gedauert, ehe sich die Hirschrudel auf den Zingst hinausgewöhnten, und es hat mich nicht wenig Nachdenken, Schweiß und Fehlschläge gekostet, sie überhaupt dorthin zu bringen.

Ich begann damit, Zuchtgatter einzurichten, um sie an die großen Rohrpläne zu gewöhnen. Dann bauten wir Wildfänge, unauffällig aufgestellte, reusenartige Gerüste mit weiter Öffnung, die sich nach hinten stetig verengen und schließlich in einen schmalen, verschlossenen Gang münden.

Fünfzehn Stück Kahlwild und einen Hirsch fingen wir auf diese Weise ein, kauften Rominter Rotwild zur Blutauffrischung hinzu, setzten alle zusammen im Zuchtgatter wieder aus und ließen sie von Februar bis Juli darin. Und siehe, als wir sie dann hinausließen, zog das Rudel jeden Morgen brav in sein Eingewöhnungsgatter zurück. Der Versuch schien geglückt. Stolz und befriedigt ließ ich fortan das Gatter offen. Alles ging gut — bis zur Brunft; da waren sie plötzlich weg!

Anstatt, daß die starken Hirsche zu meinen Tieren auf Besuch gekommen wären, ging es gerade umgekehrt, und auch nach der Brunft kamen sie nicht wieder. Alle Mühe schien vergebens; die Enttäuschung war groß.

Trotzdem wiederholte ich den Versuch. Aber diesmal ließ ich das Wild im Gatter seine Kälber setzen; denn wo es setzt, da bleibt es. Diese Fixierung an den Ort ist ganz deutlich und die dadurch geschaffene Heimatbindung enger als die Überlegung und stärker selbst als die andernorts vielleicht günstigeren Futterverhältnisse. Es ist ähnlich wie bei den jungen Mädchen, die solange »bei Muttern zu Hause« sind, auch als junge Frauen noch, wie sie ohne Kinder bleiben. Haben sie aber erst geboren, so sind sie dort zu Hause, wo ihre Kinder geboren sind: in ihrer eigenen Familie.

In gleicher Weise ist Kahlwild ortsgetreu, während die Hirsche vor der Brunft weite Wanderungen unternehmen, wahrscheinlich so weit, daß Inzucht vermieden wird. Aber das ist eine Vermutung, für die mir die Beweise fehlen, und wer wollte diese Dinge genau wissen?! —

Wenn jedoch jetzt noch auf dem Zingst starke Hirsche geschossen werden, so sind es Nachkommen jenes Rotwildes, das ich einmal dort heimisch gemacht habe.

34 »BUBI« UND DIE 867 IGEL

Allsommerlich für drei Wochen kam Göring in sein Jagdhaus auf dem Darß; es waren jedesmal schwere Zeiten für mich, weniger seiner selbst als seines Gefolges wegen, das mir auf die Nerven ging.

In den ersten Jahren war es noch am nettesten; ja geradezu familiär: da kam nur ein Vorkommando, bestehend aus Cilly, der Köchin, die ich gemäß ausdrücklich erteilter Vollmacht mit ›Fräulein Cilly‹ anreden durfte, was als besonderer Gunstbeweis oder, wenn man so will, als Bündnisangebot zu werten war, jedenfalls aber zeigte, daß sie meine soziale Stufe der ihrigen gleichzuachten schien.

Außer Cilly kam ein Diener und, last not least, als persönlicher Begleiter Hermanns Leibjäger, der später eine so außerordentliche Karriere machen sollte.

Endlich, wenigstens in der Anfangszeit, gehörte »Bubi« dazu, Görings Löwe, jenes Geschenk des Leipziger Zoo, mit dem Göring damals auf jeder Illustrierten, die etwas auf sich hielt und im Geschäft bleiben wollte, auf der Titelseite abgebildet war: Hermann und sein Löwe ...

Bubi war zunächst nicht viel mehr als ein mittelgroßer Wolleball von spielerischem Wesen und mit matt angedeuteten Flecken auf dem flauschigen Fell. Aber er verursachte unausgesetzt neue Aufregungen.

Gleich am ersten Abend ging das Telefon: Es war Cillys Stimme, in Tränen erstickt: »Bubi ist weg! Bitte, Sie m ü s s e n Bubi suchen! Ehe der Herr Ministerpräsident kommt, m u ß Bubi wieder her«, und sie schilderte, von Schluchzen unterbrochen, in apokalyptischen Farben, was geschehen würde, wenn Görings Liebling etwas zustieße.

Ich tröstete sie, ich würde einen Forsteleven mit Dackeln Suche halten lassen. So geschah es. Ergebnis: Nichts. Kein Löwe. Nur Fräulein Cilly und der Kammerdiener, so berichtete der Eleve, gingen am Strande um wie ruhelose Geister und klagten über den abgängigen Bubi. Ich ließ sie klagen; schließlich war ich preußischer Forstmeister und nicht Dompteur und der Darß keine Menagerie.

Am anderen Morgen, als Göring kam, begleitet von seiner Frau, General Milch, seinem Adjutanten Bodenschatz und seinem Funker, herrschte eitel Sonne: Bubi hatte sich wieder eingefunden; die Apokalypse ging an uns vorüber.

Beim Essen saß Bubi auf einem Stuhl neben seinem Herrn und ließ sich mit Fleischhappen füttern, und der mächtigste Mann Preußens nahm sich kaum Zeit, selbst etwas zu essen, so sehr erfüllte ihn das Spiel mit seinem Bubi, der ihm in seiner Gier immer näher auf den Leib rückte.

Plötzlich aber schrie Göring empört auf und rückte zur Seite. Bubi hatte ihn naß gemacht! Eine heillose Aufregung brach los. Milch und Bodenschatz irrten, nach trockenen Tüchern rufend, planlos umher, und es wurde erst wieder friedlich, als Göring eine andere Hose angezogen und danach, am Boden liegend, ein Weilchen mit Bubi geturnt hatte.

Mitten aus dem Spiel heraus fragte er plötzlich: »Stimmt es, Mueller, daß auf dem Darß so besonders viele Kreuzottern sind? — Stellen Sie sich vor, daß einer meiner Gäste gebissen würde! Oder Bubi . . .«

Ja, natürlich, Bubi!

Ich versicherte, daß keinerlei Anlaß zur Besorgnis gegeben sei, aber er bestand darauf, daß Maßnahmen ergriffen würden. Also ließ ich am anderen Morgen die nähere Umgebung der Jagdhütte von einem Dutzend Darßer Schuljungen mit Gabelstöcken absuchen; Göring persönlich überwachte die Aktion. Aber die Jungen fanden nichts.

Trotzdem sprach sich die Geschichte irgendwie nach Berlin hinauf und löste eine Flut byzantinischer Maßnahmen aus; wer immer dienstlich oder beruflich mit Tieren, Jagd oder dem Forstwesen zu tun hatte, war beflissen, deutlich zu machen, wie sehr ihm daran gelegen sei, alle Gefahren vom Haupte des geliebten Bubi abgewendet zu wissen. Und seines Herrn natürlich!

An der Spitze marschierte der Direktor eines großen Zoo. Er sandte ›den berühmten Schlangenjäger Rassau‹, ein erzgescheit und listig blickendes, dunkeläugiges, selber irgendwie schlangenartig wirkendes Männchen, das, wie es versicherte, alle Reptilien immer ohne Fanggerät mit bloßen Händen griff, sie in der Rocktasche transportierte und sie an Universitätsinstitute oder ähnlich interessierte Stellen veräußerte.

Am zweiten und letzten Tage seiner Suche fand Rassau, weitab von Görings Jagdhaus, eine einzige Kreuzotter, für die er »die höchste Prämie« erhielt, die je in Preußen für den Kopf einer Kreuzotter gezahlt wurde; denn seine Kostenrechnung für den Besuch bei uns belief sich auf dreihundertfünfundzwanzig Mark, und er kassierte bar.

Was jedoch nach Rassau kam, um Bubis teures Haupt zu schützen, war schlimmer. Es kamen die Igel.

Görings Jagdadjutant hatte in der Jägerzeitung eine Notiz veröffentlicht, daß »einige Igel als gefürchtete Feinde der Kreuzotter einen ›cordon sanitaire‹ um den Herrn Reichsjägermeister bilden« könnten, und schon kamen als Symbole der Anhänglichkeit und Treue Igel aus allen deutschen Gauen, Igel, Igel, Igel. Igel in Kisten, Igel in Körben, Igel in Kartons, achthundertsiebenundsechzig Stück in vierzehn Tagen. Das

Unsinnige an dieser großdeutschen Igel-Treue-Kundgebung war, daß Igel gar keine Kreuzottern fangen; nur meine Sauen würden sich freuen, wenn sie im Winter die schmackhaften Stachelröcke in solchen Mengen fanden.

Noch war die Igelaktion nicht verklungen, als eine neue Aufgabe auf mich zukam: Bubi mußte einen Zwinger bekommen. Ich war aus Prinzip dagegen; denn ich hasse Käfige und Tiere in Käfigen, und es gab eine erregte Aussprache.

»Ein Zwinger«, sagte ich, »würde aber gar nicht in die Landschaft passen, Herr Ministerpräsident.«

»Ach, was Sie immer mit Ihrer Landschaft haben! Meinen Sie, das Tier soll mir weglaufen. Es kann schließlich auch nicht immer im Hause sitzen. Es ist ja kein Zimmerlöwe.«

»Aber noch weniger ein Käfiglöwe.«

Er ergrimmte: »Ich befehle Ihnen, den Zwinger sofort zu bauen.«

»Haben Herr Ministerpräsident erwogen, daß das Tier gesundheitlichen Schaden nehmen könnte? Hier an der See ist das Gras immer feucht. Es wird Bubi nicht gefallen, sich ein nasses Fell zu holen. Löwen brauchen trockenen Boden. Sand. Am besten ein bißchen Wüste.«

Das war zuviel. Er lief rot an und schrie: »Meinem Löwen schadet überhaupt nichts. Das ist ein zäher Bursche. Der hält alles aus!«

Fast eine Stunde lang ging es hin und her, Stoß und Gegenstoß. Was immer über das Wohlbefinden eines ordentlichen Löwen vorzubringen war, wurde erörtert, aber es gelang mir nicht, Bubis Freiheit zu retten.

»Übermorgen«, sagte Göring dickköpfig, »wenn ich zurückkomme, ist der Zwinger fertig.«

Ich mußte gehorchen. So gut wie möglich getarnt, oben blau, der Mittelteil grün, unten gelbbraun, stand der Löwendraht zwei Tage später da. Der Leidtragende war Bubi, der gelangweilt darin saß und trübsinnig durch die Maschen schielte.

Ähnlich aufregend verliefen die meisten Besuche Görings. Wie später bei der Errichtung des Bombenabwurfplatzes auf der Sundischen Wiese, so ging es schon hier. Ein »einfaches, kleines Jagdhaus, damit ich mal in Ruhe ungestört allein sein kann, wenn es mir in Berlin mit dem Betrieb zuviel wird« — das war der Anfangsauftrag gewesen.

Was daraus wurde? Ein Jagdpalästchen, entworfen von dem genialen Architekten Firle, aus Holz erbaut, mit Schilf gedeckt, in dessen Verarbeitung die Darßer wahre Künstler sind — und dennoch im Endergebnis eine Art Sonderhofhaltung am Rande des Urwalds — alles mehr, alles größer, alles breiter, höher, pompöser als ursprünglich beabsichtigt. Und es war nicht einmal so sehr Göring selbst, der die Dinge ins Überdimensionale trieb, es war seine Umgebung, es waren die Hofschranzen, die Dienermacher, Nach-dem-Mund-Schwätzer und Lakaien jeglicher Prägung. Aber — er ließ es sich gefallen und nahm die allgemeine Unterwürfigkeit schließlich hin wie etwas, das ihm zukam. —

Etwa im Jahre 1937 kam auch General Keitel zum ersten Male auf den Darß, ein kräftig gebauter, ruhiger, freundlicher und nachdenklicher Mann, der manche gute Stunde in meinem Walde und an meinem Kamin mit mir verbrachte und jedem Ding, das man an ihn herantrug, mit offenem Sinn unvoreingenommen begegnete. Um so mehr wunderte ich mich über seine Unbeliebtheit in Wehrmachtskreisen. Ich fragte ihn eines Tages geradewegs danach, und er sagte: »Mein Lieber, wenn da die Chefs der Wehrmachtsteile sind, Raeder, Göring, v. Brauchitsch — und darüber Hitler —, und Sie dazwischen, da machen Sie mal was, da setzen Sie sich mal durch.«

Vielleicht war das seine Tragik, nicht stark genug sein zu können. Heute, wenn sein Bild vor mir aufsteigt, denke ich oft, was wir wohl tun, wie wir wohl leben würden, wenn wir unsere Zukunft voraus wüßten. Und ich denke, daß ihm schweres Unrecht angetan worden ist, nicht nur durch den schmählichen Prozeß in Nürnberg, der ihn ein Opfer politischer Rache werden ließ, sondern auch durch das schnell fertige Urteil aller jener, die den Beweis schuldig geblieben sind, daß sie selbst in seiner Stellung richtiger, klüger, verantwortungsbewußter und tapferer gehandelt hätten, und vor allem, daß sie, neben eine Kraft von gleicher Dämonie gestellt, sich deutlicher behauptet und sich klarer durchgesetzt hätten. Dies muß gesagt sein um der Gerechtigkeit willen.

35 DAS TREFFEN DER GRÜNEN ZUNFT

Alle Jahre einmal setzte die Ostelbische Völkerwanderung nach Berlin ein. Die Bauern und Junker, die Pächter und Gutsbesitzer, alle, die beruflich oder als Liebhaber mit Land und Forst und Tierzucht zu tun hatten, bestiegen die Autos, die Kaleschen oder die Eisenbahn und zogen nach Berlin; denn es war Grüne Woche, und dorthin wallfahrtete man; der Lodenrock, der Jagdhut und der Schnürstiefel mit der Doppelkernledersohle beherrschten die Metropole.

Auch ich war in jedem Jahr dort, viele Male allein, später dann in Begleitung Monnas, meiner Frau, und immer war es ein großes Fest des freudigen Wiedersehens, der mächtigen Festessen und des fröhlichen Umtrunks im Kreise alter Freunde.

Ein Jahr aber und eine Grüne Woche sind mir vor allen in der Erinnerung geblieben — als ein Höhepunkt der Schönheit und ein Gipfel des Glücks, und anders als bei mancher andern Gelegenheit spürte ich diesmal schon, während es sich noch begab und ich meinen Part darin spielte, daß hier etwas Einmaliges statthatte, das weder ich noch irgendein anderer so jemals wieder erleben würde.

Es war das Jahr 1937, und die Jäger Europas waren in Berlin zusammengekommen zur Großen Internationalen Jagdausstellung.

Wie viele mir lang befreundete Männer traf ich in diesen Tagen! Mir schien es, als ob keiner fehle, und es war ein Fest brüderlichster Wiedersehensfreude; ein jeder war bewegt von dem Drang nach wechselseitigem, menschlichen Verstehen, nach Vertiefung der freundschaftlichen Fühlung; wir hatten es so noch nie erlebt, und ich habe später manchmal gedacht, ob es ein Ahnen gegeben haben mag, daß all diesen Freundschaften das Todesurteil schon gesprochen, daß über unsere ganze scheinbar so glückliche Welt schon der Stab gebrochen war.

Damals sah niemand das Menetekel an der Wand. Wir sprachen unbefangen miteinander, von Mann zu Mann, von Volk zu Volk, und fühlten gemeinsam das Glück und die Freuden des Friedens, die wir solange entbehrt und nach so langen Zerwürfnissen und Mißverständnissen endlich gewonnen hatten.

War es nicht gescheiter, endlich die große Internationale der Menschen guten Willens zu bilden, als sich in Streit zu zerreißen und einander die besten Jahre zu vergällen? Waren nicht wie die Blaue Zunft der Seeleute auch die Grüne der Jäger und so viele andere gleichen Tuns und Trachtens wie Künstler, Techniker, Ärzte, ja selbst die Soldaten, über die Völkergrenzen und die Unterschiede von Blut, Farbe und Sprache hinweg einander nahe? Und sollte es ihnen nicht möglich sein, die Völker der Welt zu jener einen allein wirklich notwendigen Revolution aufzurufen, der Revolution gegen den Krieg?! So dachten, so fühlten, so sprachen wir, Männer überwiegend der Generation, die einander in den Schlachten des Weltkriegs gegenübergestanden hatte. —

Monna und ich waren dabei, als Göring an der Seite des Königs von Dänemark und des Prinzen von Schweden, gefolgt von den vornehmsten Gästen und Notabeln aus aller Welt, die Internationale Jagdausstellung feierlich eröffnete. Und wir waren unter denjenigen, die der Herzog Adolf Friedrich von Mecklenburg in das Hohenzollern-Jagdschloß im Grunewald geladen hatte, das wie ein Wirklichkeit gewordener Traum aus Kindermärchentagen an seinem geheimnisvoll dunklen, von märkischen Kiefern gesäumten See lag.

Wie sich die Fensterzeilen, bis unter das Dach hinauf mit

Kerzen illuminiert, in dem schwarzen Wasser spiegelten und wiederholten! Wie seidig die Dämmerung in den Winkeln des Schloßhofes schwebte! Wie süß uns der Schauer des Entzückens den Rücken hinabschoß, als von fernher der Ruf des Hifthorns aufklang, einmal, zweimal, und andere nach sich zog, bis ein deutliches Fragen und Antworten daraus wurde, das in Klagen und Locken zusammenklang und langsam näherkam, und wir plötzlich, nachdem man uns warten geheißen, da noch eine Jagdgesellschaft sich angesagt habe, Piqueure in altertümlichen Jagdgewändern durch die dunkle Einfahrt in den Schloßhof einziehen sahen, das erlegte Wild, einen Hirsch, mit gekreuzten Läufen an einem Lanzenschaft zwischen sich tragend. Dahinter im Sattel auf schnaubenden, hälsebiegenden und zierlich die Hufe setzenden edlen Pferden die farbenfreudig gewandete Jagdgesellschaft mit Fackelträgern und der unruhig zerrenden Meute. Und über alledem, schwebend wie unsichtbare Vögel, immer wieder der Ruf der Hörner, der schmetternde Jubel und das leise Klagen des Erzes, die im Schloßhofe sich fingen und, im Widerhall sich mischend, aufstiegen wie der Rauch von Opferfeuern in die dunkel-samtblaue, silberbestirnte Nacht.

Es waren die Franzosen, die uns diese unvergleichliche Überraschung bereiteten und nun, während die Hornisten altfranzösische Jagdweisen bliesen, nach Jägersitte das Wild aufbrachen und versorgten, die Hunde genossen machten und endlich, wie aus einem alten Jagdbilde herabsteigend, sich unter uns mischten.

Nie werde ich diesen Abend vergessen, so vollkommen war er, so brüderlich im Denken und Tun, so hochgestimmt und freudig, so bewußt erlebt als ein Zeichen dafür, welches Glück das Leben zu bieten vermag.

Und auch jener andere wird mir im Gedächtnis bleiben, an dem Göring dreihundert Gäste zu sich lud — zum prunkvollen Ball, dem Jagdball, bei dem wir von der grünen Farbe erstmals unsere neue Gala zu tragen hatten: Generalsstreifen in

Grün an den Hosen und solche Mengen von goldenen Fangschnüren auf der Achsel, daß wir uns vorkamen »wie ein wandelnder Dohnenstieg« oder »wie Hermanns Waldadjutanten«.

Wie tafelten im Glanz und Feuer von Porzellan, Silber und Kristall, und wir entdeckten, daß kaum ein Reichsminister zugegen war und nicht ein einziger Gauleiter, geschweige denn Hitler selbst, der Jäger und Jagd nicht liebte, dafür aber das Hohe Diplomatische Korps, die Botschafter und Gesandten der ausländischen Mächte fast vollzählig und dazu so berühmte Leute wie Bengt Berg, der schwedische Tierfreund und Tierforscher, und eine Menge von Trägern der besten Namen des Adels von ganz Europa.

Ich traf auch Henderson, den englischen Botschafter in Berlin, an jenem Abend auf Hermann Görings Ball. Wir kannten einander schon länger; denn Henderson interessierte sich lebhaft für die Züchtungsergebnisse mit den »Deutschen Gebrauchshunden«, und da er ein Weidmann von echter Passion, ein Mann mit Hundeverstand und zudem eine Persönlichkeit von weltweiter Anschauung war, so sprachen wir bald von Dingen, die uns beiden in sehr ähnlicher Weise am Herzen lagen, vor allem vom Walde.

»Wäre es nicht an der Zeit«, sagten wir, »eine internationale Organisation zu schaffen, die den Schutz der sterbenden Wälder zu übernehmen hat?! Wollen wir alle Erfahrungen der Geschichte so lange verleugnen, bis es endgültig zu spät ist?!

Wie viele Völker, besonders im Süden Europas, in Kleinasien und Nordafrika, in Spanien, an der Adria, in Italien haben ihre Wälder gedankenlos heruntergeholzt?! Selbst in Deutschland nimmt der Einschlag über Gebühr zu und der Wald ab. Wenn wir weiter unsere Wälder in diesem Tempo zu Zeitungspapier verarbeiten, sind wir auf der nördlichen Halbkugel in dreißig Jahren am Ende. Und das hieße zugleich: Europa würde zur Steppe; denn ein einziger Hektar Laubwald verströmt an einem heißen Sommertage vierzigtausend Liter Wasser, für das es dann keinen Ersatz mehr geben würde. — Wenn wir fortfahren, die Wälder zu vernichten und damit den natürlichen Kreislauf zu zerstören, der zwischen Himmel und Erde durch das Auf und Ab des Wassers in Dunst und Nebel durch Regen, Hagel, Schnee und Grundwasserspiegel besteht, so wird unser Klima ebenso ein Steppen- und Wüstenklima werden, wie dies anderwärts geschehen ist. Das schrecklichste Beispiel bieten die Vereinigten Staaten. Dort wird alljährlich siebenmal mehr an Wald durch Erosion vernichtet, als man aufforsten kann. Es ist, als ob die Wüste auf uns alle zuwandert...«

So sprachen wir, und Henderson fuhr fort: »Es sieht schlimm aus, aber Gott sei Dank ist es auf der südlichen Halbkugel noch ein wenig besser. Dort ja die Hälfte alles Waldbestandes der Erde, dort gibt es noch ungeheuer große ungenutzte Reserven. Trotzdem haben Sie recht: Man muß den Wäldern des Nordens ein Moratorium geben und außerdem die Erfahrungen des Nordens auf die Wälder im Süden anwenden. Und etwas Ähnliches müßten wir international mit unserem Wild tun. Das unkontrollierte Jagen und Schießen überall auf der Erde muß aufhören. Die Völker müssen ihre Jagdgesetze untereinander austauschen und international gültige Schutzbestimmungen erlassen, damit das wahllose Ausrotten ein Ende nimmt.«

So sprachen wir noch lange und waren ganz einig, daß es an der Zeit sei, neben der Steinernen Internationale der Fabriken eine Grüne der Wälder zu schaffen, und zum Schluß sagte Henderson: »Das Schlimme ist nur, daß die Staatsmänner unserer Zeit zu wenig Phantasie haben. Sie ordnen in allem herum, ohne an die Folgen zu denken, obwohl sie sehr gut vorauszusehen wären. Sie sehen die Einheit des wachsenden Lebens nicht mehr. Sie treiben uns von Krieg zu Krieg, und die grüne Decke, die die Erde bedeckt, wird immer dünner und kärglicher. Natürlich: ein Staatsmann wird siebzig, wenn er Glück hat, achtzig; ein Baum braucht dreihundert Jahre, ehe er stirbt, vorausgesetzt, daß ihn die Axt verschont...«

»Ja«, sagte ich, »gebe Gott, daß die Staatsmänner das begreifen!« Und ich dachte an Hitler, von dem ich nach seinem

Besuch auf dem Darß und Zingst den Eindruck besaß, daß ihm das Verhältnis zum Walde vollständig fehle. Er besaß nicht die Geduld, ohne die kein Wald zu verstehen ist. Ihm schien nichts schnell genug gehen zu können, ein Mensch der großen Massen, der Großstadt und der Maschinen, der er war.

Ich hatte ihn mit dem Jagdwagen durch meinen Wald zur Sundischen Wiese fahren lassen wollen, aber Sepp Dietrich, der Kommandeur seines Leibregiments, sagte: »Mit Pferden? Ausgeschlossen. Das dauert ihm viel zu lange, und Pferde mag er nicht.«

Auch das begriff ich nicht. Wie konnte man Pferde nicht mögen?!

Mit den Soldaten kam die Unruhe zu uns in die Einöde, mit den Flugzeugen der Lärm, der Donner und das Heulen ihrer Motore und der dumpfe Krach der Bombendetonationen. Das Wild nahm, wie ich es bereits vorausgesagt hatte, von dem Treiben wenig Notiz; es merkte rasch, daß die großen metallenen Vögel, die über die Wipfel brausten, ihm nichts antaten, und ließ sich nicht stören. Ja, so sehr gewöhnte sich meine menschenfremde Tierwelt an das laute Treiben, daß ein Adlerpaar ganz nahe an der Bombenschneise in einer hohen Kiefer horstete und sich weder durch Motorenlärm noch durch Bombenkrachen in seinen Brutgeschäften stören ließ.

Ja, es lebte sich allmählich alles ein. Da die Luftwaffenoffiziere außerdem im allgemeinen Verständnis für Wald und Wild zeigten und darauf sahen, daß sich ihre Soldaten auf den offenen Wegen hielten, kam auch von dieser Seite keine unnötige Störung, aber der Paradiesesfrieden der weltabgeschiedenen Wildnis war doch endgültig dahin.

36 PFERDE UND HUNDE

Während all dieser Veränderungen und Entwicklungen hatten wir nie aufgehört, unsere Studien und Versuche mit den Hunden fortzusetzen. Fast ständig oder höchstens mit ganz kurzen Unterbrechungen waren ein bis zwei Angehörige der Heereshundeanstalt Sperenberg bei mir auf dem Darß; die Forschungsarbeit warf immer neue Probleme auf.

Um so unverständlicher erschien uns der 1938 gefaßte Entschluß des Oberkommandos der Wehrmacht, mit den Pferden zugleich auch die Hunde in der Wehrmacht abzuschaffen. Hatten nicht die Hunde im Weltkriege tausendfach ihren Wert bewiesen? Waren sie nicht Helfer, Retter, Bote, Freund und Kampfgenosse der Front und oft genug der einzige lebendige Trost des einsamen Postens im Gelände gewesen?! Hatten sie nicht unzählige Opfer erspart und unzählige gebracht?!

Gewiß, es waren zwei Jahrzehnte bisher verstrichen; vieles hatte sich geändert; der technische Fortschritt war groß, die Motorisierung der Waffen und Fahrzeuge weit vorgeschritten, aber konnte der Motor lebende Kraftquellen wie Pferde und Hund ersetzen? War es richtig und sachdienlich, daß, wenn die Kavalleristen aus den Sätteln umstiegen in die Spähwagen und Panzer, zugleich die Tausende ausgebildeter Pferde und Hunde des Heeres an Zivile verkauft und in alle Winde verstreut wurden?!

Es war ein geringer Trost, daß wenigstens die Heereshundeanstalt als Versuchsanstalt erhalten bleiben sollte.

Most, lange Jahre mein engster Mitarbeiter wie ich der seine, erster Fachmann in allen Hundefragen schon seit Weltkriegszeiten, versuchte, sich auf Umwegen einzuschalten, aber es glückte ihm nicht; er wurde pensioniert und war damit aus dem Spiel, und General Keitel, dem ich die Sache bei seinem nächsten Jagdbesuch vortrug, schüttelte nur den Kopf: »Sie glauben also nicht«, sagte er, »daß Hunde und Brieftauben ebenso überholt sind wie das Pferd?«

»Pferd und Hund überholt?!« — »Nein, im Gegenteil«, widersprach ich geradezu heftig, »ich bin entsetzt über die Auflösung! Was kosten uns denn die Hunde und die Pferde?! Keine Devisen, kein Kupfer, keine anderen ausländischen Kostbarkeiten. Und kein Motor kann uns doch den Hund ersetzen, ebensowenig wie im ungängigen Gelände das Pferd. — Denken Sie nur bei der Grundeinstellung unserer heutigen politischen Führung an Rußland! Hat man denn gar nicht bedacht, um was sich die Armee da bringt, wenn sie Hund und Pferd abschafft?! Im Osten gibt es keine festen Straßen! Schon in Polen nicht mehr!«

Er hörte sehr nachdenklich zu. »Wenn ich früher davon gewußt hätte«, sagte er, »wäre das anders gemacht worden. Für den Konfliktfall gegen Westen ist die Umstellung auf den Motor sicher richtig, aber Sie haben ganz recht: wenn wir jemals Krieg gegen den Osten bekämen —, was dann?! Dann hätten wir nichts . . .«

»Kann man denn diesen Auflösungsbefehl nicht rückgängig machen?«

Er verneinte. »Das werden wir nicht erreichen. Gegen die heute herrschenden Vorstellungen vom Werte der motorisierten Einheiten dringen wir nicht durch, auch nicht, wenn sie übertrieben sein sollten; denn ob sie das sind, müßte erst die Praxis erweisen, und dazu wird es, so Gott will, nicht kommen.«

»Hören Sie«, sagte er plötzlich, »vielleicht gibt es doch einen Weg. Fahren Sie morgen sofort nach Berlin ins OKH und versuchen Sie, die Hunde für die Polizei zu bekommen. In der Polizei kann man sie gut unterbringen, und wir retten sie so für die Truppe und halten sie auf alle Fälle einmal beisammen.«

Ich fuhr hin und ging zu dem Leiter der Versuchsanstalt, die als einziges Überbleibsel des Heereshundewesens fortbestand.

Aber der zuckte die Achseln. »Nichts mehr zu machen«, sagte er, »wir haben schon alles weggegeben, ans Zivil, die meisten einzeln; das werden wohl Blindenführhunde werden; da hat man wenigstens das Gefühl, daß unsere Mühe nicht ganz vergeblich war, und daß die Hunde einem sinnvollen Zweck zugeführt werden.«

»Keitel wollte sie gern behalten — für die Polizei«, sagte ich, »ist wirklich nichts mehr zu machen?«

Er hob abwehrend die Hände. »Dann wahrscheinlich noch weniger. Polizei und SS liebt man bei uns oben nicht, und den Herrn ›Reichsführer‹ schon gar nicht. Der will genauso alles für sich wie wir, und schließlich hat ja das OKH die älteren Rechte, nicht wahr? Die Wehrmacht ist der Waffenträger der Nation, nicht die Partei, SS oder Polizei.«

»Ja«, sagte ich, »das ist sie. Aber mir sind Hunde bei der Polizei lieber als gar keine Hunde. Kann denn nicht einmal die Eifersucht beiseite gestellt und etwas nur für die Sache getan werden? Früher, bei Preußens, war es doch wohl so...«

»Ja«, sagte er, »da natürlich.«

Er war ein alter Mitstreiter von mir, ein Vorkämpfer in der Kriegshundearbeit und danach in der wissenschaftlichen Forschung. Geduldig, treu und zähe trug er die Zurücksetzungen langer Jahre, die ihm zugefügt wurden, weil man ›oben‹ sein Eintreten für die Sache der Hunde nicht verstand und falsch auslegte. Erst als ich selbst wieder im Diensthundewesen arbeitete, sehr viel später, und wir wieder der gleichen Sache dienten, als nach langen und zähen Verhandlungen das Heer zuletzt das ganze Hundewesen, ihn eingeschlossen, abgab, und die Diensthunde unter meiner Führung einen eigenen, selbständigen Truppenteil der Wehrmacht bildeten, so daß wir schalten und walten konnten, wie wir wollten, erst da konnte ich etwas für ihn tun und das Unrecht, das ihm zugefügt worden war, nachträglich zu einem Teil wiedergutmachen.

»Das wäre das Paradies«, sagte er, als ich ihn fragte, ob er noch irgendwelche Wünsche für ein Hundewesen habe, das einen selbständigen Truppenteil der Wehrmacht bilden und in das er unter Vorpatentierung zum Oberstleutnant übernommen werden würde, um die Stellung des Stabschefs einzunehmen. Und so kamen wir zusammen, um ein zweites Mal, wie schon einmal vor zwanzig Jahren, kämpfenden deutschen Soldaten die vierbeinigen Helfer auszubilden und zu geben: unsere Kriegshunde. Und wir waren nicht kleinlich. Hatte nicht Generaloberst Guderian, der Chef des Generalstabes, als er meinen Organisationsvorschlägen zustimmte, die gleiche Devise dafür gegeben wir für seine Panzer?! Diese Devise lautete: ›Nicht kleckern — klotzen!‹ —

Aber ich habe vorausgegriffen ...

Zuvor ging noch ein Jahr hin mit einem hohen Sommer der Freuden und des Glücks und ein Winter, der nach den nervenzermürbenden Tagen des Herbstes, die unter dem Kennwort »Sudetenkrise« in die Geschichte eingingen, den weißen Frieden unserer Waldeinsamkeit doppelt fühlbar und doppelt köstlich machte.

Wie alle Jahre fuhren wir am Christnachtabend mit dem Schlitten hinaus zur Jagdhütte, Monna, Brigitte, unser Söhnchen Hubertus und ich. Für die Kinder war die Jagdhütte zu allen Jahreszeiten das Paradies dieser Welt. Nun, zu Weihnachten knackten die Kloben im Kamin, und auf dem Tisch dufteten der Kaffee und der würzige Kuchen, dufteten Kerzen und Tannengrün zur festlichen Nachmittagsstunde. Die Welt draußen lag still und versank früh in Dämmerung; als wir zur Heimfahrt rüsteten, begann es sachte zu schneien.

Lautlos glitt der Schlitten bald durch die nächtlichen Schneisen zum Forsthause zurück. Nichts war zu hören außer dem Knirschen und Janken des Lederzeugs, dem Schnauben der Braunen und dem dumpfen Hufschlag im Schnee. Unter den Schlittendecken saßen wir in der traulichen Wärme beisammen; nur in Füßen, Fingern und Wangen biß ein wenig der Frost, und plötzlich, als ich die Braunen in eine Lichtung traben ließ, sahen wir den Lichtschein, auf den jedes von uns insgeheim schon wartete: flackerndes Kerzenlicht, jetzt noch halb verdeckt von den Zweigen einer Schirmfichte, dann aber auf einmal ganz frei: Kerzenschimmer auf einer Weihnachtstanne! Zierlich stand sie im Schnee, ein wenig frei von ihresgleichen, und streckte behutsam ihre Zweige aus, auf denen die Lichter im Winterwind tanzten und zuckten.

Die Braunen standen und bogen die Hälse. Monna und ich sahen einander an und dann auf die Kinder, die mit offenen Mündern und Augen, in denen die Lichter sich spiegelten, auf das Weihnachtswunder hinstaunten; das Christkind war durch den Wald gegangen!

Und schon hub Monna an zu erzählen: Gewiß war es dagewesen — oder Knecht Ruprecht; den kannten sie doch: »Da drauß' vom Walde komm' ich her, ich kann euch sagen, es weihnachtet sehr. Überall auf den Tannenspitzen sah ich goldene Lichtlein blitzen. Und als ich ging durch den finstern Tann, rief's mich mit heller Stimme an . . .« Noch heute höre ich ihre Stimme, sehe ich die hingegeben staunenden Gesichtchen der Kleinen, und mir ist, als müßte die Zeit stillstehen, und ich Weihnachten wieder mit ihnen im Walde sein. Aber Monna schläft seit vielen Jahren in der Erde der Heimat, Brigitte ist in Australien, und Hubertus nur sehe ich zuweilen, wenn er von seiner Hochschule in die Ferien kommt. —

Jedes Jahr ließ ich so eine Jungfichte schmücken, meist im Jagen 112, einem hohen, alten Bestand mit dazwischenstehenden Jungwuchshorsten. Wenn aus der Ferne das Schlittengeläut hörbar wurde, zündete der Jägerlehrling die Kerzen an. Wir erfanden indessen immer neue Geschichten, und jedes Jahr hieß es: ›Dies Jahr ist da wohl kein Baum‹, und dann war er doch da; die Kerzen flackerten leise im Nachtwind, das Gold schimmerte, das Silber glitzerte, und auf dem Schnee zuckten die schwarzen Schatten der Tannenzweige. In unsere Arme gekuschelt, das Herz voll von dem Wunderbaren dieser Nacht, glitten unsere Kleinen dann mit uns heimwärts, nach Hause. —

Muß ich schildern, wie es zu dem zweiten Weltkriege kam? Man sah ihn voraus wie im Juli des Jahres den Herbst und scheute sich doch, daran zu glauben, und hörte nicht auf, zu hoffen, daß der bittere, furchtbare Kelch noch einmal vorübergehen, der heilige Friede noch einmal gewahrt bleiben möge. Sollte alle Freundschaft, die wir geschlossen, aller Respekt, den wir vor unseren ehemaligen Feinden zu empfinden gelernt, alles brüderliche Fühlen, das unser Herz über die Grenzen unseres Landes hinaus an so viele Menschen band, sollte all unser vieljähriges Mühen um das Verstehen unter den Völkern vergeblich gewesen sein?! War ich nicht zum Beispiel im Jahre 1938 noch bei den Grafen Potocki in Jablonna gewesen — zur Jagd auf Sauen, Wölfe und Luchse, und dort, im Hause dieser alten, noblen Jägerfamilie des polnischen Adels aufgenommen worden wie ein Bruder? Waren nicht auch hier die Bande der Freundschaft so stark, daß eigentlich keine Frage denkbar war, über die sich nicht reden ließ und für die sich nicht eine gewaltlose Lösung hätte finden lassen?! Und sollte es unter den Völkern anders sein?!

Die Jagd bei Baranowice war seit über einem Jahrhundert Gräflich Potockische Pachtung, und seit über 100 Jahren auch war über jeden Schuß Protokoll geführt worden, der dort regulär abgegeben worden war. Jablonna war alte Kultur in Vollendung. Und nicht nur die Grafen, die Polen überhaupt waren ausgezeichnete Jäger und schufen sich schon früh, in den zwanziger Jahren, ein Jagdgesetz, das dem unserigen, ein Jahrzehnt später von Göring erlassenen, teilweise zum Muster diente, so gut war es.

Wir sprachen manches sorgenvolle Wort in diesen Tagen von Jablonna. Draußen trieb der eisige Sturm die Schneekristalle knisternd gegen die Scheiben; drinnen glühten und knackten die Kloben im Kamin.

»Wir bewundern Hitler sehr«, sagte einer der Gäste, ein Ungar. »Wenn es ihm gelingt, die Befriedigung der deutschen Ansprüche zu erlangen, ohne daß es darüber zum Kriege kommt, wird er als großer Staatsmann in die Geschichte eingehen. Wenn nicht — wäre es besser, er wäre nie gekommen.«

Ich nahm diesen Ausspruch mit mir zurück, und immer, wenn am Himmel der Politik das grelle Wetterleuchten seinen

Widerschein bis in unsere Wälder warf, dachte ich an den Ungarn am Kamin von Jablonna. Würde es Hitler schaffen, »die Befriedigung der deutschen Ansprüche zu erlangen, ohne daß es darüber zum Kriege kam?!« Ja, durfte denn jemand ernsthaft an Krieg denken?! War die Lehre von 1914—18, war das Millionensterben des Weltkrieges bereits vergessen? Waren nicht wir, die wir damals aus den verschlammten, zertrommelten Gräben gegeneinander stürmten, wenn der Feuervorhang vor uns aufriß, einmütig entschlossen gewesen, nie wieder ein solches Massenmorden zuzulassen?! Und galt unser Wille nichts? Durften die Politiker, in deren Händen das Schicksal der Welt lag, die Haarespalter, die alles Klare trüb, alles Einfache kompliziert, alles Eindeutige vieldeutig zu machen wußten, sich über unseren Willen hinwegsetzen?! Ach, es fragt sich leicht, und es empört sich leicht. Der Mächte und Kräfte, aus deren Konstellation und Zusammenprall die Schicksale der Völker erwachsen, der Quellen, aus denen der Strom der Geschichte zusammensickert, sind wohl zu viele, und sie sind zu unübersehbar, sie bleiben zu sehr in Halbschatten und Dunkel, als daß Menschenkraft sie richtig erkennen, bewerten und ihrer Herr bleiben könnte. Und so wiederholt sich — gegen alles bessere Wissen, gegen jedes Bemühen und Wollen das Unheilvolle, das Verhaßte: der Krieg.

Wer von denen, die den Kriegsausbruch 1914 miterlebten, könnte den Opferrausch, die Flamme der Begeisterung vergessen, die jeden ergriff und über sich hinaushob, hinein in etwas, das größer war, als er selbst, und ihn adelte, so klein er auch sein mochte?! Und wer, der es erlebte, erinnerte sich nicht an die nüchterne, harte Ergebung, das Sichbeugen unter ein unabweisbares Schicksal, mit dem das deutsche Volk dem Kriege 1939 begegnete?!

Nicht nur auf dem U-Boot des Kapitänleutnants Prien, bei dem ich später diesen Satz las —, überall, in jedem Hause, in jeder Straßenbahn, in jeder Einheit der Wehrmacht gab es jenen einen Mann, der das ausdrückte, was alle fühlten: »Wehe denen, die einen solchen Krieg verschuldet haben!«

Ja, er war da; all unser Beten, Flehen und Nichtwollen hatte ihn nicht vermieden.

Ich glaubte nicht einen Augenblick an den Sieg. Was besaßen wir, um die Seemacht England zu schlagen? Wer durfte — angesichts der ideologischen Todfeindschaft — dem russischen Bündnis einen realen Wert zutrauen? Wie lange würde Amerika brauchen, sich kriegsbereit zu machen? Und was dann? Das Exempel, in dem Deutschland einen Zweifrontenkrieg führte, war bereits durchexerziert, das Ergebnis bekannt; kein Blitzsieg konnte darüber hinwegtäuschen. Es genügte nicht, Schlachten zu gewinnen; d e r K r i e g mußte gewonnen werden. Und diese Aufgabe war nicht lösbar. Jeder Mißerfolg mußte uns unserem furchtbaren Verbündeten im Osten mehr ausliefern, jeder Erfolg sein Mißtrauen steigern. Die Auseinandersetzung würde unausweichlich werden.

Tagelang rannte und ritt ich im Revier umher, unansprechbar, zu Tode deprimiert.

Auf dem Darß geschah zunächst nichts; nur mein Kutscher wurde eingezogen, kam aber schon im Sommer 1940 zurück.

Etwa um die gleiche Zeit wurde mir die Einberufung zugestellt.

Göring befahl mich als »forstlichen Verbindungsmann zur Waffen-SS mit der Aufgabe, in den der Waffen-SS zugefallenen Waldgebieten der besetzten Länder die forst- und wildwirtschaftliche Kontrolle und Verwaltung zu üben.« —

Damals, in den verwirrenden Zeiten der schnellen Siege, hatte jeder Wehrmachtteil, jeder Feldflugplatzkommandant und jeder Admiral ohne Schiff, aber mit Territorialbefugnissen, sich Wälder und Jagden zugelegt, die nach braunen oder blauen Gesichtspunkten zu verwalten zu den eigenartigen Ehrgeizen solcher forstlich völlig ahnungslosen Kommandos gehörte.

Anders die Waffen-SS, die lediglich jagdliche Rechte für sich beanspruchte, die forstwirtschaftliche Planung, Verwaltung und Nutzung hingegen lieber in die Hände des Fachministeriums gelegt sehen wollte, weshalb sie bei Göring um

Kommandierung eines geeigneten Mannes einkam. Görings Wahl fiel auf mich. So kam ich zur Waffen-SS.

Man bestellt mich nach Berlin. »Nun, wie denken Sie jetzt über Pferde und Hunde?« fragte der Referent, sehr zu meiner Überraschung.

»Ich habe darüber erst vor wenigen Tagen mit Generalfeldmarschall Keitel gesprochen«, sagte ich, »er war bei mir und schoß seinen Siegeshirsch, einen Zweiundzwanzigender, und wir waren eigentlich einig, daß nach den Erfahrungen des Frankreichfeldzuges Hund und Pferd tatsächlich in der modernen motorisierten Kriegführung keinen Platz mehr haben. Der General Fromm behält recht.«

»Ja«, sagte er nachdenklich, »es bleibt selbst für die Fachleute eigentlich nur noch der Gesichtspunkt übrig, daß Pferd und Hund im Falle eines Ostkonflikts noch einmal eine Rolle spielen könnten.«

Er schwieg ein Weilchen, sah mich fragend an und fuhr fort: »Wir müssen für alle Fälle gewappnet sein. Man kann nie wissen, wie freundlich die ›Freunde‹ über einen denken. Dieser widersinnige Krieg im Westen ist eine europäische Katastrophe, um so mehr, als die Auseinandersetzung mit dem Bolschewismus sicher kommt. Aber wenn wir sie haben, wird unsere ganze prachtvolle Motorisierung einfach steckenbleiben. Ja, glauben Sie mir! Und darum bauen Sie schleunigst den Hundeladen wieder auf!«

Er nickte; ich war entlassen, zum zweiten Male in meinem Leben Nummer Eins eines deutschen Diensthundewesens im Kriege.

Die Sorge für Tausende von Brieftauben sollte später noch dazukommen. Schon im ersten Weltkriege hatte zur Kriegs-Hunde-Schule ein umfangreicher Brieftauben-Schlag gehört, dessen Insassen von den Meldehunden in einem Sattelkorb in die Stellung vorgebracht und von dort als Nachrichtenträger zurückgesandt wurden; auch diesmal wurde das Brieftaubenwesen nach einiger Zeit dem Hundewesen angegliedert.

Vorerst aber lebten wir noch im Frieden mit dem Nachbarn im Osten. Wie lange noch? Niemand konnte es mit Sicherheit voraussagen, aber man konnte, wenn man gefühlig war und etwas Tastsinn besaß, spüren, wie sich das Unheil drohend bereitete, und wir verloren keine Zeit mit leerem Papierkrieg, um im Notfalle gerüstet zu sein; der Tag, an dem eine in Bedrängnis geratene Front nach Hunden rufen würde, wenn die Melde-Kräder versagten, und nach Pferden, wenn die Panzerketten im Schlamm sich festwühlten, konnte nicht fern sein.

Trotzdem vergingen kostbare Monate, ehe die eigentliche Arbeit beginnen konnte. Die beispiellosen Erfolge in Nord und West mußten erst verdaut, die überwältigten Gemüter auf ein Normalmaß an Einsicht und Wirklichkeitssinn zurückgebracht werden. Nichts macht blinder als der totale Sieg. Ich kam zunächst zur Feldkommandostelle im Großen Hauptquartier in Ostpreußen und zog von dort aus im Frühjahr 1941 mit zum Balkan hinab, ehe ich, als dieses Unternehmen glücklich beendet war, nach Berlin versetzt wurde, um endlich den Wiederaufbau des Diensthundewesens voranzutreiben.

Genaugenommen war, was ich plante und zu tun hatte, selbst jetzt noch nicht aktuell: Entsprechend uninteressiert war denn auch die Reaktion vieler Stellen: »Hunde? Lächerlich.« Aber ich bekam schließlich doch in Berlin, in der Schloßstraße, zwei große RAD-Baracken zugewiesen. Wir fingen buchstäblich aus dem Nichts an: ein Schreibtisch, ein Federhalter, noch ein Schreibtisch. Stuhl. Schrank. Papierkorb. Bleistifte. Stück für Stück. Wir mußten alles selber mitbringen.

Mein Adjutant hieß Feddersen. Er war Rittmeister, Reserveoffizier, Forstmeister im Zivilberuf und mir als Fachmann hochwillkommen. Danach kamen Unteroffizier und Feldwebel, allen voran zu nennen mein Stabs-Feldwebel Duell, ein wahres Faktotum, die Achse, um die sich alles drehte, ein Mann, dessen Tüchtigkeit und dessen Verdienste gar nicht genügend hervorgehoben werden können. Und dann kamen Mädchen, massenhaft Mädchen; ehe ich mich's versah, hatte ich einen Riesenladen am Bein.

Die »Diensthund-Lehr- und Versuchs-Anstalt« eröffnete mit 250 ausgesuchten Männern und 300 Hunden.

Im Handumdrehen war ein Lager, waren Baracken für Hund und Mann aufgebaut, aber anders als im ›alten‹ Weltkriege, wie wir ihn nun nannten, erwarben wir die Hunde nicht aus den Vereinen oder über Zeitungsanzeigen, sondern durch das Reichsleistungsgesetz: sie wurden eingezogen. Der großartige Fachmann Dr. Brückner erledigte alles mit Umsicht und Sachverstand; wir sparten dadurch eine ganze Sonderverwaltung ein. Die Selbstverständlichkeit aber, das soll hier ausdrücklich gesagt sein, mit der sich die Tausende von ›Herrchen‹ und ›Frauchen‹ auch jetzt wieder von ihren vierbeinigen Lieblingen trennten, die Gebewilligkeit, die Bereitschaft, Schmerz und Verlust zu tragen, um dadurch der Fronttruppe Hilfe und Erleichterung zu geben —, waren um nichts geringer als zwei Jahrzehnte zuvor.

37 TRAGÖDIE IM OSTEN

Wie seinerzeit in Hubertville begannen wir mit der Ausbildung von Meldehunden. Es ging alles »nach Vorgang«. Wir wußten, wie wir die Hütten zu bauen, welche Forderungen wir zu stellen, welche Schlachtfeldbedingungen wir zu schaffen hatten; all das war bekanntes Gelände. Aber immer noch rollte der Angriff nach Osten, hallten der Paukenwirbel und der erzene Schritt der dunklen Fanfaren Liszt's aus den Lautsprechern, lächelten die Skeptiker über den Eifer meiner Hundemannschaft. Rußland? Man würde Rußland überfahren wie Polen, Frankreich, den Balkan.

Aber dann — stockte der Vormarsch; er ersoff im Regen eines zu frühen Herbstes, und ehe irgend jemand recht begriffen, was geschah, ließ der Eiseshauch des russischen Winters dem deutschen Landser den Atem am Munde gefrieren, standen die Panzer mit geplatzten Kühlern, unbewegliche Klötze, die Ketten mit dem Boden verschweißt, da wie gewachsener Fels, lagen Vorspann und Geschütz hilflos im Eise fest, wankten Tausende, ein gespenstisches Abbild der großen Armee Napoleons, in dünnen Sommeruniformen rückwärts, erfroren andere Tausende im peitschenden Eissturm der Steppen und Wälder, erstarrte und erstarb unzähligen andern das Fleisch bis hinab ins Mark der Knochen, lag die ganze herrliche siegreiche Motorisierung still, alle die Kräder, Pkws und Lastzüge, die Spähwagen und Sturmgeschütze und, was schlimmer war, die Sankas für die Verwundeten und die endlosen Güterzüge, deren Loks elend zusammenbrachen – schwarze Gebirge nutzlos gehäuften Eisens – in der weißen Wüste liegenblieben.

Bis nach Moskau waren die Armeen vorgeprescht in unaufhaltsamem Ansturm; über Moskau hinaus reichten, zur Umschließung ansetzend, die Flankenspitzen. Und dann – erstickten Schnee und Kälte, was nahezu vollendet schien; statt des Sieges, des fast schon greifbaren, stand etwas ganz anderes vor uns: die nackte Niederlage: Tod, Blut, Eiter, Wundbrand, Lumpen, Läuse, die schrecklichsten Erfrierungen, Hunger, Erschöpfung, das ganze Arsenal der Leiden. Und längst nicht alle waren ihm gewachsen.

Ich war auf dem Darß, als all dies begann. Schon am Nachmittag hatte der bleifarbene Himmel über den kahlen Baumwipfeln Schnee verheißen; nun fielen die Flocken, still und eilig, immer dichter, und legten die Welt unter ihr weißes Tuch. Es begann früh zu dunkeln, der Wind kam aus Nordosten, ein beißend kalter Wind, der den losen Schnee auf dem harten Boden wie Dünensand vor sich hertrieb. In der Dämmerung sah ich die schattenhaften Umrisse zweier Forsteleven, die dabei waren, die Hundehütten im Zwinger gegen die plötzliche Kälte mit Mist abzudecken und Sacktuch vor die Türlöcher zu hängen.

Am Abend rief mich ein guter Bekannter an, der Stabsarzt aus dem Lazarett in Stralsund. Der erste Zug aus dem Osten mit seiner Jammerfracht an Toten und Halbtoten war eingetroffen. Und — nicht zu glauben! — immer wieder staken die erfrorenen Gliedmaßen, Füße und Unterschenkel, besonders bei Offizieren, die von Gott verlassen gewesen sein mußten, in solchem Schuhwerk nach Osten zu ziehen, in dünnen, engen Schaftstiefeln! — Niemals wieder würden diese Füße über spiegelndes Parkett, über den glatten Asphalt lichterspiegelnder Großstädte oder den samten-sattgrünen Rasen vor den Tribünen internationaler Turnierplätze schreiten; sie würden morgen in der Knochengrube verwesen, Abfall des Rußlandfeldzuges, nachdem Messer und Säge ihr schauriges Werk getan.

»Was können wir tun?« rief die verzweifelte Stimme am fernen Ende des Drahtes, »es ist offenbar n i c h t s vorbereitet. Kein einziger von allen Verwundeten und Maroden, die wir bisher bekommen haben, hat etwas anderes als die Sommeruniform auf dem Leibe. Dünne Unterwäsche. Viele gar keine. Die meisten keine Mäntel. Sie sind doch Jäger. Können Sie nicht wenigstens einen Befehl ausarbeiten, eine Instruktion über das Schuhwerk, das man in kalten Gegenden tragen muß? Darüber, wie man sich hilft — mit Stroh etwa. Die Russen haben Filzstiefel und wattierte Waffenröcke ...«

Er sprach noch eine ganze Weile weiter. Endlich knackte es im Draht, die Leitung summte, war still.

Ich hatte kaum noch zugehört. Da hatten wir es: nicht vorbereitet! Welche Verbrecher hatten dies angezettelt?! Dem russischen Winter nicht gewachsen. Und er hatte doch eben erst begonnen! Wie wir es vorausgesagt, war der ganze perfektionierte Motorismus dem ersten Anhauch der Kälte erlegen. Und es trat ein, was die Kenner vorausgesehen hatten: Es erhob sich der Schrei nach den Dingen, die n i c h t versagten: nach Hunden und Pferden.

Nach wenigen Tagen war klar, daß wir uns dem Kampfraum Rußland gegenüber nicht allein auf unsere Meldehunde beschränken durften. In Rußland standen viel weitergehende Aufgaben vor uns, die mit Hilfe der Hunde gelöst werden konnten! Als erstes aber galt es, Tiere auszubilden, die den russischen Verhältnissen gewachsen waren. Und das mußte schnell gehen; denn die Not war j e t z t da; es blieb uns keine Zeit, uns in Muße vorzubereiten! Es konnte auch keinen Dienstweg mehr geben, der jetzt noch einzuhalten war; nur schnelles, energisches Handeln, wenn nötig über Menschen, Vorschriften und Befehle hinweg, konnte helfen.

Nach wenigen Tagen schon trafen die ersten Männer ein. Mit ihnen wollten wir den Hunden eine russische Wirklichkeit vorsetzen, wie es sie echter in ganz Rußland nicht gab. Es entstanden Hütten aus Sperrholz, rund wie die Lappenzelte im Norden Finnlands oder Eskimo-Iglus. Und dann kamen die Hunde, lauter große, kräftige Tiere: Boxer, Schäferhunde, Airedales, Terrier und ›Pastorenhunde‹, jene Kinder der Liebe in der Hundewelt, die man als blinde Welpen ertränken und die es gar nicht geben würde, fänden sie nicht, zumal auf dem Lande, immer wieder barmherzige Gemüter, besonders unter der Geistlichkeit, die es nicht mit ansehen und nicht zulassen können, etwas getötet zu sehen, das der Herr hat ins Leben kommen lassen.

Nicht auf Rasse und Abstammung kommt es ihnen an; sie dienen dem Leben in jeglicher Form, und jetzt kam uns diese Auffassung zu Hilfe. In wenigen Tagen trafen mehr als hundert Hunde bei uns ein. Die Arbeit begann. Zum Teil war es die gleiche, wie vor zwanzig Jahren: Ausbildung von Meldehunden für die Front. Die kräftigsten aber spannten wir ein, je drei vor einen leichten Schlitten, eine ›Hundetroika‹, und ließen sie tagelang im Geschirr laufen, auf den Waldschneisen und Landwegen zuerst, später dann im freien Gelände in den tiefen Schneeverwehungen der Heide.

Es war erstaunlich, wie rasch sie lernten, wie schnell sie Ausdauer, Zähigkeit und Abhärtung gewannen. Bald gab es kaum noch etwas, das ihnen zuviel werden konnte. Sie gingen nicht mehr in die Hütten, sondern schliefen im Freien im Schnee.

Sie verschlangen pro Kopf zwei Kilo Fleisch täglich — oder drei bis vier Kilo Fisch, die gleiche Futtermenge, die die arktischen Schlittenhunde bekamen, und nach knapp sechs Wochen waren sie ebenso hart und unempfindlich wie diese. Ihr Fell war dicht geworden und zottig wie Wolfspelze, und wölfisch waren die Instinkte, die bei dem Leben im Freien und den langen Schlittenläufen in ihnen erwachten. Sie bissen sich, fielen übereinander her, bis feststand, wer der stärkste war im Gespann, und arbeiteten dann wie die Präzisionsmaschinen zusammen.

Wir steigerten die Nutzlast auf den Schlitten, um die günstigsten Verhältnisse herauszufinden. Das Resultat übertraf alle Erwartung: nach kurzer Zeit schon zogen sie fünf bis sechs Zentner Lasten ohne Ermüdung und Nachlassen mit achtzehn Kilometern Stundengeschwindigkeit durch das unwegsame, tief verschneite Gelände. Und da war kein Unterschied zwischen Rassehund und Fixköter! Sie alle schienen ausnahmslos in gleicher Weise besessen, zu rennen, zu ziehen, zu arbeiten.

Welch willkommene Hilfe mußten sie draußen sein, dahinten im Osten, wo die Landser sich ohne Transportmittel unter der Last von Waffen, Munition und Verpflegung durch den Schnee der russischen Weite mühten! Tausende und aber Tausende von Hundegespannen mußten wir ausbilden und hinausschicken, wenn wir wirklich helfen wollten!

Und sie kamen. Wie vor zwei Jahrzehnten, als wir in Hunderten von Zeitungen die Hundefreunde überall im Lande baten, uns ihre Lieblinge zu geben, und alle bedingungslos und selbstverständlich sich von ihren treuen Vierbeinern trennten –, so auch diesmal. Ehe noch drei Monate ins Land gegangen waren, standen über tausend Hunde in unseren Staffeln, und weitere Tausende würden kommen.

Kurz vor Weihnachten unternahmen wir auf dem Darß die ersten »Rekord«-Versuche. Am Abend zügelte der Schlittenführer, ein neunzehnjähriger freiwilliger Jäger, von Beruf Theologiestudent, ein Mensch mit einer ungewöhnlichen Hundebegabung, sein Gespann vor dem Forstamt. Hunde, Schlitten und Fahrer hoben sich kaum vom Weiß des Hintergrundes ab: sie trugen Schneehemden, der Pelz des Fahrers war dick bereift; nur die Eiskristalle glitzerten im Schein der Hoflaterne. Das Gespann, so meldete der Junge stolz, war mit Nutzlast und Schneehemden an diesem Tage neunzig Kilometer gelaufen.

»Nur die Schlitten müßten noch leichter sein«, sagte er, »wir müssen etwas Ähnliches tun wie Amundsen, der in seinem Winterlager alle Schlitten noch einmal überholte, auseinandernahm, eine Menge unnützes Gewicht herunterschnitt und sie dann wieder zusammensetzte. Wir würden dadurch an Nutzlast gewinnen — und an Kilometern.«

Er fuhr ab, kaum hundert Meter entfernt schon nicht mehr zu erkennen und nur am Geläut seiner Schellen noch auszumachen. Ich blieb zurück, sehr nachdenklich: die Anregung hatte gezündet.

Das nächste und nächstliegende war, »Akjas« aus Nordskandinavien zu besorgen: Lappenschlitten. Sie wogen nur 22 Kilo. Aber das war noch zu schwer. Man mußte etwas Leichteres machen können. Und wir machten es. Eine Gruppe von Technikern, die ich zusammenrief, entwarf und baute den leichtesten Hundeschlitten der Welt — aus Durofol, billigem, dünnem Buchenholz, das, mit Harz und Öl getränkt, erhitzt und sodann unter hohem Druck gepreßt wurde. Es war leichter als Naturholz. Man wachste es ein wie die Gleitflächen von Skiern, es besaß eine größere Festigkeit als Naturholz und, was das wichtigste war, eine sechsmal größere Gleitfähigkeit bei erheblich herabgesetztem Gewicht. So unglaublich es schien, der ganze Schlitten wog nur elf Kilo, halb soviel wie der Original-Eskimoschlitten, und trug bequem eine Zuladung von fünf Zentnern oder einen Verwundeten und den Hundeführer, ohne überlastet zu sein.

»Fehlt nur noch, daß wir Räder dransetzen«, sagte einer meiner Unteroffiziere im Scherz. Es war das Ei des Columbus; der Schlitten bekam zwei Räder, Ansteck-Räder, die man in zwei Minuten montieren konnte, und war nun ein hervorragendes Mehrzweckfahrzeug. —

Nach und nach lief sich unser Betrieb ein. Serie auf Serie, Staffel nach Staffel gingen die Gespanne hinaus. Was sie leisteten, war bewundernswert und hatte nicht seinesgleichen.

Wir waren indessen dabei, außer Melde- und Schlittenhunden weitere Typen zu entwickeln, wie sie der Krieg in Rußland verlangte: Suchhunde, Sanitätshunde, Minensuchhunde, Partisanenhunde und schließlich — Panzerbekämpfer, die wir dazu abrichteten, Sprengladungen vor den anrollenden Panzern niederzulegen.

Mehr und mehr wurde der Darß, das einst so entlegene Waldkönigreich, vom Griff des totalen Krieges erfaßt. Frühmorgens schon, mit der ersten Fütterung, begann das Bellen von Maschinenwaffen, das Krachen der Handgranaten und Dröhnen der Minendetonationen; denn beim Fressen gewöhnen sich die Hunde am besten an den Kampflärm und das Schießen. Dazu heulten die Stukas auf der Sundischen Wiese und donnerten die Motoren auf den festländischen Flugplätzen: es war der Krieg par excellence, den wir ihnen vorsetzten.

Nur das Wild, so wenig es sich um Bomben und Flugzeuggeräusch gekümmert hatte, wanderte ab; die vielen Hunde im Walde mißfielen ihm; und es gab bald ganze Jagen, in denen nicht ein Stück mehr zu finden war.

Und wie der Wald ein Kriegsschauplatz, so waren auch die Jäger, die nun zu mir zur Jagd kamen, Kriegsmänner geworden, die von überall her, von Afrika und aus den Sonnenblumenfeldern Südrußlands, von Narvik und Sizilien, aus Flugzeugen, Panzern und U-Booten zu mir kamen — junge Männer mit schmalen Gesichtern und ernstblickenden Augen, die das Ritterkreuz, das Eichenlaub, die Schwerter trugen und bei mir zur Belohnung für ihre Leistungen einen Hirsch schießen sollten. Göring und Keitel, Brauchitsch, Guderian und mancher andere hatten früher öfter bei mir gejagt und die Siegeshirsche der ersten Kriegsjahre bei mir geschossen; jetzt kamen sie nur selten noch, aber an ihrer Statt saßen ernste und versorgte Ministerialbeamte vor meinem Kamin, Sachverständige dieses oder jenes Gebietes: der Wirtschaft, der Ernährung, der

Außenpolitik. Und was sie zu sagen wußten, klang nicht immer gut.

Einmal wurde ich hinauf nach Schweden geschickt. Man wollte einen inoffiziellen Eindruck von der Stimmung dort im Lande — von der meiner Freunde zum Beispiel.

Ich fuhr hinauf und fand sie so freundlich wie je. Aber wenn wir auf die Politik zu sprechen kamen, wurden sie schweigsam, und wenn vom Ausgang des Krieges die Rede war, wiegten sie bedenkenvoll die Häupter. Es würde kein gutes Ende nehmen, nein, das war nicht möglich. England und Rußland auf einmal und — binnen ganz kurzer Zeit — ohne allen Zweifel auch Amerika, die großen, mächtigen USA, die nicht erreichbar waren für Hitlers Flugzeuge, nicht erreichbar für den deutschen Infanteristen, so unvergleichlich er auch sein mochte, und nicht erreichbar, jedenfalls ja nicht in entscheidender Weise, für die deutsche Marine, wieviel Schaden im einzelnen sie auch tat —, das konnte nicht gutgehen.

»Du weißt, wie wir euch lieben«, sagte einer, »du weißt, wie wir euch bewundern. Aber warum könnt ihr nicht Frieden halten und euch bescheiden mit dem, was euch geblieben ist?! Glaubt ihr denn, daß die Welt unbedingt so sein muß, wie *ihr* sie euch vorstellt und wie sie *euch* gefällt?«

Ich sagte, daß ich das nicht glaubte, andererseits aber auch nicht fände, daß der Anspruch unserer Gegner, die Welt nach *ihrem* Geschmack eingerichtet zu sehen, sehr viel besser begründet sei als der unserige. Der deutsche Wunsch, Danzig ins Reich zurückgegliedert zu sehen, erschiene mir berechtigter als der gegenteilige der Engländer. Ob denn wohl vernünftigerweise einzusehen sei, wieso England in dieser Sache mitzusprechen habe, die allein die Deutschen und die Polen angehe?

Die Schweden wiegten die Köpfe. Einer sagte: »Du glaubst also, ihr habt Krieg mit England wegen Danzig oder wegen Polen? — Lieber Freund: Ihr habt nicht Krieg wegen Danzig oder Polen und nicht wegen Juden und Konzentraschunsläger oder weil Hitler ist unfreundlich zu der Papst und auch noch gegen den Freimaurern, sondern ihr habt Krieg wegen eurer Wirtschaft! Weil ihr alle Leuten zeigt, es geht ohne Gold, und darum ist Gold in ein paar Jahre nur noch gut für Spangen an den Schuhen schöner Frauen, aber nicht mehr für zu bezahlen! — Darum habt ihr Krieg. Du verstehst, niemand läßt sich gern arm machen...«

Diese Art, die Dinge zu betrachten, war mir neu. Aber sie hatte etwas Bestechendes. Nachdenklich fuhr ich heim.

»Ihr Freund muß ein gescheiter Mann sein«, sagte der Staatssekretär im Auswärtigen Amt, als ich ihm von diesem Gespräch berichtete — »aber gleichgültig, ob er recht hat: alles Neue läßt sich nur gegen den Widerstand des Alten einführen — und immer mit Gewalt, offener oder versteckter. Je tiefgreifender die Veränderung, die das Neue mit sich bringt, desto erbitterter der Widerstand; das ist klar, und insofern hat Ihr Freund in Schweden wirklich recht: Danzig ist bloß der Anlaß, nicht der Grund für diesen Krieg...«

Indesesn ging die Arbeit mit den Hunden ununterbrochen fort. Oft suchte ich meinen Trost darin, wenn des Morgens die grauen Vögel am Fußende meines Bettes krächzten; denn es stand nicht gut um uns; auch die Erfolge des zweiten Rußlandsommers konnten darüber nicht hinwegtäuschen: Wie es mein Freund in Schweden vorausgesagt, wie ich es insgeheim von der ersten Stunde an befürchtet, stand nun auch Amerika gegen uns, das Goldland par excellence, die größte Industriemacht der Welt. Würde es möglich sein, anders als zu Staub zermahlen zwischen den beiden großen Mühlsteinen, den Menschenmassen des Ostens und den Materialmassen des Westens, hervorzugehen?! —

Die Hunde fragten nicht danach und auch die Hundeführer nicht; sie taten ihre tägliche Pflicht, und es gab kein Problem, das uns der Russenkrieg stellte, dem wir nicht zu Leibe gingen.

Mit dem fortschreitenden Kriege und dem deutlicher sichtbaren Wechsel des Kriegsglücks und dank der unübertrefflichen Dummheiten und der unaustilgbar furchtbaren psycho-

logischen Fehler besonders der braunen Parteimenschen in
der Verwaltung der besetzten russischen und vor allem der
ukrainischen Gebiete wuchs hinter dem Rücken der deutschen
Front, wie die vielköpfige Hydra der Sage, aus den Tausenden
enttäuschter und verbitterter Landeskinder täglich neue Kräfte
hervorbringend, die Macht der Partisanen. Kein Schienenstrang, keine der endlosen Rollbahnen durch die unabsehbare
Tiefe der russischen Wälder war vor Angriffen und Überfällen
sicher. Besonders die wenigen Schienenstränge, die die Hauptlast des Nachschubs zu bewältigen hatten, waren das Ziel
immer neuer Anschläge; und so begann eines Tages auf der
provinziellen Strecke, die von Zingst über die Schwingbrücke
zum Festlande führt, die Ausbildung eines neuen Typs von
Kriegshunden: des Minensuchhundes für den Partisaneneinsatz.

Niemand kann sicherer als ein Hund, sagte ich mir, zwischen
den Schwellen einer Bahnlinie die nächtens frisch vergrabene
Mine aufspüren und ›verweisen‹, wittert er doch nicht nur
Schweiß und Haar angeschossenen Wildes, sondern ebenso
das auf der Fährte vergrabene Taschentuch, den ins Gebüsch
gehängten Hut, den schwachen Duft, den die Schalen eines
flüchtigen Stücks in der Fährte hinterlassen, den gegen die
Umgebung veränderten Erdgeruch, der durch die geringste
Verschiebung der Bodenkrume entsteht.

Keine Mine konnte vergraben, keine Vergrabstelle so gut
getarnt werden, daß nicht die Nase eines geschulten Hundes
sie leicht entdeckte und anzeigte!

Fleischbrocken, die wir an den Schienen in unregelmäßigen
Abständen auslegten, machten den Hunden die neue Arbeit
interessant. Begierig strebten sie schon nach wenigen Tagen
jedem Schienenstrang zu, in dessen Nähe wir sie brachten;
denn die angenehme Vorstellung »Schienen führen zu Bröckchen« hatte sich in ihnen verwurzelt.

Alsbald gingen wir dazu über, die Brocken halb — und später dann ganz zu vergraben, und als die Hunde auch dieses
Pensum glatt beherrschten, lockerten wir nur noch die Erde

oder den Schotter auf dem Bahndamm. Unfehlbar verwiesen sie die Stelle, an der die Erde wie beim Eingraben einer Mine verschoben worden war. Fünf, sechs, ja selbst sieben Stunden lang behielt solche Stelle ihren für jede Hundenase wahrnehmbar gegen die Nachbarschaft veränderten Duft. War ein Hund so weit, solche Stellen zuverlässig zu verweisen, so wurde er als ›bahnfest‹ an die Front abgegeben, und bald kamen die ersten Erfolgsnachrichten.

In der Ukraine wurden zu jener Zeit allwöchentlich etwa zwanzig Züge durch Bombenanschläge auf die Bahnkörper zum Entgleisen gebracht und beschossen. Nun übernahmen zwei Minensuchhunde mit vier Hundeführern den Streckenschutz, und sie arbeiteten besser und weit wirkungsvoller als es ein Wachkommando von fünfzig Mann bisher vermocht hatte. Nur ein einziges Mal noch gelang den Partisanen ein Anschlag gegen diese Strecke.

Gleichzeitig setzten wir Freischärler-Hunde ein, die die Truppe beim Durchkämmen der Wälder unterstützten. Das Kommando, dem die Hunde zugeteilt worden waren, brachte achtzehnmal mehr Gefangene ein als das Kommando ohne Hunde und hatte zehnmal weniger Verluste.

Ajax und Nestor hießen die ersten und sehr bald erfolgsberühmten Partisanen-Suchhunde, und ihnen folgten Horant, der später mein persönlicher Begleiter wurde und in den letzten Kriegstagen von meiner Hand den Tod erlitt, Cäsar, der schnelle Dobermann, der siebzehn Kilometer in vierzig Minuten nächtlichen Meldeauftrags lief, und zahllose andere, die treu und zuverlässig die ihnen übertragenen Aufgaben lösten.

Wir machten die Erfahrung, daß sich der Partisan, der Zivilist, der aus dem Hinterhalt kämpfte — wie der Wilderer — fast immer durch seine Witterung vor dem Hunde verriet. Im Dickicht der Wälder war dies von unschätzbarem Wert und ersparte uns viele blutige Verluste. Fast in jedem Falle schoß der Partisan auf den Hund, obwohl dieser nur auf ›Stellen‹, ›Anzeigen‹ und ›Lautgeben‹ abgerichtet war und von sich aus sein Gegenüber nicht angriff, sondern nur verbellte. Aber der nervlichen Belastung, vor dem Hunde weder in den Boden noch auf den Baum wirklich ausweichen zu können, war der Partisan in fast keinem Falle gewachsen. Wie der Wilderer, der vom Hunde immer den scharfen Angriff erwartet und darüber die Nerven verliert, schoß auch der Partisan; wie der Wilderer begab er sich damit eines unschätzbaren Vorteils; wie der Wilderer verlor er mit seinem Schuß den kostbaren Augenblick, die eine Sekunde, die er zum Repetieren brauchte; wie dem Wilderer wurde ihm diese Sekunde zum Schicksal.

In seinem dritten Jahre ersann der Krieg eine weitere Überraschung für uns. Nachts zogen seltsame Flugkörper kometengleich mit feurigem Schweif durch den dunklen Himmel, und ein hohles Fauchen folgte ihnen nach, wenn die Flamme hinter ihnen schon dabei war, zu einem roten Funken in der Ferne zu verglimmen; es waren Raketen, und zuweilen sahen wir sie ins Meer stürzen und in weißer Fontäne sterben. Oder sie stiegen senkrecht auf und platzten mit heiserem Bellen in der Höhe: neue Hoffnungen der Luftabwehr. Aber sie sollten sich nicht mehr erfüllen.

Die Väter dieser neuartigen Flugkörper, die Ingenieure, die in immer größeren Zahlen in unserer Nachbarschaft angesiedelt wurden und in der weltfernen Einsamkeit die ersten Früchte ihrer Träume und Berechnungen erprobten, waren umgeben von einer ganzen Anzahl von Sperringen aus Wachen und Posten; heimlich war der Darß schon immer gewesen, aber sein Geheimnis hatte geatmet aus der Tiefe der rätselvollen Natur; was sich jetzt in den tiefen Schatten seiner Bäume und Brüche verbarg, gehörte der Technik und der Politik; es war nicht Geist von unserem Geiste und hatte nichts zu schaffen mit dem Wald. Aber was hätten wir tun können, unser grünes Königreich zu bewahren und zu verteidigen, wie ich es vor zwei Jahrzehnten verteidigt hatte gegen den Unverstand gedankenloser Untergebener und die Verständnislosigkeit von Vorgesetzten, die nur in Festmetern, Abtrieb und Erträgnissen zu denken vermochten, gegen den Lärm waldfremder Städter, die Ausbeuterei viehhaltender Bauern und alle, die im Walde nichts anderes sahen als eine Holzfabrik und eine Einrichtung, aus der leicht Beute zu holen ist! Was, frage ich, hätten wir tun können?! — Nichts. Der Krieg hatte seine Pranke auf uns gelegt, erbarmungslos. Nichts mehr war unser, nichts mehr wichtig genug, daß es nicht hinter den Forderungen und Erfordernissen des Krieges hätte zurückstehen müssen. Nicht nur die leblosen Dinge, auch uns selbst hatte er und hielt er, und je steiler der Berg der Schwierigkeiten wurde, der sich vor uns türmte, je mehr die Aussicht schwand, am Ende aller Opfer und Mühen doch noch ein erträgliches Ergebnis zu erreichen, desto vollständiger, desto bedingungsloser und vorbehaltloser gaben wir uns hin in dem ahnungsvollen Gefühl — mochte es auch der vollendete Wahn sein — daß nur die ganze Hingabe aller die Rettung zu bringen vermöchte.

Aber es gab keine Rettung; in den Büchern des Schicksals stand es anders geschrieben; mit jedem Monat, der verstrich, beschleunigte sich der Sturz in den Abgrund, den aufzuhalten oder auch nur abzuschwächen niemand mehr die Macht zu haben schien. Aber wo steht geschrieben, daß Tapferkeit aufhörte gut zu sein, wenn kein Sieg mehr winkt?! Wo, daß Treue vor dem Aussichtslosen aufhörte, ihren Wert und Lohn in sich zu tragen? Ich habe das nirgends gefunden, und ich weiß, daß das Bild derer am reinsten in mir bewahrt ist, die gestorben sind, ohne an ihrem Worte zu drehen und zu deuten. Jede Sache, auch die verlorenste, hat ihren Adel in der Unschuld derer, die im guten Glauben an sie sterben.

38 FESTUNG DARSS

Als wir — nach Tagen eines verwunschenen Daseins abseits von Zeit, Krieg und Welt — endlich zurückkehrten, weinte Monna; sie wollte nicht fort. Gleichwohl kehrten wir heim. Der Krieg wartete.

Jeder Tag bürdete uns neue Aufgaben auf. Und wir arbeiteten verbissen an ihrer Lösung, hoffend, obwohl wir im geheimen wußten, daß keiner Hoffnung Frucht mehr reifen würde, glaubend, daß das eherne Geschick vor Tapferkeit und Treue sich beugen und hinschmelzen könnte vor einer Standhaftigkeit, die nicht übertroffen ist in der langen Geschichte der Leiden und Opfer der Menschheit. Aber Gott blieb stumm und wandte nichts. Über uns murrte und donnerte der Himmel, wenn die schimmernden Geschwader der Bomber ihre Kondensstreifen in das reine Himmelsblau zogen, und über die Lautsprecher des Rundfunks, aus denen so oft die Fanfaren des Sieges erklungen waren, kamen nun in immer dichterer Folge die Luftwarnungen, die Voralarme und Alarme — und danach die knappen Berichte vom Feuertod unserer Städte, jeden Tag ein anderer Name, jeden Tag eine andere Stadt bis hinan zu dem schauerlichsten Gipfel des Mordens: Dresden...

Uns war, als erstürben wir mehr und mehr über all diesem in Entsetzen, als erstarrten wir im Innersten, als schrumpfe unser Gemüt ein, unfähig zu fassen, was an Nachrichten hereinkam. Und doch blühte draußen der Frühling, trompeteten die Kraniche auf der Mase wie eh und je, spielten unsere Kinder, Brigitte und Hubertus, selig-unschuldig die gleichen Spiele wie wir in unserer Jugend.

Es waren Gegensätze, die bis an die Grenze des Erträglichen gingen, und oft liefen wir stundenlang in stummer Zwiesprache durch Heide und Wald oder glitten wortlos im Jagdwagen über die Gestelle, banger Gedanken voll und insgeheim bemüht, eins das andere nichts davon spüren zu lassen.

Aber es genügte nicht, zu hoffen und zu harren — es galt Entschlüsse zu fassen; denn nun näherte sich uns das Grauen täglich mehr, und der Gedanke, daß es seine Fänge in unseren heiligen, weltfernen Frieden schlagen würde, gewann täglich an Gewißheit. Und Monna? Und die Kinder? Konnte ich verantworten, sie noch länger hier zu lassen? Aber in welche Stadt sollte ich sie senden, ohne sie Gefahren auszusetzen, die kaum weniger furchtbar waren, als was denen geschah, über die in diesen Wochen an den deutschen Ostgrenzen das Große Tier herfiel?! Und die Straßen? — Mähte nicht der Tod hellichten Tags auf den Straßen so reich wie kaum auf einem Schlachtfeld, wenn die Tiefflieger über die Baumwipfel zischten und hinter dem ohrenbrechenden Schwall, der sie begleitete und danach die plötzliche Stille der Lähmung hinterließ, nur das Schreien der Getroffenen und das Stöhnen und im Blute erstickende Gurgeln der Sterbenden zurückblieb?! Das zerfetzte Fleisch und die zerschmetterten Knochen?! Es gab keine Sicherheit mehr, keine Auswege und keine Ausnahmen; je verzweifelter ich darüber grübelte, desto klarer wurde es mir: Niemand konnte sich länger der Katastrophe entwinden, niemand sich dem Miterleiden entziehen; es war das Geschick aller, unterzugehen, den Kelch zu nehmen, den das unerbittliche Schicksal ihm hinhielt und zu sehen, wie er das seine in Ehren bestand.

Und es waren diese Gedanken kaum zur Klarheit erwachsen, als das meine mich traf: Monna, Krönung und eben noch Mittelpunkt meiner glücklichsten Jahre, war nicht mehr. Eine kleine, unbedeutende Operation, ein winziges Blutgerinnsel, eine Lähmung . . . vor Stunden erst hatte ich sie doch verlassen, lächelnd inmitten der hellen Blütenpracht, wie alle sie ihr zugetragen, die sie liebten —, eben noch hatte sie mir doch zugewinkt mit Hand und Augen! — ich hatte doch kaum den Rücken gewandt, war irgendeiner kleinen Tagespflicht nachgegangen, nichts Arges vermutend —, und indessen erlosch mir die Sonne . . .

Es ist dafür gesorgt, daß uns der Schmerz nicht tötet. Auch

in der Dumpfheit der bittersten Stunde bleibt noch das Bewußtsein, daß ringsum nichts sich ändert. Die Drossel draußen im Wipfel flötet und jubelt weiter ihr Lied, weiter, weiter, weiter: nichts steht still; nur, was dir entrückt wurde ins Unerreichbare, ist plötzlich umweht von Geheimnis und hoheitsvoller Stille... Noch da und ewig fern...

Wir begruben Monna in meinem Zauberwald unweit des Forsthauses, wo die Bäume rauschten auf der Düne und das Meer seine mächtigen Stimmen dareinmischte, und wir setzten aus dem Holz meines Waldes ein Totenmal auf ihr Grab.

Als die Feier vorüber und alle andern gegangen waren, stand ich allein davor, Brigitte, die siebzehnjährige an der einen Hand, Hubertus an der anderen, und fühlte mich so arm und verlassen wie nie zuvor und danach. Und wie lange würden mir diese beiden noch bleiben?

Bald blieb mir keine Wahl mehr: das Tier aus der Steppe rückte näher mit jedem Tag: die Kinder mußten fort — westwärts, und sei es in eine der zerbombten Städte. Vielleicht war, wo nichts mehr zu zerstören blieb, der einzige Ort zu bleiben in dieser apokalyptischen Zeit.

So zogen sie fort, begleitet von ihrem Kinderfräulein, einer Vertrauten Monnas, die sich eher hätte in Stücke reißen lassen, als daß sie den Kindern etwas geschehen ließ.

Wir, die wir dablieben, mußten hinab in das Dunkel der Tiefe, da es auf dem Boden der Heimat im Tageslicht keinen sicheren Fußbreit Erde mehr für uns gab; denn nun war der Russe da.

Ich hatte ihn kommen sehen: Feuerbrände entlang der Küste, die in den kalten, klaren Mainächten blutigrot von fern über das Wasser herleuchteten, waren seine ersten Zeichen — sinkende Schiffe, die nach rollenden Detonationen mit ihrer Elendsfracht von Tausenden von Flüchtlingen in die Tiefe rauschten, die zweiten.

Seit Monaten waren wir auf diese Stunde vorbereitet, äußerlich und auch innerlich, aber nun, da sie Wirklichkeit wurde, traf sie uns doch unerwartet. Irgend etwas in uns, ein geheimes Letztes sträubt sich zu glauben, was der nüchterne Verstand längst als unabwendbar erkannt hat, und es ist dieses Unwägbare, Verborgene, das sich am längsten und am hartnäckigsten wehrt, den Wandel der althergebrachten und durch Recht und Gewohnheit geheiligten Dinge hinzunehmen. —

Im Winter 44/45 war ich auf einer Dienstfahrt in Ostpreußen mit einem geheimnisvollen Mann aus dem OKH zusammengetroffen, dem Chef unserer Störtruppe hinter der russischen Front, einem früheren Jagdgast von mir auf dem Darß. Was der Gegner in allen von uns besetzten Ländern mit Erfolg gegen uns angewandt hatte, den Krieg aus dem Untergrund, aus dem Hinterhalt, aus Kellerloch und Dachluke, Busch und Straßengraben — wir wollten es nun, da das Blatt sich gewendet hatte, ihm darin gleichtun.

»Mensch, Mueller«, sagte dieser Mann, nachdem wir uns ausgiebig begrüßt hatten, »Sie kennen doch Pommern, Sie müssen mitmachen! Sich überrollen lassen und dann den Iwan im Rücken schädigen. Nicht wahr, Sie kennen doch Pommern wie Ihre Westentasche.«

»Na, na«, sagte ich, »nun mal langsam. Ganz Pommern ist übertrieben, aber den Darß und den Zingst, die kenn' ich. Und wenn ich da bleiben soll . . .«

»Auf dem Darß? Rundum Wasser? Sind Sie verrückt?! Da kann man doch nirgends ausweichen, wenn die einem ans Leder kommen.«

»Falsch. Gerade auf dem Darß. Gerade, weil da rundum Wasser ist. Da vermutet mich doch keiner. Den besetzen sie vielleicht nicht einmal . . .«

»Na, Mensch . . .!« Er kratzte sich höchst bedenklich hinter dem Ohr. Aber ich hatte nun Feuer gefangen. »Darß und Zingst«, sagte ich, »mehr als 50 000 Morgen Wald und Heide, Sumpf, Schilf, Moor, ringsum Wasser, auf dem man keine Spuren hinterläßt, auf viele Kilometer keine Menschenseele — da ein paar Bunker hin, und es findet einen kein Mensch; die eigenen Leute finden einen da nicht.«

»Na, na«, sagte diesmal er, »na, na . . .«

»Ganz bestimmt, jede Wette!«
»Also wenn Sie mit Gewalt wollen ...«
»Abgemacht.«
So begann denn die Vorbereitung auf den Untergrundkampf.

Wir fuhren Sprengstoffe in nächtlichen Autotransporten in die Nähe wichtiger Brücken, die hochgejagt werden sollten, wenn der Russe seinen Nachschub darüberrollen ließ, und vergruben die tödlichen Lasten in der Nähe der ›Objekte‹. Es war besser, das zu tun, solange man noch Kraftfahrzeuge dafür zur Verfügung hatte; später würde man alles unter Todesgefahr auf dem Buckel hinschleppen müssen.

Wir schafften auch an Proviant und Ausrüstung heran, was nur aufzutreiben war, genug für anderthalb Jahre für zwölf Mann, all die vielerlei Dinge, deren man zum Leben auf einer Insel, auf einem Schiff oder in einer eingeschlossenen Festung bedurfte. Wir lagerten sie unauffällig hier und da und dort, und unsere Helferinnen in den Büro-Baracken schrieben lange Listen, ohne zu ahnen, wozu die Dinge dienen sollten, die unter ihren flinken Fingern hervor auf das Papier gelangten.

An Schreibkräften fehlte es nicht. Ich hatte die Kartothek des »Chefs Diensthundewesen«, die Daten von 50 000 Hunden umfassend, auf den Darß ausgelagert, dazu das Büro des »Präsidiums des Reichsverbandes für das deutsche Hundewesen«, beides nebst dem erforderlichen weiblichen Büropersonal, etwa achtzig Mädchen, die heilfroh waren, aus Berlin mit seinen Bombenangriffen heraus in unsere abgeschiedene Waldeinsamkeit zu kommen, wo sie in Bürgerquartieren in den Dörfern ordentlich und nett untergebracht waren. Muß ich betonen, daß meine Kinder, Brigitte, Hubertus und mein Pflegesohn Rainer, von dieser reizenden Truppe mit aller Herzlichkeit geliebt und verwöhnt wurden, besonders nachdem Monna nicht mehr lebte? Es soll ihnen allen gedankt sein und unvergessen, auch denen, die vielleicht in erster Linie daran dachten, daß es nützlich sein könnte, nett zu sein zu den Kindern ihres Chefs ...

Sie haben nichts bekommen von Eltern oder Freunden, kein Paket und kein Feldpostpäckchen, solange es das noch gab, wovon nicht die Kinder ihren Anteil erhalten hätten; auch das ist nicht vergessen, und es war leer hinter ihnen, als ich sie dann fortschicken mußte im Frühjahr 1945, ohne ihr fröhliches Kalbern und Lachen, das durch die Baracken und über den Hof des Forstamts schallte von früh bis spät.

Im Hinblick auf den Untergrundkampf und das, was wir vorhatten, wäre es freilich richtig gewesen, sie schon weit früher fortzuschicken; denn natürlich unterhielten meine Abrichter, die Lehrer für die Hundemannschaften, die Fahrer und was immer an Männern am Orte war, freundschaftliche Beziehungen unterschiedlichen Wärmegrads zu den Damen der Bürotruppe, und nichts ist der Konzentration auf gefährdete Ziele abträglicher als die verliebte Abschweifung der Gedanken am Plantisch, nichts der Geheimhaltung weniger dienlich als der Hang des Mannes, auf dem Tanzboden, an der Barstange, am Wirtshaustisch der angebeteten Schönen durch Hinweise auf Dinge oder Vorhaben zu imponieren, deren Erfolg davon abhängt, daß der Kreis der Eingeweihten nicht um eine Person größer ist als unbedingt erforderlich.

Diese Bedingungen verletzten einige meiner Männer — leider, und nicht nur das: die Sorge um ihre Schönen und die Ablenkung durch allerlei minnedienstliche Verpflichtungen ließ sie wichtige Obliegenheiten vergessen, was sich später sehr nachteilig auswirkte. Aber wer will eine Truppe hindern, sich an Lockenpracht und Röcke zu hängen?! Es wurde erst besser, als ich Anfang April 45 alle die lieben Kinder nach Hause schickte und die Zahl der Männer, die bleiben sollten, auf eine Handvoll ausgesuchter Freiwilliger beschränkte. Es waren die gleichen, mit denen ich im Vertrauen auf ihre Verschwiegenheit nach der Begegnung mit dem Chef der Störtruppe meine Bunker gebaut hatte, die gleichen, mit denen ich unter die Erde und in den Partisanenkrieg gehen wollte, wenn die Stunde schlug, die Besten der Besten.

Für die Bunker, die wir ab Januar 1945 im Walde bauten,

suchte ich persönlich die Plätze aus, einen weit im Norden, auf dem Zingst, die andern auf dem Darß, am Weststrande, beim Leuchtturm, im Jagen 134 und in der Nähe meines Jagdhauses, und dieser letzte als der Hauptbunker maß vier mal elf Meter, hatte fast zwei Meter lichte Höhe und trug über der Balkendecke anderthalb Meter Erdschicht, auf der die vor dem Bau abgenommenen Plaggen mit dem Bewuchs sorgfältig wieder aufgelegt und angewachsen waren.

Jeder Bunker hatte eine Haupt-Ausstiegsklappe und, wie es sich für einen ordentlichen Fuchsbau gehört, eine Fluchtröhre, die in einiger Entfernung in Buschwerk oder Dickicht mündete und mit einer nicht weniger sorgfältig getarnten Klappe verschlossen war. Ebenso besaß jeder einen eigens gebohrten Brunnen; denn nichts ist wichtiger als Wasser, und es konnte durchaus sein, daß wir tagelang unter der Erde hocken mußten und nicht wagen durften, auch nur die Ausstiegsklappe anzuheben. Man mußte auf alles gefaßt sein.

Das Material für unsere unterirdischen Bauwerke nahmen wir von meinem Freunde Theo Nienhoff. Er hatte größere Mengen trockenes Grubenholz von uns gekauft, sie aber nicht mehr abtransportieren können. Nun mußten sie uns dienen.

Damals ahnte ich nicht, daß ich niemals Gelegenheit haben würde, Theo den Gegenwert von der Rechnung abzusetzen. Er, der Haus, Geschäft und Besitz im Westen Deutschlands hatte, bestand entgegen allem Abraten darauf, das Kriegsende mit seiner Familie auf Usedom abzuwarten, und dort, in seinem Jagdhaus, das er mit soviel Liebe errichtet und in dem er soviel Glück erlebt hatte, wurde er mit seiner ganzen Familie, Frau und vier Kindern, von denen das kleinste vier Jahre alt war, von den Russen ermordet. Er liegt unter den Eichen vor seinem Hause begraben. —

Ehe wir mit dem Bau begannen, zog ich meinen besten Revierförster ins Vertrauen. Er hatte in der nächsten Zeit nichts anderes zu tun, als unsere Waldarbeiter in anderen, entlegenen Teilen des Forstamts zu beschäftigen und sie von mir und meinen Maulwürfen fernzuhalten.

Dann begann die Arbeit: Abheben der Plaggen, Aushub des Erdreichs, Verlegen des Bohlen-Fußbodens, Einfalzen der Seitenwand-Bohlen, Auflegen der Deckenbalken und Einziehen der notwendigen Stützen. Danach das Aufschütten des Erdreichs und behutsames Wiederauflegen der Oberschichtplaggen und genaues Anpassen an den Umgebungsbewuchs.

Am schwierigsten war dies bei den Einstiegklappen, bei denen der Beerkraut-Bewuchs über den Rand und die dort natürlich vorhandene Ritze hinausreichen mußte, um diese völlig zu verbergen. Aber auch das gelang; meine Männer, deren jeder Dutzende von Partisanenbunkern in Rußland mit Hilfe ihrer Hunde aufgespürt und ausgenommen hatte, kannten sich aus. Niemand hätte in dem verrotteten Kiefernstubben, der auf dem Hauptbunker »wuchs« und den wir in kunstvoller Weise ausgehöhlt und von unten mit einem Stöpsel verschlossen hatten, die Tarnkappe für unseren Schornstein vermutet, den wir nachts zum Kochen ausfahren mußten, da tagsüber immer Gefahr sein würde, gesehen oder gerochen zu werden.

Nachdem alles fertig war, ließ ich meinen besten Förster suchen, aber obwohl ich ihm ein Waldstück von 50×50 Meter Fläche bezeichnet hatte, brauchte er volle zwei Stunden, ehe er den Einstieg fand.

Er war voll ehrlicher Bewunderung. Doch dann versetzte er mir einen gewaltigen Schock. »Was«, sagte er, »wenn das Jagdhaus abgebrannt wird und dabei ein Waldbrand entsteht?«

Er hatte vollkommen recht! Daß ich nicht selbst darauf gekommen war! Wenn das Jagdhaus brannte — und er hatte ganz richtig erraten, daß ich es anzünden wollte, wenn der Russe kam! — würde der entstehende Bodenbrand die ganze schöne Tarnung von meinem Hauptbunker herunterfressen! Das hieß: das Jagdhaus durfte nicht brennen. Es hieß: anstatt menschenleerer Wüstenei und einer verkohlten Ruine, würden wir den Iwan in nächster Nachbarschaft haben.

Nun, geschehen war geschehen, und auch diese Sache hatte

ihre gute Seite: niemand würde uns für frech genug halten, dem Iwan so dicht am Pelz zu hausen.

Bunker für Bunker entstand, jeder mit Brunnen, Proviant, Matratzen, Decken, Geschirr versehen, jeder in jedem Augenblick zur Selbstsprengung bereit, und es würde nicht schlecht krachen, falls es dazu käme; denn wir hatten Waffen, Munition und Sprengstoff bis unter die Bohlendecken gestapelt, durch deren Ritzen nun, da der Erdbelag trocknete, der feine Sand herniederzurieseln begann.

Mit der Bautätigkeit gingen Unterricht und Belehrung Hand in Hand. Ich mußte versuchen, der Handvoll Männer, die bei mir blieb, klarzumachen, warum wir hierbleiben wollten, ein Dutzend Verfemte, reif für den Galgen oder die Maschinenpistole, wenn uns der Russe erwischte.

»Wir müssen nur die erste böseste Zeit überstehen«, sagte ich mir — und ganz ähnlich sagte ich es ihnen, auf die nur Verlaß sein konnte, solange sie einen Sinn in ihrem Dableiben erkannten — »es kann gar nicht lange dauern, bis die westlichen Nationen, Amerikaner und Engländer, den Wunsch haben werden, den allzu großen Erfolg ihres russischen Verbündeten wieder etwas einzuschränken. Das heißt entweder sie drücken ihn mit Verhandlungen zurück nach Osten — oder mit Gewalt. Denn daß sie dem Bolschewismus nicht halb Europa überlassen können, weil dann auch die andere Hälfte und damit England selbst in akute Gefahr gerät, ist doch klar. Und in der Zwischenzeit müssen wir den Iwan hier und überall so beunruhigen, ihm das Leben hier so verbittern, daß er froh ist, abziehen zu können...«

Ja, so dachten wir damals, nicht nur in der weltentlegenen Darßer Einsamkeit, sondern auch viel höheren Orts. Der Gedanke, daß der Gegner ernst machen könnte mit den Beschlüssen von Yalta — und daß diesen ein Potsdam folgen könnte, kam uns gar nicht. War nicht Churchill nächst Hitler der glühendste Antibolschewist...?!

Sage uns niemand heute, daß das Illusionen gewesen seien; wir wissen es inzwischen selbst; man ist uns aber noch den

Beweis schuldig, daß das, was wir damals für möglich hielten und erwarteten, nicht die bessere, die billigere Lösung jener Probleme gewesen wäre, die die westlichen Mächte, voran die Amerikaner, überhaupt erst Jahre später begriffen und unter denen die Welt seither angstgepeinigt leidet und ächzt.

Genug: wir blieben — und handelten damit, wie wir glaubten, in Erfüllung unserer Pflicht und mit gutem Grund, und dementsprechend gründlich bereiteten wir uns vor. Wir übten das Spurenverwischen im Wald, auf Wegen und Gestellen, im Sand. Wir exerzierten den Wachtdienst, denn immer mußten Wachen da sein, und jedesmal, wenn eine Ausstiegklappe angehoben wurde, mußte die Leiter darunter stehen und die Stütze zur Hand sein, die das schwere Gewicht der Klappe auffing; denn jedesmal wurde der Rand nur einen Spalt breit angehoben und dann eine Viertelstunde lang lautlos gespäht und gehorcht, ob die Luft rein sei.

Wir übten das Klettern; denn mancher von uns würde wie seine Vorbilder, die russischen Partisanen, in Baumwipfeln hockend, weithin das Land einsehen und jede Bewegung auf große Entfernung in der Runde entdecken und Warnzeichen geben können für uns, die wir nicht immer nur im Dunkel des unterirdischen Bunkers würden leben können. Wir legten auch ›Briefkästen‹ fest, Steine am Wege, Astgabeln, Baumhöhlen und Stubben, in denen wir von unseren Freunden und Vertrauten in den Dörfern Nachricht vorfinden oder einander Nachricht hinterlegen würden, falls unvorhergesehene Ereignisse uns trennten oder wir selbst gruppenweises Operieren für notwendig halten sollten. Und wir vereinbarten Signale: den Hegerpfiff, den Eulenruf, den Schrei des Adlers, das Krächzen der Krähen, das Läuten der Kolkraben; jeder bekam nach Möglichkeit den seinen, den er zu lernen hatte, und siehe, es ging über Erwarten gut.

So schienen wir nach menschlichem Ermessen auf das beste gerüstet, und doch, als dann der Russe da war, als nichts mehr nachgeholt, kein Fehler mehr bereinigt werden konnte, als wir in der Tiefe der Bunker saßen, zeigte sich, daß mancherlei vergessen worden war, darunter eines lebenswichtig, das zweite beinahe ebensosehr.

Vergessen und daher nicht vorhanden waren hundert Liter Petroleum für die Glühlampen und Kocher und hundert Liter reiner Alkohol zur Körperreinigung für den Fall, daß die Bunkerbesatzung nicht zum normalen Waschen kam.

Puschke, mein Fahrer, war der Schuldige. Seit Wochen und sehr zu meinem Mißfallen war er hinter einem aus Köln evakuierten Nerzmantel her — »eine Dame«, sagte er und blickte streng an seiner großen, schiefen Nase entlang auf den schneeweißen Brand einer superben Zigarre, »ne veritable Dame, Chef!«

»Na, na«, brummte ich einschränkend, während ich zugleich sein Glück in der Benutzung von Fremdwörtern bewunderte, die ihm ihrer Bedeutung nach nicht sicher bekannt sein konnten, »aber wie dem auch sei, Puschke, mein Freund: Dame hin oder her — kein Wort, verstanden? Und daß mir der Dienst nicht leidet...!«

Er nahm Haltung an, die Zigarre symbolisch in Hüfthöhe an eine imaginäre Hosennaht führend: »Klar, Chef, Ehrensache.«

Es war merkwürdig, so angeredet zu werden — ›Chef‹ — nicht mit dem militärischen, nicht mit dem zivilen Rang; es deutete neue Ordnungen an, in die wir uns erst hineinfinden mußten, obwohl ich selbst diese Anrede angeordnet hatte — aus Tarnungsgründen.

Und jetzt hatten wir die Bescherung! Weil Puschke über dem Kölner Nerz die 100 Liter Petroleum vergessen hatte, waren wir auf Stearin und Wachs für die Beleuchtung und Holzkohle für die Küche angewiesen.

Unser Vorrat an Kerzen war knapp. Folge: wir mußten täglich viele Stunden im Dunkeln sitzen.

Für das fehlende Kocherpetroleum hatten wir nur Holzkohle als Ersatz; Holzkohle war der einzige rauchlos glühende Brennstoff. Rauchlos. Aber nicht geruchlos. Folge: wir würden nur nachts kochen können! Es half uns nichts, daß ich Puschke anschiß und daß er denkbar zerknirscht war. Ich machte mir schwerste Vorwürfe, daß ich gerade diesen so wichtigen Punkt nicht kontrolliert hatte. Nun mußten wir sehen, wie wir zurechtkamen. Ein Trost, wenigstens für mich, war, daß in einem der kleinen Ausweichbunker mein Plattenspieler stand — mit dem ganzen Schatz meiner Beethovenplatten, mit Schubert, Bach und Haydn, dem heiteren, und dem überirdischen Mozart, die zu hören es keines Lichts bedurfte. Und der zweite Trost für dunkle Stunden war je eine Kiste Pommery Greno und Veuve Cliquot. —

Zwei Tage nachdem Fräulein Weber und die Kinder weg waren, fuhr ich bei hellichtem Tage mit meinem Dienstwagen in voller Uniform, Puschke vor mir am Steuer, durch die Dörfer und zum Fischland. Jeder auf Meilen in die Runde kannte meinen Opel-Kapitän, und ich wußte wohl, warum ich so großsprecherisch daherfuhr. Nahe Wustrow fuhr am Abend dieses Tages der Wagen in einen Graben; es war unmittelbar an einer vielbefahrenen Straßenkreuzung; er ›überschlug‹ sich und ›geriet in Brand‹. Sechzig Liter Benzin, die wir darübergegossen, standen als züngelnde Lohe über dem Wrack. Es sah schaurig und prächtig zugleich aus, und niemand würde vermuten, daß wir nicht darunter lägen und nicht tot wären.

Daß wir eine Waldläuferkleidung mithatten, die wir anlegten, ehe das schöne Vehikel in Flammen aufging, hatte niemand gesehen, und niemand sah uns auch, als wir zu Fuß auf Schleichpfaden in unseren Wald zurückkehrten.

Während ich so zurückpirschte, für die Welt ›verbrannt‹, losgelöst von meinem ganzen früheren Leben, von Dienst, Amt, Pflicht, Familie, allem, was meiner Vergangenheit Sinn und Inhalt gegeben hatte, überdachte ich die letzten hektischen Tage. Noch am 29. April, meinem Geburtstage, hatten mich Hubertus und Rainer, mein Pflegesohn, mit heimlich ›selbstgeräucherten‹ Aalen überrascht, rußgeschwärzt wie die Räuber. Das war erst zwei Tage her! Und wo mochten sie jetzt sein? War es richtig gewesen, sie um eines ungewissen Kriegsfortgangs, einer vagen Aufgabe willen allein fortzuschicken, sich von ihnen zu trennen, anstatt dieses teuerste Vermächtnis irgendwohin selbst in Sicherheit zu bringen? Aber konnten Tausende anderer Väter ihren Platz und ihre Waffe verlassen, die die gleiche Sorge trugen?

Es war kaum Zeit gewesen, auch nur ruhig zu überlegen. Mein Freund Paulsen war gekommen, bleich und übermüdet, sein eigenes Gespenst: »Deine Kinder sind noch hier? Bist du wahnsinnig? Weißt du nicht, was die Russen mit den Frauen machen? Mit a l l e n Frauen zwischen zwölf und siebzig Jahren?«

Ehe ich recht wußte, wie es zuging, waren sie dann fort, unterwegs mit dem Treck, aufbegehrend, weinend, weil sie nicht wegwollten —, aber fort. Wann würde ich sie wiedersehen? Wo? Ja, überhaupt?

Ja, und dann hatte ich zu entscheiden, welche von den Dingen aus vierzehn Zimmern mitsollten nach Westen, als der Treck mit den Kindern zur Abfahrt rüstete, und hatte entdeckt, daß kaum etwas, das mir gehörte, meinem Herzen feil war. Jedes Stück war Erinnerung, Erinnerung an Monna, an Vater, an Mutter, an Freunde und glückliche Stunden des Erwerbs, des Besitzes und die Jahre des Darinlebens. Der Louis-Quinze-Schreibtisch, um den so mancher schon mit mir hatte handeln wollen —, er mußte dableiben, und dableiben ebenso mußte der uralte Schrank aus der Familie meiner Mutter, eine Intarsienarbeit hohen Wertes. Dableiben mußten die japanischen Sammlungen, die chinesischen Bronzen und persischen Emaillen, die Trophäen aus Afrika, die Vater und meine Onkel heimgebracht, dableiben die Mehrzahl der in vielen Jahren mit Kennerliebe gesammelten Teppiche, dableiben vor allem die Waffen, die mein Leben begleitet hatten: die kleine Tell-Büchse, die Sauer-Doppelflinte — Höchstleistung übertreffend —, die ich einst als Kadett erworben, die Ejektor-Doppelbüchse, die wunderbare Büchsflinte und manches andere edle und erlesene Stück. Aber wenigstens das eine hatte ich getan, daß ich sie, eingewickelt in dicke, gefettete Bandagen, obwohl ich doch wußte, daß sie das nicht schützen würde, in die Erde versenkte. Konnte ich sie schon nicht behalten, sollte doch wenigstens der Iwan sie nicht haben! Und wer weiß: wenn ich recht behielt, und Ami und Tommy mit uns gegen die Russen einschwenkten, ha, wenn sie nur bei Fuß stünden und uns erlaubten, allein diese Sache zu regeln! — dann würde ich die schönen Lieblinge nach ein paar Wochen vielleicht schon wieder ausgraben können?! —

Als ich den Weststrand des Darß erreicht hatte auf meinem heimlichen Heimweg vom Autodafé meines Opel-Kapitän, sah ich Feuerschein über den Wipfeln. Nur Görings Jagdhaus konnte dort brennen. Weiß der Himmel, wer dort gezündelt hatte! Wollten sie sich ein Alibi beschaffen, öffentlich ihre Abkehr unterstreichen von einem der Großen eines Regimes, dessen Sterne eben aus langsamem Sinken in steilen Sturz übergingen?! — Nichts Genaues war zu erfahren. Nur meine Leute sagten, daß sie ›beim Heimkommen die Brandstifter gesehen‹ hätten.

Fragen fruchteten nichts. Aber ich bin das Gefühl nie losgeworden, daß das Schicksal des Göring-Jagdschlößchens gewisse Ähnlichkeiten mit dem meines Opel-Kapitäns besaß.

39 DER RUSSE

Am 1. Mai kam der Russe.

Wir hatten die große Drehbrücke bei Pruchten, die zum Festlande hinüberführte, durch Posten bewacht und offengehalten, solange es möglich war. Kaum zogen wir die Posten zurück, da drehten die Bauern die Brücke zu. Unversehrte Dächer waren ihnen wichtiger als militärische Notwendigkeiten; so versucht seit jeher, wenn der alte Machthaber abzieht, der schutzlos zurückbleibende Bürger die Gnade des neuen durch Dienstfertigkeit zu erringen.

Als der letzte Landser abgezogen war, blieb die Leere des Niemandslandes in der Mittagsglut zurück. Es war sehr seltsam. Man spürte es körperlich deutlich; es war eine Spanne der Zeitlosigkeit eingeschoben, eine kurze Zeit des Nichts, die alles Gewesene abtat und wie ein Atemanhalten war, ehe das Neue anrückte.

An diesem Abend, dem ersten unseres unterirdischen Maulwurfslebens, sandten wir Späher aus. Sie berichteten, daß in allen Dörfern, in Wieck, Prerow, Born und Arenshoop Russen säßen, mit Pferd und Wagen, aber auch mit Pkw- und Panzereinheiten. Sie hatten die Häuser durchsucht und beschlagnahmt, was sie brauchten — an Raum, an Vieh, Geflügel und Alkohol, aber auch an Schmuck und Kostbarkeiten. Sie hatten die Fahrräder eingesammelt und versucht, darauf zu fahren, und, als es ihnen nicht sogleich glücken wollte, dem Beispiel eines Korporals folgend, wie eine Horde besessener Derwische mit den Stiefeln in die Speichen getreten, bis von den Fahrrädern nicht mehr übrig war, als Drahtreste und verbogene Gestänge. Sie hatten sämtliche Standuhren der Umgebung zusammengeschleppt und am Biwakfeuer aufgebaut, kindlich erfreut über das Getön der Schlagwerke, bis auch hierbei einer auf den Gedanken verfiel, die Schlagfolge durch Drehen der Zeiger zu beschleunigen. Der Wettbewerb der Schlagwerke, jedes von unkundigen Händen angespornt, endete mit der raschen Zerstörung der gänzlich überforderten altersschwachen Zeitmesser einer zum Untergange verurteilten Epoche. Die zerstörten Mechanismen wurden von groben, unkundigen Händen herausgerissen, die altehrwürdigen, geschnitzten Gehäuse zerhackt, zerschlagen und im abendlichen Biwakfeuer verbrannt.

Vieles wurde verbrannt in jenen Tagen, vieles verschleppt, verwüstet und, ach, nur allzu vieles geschändet und verdorben für alle Zeit. Mein Freund Partikel, der berühmte Maler, ein wahrhaft begnadeter Mensch, der mich, obwohl ich doch glaubte, sehen gelernt zu haben, ein zweites Mal sehen lehrte, Sehen mit den Augen des Künstlers auf eine tiefere, hinter das Wesen der Dinge und Gestalten blickende Weise, wurde von seiner Staffelei hinweg gewaltsam verschleppt, nichts hinterlassend als ein paar Schleifspuren im Grase der Waldlichtung, eine Staffelei mit einem halbbegonnenen Gemälde und ein paar auf der Wiese verstreute Farbtuben.

Die Ärztin von Prerow fanden wir eines Tages auf einem Waldgestell neben ihrem Fahrrad, in dessen Vorderspeichen sich ihr weißes Kopftuch verfangen hatte. Sie hatte ein kleines, kreisrundes Loch mit geschwärzten, bläulichen Rändern hinter dem Ohr, und ihre Kleidung war in Unordnung. Was sie bewogen hatte, allein in den Wald hinauszufahren, ihre Instrumententasche mit sich, die wir dann im Graben fanden, als hätte sie sich in der Not der Verfolgung ihrer entledigt —, wir wissen es nicht, aber die Klage in den Dörfern und der ohnmächtige Zorn über den Mord an dieser allgemein beliebten jungen Frau erreichte selbst uns in der Tiefe unserer unterirdischen Höhle.

Jeden Tag gingen wir unsere Patrouillen, gewiegte Waldläufer, heimlich wie die ältesten Hirsche, mißtrauisch, mit überscharfen Sinnen jede Kunde verwertend, die uns begegnete. Ich selbst stand eines Abends im Schatten des tausendjährigen Eibenbuschs auf dem Platz vor dem Forstamt in Born. Es war ein warmer, dunkler Abend, keine zwanzig Meter davon trank und würfelte eine Horde russischer Soldaten am Lagerfeuer. Ordonnanzen gingen ab und zu; aus der Küche war das Klappern von Geschirr zu hören. Das war meine alte Wirtschafterin, die dort, wie mir das Gerücht zugetragen, »auf allen Flammen kochte«. Und hinter dem hellen Lichtviereck, als das das Fenster meines Arbeitszimmers sich aus dem Dunkel abhob — wie ungewohnt nach den langen Jahren der Verdunkelung! — sah ich den kurzgeschorenen Rundschädel eines russischen Offiziers. Er saß an meinem Schreibtisch!

Vorsichtig pirschte ich näher. Ein kurzer Rundblick — ein Satz —: ich war im Schatten der Rhododendron; niemand hatte mich gesehen.

Und dann stand ich in dem Busch unter dem Fenster, keine drei Meter von dem ahnungslosen Eindringling entfernt. Er saß da und schien zu schreiben. Ein paarmal stockte er, zögerte, fuhr sich ungeduldig mit der Hand durch die blonden Haarstoppeln, daß ich geradezu vermeinte, es knirschen zu hören, und fuhr fort zu schreiben.

Ich reckte mich ein wenig, um besser sehen zu können. Da schoß es mir heiß zum Herzen: das Bild Monnas geriet in mein Gesichtsfeld; es stand noch auf dem Schreibtisch auf seinem alten Platz! Unwillkürlich zuckte meine Hand zur Waffe. Aber dann besann ich mich.

Was, wenn ich diesen einen Offizier erschoß? Mit dem Schalldämpfer auf der Mündung meiner Pistole würde es ganz unauffällig gehen. Niemand würde bei dem Lärm, den die Soldaten drüben am Feuer vollführten, etwas davon hören. Man würde ihn finden, vielleicht erst nach Stunden — aber was dann?!

Das Forstamt würde brennen, das ganze Dorf, keine lebende Seele würde davonkommen; nein, es hatte keinen Sinn. Gewalt, überhaupt, hatte keinen Sinn mehr. Was wir noch sein konnten, war: ein Spähtrupp, der, solange Tauben da waren, Nachrichten aufsteigen ließ in der Hoffnung, daß sie in Travemünde richtig ankämen, da sie auf der Strecke vom Darß aus über Rostock, Wismar eingeflogen waren. Was wir noch tun konnten, war: warten auf die FTs, die uns der »Chef I« angekündigt hatte, auf die Schnellboote, die ihnen folgen sollten, um dann zusammen mit uns Handstreich-Unternehmen gegen Eisenbahnen, Brücken, Straßenkreuzungen im Rücken der Russen durchzuführen.

In Sekunden flog mir all dies durch den Kopf. Noch immer saß der Offizier vor mir. Deutlich sah ich die grünen Abzeichen an seiner Uniform. Er hielt den Kopf schräg geneigt und bewegte die Lippen, als buchstabiere er Wort für Wort.

Der Lärm im Hofe nahm zu. Die Soldaten brachen auf und schlenderten zum Gesindehaus hinüber. Das Feuer loderte noch einmal rot auf, so daß der Widerschein die Hauswand vor mir blutig verfärbte, ehe es zusammensank.

Ich duckte mich in den Rhododendron-Busch, bis es wieder dunkel war, und entfernte mich, wie ich gekommen.

In dieser Nacht besuchte ich noch mehrere Vertraute. Es waren heimliche Gespräche, scheu geführt am Fensterspalt in voller Dunkelheit, und was ich zu hören bekam, war der Widerhall des großen Schreies, der aus dem gemarterten Lande zum Himmel stieg, des Stöhnens der Gequälten, des Ächzens der Pein und, was am schlimmsten war, des tränenlosen Weinens der Ohnmacht über Schändung und Entehrung. Es war die scheu gewisperte Litanei von so ungeheuerlicher Missetat, daß die Poren der Haut sich herauskehrten zur Gänsehaut und das Haar im Nacken sich sträubte, die grausige Kunde vom freiwilligen Sterben ganzer Familien, deren Oberhäupter Kindern und Frauen das Gift oder die Kugel mit eigener Hand gaben und sich selber erhängten oder ertränkten, als ein anderes Leben als in Schanden nicht mehr möglich war. Ich erfuhr, bruchstückweise, was in Berlin geschehen war in den letzten Zuckungen des Kampfes: das Ende Hitlers, dem, so wollte es das Gerücht, eine Heirat vorausgegangen sei mit einer Frau, von deren Existenz niemand etwas gewußt hatte. Ich erfuhr vom Tode der Familie Goebbels und konnte es nicht hindern, daß mir die Konsequenz dieses Sterbens Achtung abnötigte. Ich hörte endlich, daß Großadmiral Dönitz das Ruder des sinkenden Schiffes übernommen und sofort ein Waffenstillstandsabkommen mit Montgomery getroffen habe. Der Krieg war aus.

Darum also waren keine FTs mehr gekommen und keine Schnellboote mit Stoßtrupps!

Was ich nicht wußte, war, daß der »Chef I« nach seiner Gefangennahme nicht, wie er es selbstverständlich erwartet, als General der Waffen-SS wie ein Soldat, sondern wie ein gemeiner Verbrecher behandelt und von britischen Vernehmern zu Tode »vernommen« worden war — und verscharrt hinter einer Kasernenhofmauer in Lüneburg. —

Nachdenklich machte ich mich auf den Rückweg. Die Nacht war klar und kalt, wie es zuweilen die Mainächte noch sind. Der Wald schwieg; das Dunkel verbarg sein junges Frühlingsgrün. Ich ertappte mich dabei, daß ich rein mechanisch alle gewohnten Vorsichtsmaßnahmen beobachtete, zugleich aber ohne Gedanken, wie ausgeleert, meines Weges ging. Was würde nun werden? Es war, als sei das Gehirn unfähig, eine Weiche zu stellen, die doch gestellt werden mußte. Das alte Gleis war zu Ende, und es war nicht sicher, ob es ein anderes überhaupt geben würde, auf dem man fahren konnte. Aber die Fragen blieben und brannten weiter:

Hatte es irgendeinen Zweck, nun noch länger hierzubleiben? Würden Briten und Amerikaner nach dem Waffenstillstand mit dem Großadmiral umschwenken, wie wir es erwarteten, und Europas Grenzen dort wiederherstellen, wo sie seit mehr als tausend Jahren gewesen waren? Oder würden sie wahrmachen, was gestern über den Rundfunk angekündigt worden war: die Vierteilung des Reichs, um nichts weniger tödlich als jener mittelalterliche Strafvollzug, dessen Namen sie teilte?

Würde unser Deutschland eine Ziegenweide werden, wie es der amerikanische Morgenthau-Plan vorsah? Welch ein Sadismus mußte Gehirne beherrschen, die etwas Derartiges ersinnen konnten! Aber gab es nicht ein Britisch-Somaliland, ein Belgisch-Kongo?! Warum sollte es nicht ein Russisch-Pommern geben können, ein Amerikanisch-Hessen, Französisch-Rheinland und Britisch-Schleswig-Holstein? War nicht vielleicht nur mein Kopf zu dumm, sich so ungewohnte Begriffe auszudenken?

Ich bog ab und übersprang den Saugraben, um einen der im benachbarten Jagen liegenden Bunker zu kontrollieren. Dies war notwendig, um sicher zu sein, daß überall alles in Ordnung war; denn wenn nur e i n Bunker entdeckt wurde, mußten wir damit rechnen, daß nach weiteren gesucht werden würde. In den Dörfern wurde ohnehin gemunkelt, daß ›dä Herr Forstmeister‹ noch im Walde stecke, seit Puschke eines Abends einen unerlaubten Abstecher zu seinem Kölner Nerzmantel unternommen hatte.

An diesem Abend hörten wir im Hauptbunker im Radio die Stimme des Pfarrers Niemöller. Er sagte, er gehe nun mit seiner Frau in die Schweiz, da er nach der langen Zeit der Abschließung geistiger Kost bedürfe.

»Na so was«, sagte einer meiner Männer, »jetzt, wo mer'n braucht, haut der ab.« Das Wort hing lange im Dunkeln, von niemand kommentiert. —

Wir hatten unsere fünf besten Hunde mit hinabgenommen ins Dunkel; aber es zeigte sich bald, daß das falsch gewesen war. Sie hielten keine Ruhe, schlugen an, sobald sie etwas Ungewohntes hörten, schufen dadurch gefährliche Situationen und waren vor allem, wenn sie hinausgelassen wurden, nicht stumm. Zuviel Temperament, das sich in ihnen aufgestaut hatte, mußte sich Luft machen. Es half nichts, daß wir baten und drohten. Schließlich blieb uns keine andere Wahl, als sie zu erschießen.

An diesem Abend sprach niemand ein Wort. Stumm hockten wir in der Tiefe, als lauschten wir und warteten auf das Tappen der Hundekrallen auf den Dielenbohlen, das Schlappen an der Wasserschüssel mit seinem unregelmäßig unterbrochenen Takt und das zufriedene Heranschieben einer warmen Schulter an unser Knie, mit dem unsere Treuen unsere Nähe suchten.

Einen einzigen und letzten nahmen wir aus, Horant, den besten von allen, ihn, der alle Prüfungen mit Auszeichnung abgelegt hatte, die ein Hund überhaupt ablegen kann, der sich an der Front bewährt hatte und nun der letzte von Fünfzigtausend sein sollte, der uns blieb.

Aber auch er blieb uns nicht. Ich selbst erschlug ihn in einer Sekunde höchster Not, wenige Tage später, als er während einer Groß-Razzia lauthals anschlug, die der Russe auf uns angesetzt hatte und in der ein Panzerspähwagen mit mahlenden Rädern genau über unsere Köpfe hinschob. Das war mehr, als selbst Horants Gehorsam ertrug. Der infernalische Laut der Panzerketten, der Sand, der zwischen den Bohlen herab in sein Fell rieselte, die Haltung regloser Spannung, die er an uns beobachtete —, alles wirkte zusammen, daß er plötzlich mit vollem Halse anschlug. Und ich, übererregt wie er, blitzschnell begreifend, daß nun unser aller Leben davon abhing, ihn in dieser selben Sekunde zum Schweigen zu bringen, griff das Nächste, was mir zur Hand kam und schlug ihn damit über den Kopf. Es war ein Hammer. Horant war sofort tot.

Ich bemerkte es erst, als die Panzergeräusche sich entfernt hatten und ich mich nach ihm bückte, der reglos zu meinen Füßen lag, und es dauerte eine ganze Weile, ehe ich es richtig begriff. Es war alles so plötzlich geschehen, so auf uns hereingestürzt, wie der jähe Blitz, der dem Donnerschlag voraufgeht, und nun standen wir wie von dem Donner betäubt und gelähmt. Horant!

In diesem Augenblick war mir, als ob ich erst jetzt mit dem letzten meiner Hunde die Heimat richtig verloren hätte.

Als ich am Abend von einer langen Pirsch zum Nordstrand zurückkehrte, hatten sie ihn schon begraben. Er bekam keinen Stein und kein Gedenkzeichen wie so mancher Kriegshund, den die Soldaten, seine Kameraden, fanden und bestatteten; über seinem Grab wurden die herausgehobenen Heidelbeerbülten sorgfältig wieder eingesetzt, so daß keine Spur blieb. —

Seit die Russen angefangen hatten, uns zu suchen, hielten wir die Gesetze unserer kleinen Gemeinschaft noch strenger als bisher. Immer mußte ein Mann Wache halten am Einstieg des Hauptbunkers. Öffneten wir die Klappe in der Morgenfrühe, so mußte sie mit handbreit angehobenem Rande festgestellt werden, und wir horchten eine volle Viertelstunde auf die Geräusche der Oberwelt, ehe wir sie vollends aufschlugen.

Diese Vorsicht war nötig, und ein jeder sah das auch ein, seit ich eines Tages in der frühen Helle des Maimorgens zwei Kosaken hatte vorüberreiten sehen. Sie waren halb von der Düne verdeckt; ich sah nur die Köpfe der Pferde und die Oberkörper der Reiter, die unablässig mit ihren Blicken den Wald absuchten. Galt das uns? — Ohne Zweifel. Und ebenso verhielt es sich offenkundig mit dem müden, langsam fliegenden Aufklärer, den wir so gut aus Rußland kannten und der nun täglich systematisch die Küsten und den ganzen Wald abflog, eng und so niedrig kurvend, wenn er etwas entdeckt zu haben glaubte, daß man die Gestalten des Piloten und des Beobachters gut erkennen konnte. —

Auch im Jagdhaus herrschte neuerdings Leben. Die Russen schienen es als ein Art proletarischen Kavaliershäuschens zu benutzen; Gelächter, Kreischen und Grölen hörten oft Tag und Nacht nicht auf, und ich wurde fast krank über den Gedanken, daß es mein Kamin war, an dem sie nun saßen, mein Mosel und Rotspon, an dem sie sich besoffen, mein Dach, unter dem sie hausten und ihre Orgien begingen. Hätten wir das Haus doch nur verbrannt!

Aber es blieb mir keine Wahl; ich mußte mich damit abfinden und hinnehmen, was zu verhindern nicht in meiner Macht stand. So las uns jeder Tag seine Lektion: vae victis!

Es lagen drei Russenkompanien in den Darßer Dörfern verteilt; sie schliefen im Freien am Lagerfeuer, waren dauernd in Bewegung, fuhren mit meinem Mercedes 170 V, den ich nicht mehr hatte fortschicken können, im Walde auf Schneisen und Gestellen umher, lagerten bald hier und bald dort, wie es ihnen gefiel und wie sich Deckung bot, und waren, alles in allem, recht störend.

Aber es sollte noch sehr viel unangenehmer kommen. Von den Gefangenen, die auf dem Darß gearbeitet hatten, war einer zurückgekommen, Andrej, der Russenkoch, ein wahrer Satan, der jeden denunzierte, der ihm früher einmal unangenehm aufgefallen war. Und den einen Mutigen, der hingegangen war zum Kommandanten, um zu melden: ›Der Andrej rächt sich nur; die Strafen, die er bekam, kriegte er zu Recht; denn er hatte den Proviant seiner Mitgefangenen für Zigaretten verkauft‹ —, diesen einen schlug er in der Gastwirtschaft vor aller Augen nieder. Danach riskierte niemand mehr ein Wort. Andrej aber fraß und soff auf Kosten des Wirts, und nachts ging er über die Frauen her.

Uns aber, so schwor er, werde er ausfindig machen, den »Grünen Teufel«, den Forstmeister, und seine Gesellen, und führte den Kommandanten als erstes zum Waldarbeiterschuppen, wo der kleine Sprengstoffvorrat lagerte, den wir fürs

Stubbensprengen gebrauchten. »Das«, sagte Andrej, der sich in unseren Gewohnheiten ja gut auskannte, »ist das Lager des Forstmeisters für Sabotage.« Und der Kommandant glaubte ihm — oder auch nicht; auf jeden Fall begann nun eine ganze Serie von Razzien — ohne Erfolg, wie ich voranschicken möchte, aber ehe es dazu kam, ereignete sich zweierlei:

Ich fand einen Brief in einem unserer ›Briefkästen‹, die wir täglich kontrollierten: Er lag in einer Wurzelfalte unter der Douglastanne, drei Kilometer nördlich vom Hause des Fischers Wolter, und stammte von einer zuverlässigen und glaubwürdigen Frau und lautete:

»Es ist nicht sicher, daß Sie schon wissen, was sich in Ahrenshoop zugetragen hat; aber Sie sollen es erfahren, damit Sie eine Ahnung bekommen, unter welcher Angst wir jetzt leben. Es möge Ihnen auch zur Warnung dienen, wenn Sie meinen, daß Sie vielleicht auf Gnade zu rechnen haben, falls Sie den Russen doch einmal in die Hände fallen. Wir alle geben für unser Leben kein halbes Zündholz mehr. Der Pastor sagt, es sei ein Gottesgericht über uns gekommen. Ich glaube es nicht. Ich meine, die Teufel sind über uns hergefallen und werden uns alle noch schinden und langsam zu Tode quälen.

Hier bei uns, in einem Schuppen nebenan, lebte seit einigen Wochen die Familie Strelow aus Danzig. Der Großvater, die Großmutter, die junge Frau mit ihren drei Kindern. Der kleinste war ein Säugling von zwei Monaten, ein goldiges Kerlchen, das den ganzen Tag wie ein junges Hähnchen krähte.

Vorgestern um die Mittagsstunde erschien bei ihnen ein russischer Leutnant, der nach dem Arzt, Dr. Benne, fragte. Er war geschlechtskrank und wollte sich behandeln lassen. Es war Syphilis, wie mir der Doktor später sagte. Zum Unglück kam die junge Frau an die Türe und gab ihm Auskunft. Kaum hat er sie gesehen, da packt er sie beim Arm und stößt sie in den Schuppen hinein und fällt über sie her, während die Kinder schreien und die alten Leute ihn bit-

ten, doch von der Frau abzulassen. Der Teufel läßt sich aber nicht abhalten und greift nach dem zwölfjährigen Mädchen und schließlich nach der alten Frau. Verstehen Sie, er hat sie alle drei angesteckt! Dann ist er zu Dr. Benne gegangen.

Die Geschichte sprach sich sofort herum, und wir sind alle zu ihnen gegangen und haben sie getröstet. Aber sie wollten kein gutes Wort annehmen. Sie saßen da und weinten und sprachen nicht mehr. —

Wir haben sie am Morgen gefunden. Der Alte hat die Familie mitgenommen, als es ganz dunkel war, und ist in die Dünen gegangen. Das Jüngste haben sie in einem kleinen Bastkorb getragen. Es hat wohl geschlafen und nichts gemerkt, das Engelchen. Sie haben in einer Dünenmulde haltgemacht und werden sich wohl in den Sand gekniet haben zu einem letzten Gebet.

Auch ich bin hingerannt und habe sie da liegen sehen. Der Alte hat sie alle der Reihe nach erschossen und zum Schluß sich selber durch den Mund. Am schrecklichsten aber war der Anblick des Kindes in dem Körbchen. Es lag wie in einem Purpurschal da. Das Blut war in kleinen Bächlein in den Sand gelaufen, als wäre das Kind mit roten Schnüren an diese verfluchte Erde gebunden. — Wir haben sie gleich an Ort und Stelle begraben, damit die Russen nicht nach der Waffe suchen würden. Ich habe noch nie eine so traurige Beerdigung mitgemacht. Nicht einmal ein Kranz, kein Kreuz, nichts ist ihnen zuteil geworden. Wir haben sie einfach verscharrt.

Möge Gott uns verzeihen, daß wir geschlafen haben! Möge Gott dem Tier verzeihen, das über sie hergefallen ist!«

So lautete dieser Brief. Ich saß lange wie versteinert, nachdem ich ihn gelesen hatte, und dann überlegte ich, ob ich ihn meinen Männern vorlesen sollte, damit sie wüßten, was uns erwartete, falls uns der Russe griff.

Ich entschied mich, ihn für mich zu behalten, um sicher zu gehen, daß sie nicht danach den nächstbesten Russen abstachen wie ein Stück Vieh. Es gab ihrer genug, die in den Wäldern umherliefen, und unter meinen Männern gab es einige, die den lautlosen Waldkrieg in Karelien mitgemacht hatten und sich auf den raschen, sicheren Stoß mit dem Finnenmesser nur zu gut verstanden.

Aber nicht einmal die Toten durften wir anrühren, die nun Tag für Tag und in jeder Nacht mit Wind und Strömung an Land trieben, die Opfer aus den versunkenen und ausgebrannten Schiffen: Männer, Frauen, Kinder, Greise, Zivilisten, Soldaten und unter diesen Mariner in ihrem blauen Zeug, Luftwaffensoldaten und solche des Heeres, Offiziere, Unteroffiziere, Mannschaften, Heile und Verwundete, Bekleidete, Nackte — es nahm kein Ende, und wir durften sie nicht nehmen und beerdigen, kein Kreuz über sie setzen und kein Gebet über ihnen sprechen, sondern mußten sie liegenlassen, um uns nicht zu verraten, mußten den schrecklichen Dunst der Verwesung atmen, der tagsüber mit dem Winde vom Strand herauf in den Wald strich, und mußten warten bis an jedem zweiten Morgen der Leiterwagen mit den Fischern aus den Dörfern kam, die unter den Maschinenpistolen der Russen die Toten aufladen und fortfahren mußten, jedoch nicht, bevor die Russen die Leichen auf Schmuck und Wertsachen durchsucht hatten.

Die zweite Begebenheit, die den Razzien vorausging, war diese:

Es hatte sich, höchst unerwünschtermaßen, kurz ehe der Russe kam, ganz in unserer Nähe auf einer Waldlichtung unweit des Weststrandes ein Haufe von Luftwaffenhelferinnen auf ihrer Flucht niedergelassen. Autos, Wagen, Pferde und Zelte bildeten ein regelrechtes Lager, in dessen Mitte sie auf drei Feuerstellen kochten, wozu sie Ziehharmonika spielten und sangen. Und tranken. Eierkognak, wie wir feststellten, von dem sie uns freigiebig anboten. Sie waren es satt, weiter zu fliehen. Einmal würde der Iwan sie doch überrollen, nun, ja, und ihnen als Mädchen würde ja nichts geschehen; man würde sie laufen lassen — so sagten sie zu Puschke, der ihnen einen vorsichtigen Besuch abstattete. Die Männer, ein paar Luftwaffenzahlmeister und Intendanten, die freilich würden in Gefangenschaft gehen müssen — oder sich absetzen und sehen, wie sie durchkämen; sie jedenfalls würden hierbleiben.

Kurz und gut: Fünf Tage hörten wir sie zwitschern, dann nicht mehr. Es fiel uns sofort auf, als wir am Morgen die Einstiegklappe zum gewohnten Frühhorchen anhoben. Es herrschte völlige Stille. Kein Lachen. Kein Palaver, kein Duft von den Feuerstellen wie sonst.

Der Ausguck, der aus der Adlerföhre zurückkommt, meldet, das Lager der Mädels sei »wüst und leer, die Wagen zum Teil noch da, aber die Zelte wie umgeblasen«.

Es ist zu Protokoll genommen damals, was wir dann abends fanden:

»Das Licht des vollen Mondes ergoß sich über den Strand und hob alle Dinge in einer scharfen Schwarzweißzeichnung ab. Zuerst die Wagen. Ihre Räder ragten aus dem Gewühl der über Bord geworfenen Ladung kaum heraus: Koffer, Rucksäcke und deren Inhalt, Damenwäsche, Schuhe, Bücher, Geschirr, Kleider und Briefe über Briefe, wie jedes junge Mädchen sie bis ans Ende der Welt mit sich schleppt.

Dann waren die Zelte da, die Reste von Zelten, im aufgewühlten Sand Fetzen von Kleidern und Wäsche, Scherben über Scherben und an mehreren Stellen die dunklen, schon eingetrockneten, eingesickerten Rinnsale von Blut.

Wir krochen vorsichtig zwischen den Spuren umher, wie von einer Macht getrieben und, wie wir uns hinterher gestanden, jeden Augenblick gewärtig, auf einen toten Körper zu stoßen. Denn der Tod war so nahe zu spüren, als seien wir auf seine Tenne geraten. Wie es auf jeder Bauerntenne nach frischem Korn duftet, so atmeten wir hier die grausige Luft einer Schädelstätte ein.

Wir fanden jedoch zunächst nichts als die wirre Hinterlassenschaft einer gräßlichen Menschenjagd.

Kaum waren wir aber über die erste Düne hinweg, als wir mit einem Ruck stehenblieben. Puschke streckte die Hand aus. Er flüsterte: »Da ist es!«
Ich trat an seine Seite und schaute. Ja, da war es. Da war das Grauenvolle, das wir so unheimlich gespürt hatten, als wir zwischen den Wagen und Zelten herumkrochen. Vor uns im kalten, klaren Mondlicht lag der Körper eines Mädchens. Man hatte ihm nichts als die Schuhe angelassen. Seine Knie waren hochgezogen. Der Mund hatte sich in die linke Hand verbissen. Mit einem Zeltstock war das Opfer durch den Unterleib in den Boden gespießt.
Puschke begann zu beben, als friere ihn. Ich drehte mich schnell um und zog ihn hinter mir in den Wald hinein ...«
So steht es in jener Niederschrift verzeichnet. Und es steht dort auch, was uns ein Mädchen erzählte, das dem Massaker entkam und das wir kurz darauf, halb verrückt vor Entsetzen, im Walde fanden und bei Freunden in einem der Dörfer in Sicherheit bringen konnten. Sie sagte:
»Es ging so schnell, daß die meisten nicht einmal aus ihren Zelten herauskamen, und die Russen waren schon über uns her. Es mußte um Mitternacht sein. Ich stand gerade auf einem Wagen und suchte in meinem Gepäck nach einem Stück Seife. Ich bückte mich ganz tief in das Gepäck hinein. Denn nun flammten von zwei Seiten Scheinwerfer auf, die sich auf uns einspielten. Sie blendeten. Die Horde stürmte die Düne herunter. Sie schossen über unsere Köpfe hinweg, und einige Kugeln gingen in die Zelte. Ein Mädchen schrie schrecklich auf. Dann trat Stille ein. Und dann waren sie da. Ein Rauschen lief durch den Strandhafer, als ob Wasser darüber hinspüle. Dann hörte ich ihr Keuchen. Sie keuchten vor Laufen und vor Gier. In den Zelten war alles wie tot. Kein Wort fiel. Dann auf einmal war ein Lachen da, ein viehisches Lachen von irgendeinem dieser Männer. Und dann hörte ich ganz deutlich wie ein Messer oder ein Seitengewehr — rrritsch — eine Zeltbahn aufreißt in einem langen Schnitt. Dann schreit wieder jemand, und jetzt ist die Hölle los. Ich richte mich etwas aus dem Ge-

päck hoch und schaue über den Wagenrand. Da sehe ich, wie die Russen mit ihren Stiefeln die Zelte eintreten. Der eine oder andere springt mit voller Wucht einfach in die schrägen Zeltwände, und die Stangen brechen und splittern. Die Zelte fallen über den Mädchen zusammen. Mein Gott, die ersticken, denke ich. Aber die Russen ziehen sie an den Beinen unter den Zelttrümmern hervor, und dann beginnt ein schlimmes Handgemenge. Zwei, drei Mädels entweichen, fliehen und rennen kopflos in die See hinaus. Die Scheinwerfer verfolgen sie, man schießt auf sie. Sie tauchen im Wasser unter, ob tot, ob schwimmend, ich weiß es nicht. Langsam lasse ich mich flach vom Wagen hinuntergleiten und krieche durch eine Mulde in den Strandhafer hinein und von da in die dichten Buchenbüsche. Als ich im Dunkeln bin, renne ich los, bis ich in eine Schonung komme. Dann seid ihr gekommen und habt mich gefunden.«

Das also war es, was geschah, ehe die Russen anfingen, nun auf uns systematisch Jagd zu machen, und es war deutlich genug, um uns zu zeigen, wie winzig unsere Chancen waren, wenn sie uns fanden.

Die Nachrichten aus unseren Briefkästen und das, was ich in nächtlichen Gesprächen an dunklen Fensterläden zugeflüstert bekam, lagen auf der gleichen Linie: die Russen hatten Plakate angeschlagen:

›Für jeden toten Russen 100 tote deutsche Männer —
und 100 Frauen nach Sibirien.‹

Und man weiß, daß sie unter dem Vorwande, es seien »Russen ermordet« worden, Tausende aus Ostpreußen und Königsberg ›liquidiert‹ oder nach Sibirien verfrachtet haben. Die Angst lähmt alles. Nachts liegt das Land wie tot. Es ist, als sei es nicht mehr das gleiche Land wie früher, das vertraute, geliebte, sondern erstarrt in etwas unaussprechlich Furchtbarem.

Wenige Tage später merkten wir, daß sie beim Leuchtturm eine Batterie aufgestellt hatten: zwei Geschütze mittleren Kalibers, die nach See hinaus drohten. Vom Leuchtturmbunker aus, den wir einige Abende zur Beobachtung besetzten, konnten wir die Kanoniere ihre Lieder singen hören. Es war, als ob die Wölfe Rußlands heulten. »Stalin — Stalin — Stalin ...«

Aber es war auch unangenehm; denn nun hatten sie von früh bis spät den Weststrand unter Sicht. Außerdem würde ein ständiger Verkehr zwischen den Dörfern und dem Leuchtturm laufen, dessen Rhythmus wir beachten mußten. Mehr als je galt es, Vorsicht zu üben, bei jeder Bewegung zu sichern wie das Wild, ehe es aus der Dickung tritt.

Ich wurde Zeuge schlimmer Dinge auf meinen Pirsch- und Spähergängen. Droben im Norden, wo die großen Wasserflächen sind, auf denen die Schwäne brüten, wo die weißen Geschwader in schimmernder Schöne auf dem blauen Wasser liegen wie Wolken unter einem blauen Sommerhimmel, sah ich die Russen mit Kanonen und Maschinengewehren aus einem Panzer in die dichten Mengen der schwimmenden Schwäne schießen, sah die Auffliegenden mühsam Höhe gewinnen und unter den hackenden Garben der MGs wieder herabfallen wie weiße Wäschestücke im Wind. Ich sah, wie die Schwäninnen, beunruhigt, ihre Gelege verließen, aus dem bergenden Schilf hervorruderten, aufstanden und zu entkommen trachteten, und wie auch in sie der heiße Tod fuhr, so daß nach wenigen Minuten das Wasser weithin mit toten Schwänen bedeckt war. Und ich sah den Mörder die Turmklappe des Panzers aufstoßen, ein breitknochiges, grobes, asiatisches Gesicht unter schmierigem Schiffchen; er trommelte mit beiden Fäusten auf den Panzerrand und lachte, lachte ...

Nicht anders ging es mit Xerxes, dem großen Wisentstier. Sie legten ihn um mit einem Maschinengewehr, gar nicht sehr weit von der Jagdhütte.

Wir versuchten, ein saftiges Rippenstück des Riesen für uns zu requirieren, nachdem die Russen den gewaltigen Leichnam hatten liegenlassen. Die Tiere des Waldes hatten sich schon daran zu schaffen gemacht, als wir vor Tau und Tag hinkamen: Fuchs und Sauen, und in der Höhe wartete schon der Seeadler, daß wir unserer Wege gingen.

Noch einer schien gewartet zu haben. Als ich eben dabei

war, unser Rippenstück herauszulösen, knallte es plötzlich, und ein Gewehrgeschoß zwitscherte dicht an uns vorüber. Nur ein blitzschneller Sprung in die Dickung rettete uns, und wir machten, daß wir fort und in den Hühnerbunker kamen, der nordwärts in der Nähe lag und in dem wir unsere fünf Hühner einquartiert hatten und, vorkommendenfalls, Kranke stationieren wollten. Dort blieben wir bis zum Abend. —

Wenige Tage darauf stellten wir fest, daß unser Schlauchboot gestohlen war, das wir in einem Dornbusch, gut gegen Sicht getarnt, versteckt hatten. Morgens war es noch an Ort und Stelle gewesen; als ich in der Abenddämmerung in der Nähe vorbeistrich, sah ich Schleifspuren im Sand und fand bald die Stelle, wo sie anscheinend die Luft herausgelassen und die Hülle auf ein Pferdefuhrwerk verladen hatten. Weiß der Himmel, wie sie dahinter gekommen sind! Für uns war das Verschwinden des Schlauchbootes ein schlimmer Verlust: Der Fluchtweg über das Wasser, über die See, war uns abgeschnitten; es gab jetzt nur noch den Weg in Fischerbooten über den Bodden — falls eines Tages welche wieder vorhanden sein würden. Fürs erste hatte der Iwan sämtliche Kähne zum Festland hinübergezogen ohne Rücksicht auf die Fischer, die dadurch von ihren Familien getrennt wurden und sie mittellos und, was in diesen Tagen schlimmer war, ohne Fische, und das hieß ohne Nahrung, zurücklassen mußten.

Die Schwingbrücke, die einzige feste Verbindung mit dem Kontinent, stand ständig unter scharfer Bewachung; dort war an ein Fortkommen nicht zu denken.

Nun, noch hatten wir Zeit; sie hatten bisher nicht einen von uns gegriffen und keinen unserer Bunker gefunden! Vielleicht würde sich ihr Verdacht legen, so daß das hektische Gesuche mit Infanterie und den einheimischen Männern aus den Dörfern ein Ende nahm.

Bisher waren wir jedesmal vor solchen Razzien von Freunden über unsere Briefkästen rechtzeitig gewarnt worden und hatten in der Tiefe gesessen, wenn oben der große Zirkus losging.

Alle hoffnungsvollen Gedanken jedoch vergingen mir, als ich eines Tages feststellte, daß in großen, systematisch festgelegten Distrikten des Reviers sämtliche Schneisen und Gestelle frisch umgeeggt waren; das sah nicht nach Beruhigung aus! Offenbar wollte es der Russe jetzt ganz genau wissen, und wir mußten viel Mühe darauf verwenden, jeden Fußabdruck hinter uns sorgfältig zu löschen. Mehr als einmal pfiff eine Kugel hinter uns drein, wenn wir ein Gestell übersprangen, und die Bergung einer angetriebenen Kiste mit Fleischkonserven am Weststrand hätten wir eines Morgens fast mit dem Leben eines meiner Männer bezahlt, dem die Kugel am Schulteransatz durchs Tarnhemd gefahren war, glücklicherweise ohne ihn zu verletzen. Er pulte nachdenklich mit dem Finger in dem Loch herum. »Das hätte leicht schief gehen können, Chef«, sagte er, »nichts als Ärger machen einem die Hanacken!« Aber er war doch ein bißchen kurzatmig dabei und ein wenig blaß um die Nasenspitze. —

Endlich erfuhr ich, warum sie so fanatisch suchten auf dem ganzen Darß. Einer meiner Gewährsmänner flüsterte es mir nachts am Dorfeingang zu: Sie suchen Göring und — mich! Welch unerwartete Ehre! Und unerwünscht dazu; denn nun war klar, daß sie nicht ablassen würden, jede Dickung und jedes Jagen um und um zu wühlen, bis sie irgend etwas erreicht hatten, das einem Erfolg glich, und ich überlegte, ob ich ihnen einen der kleineren Bunker opfern, ihnen eine ›Flucht‹ vorspielen sollte. Das würde vor allem die Phantasie derjenigen beruhigen, die sich täglich an der Vorstellung von den verborgenen Lebensmittelvorräten erhitzten, die wir beiseitegeschafft hätten und die der ›Kommandant‹ im Forstamt denjenigen versprochen hatte — ebenso wie die zehntausend Mark Kopfpreis, die auf mich gesetzt waren —, die unseren Unterschlupf entdeckten und preisgaben.

Die Nachricht stimmte mich nachdenklich. Natürlich wußte jedes Kind, daß Göring auf dem Darß seine Hand im Spiele gehabt hatte, nicht nur bei der Errichtung des Naturschutzgebietes, sondern leider vor allem auch bei der von Luftwaffen-Übungsplätzen und den geheimnisvollen Erprobungsstellen, in denen Ingenieure, Wissenschaftler und Spezialpersonal Tag und Nacht an neuen Waffen gearbeitet hatten, jenen Wunderwaffen, die unser aller Schicksal wenden sollten und es doch nicht mehr gekonnt hatten und die nun, nach allem, was die Flüsterpresse des Gerüchts mir zutrug, in Sowjetrußland und in Amerika weiterentwickelt werden würden. Weiterentwickelt von denselben Männern, die hier oder andernorts den Siegern in die Hände gefallen waren und deren Wissen kurzerhand zur Kriegsbeute erklärt worden war und in der Sklaverei ausgebeutet werden sollte. Mochte doch der Spezialist froh sein, daß man ihm nicht als Kriegsverbrecher den Schädel einschlug, daß man ihm gestattete, Frau und Kinder mitzunehmen in die Verbannung, daß man ihm zu fressen gab und ein Dach über den Kopf, ja, die Möglichkeit, fortzubasteln an den Erzeugnissen seines Hirns!

»Alle, die sie geschnappt haben, haben sie nach Sibirien geschickt«, sagte mein Gewährsmann, »sehen Sie zu, daß Sie fortkommen, setzen Sie sich ab, solange es noch Zeit ist.«

»Zeit? Wieso?«

»Es sind zuviel Evakuierte hier, die sich 'ranschmeißen beim Iwan und sich einen weißen Fuß machen möchten. Zehntausend Mark ist kein Pappenstiel, Herr Forstmeister. Und was meinen Sie, wie viele, gerade von den Leuten, die gestern nicht laut genug ›Heil‹ schreien konnten, seither ihr kommunistisches Herz entdeckt haben?! Ach, es ist beschämend, was wir jetzt täglich sehen und erleben an charakterlicher Niedrigkeit! Kämpfen kann unser Volk, aushalten, hungern und bluten, solange ihm einer sagt: ›Kämpfe — hungere — blute!‹ Aber sobald das aufhört, sobald die Führung weg ist, ist es, als hätten sie alle ihre großen Tugenden verloren. Wie sie jetzt aufstehen, einer gegen den anderen, und sich denunzieren und vorrechnen, was der und dieser gewesen ist bei den Nazis —, wie sie alle abrücken von dem, wofür sie gestern noch ihr Leben in die Schanze schlugen, wie keiner ›es gewesen‹ sein will — ach, Herr Forstmeister, das täglich miterleben und dazu schweigen zu müssen, ist wahrscheinlich schlimmer, als wie Sie im Walde im dunklen Bunker zu sitzen und die Minuten zu zählen; es zehrt mehr an uns als der Hunger; denn zu essen gibt es nicht mehr viel . . .«

Ich hatte fast ein schlechtes Gewissen, als ich in den Bunker zurückkehrte, der nun schon so sehr ein Stückchen Heimat für uns geworden war mit seinem Lichtstümpfchen, dessen rötlicher Schein etwas von dem Balkenwerk der Wände und der Decke erkennen ließ, und in dessen Nachbarschaft die hölzerne Statue des Heiligen Franz von Assisi segnend ihre Hände breitete.

Wie es duftete, wenn man herabkam! Wie im Raum eines Schiffes, das köstliche Spezereien aus fernen Ländern geladen hatte! Nach Zwiebeln und Tabak und Kakao, nach Tee und Kaffee, Käse, Pfeffer, Backobst. Und wie beruhigend es war, zu wissen, daß genug da war für uns alle und für lange Zeit, länger, als wir wahrscheinlich hierbleiben könnten, so daß ich beschloß, meine Freunde und Mittelsmänner droben in den Dörfern ein wenig daran teilhaben zu lassen. Denn es gab ja noch vielerlei anderes: Haferflocken, Grieß, Mehl, Wehrmachtssuppen, Speck, Salz, Zucker, Nudeln, Konserven.

Das einzige, was uns fehlte, war frisches Brot, war Brot überhaupt; denn ein Teil der Dosen, die wir für Brotbüchsen gehalten hatten, Schwarzblech ohne Aufschrift! — enthielt Talg. Dafür aber hatten wir andrerseits Milupan, ein Preßprodukt aus Fleisch und getrockneten Kräutern, ähnlich dem Pemmikan der Indianer, eine vorzügliche Kraftnahrung. Und wir lebten immer ein wenig mit aus dem Walde. Wozu hatte ich ein Leben lang gelernt, krankgeschossenem Wild nachzugehen und es von seinen Leiden zu erlösen? — Die Kosaken knallten wahllos auf alles, was ihnen vor die Gewehrläufe und die MPs kam, und manches Stück fanden wir schwerkrank oder bereits verendet in der Dickung, frisch, noch warm, Zukunftshirsche darunter, das junge Geweih im Kolbenbast noch gänzlich ungefegt, wie es der Jahreszeit entsprach.

Wir trennten Herz und Leber heraus, nahmen eine Keule

mit oder ein Blatt und vergruben den Rest — nicht aus Mißgunst gegen die Sauen und Füchse, die rasch reinen Tisch
machen würden, sondern um uns nicht zu verraten; denn ein
Messer trennt anders als ein Sauzahn.

Wildbretstücke, die wir nicht sogleich verbrauchten, hängten wir gut gedeckt gegen Sicht in hohe Buchen; man konnte
nie wissen, wann man in Not geriet.

Ende Mai begannen die Russen, meinen Wald abzuschlachten wie sie die Schwäne hingemetzelt und den Wisent über
den Haufen geknallt hatten. Sie zogen Holzarbeiter und Fuhr-
werk von überallher auf dem Festlande zusammen und begannen von der Boddenseite her, mit sechzig Motorsägen rücksichtslos in die alten Bestände hineinzuarbeiten. Aber das war
nur der Anfang. Bald rauschten, kreischten und sangen in
Nord, Süd und Ost über 200 Motorsägen, ganz wie der Herr
Kommandant es anordnete. Da fielen die mächtigen Säulen-
leiber vielhundertjähriger Buchen, alte Eichen brachen krachend zu Boden, in wenigen Minuten gefällt, nachdem sie
manches Menschenalter allen Stürmen standgehalten —, große
Douglastannen erzitterten, wenn die Säge an sie kam, bis in
die höchsten Wipfel hinauf; sie zögerten ein Weilchen, als
könnten sie nicht verstehen, was mit ihnen geschah, ehe sie sich
neigten und rauschend stürzten.

»Fürs erste Jahr ist der Einschlag von sechsunddreißig Jahren befohlen«, berichteten meine Späher aus dem Dorf. »Es
wird nach Norm gearbeitet, im Akkord, wie man früher sagte.
Und alles geht nach Riga, Reval, Leningrad ...«

So sank dahin, was ich ein Leben lang geliebt und gehegt,
was die Freude meiner Seele gewesen, was ich hatte bewahren
wollen in Ehrfurcht und weiterreichen eines Tages an einen
Nachfolger, so Gott wollte und mir das Leben ließ, an meinen
Jungen, Hubertus.

Oft geträumte, schöne Träume! Ehe der Wind von gestern
nach morgen weht, sind sie dahin. —

Bald darauf hörten wir von der Lagune her dumpfe Detonationen. Ich pirschte hinüber und fand, daß die Russen be-

gonnen hatten, mit Handgranaten zu fischen. Die Oberfläche war noch weiß von den himmelwärts gekehrten Bäuchen der Barsche, der Hechte, Brachsen und Karauschen. Offenbar hatten sie das meiste schwimmen lassen, vielleicht auch nur zum Spaß ein bißchen gemordet; wer konnte das wissen bei ihnen?

Ich wartete lange, und als sich nichts rührte, schob ich mich im Schilf so weit vor, daß ich mit einer Gerte einiges von dem Segen in meine Nähe bringen konnte. Viele Fische waren noch gar nicht tot; sie quälten sich mit zerplatzten Schwimmblasen elend zu Ende.

Ich nahm, was ich unbemerkt fassen konnte, tötete jeden mit einem kurzen Hieb, zog meine Beute, wie wir es als Jungen schon getan, auf den einen Zinken eines gegabelten Weidenzweigs und begab mich eilends zum Hauptbunker zurück. An diesem Abend gab es Fischsuppe, von Puschke mit Zwiebeln und Gewürzen delikat zubereitet, und anschließend das sauber von den Gräten gelöste weiße Fleisch, jeder was und soviel er mochte, ein Mahl, wie wir es lange nicht genossen. —

Nicht oft erreicht uns die gute und die schlechte Nachricht zur gleichen Stunde. Diesmal war es so. In einem Briefkasten bei Wieck lag ein Zettel: »Die Boote sind seit gestern wieder hier. Sie sollen jetzt auch hier bleiben und von hier aus fischen.«

Die andere Nachricht stammte aus Born und besagte: »Kommandant will für neue Razzien Spezialsuchtrupps mit Hunden anfordern.« Weiter nichts. Und es genügte. Wir selbst verstanden genug von Hunden, um zu wissen, daß sie uns aufspüren und unsere Baue sprengen würden, wie die Teckel den Fuchs. Dies war das Ende, und wir mußten fort sein, ehe die Hunde eintrafen.

Fast wie zur Bestätigung kam die dritte Nachricht. Sie kam über das Radio. Wir glaubten sie nicht, als wir sie das erstemal empfingen, aber nachts kam die Bestätigung in einem letzten Gespräch mit meinem Freunde Leopold. Der Großadmiral Dönitz und seine provisorische Reichsregierung in Flensburg waren überfallartig, so wie man ein Räubernest ausräuchert, eine Gangsterbande hochgehen läßt, verhaftet und mit unbekanntem Ziel abtransportiert worden. Generaladmiral von Friedeburg, der Unterhändler des Großadmirals bei Montgomery und Eisenhower, hatte Selbstmord verübt, um sich weiterer schmachvoller Behandlung zu entziehen ...

Lange saß ich im Dunkeln am Saugraben unter der großen Eberesche. Dies also war das Ende. Des Deutschen Reiches Regierung eingebuchtet wie ein Haufen Landstreicher! Das wollte verdaut sein.

Später pirschte ich hinunter zum Weststrand. Über der großen Adlerföhre nahe am Hauptbunker, strahlte golden ein Stern. Ruhig und unverwandt blickte er zu mir herab, und plötzlich war mir, als glitte etwas von meinen Schultern, das wie eine schwere Last auf mir gelegen hatte.

Dort oben stand ein Licht, das erhaben war über alles, was mich bedrückte. Stand dort seit Jahrtausenden, seit Gott es gesetzt hatte, und würde dort stehen und seine Bahn wandeln, bis Er es löschte. Was auch kommen mochte, was auch auf mich warten und geschehen — jetzt war ich gerüstet.

In dieser Nacht entschloß ich mich, den Darß zu verlassen. Die Nachricht aus Flensburg hatte auch das entschieden. Weder der Amerikaner, noch, was mich tief erstaunte, der Engländer hatte begriffen, daß es die alten Grenzen Europas zu sichern galt, ehe es ihnen erlaubt sein konnte, die Waffen zu senken. Und also würde es keinen Sinn mehr haben, hier auszuhalten, um bereitzustehen, wenn der Westen gegen den Osten antreten würde. Denn er würde nicht antreten. Er würde den Deich, den er selbst zerstört, offen liegen lassen, viel zu beschäftigt damit, die Niederlage des Gegners von gestern auszubeuten, um fähig zu sein, den Gegner von morgen zu erkennen. Geschweige den von heute. Also würden wir abrücken.

Ich setzte mir zwei Tage Frist, zum Abschiednehmen ebensosehr wie zum Ausbaldowern der Fluchtmöglichkeiten, und sandte auch Puschke nachts in die Dörfer, um zu horchen und zu spähen. Es war nun nicht mehr wichtig, ihn seinem Kölner Pelzmantel fernzuhalten; in wenigen Tagen würden wir unterwegs sein; dann mochte die Dame reden, soviel sie wollte ...

Ehe wir abrückten, gaben wir einen der kleinen Bunker preis. Wir spielten großes Theater, bauten eine regelrechte Fluchtkulisse, die eiligen Aufbruch in völliger Kopflosigkeit täuschend darstellte: vom Tisch gerissene Tassen, halbfertig gekochtes Essen auf dem kleinen Holzkohleherd, Liegengelassenes und in der Eile Vergessenes; wir ließen die Einstiegklappe halboffen stehen und ›verloren‹ auf dem Wege zum Strande, zu dem wir deutliche Spuren hinunterführten, eine buntetikettierte Konserve und einen Wollschal. Man sollte denken, daß wir über See geflüchtet wären. Und ich nehme an, man dachte es.

Die letzten Nachrichten vom Festlande klangen günstig: der Russe rückte langsamer vor; manche Orte seien schon wieder feindfrei; das verbesserte unsere Aussichten.

40 NACHTMARSCH NACH WESTEN

Am späten Abend des 20. Juni brachen wir auf. Es war tief dämmerig. Regen fiel klingend auf das junge Laub; das Rauschen hüllte uns ein und verschluckte jeden Laut. Günstiger hätten wir es kaum treffen können. Bei diesem Wetter würde der Iwan nicht im Walde herumflanieren; selbst die Badegesellschaften, die häufig querwaldein zogen, würden zu Hause bleiben.

Ich hatte mehrere Gruppen losgeschickt, die auf Umwegen als Spähtrupps aufklären und mich nachts um 1 Uhr in Born am Bodden wiedertreffen sollten.

Alle waren schwer bepackt. Wieder zeigte sich, wie schwer man selbst auf die Belanglosigkeiten verzichtet, die im Bunker den letzten Besitz bilden. Das Bild von Drahtmann mit der Jagdszene zum Beispiel, das mehr als zwei Jahrzehnte in meinem Arbeitszimmer gehangen hatte, trug ich um den Jagdstock gewickelt mit mir, als ob ich damit rechnen könnte, es unversehrt 300 Kilometer in nächtlichen Waldmärschen in Sicherheit zu bringen.

Puschke und ich gingen dicht hintereinander. Wir trugen selbstgezimmerte Paddel auf der Schulter und unsere Nachtgläser vor der Brust; die Tornisterriemen schnitten in die Schultern.

Langsam und vorsichtig voranschreitend, atmeten wir die Kühle der abendlichen Luft. Wie oft hatte ich dies gerochen, den einmaligen, unverwechselbaren Duft meines Königreichs! So roch kein anderer Wald in der ganzen Welt. Nach Moos und See, Tang, Sand, Holz, Blüten und Harz, nach Gräsern und Sonne und jungem Laub, nach Salzwind, nach den Torf- und Holzfeuern in den Dörfern, nach Humus und vergehendem Laub und so wie heute im Regen nach der Erde der Heimat.

Wie ein rascher Bilderbogen flog, während ich mechanisch voraussichernd dahinschritt, ein Vierteljahrhundert meines Lebens an mir vorüber: Jugendbesuche mit Vater beim alten Jochen auf dem Leuchtturm von Darßer Ort, die federnde Buchenhecke, in der wir nebeneinander gelegen und dem Sande zugehört hatten, den der Wind unter uns knisternd durchs Dickicht trieb —, Ritte und Jagden späterer Jahre, Freuden, Leiden und immer wieder Freuden, das Bild meiner ersten Frau, die schier endlose Reihe der Freunde, die durch mein Haus und mein Herz gegangen waren, die Hoffnungen, die Enttäuschungen und die Erfüllungen — Monna endlich, immer wieder Monna — und die Kinder. — Die Großen zweier Reiche, wie sie gekommen und gegangen in guten und bösen Tagen und mir gezeigt, was wenige zu sehen bekamen: ihre menschlichen Seiten, ihre Vorzüge und ihre Schwächen, und ich mußte unwillkürlich denken, daß keiner von ihnen, wie schlimm auch sein Leumund sein oder in späteren Jahren gemacht werden mochte, nicht auch Vorzüge besessen hätte, gute Seiten seines Wesens, die hier zutage traten und offenbar wurden, als ob es der Wald sei, die feierliche Größe der grünen Dome, die in allen das Beste freilegte. Ich grüßte jeden Baum am Wege, den ich kannte — und welchen kannte ich nicht! — ich verharrte an den dämmererfüllten Wiesen, auf denen in früheren Jahren um diese Zeit die Rehe ästen, und sah im Geiste vor mir, was Federn und was Haare trug in meinem Königreich, in das einst der junge Prinz gekommen, und aus dem nun der König nach einem Leben des glücklichen Dienens und der geliebten Mühen wieder weichen mußte; die Hirsche und die Sauen, Fuchs, Dachs, Adler und Eule, meine Kraniche, wie sie ernsthaft und entrückt ihren Brauttanz tanzten, die weißen Flotten der Schwäne, das mächtige Volk der Enten, Schreiadler und Roten Milan, Habicht, Bussard, die Falken, die ziehenden Schnepfen im jungen Jahr, wie sie bei uns rasteten vor dem Weiterflug nach Norden, und die Tausende und aber Tausende von Singvögeln, die zu den großen Flugzeiten über unsere grüne Insel hinzogen. Ich sah mein Haus und meine Hunde, alle die getreuen und geliebten, und meine Pferde, deren Namen mir jeder wie Glocken läuteten: Adria, Tobruk, Held von Skalde ..., ach wie viele noch!

Ich sah meine Mutter, wie sie jung war und wie sie später mir das Haus führte, wie sie teilhatte an meinen Freuden und meinem Glück, und wie sie still auf ihrem letzten Bette lag, von dem wir sie hinaustrugen, um sie im Rauschen der Buchen und Eichen zur Ruhe zu bringen.

Ich sah und erinnerte und dachte, und mit jedem Schritt, den ich tat, schienen mir die Schlingen fester und unlösbarer, die sich um meine Füße legten.

Wir näherten uns Born. Es war noch früh, reichlich Zeit bis zum Stelldichein, und wir setzten uns in den dunklen Park des Forstamtes, dessen Anlage noch vom alten Raesfeld stammte, der einmal mein Vorgänger gewesen war.

Es hatte aufgehört zu regnen. Von fern hörte ich gedämpfte Geräusche vom Hof. Im Dorf war es still, dunkel und still, als hielte alles den Atem an. Es war anders als früher. Kein Hund bellte, kein Stück Vieh brummte, die Stille lag wie ein Klotz auf allen Dingen, schwer und lähmend.

In den Wiesen am Bodden brannten Wachtfeuer, rötliche

Punkte im Weiß des Nebels, der etwa mannshoch darüber schwebte. Und plötzlich, in die Stille hinein, fingen die Russen an zu singen. Der fremde Klang und Rhythmus, der uns schon am Leuchtturm so oft wie Wolfsgeheul in den Ohren geklungen, schien mir in dieser Stunde fast unerträglich. War das der Abschiedsgruß nach fünfundzwanzig Jahren?!

Es war Zeit. Wir erhoben uns, nahmen unser Gepäck auf und schlichen aus dem Park zum Schilfgürtel am Bodden hinab. Ein Fischerschuppen tauchte wie ein dunkler Berg aus dem Nebelgewoge. Hier würden wir uns treffen. Puschke ging zu den Booten hinunter und legte die Paddel ins nasse Gras.

Der Gesang erstarb. Die Wachtfeuer sanken allmählich in sich zusammen.

Nach und nach erschienen die einzelnen Spähtrupps. Einer hatte den ›Theaterbunker‹ inspiziert. Der Russe war dort gewesen. Um so besser. Er würde denken, wir seien fort.

Lautlos schlichen wir zu den Booten hinunter, verteilten das Gepäck nach vorn und achtern und kletterten hinterdrein. Ich hieß alle bis auf Puschke sich flach auf den Boden legen; das Boot würde so ruhiger liegen und eine kleinere Silhouette bieten. Endlich war alles klar.

»Los«, sagte ich, »vorsichtig hinausstaken, Puschke.«

Er murmelte etwas Unverständliches und begann an der Kette zu arbeiten, mit der der Kahn am Pfahl fest war.

Endlich richtete er sich auf. »Abgeschlossen, Chef!«

»Verdammt! Konnten Sie denn das nicht schon früher feststellen?«

Er antwortete nicht, sondern verschwand im Nebel. Minuten vergingen. Eine Ente schnatterte im Schlaf. Am Bootsboden kluckerte das Wasser. Ein Windatem fuhr wie ein schwerer Seufzer durchs Schilf. Es war sehr kühl, unser Zeug noch naß vom Regen. Das würde es noch oft sein in den nächsten Wochen.

Endlich kam Puschke mit zwei Eisenstangen zurück und machte sich an dem Schloß zu schaffen. Die Kette rasselte, daß mir fast das Herz stehenblieb.

»Leise, Mensch!«

Er hob beruhigend die Hand. »Wir müssen das Schloß sprengen, Chef«, flüsterte er. Ehe ich antworten konnte, führte er einen Schlag mit der einen auf die andere Stange, die er durch das Schloß geschoben hatte. Der Klang des Metalls und das Rasseln der Kette mußte weithin, bis ins Dorf, zu hören sein. Im Schilf begannen aufgestörte Enten wild zu schnattern.

Wir wagten kaum zu atmen. »Bist du wahnsinnig?« zischte ich. »Das Schloß ist auf«, hauchte er zurück. Ich fühlte, wie mir der Schweiß ausbrach.

»Dann los!« Ohne Laut stakten wir den Kahn durch die schmale Schilfgasse. Bellte immer noch kein Hund? War kein Fischer aus dem Schlaf aufgefahren, keiner der Russen an den verglühenden Wachtfeuern von dem Lärm ermuntert? Sekunden vertropften. Der Nachhall des Metallklanges verging. Es blieb still. Der Schweiß rann mir die Brust hinab.

Wir ruderten eng am Schilfgürtel entlang, fort von Born, der Heimat, die jetzt nichts mehr barg als Erinnerungen und Gefahr. Dunkel und reglos stand das Bollwerk meines Waldes, eine schwarze Mauer ohne Hauch und Laut.

Wir bogen ab, hinaus auf den freien Bodden. Schoß niemand? Bellte nirgends ein MG? Kam kein ›Stoi!‹ zu uns über das silberne Wasser!? Nichts.

Wie schnell sich der Abstand vergrößerte zwischen dem Uferstreifen und uns! Unaufhörlich verbreitete sich das mattsilberne Band, unaufhörlich strebte unser Kahn dem Festlande zu, getrieben vom lautlosen Takt der Paddel, die leise eintauchten, gluckernde Strudel bildeten und aus- und wiedereintauchten, sicher, stetig, ohne Unterlaß.

Ich blickte zurück, solange der schwarze Streif zu sehen war, und dachte an das erste Mal, da ich ihn erblickte, als Junge, mit Vater auf einem kleinen Boddendampfer herübergefahren: »Dahinten«, sagte Vater, »das Blauschwarze am Horizont, da ist es. Das ist der Darß.« Und jetzt lag es wieder hinter mir. Für immer? Wahrscheinlich für immer. —

Kurz vor dem Festlandschilfgürtel liefen wir auf. Der Kiel

knirschte leise in den Sand und hob sich unmerklich; wir saßen fest.

»Raus«, befahl ich, »aber leise.« Das Wasser reichte bis über die Knie. Wir wateten strandwärts, lautlos, vorsichtig Fuß vor Fuß setzend. Das Schilf rauschte. Ein paar Enten schnatterten.

Ehe wir an Land gingen, nahm ich meine Männer noch einmal zusammen. »Vor uns liegt ein Marsch von 300 Kilometern«, sagte ich, »ein Fluchtmarsch. Größte Vorsicht bei allem, was ihr tut. Nie absplittern. Wenn wir irgendwo geschnappt oder überrascht werden, immer nach allen Seiten auseinandergespritzt, damit der Verfolger nicht weiß, wen er zuerst vornehmen soll. Ist die Luft rein, wieder zurück zum gleichen Punkt. Unsere ›Legende‹ ist klar: wir sind von der Kurlandarmee, Versprengte, auf dem Marsch nach Hause. Ich bin Oberfeldwebel, verstanden? Wenn wir fliehen müssen, ist die Generalrichtung grundsätzlich immer West. Man muß nach vorn ausrücken, nicht rückwärts, sonst kommt man nie ans Ziel. Ob wir in einer oder zwei Gruppen marschieren, entscheide ich später. Es wird grundsätzlich nur nachts marschiert, wobei wir uns im Schutz der Wälder halten werden; tagsüber müssen wir in Dickungen oder Strohdiemen Unterschlupf suchen und schlafen. So, das wär's für's erste. Nun also weiter. Ich gehe vor — ihr folgt in Sichtweite.«

Ohne Aufenthalt ging es jetzt landein, um den Schutz der kurzen Juninacht möglichst gut auszunutzen. Wir wichen einem Dorf aus und ebenso dem Jagdhaus v. Alvensleben, in dem ich manchen scharfen Umtrunk erlebt hatte. Jetzt sah ich dort russische Soldaten in der Morgenfrühe ihre Pferde striegeln. Nicht viel weiter, in einem Bruch, wußte ich einen geeigneten Rastplatz; dort schoben wir uns ein, legten uns dicht zueinander, deckten die Zeltbahnen über uns, versuchten trotz der schneidenden Frühkälte und der Überwachtheit der Nerven zu schlafen.

Es wurde nicht viel daraus. Kaum daß es richtig tagte, begann unweit unseres Unterschlupfes russisches Soldatensingen.

Ich stand leise auf und pirschte dem bald sich nähernden, bald ferner erklingenden hymnischen Geheul entgegen. Vom Rande der Dickung aus hatte ich bald einen guten Überblick. Vor mir lag die frühere Raketenfabrik Eichort, und auf dem Fabrikgelände marschierten Russen. Russen in lauter verschiedenen Uniformen, wie ich zu meiner Verwunderung feststellte. Nur in einem waren sie alle gleich: sie hatten frischrasierte Köpfe, kahl wie Kegelkugeln; es sah schrecklich aus. Und die marschierten: rechts, links, rechts, links und sangen, sangen. Stalin, Stalin, genau wie anderswo, genau wie jetzt überall. Schließlich begriff ich: es waren befreite Gefangene, die wieder eingedrillt wurden, kaum daß sie das wiedergewonnen hatten, was man sonst Freiheit nennt. Arme Kerle! Ein Lied — zwo drei ...

Mit Dunkelwerden brachen wir wieder auf. Ich beschloß, mich zuerst südwärts zu halten, da ich dort die Wälder fast alle gut kannte, und dann erst nach Westen abzubiegen. Aber es zeigte sich schon in dieser ersten Nacht, daß das Vorwärtskommen weit schwieriger sein würde, als selbst mein Mißtrauen es erwartet hatte. Der Russe war auch nachts unterwegs! Auf allen Hauptstraßen ratterten seine Motorfahrzeuge, Pkws und Lkws, leichte Panzer, schwere Panzer, dazwischen bespannte Einheiten, die sachte dahindröselten, Ölfunzeln an Deichsel oder Wagenkasten, die wie unruhige Geister durch die Nacht schwebten, eine seltsame Prozession, begleitet von Rufen und Flüchen, von Gesang und dem Schnauben der Panjepferde. Dazwischen stachen die Scheinwerfer der Autos, schrien mißtönig die Wagenhörner, und zu beiden Seiten stand schweigend und unnahbar der Wald. In der Ferne rollten Züge und pfiffen Loks durch die Nacht.

Es war klar: Nur Feldwege und Nebenstraßen waren für uns benutzbar; die Hauptstraßen mußten wir meiden wie den bösen Feind.

Was mich am bedenklichsten stimmte, war die Feststellung, daß die Russen überall auch in den Wäldern steckten. Jeden Augenblick, auch nachts, mußten wir gewärtig sein, auf sie zu prallen, in eins ihrer Lager hineinzurennen, Streifen zu begegnen oder marodierenden, plündernden Truppen in die Hände zu fallen. Das ganze Land war wie ein aufgeschrecktes Revier, wie ein einziger mächtiger riesenhafter Kessel, in dem die sowjetischen Treiber für den Jagdherrn Tod das Wild trieben.

Bauern, die wir trafen, wußten davon zu berichten. Kein Mädchen von zwölf Jahren aufwärts, keine Frau, ja, nicht der ehrwürdige Schnee auf dem Haupt der Alten waren vor der entblößten Bestie sicher, die tags oder nachts über sie herfiel, die Männer erschoß, die Frauen vergewaltigte, die Kinder schändete, die Dörfer ausraubte, anzündete, verheerte und alles in Stücke schlug, was sie nicht mit fortschleppen konnte.

Wir kamen nach Schloß Demlow, einem der schönsten und größten Schlösser Pommerns, in dem ich so manches zauberhafte Fest hatte mitfeiern dürfen — wann? Ach, damals, als die Welt noch die unsrige war, als dort noch Feste gefeiert wurden. Wann war das? Es muß unendlich lange her sein, so lange her, so weit zurück, daß die Bilder, die der Erinnerung eingeprägt sind, nur noch wie aus einem fernen Märchenlande in die Gegenwart herüberzuwinken scheinen. Denn die Gegenwart ist dies: im weißen Mondlicht schimmert wie immer und je die Fassade des Schlosses Demlow. Aber die Fensterhöhlen sind leer wie ausgeschlagene Augen, nur hier und da hängt noch ein Rahmen, und der Rest einer Gardine winkt im Nachtwind ein trübes Willkommen. In diesem Schloß sind von Generationen kunstsinniger Männer und Frauen unvergleichliche Kostbarkeiten zusammengetragen gewesen: kostbare Möbel, herrliche Teppiche, erlesene Porzellane und Fayencen, eine weithin bekannte Sammlung von Ahnenbildern der gräflichen Familie, Eichen- und Mahagonischränke, venezianische Spiegel, französische und englische Stiche, mit einem Wort: der Ausdruck jahrhundertealter Kultur.

Jetzt liegt alles zerschlagen, zerfetzt, zerschnitten, mißbraucht in einem Winkel des Parks. Einzelne Dinge erkenne ich wieder; die Platte eines kleinen Wiener Tischchens aus dem 18. Jahrhundert, schönste Intarsienarbeit, zerhackt, als hätte sie als Haublock zum Kleinholzmachen gedient. An einem Baumstamm sind sämtliche Fotos aus den im Schloß gefundenen Fotoalben der weitverzweigten Familie und ihrer Freunde mit Nägeln angeschlagen, Männer, Frauen, Kinder, alt und jung. »Symbolische Nagelung des deutschen· Adels«, sagte nachdenklich mein Offiziersanwärter, Duell, der neben mich getreten ist. »Ich möchte wissen, wie viele von den sogenannten Ostelbiern diese Invasion lebend überstehen. Oder glauben Sie, daß es ihnen anders ergehen wird als den russischen Adligen 1917/18?«

Nein, ich glaubte es nicht, und wir hörten später von den Ereignissen auf Buchenhof, wo sich ein blechbehängter, von Uhren und Armbändern glitzernder Kommissar brüstete, allein mit seiner Pistole ›zweihundertundvierzehn Adelsfamilien tot gemacht‹ zu haben.

Wir stapften durch die Nächte auf Wildwechseln und Feldwegen, nun nur noch zu fünft, nachdem wir uns in der zweiten Nacht auf dem Festland, an der Chaussee, die von Stralsund nach Rostock führt, im Frauendorfer Forst entschlossen hatten, der größeren Unauffälligkeit wegen in zwei Gruppen weiterzumarschieren. Mein Adjutant, Hauptsturmführer Carstens, ein ausgezeichneter Mann, der jedes Vertrauen verdiente, übernahm die eine Gruppe, die von da an auf eigene Faust weiter im Süden ihren Weg suchte; ich selbst ging mit den übrigen nördlichere Wege. Es waren Puschke, seit Jahren mein stetiger Begleiter, Duell, Meyer, Jakstins, Ehrmann und Taubereck, keiner von ihnen über 35 Jahre alt, alles bärtige, kampferprobte Männer, die schon viel heißes Eisen hatten zwitschern hören. Auf sie konnte ich mich verlassen wie auf mich selbst. —

Wir kamen an Bassendorf vorüber, Stätte lieblichster Erinnerungen an brausende Jagden und mondverzauberte Sommerfeste, da die Heiterkeit regierte, der schwedische Graf Wachtmeister den »Großen Sauentanz« zelebrierte, und wir wie berauscht waren von unserer eigenen Jugend, von der zarten Schönheit unserer Tänzerinnen, vom Duft der Sommernacht, der aus den Wiesen des Parks stieg, auf dessen verschwiegenen Wegen wir uns allmählich im Dunkel verloren. Auch jetzt lag Bassendorf im gleißenden Licht des Mondes. Zwischen den großen, alten Bäumen vor dem Schloß hing weiß der Nachtnebel. Aber kein Fenster leuchtete uns freundlich entgegen. Schwarz und abweisend blickte die Fensterfront. Und dann donnerte plötzlich ein Traktor los, und wir sahen auf dem ersten Acker hinter dem Schloß eine Anzahl von Ölfunzeln langsam aufeinander zu, aneinander vorüber und wieder voneinander fortziehen, und schemenhafte Gestalten folgten ihnen im ungewissen Nachtlicht. Auf Bassendorf wurde des Nachts geackert! Traktor und Gespanne zogen ihre Furchen, und schweigend gingen verängstigte Menschen hinterdrein und warfen die Kartoffeln in die Erde. So also sah die neue Freiheit aus.

Wir erfuhren später, daß der alte Graf und die Gräfin von bolschewistischen Kommissaren erschossen worden waren, die nach ›Gold‹ suchten, daß der junge Graf dem gleichen Schicksal mit knapper Not entging, und daß seine beiden Schwestern in jener Nacht, als wir Bassendorf liegen sahen, hinter den Gespannen in der Furche gingen und Kartoffeln in die Erde warfen ...

Zuerst waren zwei russische Offiziere gekommen und, ohne Unheil anzurichten, wieder gegangen. Dann hatten die russischen Gefangenen, Italiener, Polen und besonders die Polinnen das Schloß geplündert und kein Stück, das sich bewegen und mitnehmen ließ, darin gelassen. Danach kamen die Kommissare, die das alte gräfliche Paar ermordeten. Danach Schilder: ›Tod allen Junkern, Grafen und Baronen! Freiheit den Unterdrückten!‹ Danach ein Agrarkommandant, der die Tages- und Nachtarbeit einführte. Dann weitere Schilder, die schwere Strafen für Angriffe auf deutsche Frauen androhten. Und dann die Kosakennacht. Fünfzig Reiter fielen über alle, alle Frauen im Dorfe her; die jungen Gräfinnen, die rechtzeitig geflüchtet waren, konnten in den Wiesen das entsetzliche Geschrei hören, das die ganze Nacht hindurch anhielt, während die Männer des Dorfes inzwischen in der benachbarten Kleinstadt im Keller eingesperrt waren; niemand konnte und niemand wollte helfen. Es war nicht anders als in manchem Dorf, an dem wir vorüberzogen und das sich durch den großen Schrei der Angst verriet, ehe wir noch Turm und Haus in Sicht bekommen hatten.

Eines Nachts kamen wir nach Canitz, einer Försterei, die zu Schuenhagen gehörte, Vaters Forstamt, in dem ich so viele Jugendjahre glücklich gewesen war. Aber die Försterei Canitz, in der ich Rat und Unterrichtung und vielleicht kurzen Unterschlupf zu ruhigem Ausschlafen erhofft hatte, lag verödet, ausgeraubt, tot und leer. Wie 1914 in Ostpreußen hatten die Russen auch diesmal die Förster deportiert.

Bei Canitz verläuft die Grenze zwischen Pommern und Mecklenburg; der Grenzfluß, die Rechnitz, hat sich tief in den Boden gefressen; dem niederen Ostufer liegt ein Steilufer gegenüber; oben darauf das Dorf Marlow, und zu beiden Seiten des Dorfes sahen wir in dieser Nacht zahllose Lagerfeuer biwakierender Russen.

Die Chaussee von Canitz zur Rechnitzbrücke läuft drei Kilometer weit als Deich durch die Wiesen; es würde das einfachste sein, darauf entlang zu marschieren — freilich auch das riskanteste, aber die Verlockung war groß. Und die Möglichkeit auf andere Weise hinüberzukommen, gering.

So wagten wir's denn. Ich pirschte ein gutes Stück weit voraus, die Gruppe folgte in Sichtweite. Falls Kraftfahrzeuge kamen, sollte sie sich von der Chaussee hinabrollen lassen. Unten war ein Graben und Gebüsch.

Aber es kam nichts. Nicht einmal die Brücke war bewacht, und so pirschten wir mit lautlosen, langen Schritten hinüber, gerade auf die Höhe mit den Lagerfeuern der Russen zu, aber dann, kaum daß wir das Westufer hatten, vom Damm hinab in den Schutz der hohen Wiesen. Das Gras triefte vor Tau; innerhalb von Minuten waren wir bis über die Knie durchnäßt und froren erbärmlich. Zudem waren in kurzen Abständen tiefe und breite Vorflutgräben zu überwinden, so daß wir froh waren, als die Russenfeuer in der Flanke zurückblieben und wieder Wald vor uns lag, in dem wir uns bei Hellwerden in eine Dickung einschieben, uns auftrocknen und schlafen konnten.

Je weiter wir nach Mecklenburg eindrangen, desto schwieriger wurde es, voranzukommen, desto dichter steckte das Land voller Soldaten, herumziehender Marodeure, in Dörfern und Wäldern biwakierender Einheiten, hin und her eilender Ordonnanzen und auf den Feldwegen hin und herziehender Kavallerie. Das Dunkel, das unser Schutz sein sollte, und es auch war, war zugleich verräterisch und gefährlich.

Eines Nachmittags, nach schwerem Regen, da wir eben dabei waren, auf einem kleinen Feuer in einer Dickung Kaffeewasser zu hitzen, sehe ich im Aufblicken zwei Schritt neben mir einen Kosaken halten. Er ist mindestens so verblüfft wie wir. Er hat zwei Pferde am Halfter, auf dem dritten sitzt er.

»Auseinander!« schreie ich, und werfe mich mit einem Satz in die Dickung. Aber da ist nur ein Zipfel, dahinter liegt freies Feld, und der Kosak hinter mir schreit »Stoi! Stoi!« und fummelt nach seiner Pistole.

Vor mir ein Stacheldraht. Hindurch! Kein Reiter wird sein Pferd gegen einen Stacheldraht springen lassen. Dahinter Roggen. Hinein, hindurch! Jetzt schießt er. Ach, er wird nicht besser schießen als wir auch.

Der Roggen ist zu Ende, dahinter ein Graben. Ich laufe gebückt darin entlang bis in den Schutz einer Hecke. Dort halte ich und blicke mich um. Er kommt nicht nach; die Luft ist rein.

Vorsichtig pirsche ich zurück, bis ich den Waldrand wieder sehen kann. Da reitet mein Kosak mit seinen beiden Handpferden in sachtem Trab zu Dorfe, als ob nichts geschehen sei. Nitschewo ...

Zuweilen stießen wir auf unseren nächtlichen Märschen auf andere ›Blinde‹, Flüchtlinge wie wir, die, kaum unser ansichtig, davonrannten oder sich mit raschem Sprung in den Wald in Sicherheit brachten. Nur selten kamen wir mit einem von ihnen ins Gespräch. Aber keiner von uns wird die kleine Wandergruppe vergessen, die wir eines Tages aufgriffen und ein wenig versorgten: Vater, Mutter, Tochter und drei Enkelkinder, das kleinste davon im Kinderwagen — und dieser Wagen von MP-Einschlägen zerfetzt, das Kind darin durch beide kleine Beinchen geschossen. Keiner wird die Bewegung vergessen, mit der die Mutter die Flasche mit Milch, die ihr ein mitleidiges Herz im letzten Dorfe geschenkt, an ihrer Brust warmzuhalten trachtete —, keiner das Mahlen ihres Mundes mit vorgeschobenen Lippen, mit dem sie ihrem Kinde die einzig vorhandene Nahrung, grobes Schwarzbrot, vorkaute und einspeichelte wie eine Tiermutter für ihr Junges.

»Da sehen Sie es, Chef«, sagte Puschke, »so weit ist es gekommen mit uns.« —

Wir gelangten in die Nähe von Rostock. Ich wollte die Stadt nördlich liegenlassen und versuchen, die Bahnstrecke nach Doberan zu erreichen. Wir wußten nun schon, daß es sich dort am sichersten, direktesten und ungestörtesten vorankommen ließ. Wir faßten auch die Sanitzer Strecke und folgten ihr in Richtung auf die Stadt in der Absicht, an der Gabel nach Doberan auf diese Strecke abzubiegen. Aber ehe wir diese Abzweige fanden, waren wir schon im Vorgelände von Rostock, in einer ländlichen Siedlung mit sauberen, kleinen Häusern in gepflegten Schrebergärten, die sehr zu unserem Leidwesen mit sehr gut gehaltenen Zäunen eingefaßt waren, was einer Flucht sehr hinderlich werden mußte.

Schließlich fanden wir zwar nicht die Bahn, aber die große Ausfallstraße Doberan—Kröpelin, eine schnurgerade, glatte, schwarze Asphaltbahn, auf der dichter Fahrzeugverkehr herrschte und die wir, eine Lücke hinter einer Panzerkolonne ausnutzend, unmittelbar hinter dem letzten Panzer im Sprung überqueren.

Schließlich fanden wir auch die Bahn, erklommen den Damm und begannen den nun schon gewohnten Schwellenmarsch, eine anstrengende aber raumfördernde Bewegungsart zwischen Gehen und Laufen.

Es goß in Strömen. Ein schweres Gewitter tobte. Grelle Blitze zuckten über Stadt und Vorstädten. Die Silhouette Rostocks war zuweilen sekundenlang scharf und weiß vor dem schwarzen Gewitterhimmel erkennbar. Aber der Regen fiel so mächtig, daß sein Rauschen fast den Donner übertönte, und wir uns kaum zu bücken brauchten, um uns unerwünschter Sicht zu entziehen.

Inmitten dieses Wolkenbruches und Unwetters aber sahen wir zu unseren Füßen am Bahndamm entlang Hunderte und aber Hunderte von Lagerfeuern schwelen. Sie brannten vor ebensovielen runden Spitzzelten. Es waren mehr Zelte und mehr Feuer, als ich auf diesem Marsche und überhaupt jemals gleichzeitig gesehen —, ein ganzes Heerlager, das sich voraus und seitlich weithin zu unseren Füßen breitete. Wir hörten im Gehen die Wassermassen auf die Zeltleinwand prasseln, und — hörten die Russen darin singen — auch hier in dieser Sintflut singen — immer die gleichen, einförmig klagenden, barbarischen Melodien.

Am andern Tage sahen wir von einer Dickung aus Leute in Zivil auf dem Bützower Bahndamm entlanggehen und riefen sie an. Zum ersten Male benutzte ich die verabredete Legende: »Oberfeldwebel der Kurlandarmee mit fünf Mann auf dem Heimmarsch nach Westen.«

»Ach«, sagten sie, »daß es das noch gibt — deutsche Soldaten!« Sie schenkten uns sechs Kartoffeln, für jeden eine, und wir gaben ihnen dafür Zigaretten, von denen wir genügend hatten.

»Nach Süden«, sagten sie, »wird die Besetzung noch dichter. Besser, Sie bleiben hier oben! Bahndämme, Brücken, ja selbst die Bahnhöfe sind meist unbewacht; es fahren ja doch keine Züge. Wo doppelgleisige Strecken sind, Vorsicht; da baut der Iwan die eine Spur ab.«

»Was nimmt er sonst?« fragte ich.

»Alles; das haben Sie doch gesehen; vor ihm ist nichts sicher; nur schwangere Frauen faßt er nicht an; das ist wohl das einzige, was er in Ruhe läßt.«

»Hm«, sagte ich, »habt ihr genug zu essen — nicht nur ihr, sondern die ganze Bevölkerung?«

»Nein«, sagten sie, »meistens nicht. Hier geht es noch, weiter südlich und besonders in den Städten herrschen Hunger — und zum Teil auch Seuchen. Sie sagen Typhus und auch Ruhr. In Grabow, stellen Sie sich das vor, das ist eine der fettesten Ecken Mecklenburgs, sind Menschen Hungers gestorben. Wir wissen es bestimmt: Hungertyphus.« Und sie begannen, uns ein weiteres Kapitel der Leidensgeschichte zu erzählen, die in diesem Frühjahr und Sommer Millionen vertriebener Deutscher auf den Landstraßen, in den Städten, in den Dörfern, den Wäldern und auf den Feldern ihrer gemarterten Heimat erlitten.

Nächtliche Märsche, Rasten bei Tage — es wurde allmählich so sehr zur Gewohnheit, daß wir kaum merkten, wie die Tage dahingingen. Das Mondlicht war uns vertraut, wie es auf den weißen Birkenstämmen an sandigen Wegen lag oder über das stumme Korn ging mit dem Wechsel der ziehenden Wolken. Wir kannten das Lied des Nachtwinds in den Baumkronen, in Ried und Busch und Dorn, die Stimmen der Nachtvögel, das Rauschen des Korns, das verschiedenartig ist bei Roggen und Gerste, Hafer oder Weizen und wieder anders noch in den hohen Gräsern am Wegrain. Wir kannten die Gerüche des Landes, den des Viehs, soweit es noch ein Stück Vieh gab, den der Dörfer, dumpf, warm, nach Herdfeuer und Dung, den des Waldes, der aus so unendlich vielen Komponenten zusammengesetzt ist, und den — des Russen.

Ja, wir hatten gelernt, ihn zu riechen, seine scharfe, fremde Witterung schon von weitem zu erkennen, und mehr als einmal gelang es uns, einer Begegnung rechtzeitig auszuweichen, weil wir den Russen gerochen hatten. —

In einem Dorfe, in dem nur noch ein einziger alter Mann lebte und sonst keine Menschenseele mehr, trafen wir einen, der von Haus zu Haus ging und nach etwas Eßbarem suchte. Auch er war schon lange unterwegs, hatte viel gesehen und viel gehört.

Am 20. April hatte Lübben gebrannt, Lübben im Spreewald. Inmitten der blühenden Obstgärten, in die die Tiefflieger hineinschossen, daß der Blütenschnee den Boden weiß bedeckte, stand die Fackel der Stadt.

Oder Treuenbrietzen. Dort war hart gekämpft worden. Und als der letzte deutsche Soldat die kleine Stadt verlassen hatte oder an seiner Waffe umgesunken war, da waren die Russen von Haus zu Haus gegangen und hatten Männer und Frauen hinausgeführt in die frühlingsfrischen Gärten und hatten sie erschossen, alle, ohne Unterschied. Von den achttausend Einwohnern der Stadt war weniger als die Hälfte übriggeblieben.

Oder Teltow. Dort spreche man nur noch vom ›Teltower Totentanz‹, so Grausiges habe sich ereignet.

Es schien, als könne man niemand mehr begegnen, dem nicht die Lippe überquoll von den Greueln, die er erfahren und die größer und unerträglicher waren, als daß einer sie hätte bei sich bewahren können; jeder, den wir trafen und sprachen, stand wie unter einem Zwang zu reden.

Wir kamen nach Greweshagen, wo beim Lehrer Nachricht von den Kindern für mich hinterlegt sein sollte. Das Haus war leer, der Lehrer von den Russen entführt, die Familie fort, niemand wußte, wohin. Und niemand hatte ein Fräulein und zwei Kinder gesehen. Wer achtete schon darauf; es zogen so viele vorbei.

Frierend, abgemagert, struppig, mit langen Bärten, verschmutzten Kleidern und Haaren, die uns längst über den Kragen wuchsen, fochten wir uns weiter nach Westen durch.

Das Korn war nun schon halb hoch und bot guten Schutz. Aber wie die Polen im Osten, so hatten auch die Russen die widerwärtige Gewohnheit quer durch die Felder zu laufen. Ihnen machte es nichts, die blühenden Halme, die künftige Brotfrucht, niederzutreten, um ein Stück Weges abzuschneiden, und so war man selbst mitten im höchsten Roggen nie ganz sicher.

Es wurde uns fast zur Zwangsvorstellung, einmal, nur ein einziges Mal eine Nacht durch in Sicherheit und Wärme, ausgezogen und trocken schlafen zu können. Statt dessen lagen wir wie der Hase in der Furche, schoben wir uns in die Dickung, wo sie am dichtesten war, wie Hirsch und Sau, lagen wir im Korn wie das Rebhuhn oder steckten uns in Strohdiemen auf dem Felde wie die Maus im Winter und waren froh, wenn wir einmal eine Feldscheune fanden, auf deren Oberboden Stroh oder Heu genug lagen, um sich darin einzugraben.

Wir litten unter den unangenehmen Begleiterscheinungen unserer Wanderschaft, dem Hautjucken, dem Schweißgeruch der zu lange getragenen Wäsche, den auch häufiges Durchspülen in Waldbächen und Gräben nicht zu entfernen vermochte, der Verfilzung des Haares, dem ganzen ungewaschenen Zustand, in dem wir uns befanden, und den abgelaufenen Schuhen; aber bei alledem verloren wir eins nie aus dem Auge: ›Es gibt nur die Flucht nach vorn!‹ Und so brachen wir, wenn immer Lagen sich gefährlich zuspitzten, nach Westen aus, bis wir schließlich nach meinem Kompaß und meiner Berechnung unweit der Demarkationslinie stehen mußten, die das Sowjetgebiet von dem von den Engländern besetzten trennte. Hier machten wir Rast in einem verlassenen Dorf, in dem keine Menschenseele mehr lebte, wo kein Hahn mehr krähte, kein Huhn gackerte, kein Tauber mehr seiner Täubin geplustert den Hof machte, kein Rind brüllte und kein Ferkel quiekte. Leer und tot war alles, tot, tot, tot.

Unweit des Dorfrands, in einer Feldscheune auf dem obersten Boden, schoben wir uns ins Stroh, als der erste Morgen graute, und schliefen den Schlaf der Erschöpfung.

Spät am Nachmittag ging ich pirschen, aber soviel Häuser ich auch betrat, nirgends fand sich eine Spur von Leben! Leer, mit offenen Türen standen die Räume. Scherben, Splitter, zerbrochenes Mobiliar, zertretene Bilder, wohin man kam; der Schutt knirschte unter den Schuhen.

Aber am entgegengesetzten Dorfausgang, am Spritzenhaus, fand ich etwas Nützliches. Weiß der Himmel, welche Kompanieschreibstube hier abgeladen hatte! Da lagen stoßweise Akten und Formulare, und mitten dazwischen zahllose Soldbücher, verregnet, beschmutzt, gerade das, was wir brauchten; denn eines war sicher: Ausweispapiere — und zwar unverfängliche — würde man brauchen können, auch im Westen.

So suchte sich jeder heraus, was er brauchte, ehe wir zum letzten Nachtmarsch vor der Grenze aufbrachen. Es war eine klare, helle und kalte Frühsommernacht. Der Mond schien voll und tauchte das schweigende, dunkle Land in sein weißes Licht.

Wie still die Nacht war! Kein Rind brüllte, kein Hund bellte. Auf einer Höhe lag ein totes Dorf, reglos und schwarz. Wir waren im Niemandsland angekommen, und je weiter wir kamen, desto stiller wurde es, desto leerer, desto lebloser.

Am andern Morgen schoben wir uns in einer Mergelkuhle oberhalb eines Dorfes zum Tagschlaf ein, aber während meine Männer schon ruhten, lag ich noch eine Zeitlang am Rand der Kuhle in Deckung der Dornbüsche und beobachtete durch das Glas. Es war ein schöner Morgen, die Sonne war strahlend klar aufgegangen, der Himmel blau und wolkenrein, und all das liebe, junge Grün funkelte und blitzte im Morgentau. Die Luft des jungen Sommers drang tief hinab bis in die Lungen; die ersten Sonnenstrahlen wärmten mir den schäbig gewordenen Balg, zum ersten Male seit langer Zeit war mir wieder wohl.

Das Dorf lag schweigend, ohne Leben, wie wir es nun schon gewohnt waren. Aber dann, plötzlich, erblickte ich eine Prozession von Leben: eins, zwei, drei, vier — Pause — und dann noch eins — fünf ostergelbe Gössel, junge Gänschen, marschierten hinter einer strohgedeckten, behäbigen Scheune hervor, über einen kleinen Grasanger und wieder in Hausdeckung.

Ich wartete eine kleine Weile, aber niemand folgte. So schob ich mich sachte aus meinem Versteck und lief, einen Graben als Deckung nutzend, gebückt bis zum ersten Haus, verharrte dort einige Sekunden, reglos lauschend, und verschwand mit kurzem Sprung in der ersten offenstehenden Tür.

Es war wie gestern: alles verlassen, leer. Spuren von Flucht unverkennbar, und auch hier war geplündert, auch hier von den Siegern Zimmer für Zimmer in widerlicher Weise verunreinigt, die Gardinen samt den Brettern herabgerissen, Bilder zertreten. Lampen zersplittert, zerschossen, Möbel zerschlagen, Polster geschlitzt — ein beklemmendes Bild. Und wie hier, so fand ich es Haus bei Haus in drei, vier, fünf Gehöften. An Nutzbarem aber fand sich kein Halm, kein Nagel und kein Korn: die Räuber hatten ratzekahl reinen Tisch gemacht.

Endlich kam ich an die Schule. Sie lag mitten im Dorf. Auch hier Verwüstung, selbst die Schulbänke waren in Stücke geschlagen. Plötzlich jedoch fiel mein Blick auf ein Buch. Aufgeschlagen, wie es hingeworfen worden war, den Rücken nach oben, lag es auf dem Estrich. Ich hob es auf. ›Leben und Briefe Schuberts‹ stand in goldenen Lettern auf dem Rücken.

Ich trat aus dem Dämmer der Schuldiele, auf deren Steinfliesen meine Schritte seltsam nachhallten, in die offene Tür und fing an, in dem Buch zu blättern. Der Druck und die gotische Schrifttype waren altmodisch, das Papier vergilbt und stockfleckig, aber es lagen Merkzettel zwischen manchen Seiten.

Ich spähte nach rechts, nach links; der dörfliche Friede war vollkommen. Auf der gegenüberliegenden Seite der Dorfstraße lag ein kleiner Teich, von Weiden und hohem Schilf malerisch eingefaßt. Ich hörte einen Frosch plumpsen und dachte, daß es dieses Schilf gewesen sein müßte, dem die fünf Gössel ihr Leben verdankten. Der Rohrsänger pfiff darin, und draußen vor dem Rande lagen Seerosenblätter mit dicken Knospen, die eben im Begriff waren, sich zu öffnen und etwas von dem makellosen Weiß der Blüte schon ahnen ließen. Gegenüber, auf dem Scheunengiebel, saß eine Amsel, die trotz der vorgerückten Jahreszeit ihre Stanzerln flötete.

Ich setzte mich auf die sonnenwarme Schulschwelle und fing, während mein Ohr im Unterbewußtsein auf Geräusche etwa herannahender Russen lauschte, an, in dem Buche zu lesen. Welch eine Welt! Welch ein Abgrund zwischen ihr und uns!

Ich hing diesem Gedanken nach und verlor ihn wieder im

Lesen. Es war unbeschreiblich herrlich, nach Wochen der Flucht und Verfolgung plötzlich diese Gedanken, diese Empfindungen vor sich ausgebreitet zu finden — eine einzigartige Stunde, wie Rückkehr in eine verlorengeglaubte Heimat, und ich fühlte mich in einer noch nicht erlebten Weise beglückt und befreit.

Und dann kam der Russe; ich hörte seine Stimmen, warf das Buch hin und tauchte mit einem Satz in dem Schilfgürtel unter.

Hinter mir schlossen sich die Halme; ich war in Sicherheit, und stand zwei Stunden bis am Bauch im Wasser und sah ihnen zu, wie sie das Dorf untersuchten.

Es waren etwa fünfzehn Mann. Sie hatten die Tellermützen lässig zurückgeschoben und kamen in loser Ordnung ohne Eile herangeschlendert. Sie gingen an eins der Häuser, traten hinein, blieben eine Weile verschwunden — ich hörte sie lärmen, lachen und rumoren — und kamen wieder heraus. Genauso ging es beim zweiten, dann beim dritten. Es war klar, man sah es ihnen geradezu an, daß sie enttäuscht waren, und so gingen sie denn auch ohne weiteren Aufenthalt davon.

Ich trat noch in zwei weitere Häuser dieses Dorfes, ohne eine lebende Seele zu finden; doch dann, im dritten, genauer im Altenteilerhaus eines dritten Hofes, hörte ich Stimmengemurmel, als ich zur Treppe hinauflauschte. Ein Augenblick des Zweifels, dann war es klar: dort oben wurde deutsch gesprochen.

»Hallo!« rief ich, »ist hier jemand im Hause?« Und noch einmal: »Hallo! Gut Freund hier! Gut Freund!«

Ich hörte leises Schlurren von Schuhen. Oben öffnete sich eine Tür, und durch den Spalt äugte ein alter Mann herunter.

»Guten Tag, Großvadder!« rief ich, »darf man hinaufkommen?«

Er nickte und winkte mich mit der Hand herauf, ohne zu antworten.

Er war der Altbauer des Hofes, hochbetagt, und er saß hier als der letzte lebende Mensch des Dorfes. Alle andern waren entweder tot oder fortgeführt — »nach Sibirien«, sagte er, und wieder begann die Litanei der Leiden. »Was haben wir denn getan?« fragte er, als er zu Ende war, »daß Gott uns derartig geschlagen hat? Daß solche Dinge geschehen können, wie sie hier geschehen sind, seit der erste Russe den Fuß ins Dorf setzte. Ich habe mein Leben lang gearbeitet, wie es in der Bibel geschrieben ist —, ›im Schweiße meines Angesichts‹ — und habe dem Kaiser gegeben, was des Kaisers war, und versucht, mit meinen Nachbarn auszukommen. Ich habe diesen Krieg nicht gemacht und den vorigen nicht, obwohl ich damals vier Jahre im Felde stand, aber ich habe in den vier Jahren keinen gesehen, der solche Dinge getan hätte, wie sie jetzt in Deutschland jede Nacht und jeden Tag geschehen. Der hätte auch vorm Kriegsgericht gestanden und wäre vor die Gewehrläufe gekommen, der das versucht hätte . . .«

So ging es fort. Sein alter Kopf mit der mächtigen Platte, dem weißen Haarkranz und den blauen Augen in dem von harten Falten gekerbten Gesicht vermochte nicht zu fassen, was in den vergangenen Wochen über sein Dorf und sein fast beschlossenes Leben hereingebrochen war. Er saß an seinem Platz an dem niedrigen Giebelfenster, von dem aus er Dorf und Straße beobachten konnte. Er wies hinaus und wiederholte mit Kopfschütteln: »Warum hat Gott das getan? Solches Gericht?«

»Ich glaube«, erwiderte ich, »daß dies nicht Gottes Gericht ist, was über uns gekommen ist, sondern der Satan. Aber haben Sie auch bedacht, Großvadder, daß in Rußland ebensolche alten Männer wie Sie in zerstörten Dörfern sitzen und nicht begreifen können, was über sie gekommen ist?! Oder wissen Sie nicht, daß wir halb Rußland auf unserem Rückzuge verbrannt und in die Luft gesprengt haben? Da treibt ein Keil den anderen.«

Der Alte antwortete nicht. Er saß stumm da und nickte langsam vor sich hin.

Es war noch ein Mann in der Kammer, ein alter Taglöhner mit krummem Rücken und arbeitskrummen Fingern. Er kam aus einem der Nachbardörfer und hatte dem Alten ein Schnupftuch voll Kartoffeln gebracht, ein schmales Rändchen Speck, etwas Brot und Tabak.

Ich fragte ihn, wie weit jenes Dorf noch von der Grenze entfernt sei, und er erwiderte, daß man sie vom Dorfrande aus liegen sehen könne; die Überlandleitung jenseits der Talsenke, in der der Grenzgraben verliefe, sei bereits englisch besetztes Gebiet.

Zur Sicherheit fragte ich nach einem trigonometrischen Punkt, den wir anmarschiert hatten und von dem aus der Sprung über die letzten Kilometer getan werden sollte. Er lag anderthalb Kilometer vor unserem Dorfe. Von der Feldscheune aus, in der wir Unterschlupf genommen hatten, konnte man ihn liegen sehen. Das war nach dreihundert Kilometern nächtlicher Märsche kein schlechtes Ergebnis.

Noch eine gute Nachricht hatte dieser Alte für uns: das letzte Grenzdorf war vor wenigen Tagen von den Russen geräumt worden.

»Gehen Sie ruhig hinein«, sagte er, »da ist keine Gefahr mehr; de Russ' is weg.« Und der Altbauer fügte hinzu: »Gehen Sie zu Bauer Dubrow; der hilft Ihnen weiter.« —

Ich bedankte mich und ging. Aber ich kehrte nicht gleich zu meinen Männern zurück. Ich wollte sichergehen, daß die Luft rein war, sicher, daß wir jenen angesteuerten Punkt auch richtig erreicht hatten. Ein einziges Mal unterwegs hatte ich einer Behauptung Puschkes mehr geglaubt als meinem Marschkompaß. Unser angenommener Ausgangspunkt hatte um nur wenige hundert Meter falsch gelegen, und wir waren erheblich in die Irre gegangen und um Haaresbreite dem Iwan in die Hände gelaufen.

So pirschte ich im Schutz des Weidengebüsches auf einen Waldrand zu und darin entlang, bis ich von einem Erdwall aus über Klee und Raps und Roggen hin das Nachbardorf sehen konnte. Und wie gerufen kam ein Mann des Weges zwischen Raps und Roggen, auf Rufweite heran, der mir wörtlich bestätigte, was der andere gesagt hatte: wir waren anderthalb

Kilometer von unserem Absprungspunkt entfernt, und das Dorf drüben war russenfrei. Erst unmittelbar an der Grenze säßen sie wieder; dort aber säßen sie dick.

Zufrieden kehrte ich zu meinen Männern zurück. Ich sagte ihnen, daß ich hinübergehen würde in jenes Dorf und versuchen, mit dem Bauern Dubrow zu sprechen, der mir genannt worden war. Sie sollten inzwischen ruhig liegenbleiben und Kräfte sammeln für die kommende Nacht.

In der Abenddämmerung ging ich hinüber. Der Tag war klar und warm gewesen, nun stieg der leise Dunst des Abends aus den Senken und Wiesen. Wie gut mußte ich in das Bild dieses Abends passen — ein müder, alter Landstreicher vor einem Dorfe, darin er um Nachtquartier bitten würde. Lagen wirklich erst vier Wochen zwischen dem Forstmeister, dem Offizier im Generalsrang und dem alten Vagabunden, der ich heute war?!

Ein Knecht auf der Dorfstraße wies mich auf den Dubrow-Hof. Auf mein Klopfen wurde die Küchentür geöffnet. Ich sagte, woher ich kam. »Feldwebel der Kurlandarmee, mit fünf Mann auf dem Rückmarsch.« Ob ich den Bauern sprechen könnte.

Die zwei Frauen in der Küche, Mutter und Tochter Dubrow, wie sich herausstellte, waren freundlich und hilfsbereit: »Setzen Sie sich erst einmal hin. Wir machen Ihnen rasch etwas zu essen.«

Dann kam der Bauer, ein großer, blonder Mann nahe den Sechzig. Er faßte mich scharf ins Auge. »So, Feldwebel der Kurlandarmee und fünf Mann. Hm. Wo haben Sie denn Ihre Leute?«

Ich sagte es ihm.

Ich sagte ihm auch, daß wir hinüber wollten, sobald es möglich sei, und daß ich seinen Rat erbäte, seine Unterstützung, wenn er das tun könne, ohne sich selbst zu gefährden.

»Ich habe noch eine Karte«, sagte er. »Von meinem Sohn. Der ist auch nicht wiedergekommen. Essen Sie jetzt erst, und dann gehen Sie und holen Ihre Leute.«

»Hierher ins Haus? Ausgeschlossen.«
»Warum nicht? Sie können im Stall auf dem Stroh schlafen. Vieh ist ohnehin nicht mehr da.«
Ich erklärte ihm, daß Nachtquartier in einem bewohnten Dorf mir absolut zu gefährlich erschiene. Ob es nicht eine Feldscheune gäbe, möglichst mit Deckung für An- und Abmarsch.
»Ja«, sagte er, »die gibt es. Gleich hier hinter dem Hof. Und wenn Sie das vorziehen, gehen Sie man da hin.«
Indessen waren die Spiegeleier fertig geworden, die mir die Bäuerin in die Pfanne geschlagen hatte. Ich versuchte, sie nicht mit Heißhunger zu verschlingen, sondern richtig zu kauen. Der Bauer saß dabei und sah zu. »Sie selbst könnten aber ruhig hier im Hause bleiben«, sagte er nach einer Weile.
»Warum?«
»Leute in Ihrem Alter läßt der Iwan ungeschoren.«
»Hm. Für wie alt halten Sie mich?«
Ein abschätzender Blick. »Na, an siebzig?«
Donnerwetter, ich mußte ja schön aussehen!
»Aber die Geschichte mit dem Oberfeldwebel«, fuhr er fort, »die lassen Sie lieber weg.«
»Wieso?«
»Na, Sie sind doch keiner. Sie sind doch mindestens Oberstleutnant oder Oberst.«
Im Bruchteil einer Sekunde beschloß ich, ihm zu vertrauen.
»So ungefähr.«
»Oder sogar General.«
Auch das gab ich halbwegs zu.
»Woran sehen Sie das?«
»Das sieht man doch sofort. Nicht so im ganzen natürlich, aber am Auge, da sieht man das.« Er überlegte einen Augenblick und suchte nach dem passenden Wort. »Dem sieht man an, daß es gewohnt ist, zu befehlen«, sagte er schließlich.
Vier Wochen Vagabundenleben, vier Wochen Zeugenschaft äußerster Erniedrigung alles dessen, was mir teuer gewesen, was ich liebte und was meinem Herzen nahestand, hatten also

doch eines nicht vermocht, so sehr ich auch sonst in allem heruntergekommen sein mochte: mein Auge zu verändern, und dieser kluge, alte Bauer hatte die Tarnung von Bart und Lumpen mit einem Blick durchschaut. Ich kann nicht sagen, daß ich darüber sehr glücklich war. Was, wenn die Russen uns an der Grenze im letzten Augenblick doch noch schnappten? Ihre NKWD-Vernehmer würden schwerlich schlechtere Menschenkenner sein als Bauer Dubrow!

Ich bedankte mich und ging, meine Männer in Dubrows Feldscheune zu holen. Kurz nach Dunkelwerden würden wir dort eintreffen.

Kaum aber war ich aus Sicht des gastlichen Hofes, als sich unaufhaltsam vollzog, was ich hatte schon kommen fühlen: ich brach die ganzen herrlichen Spiegeleier wieder aus! Zu lange hatten wir gefroren, gedürstet, gehungert und gedarbt, als daß der entwöhnte Magen dieses Nahrungsangebot hätte bewältigen können.

Als ich den letzten Bissen wieder herausgewürgt hatte, war mir leichter. Ich ging und holte meine Männer, da die Schatten der Nacht sich allmählich aus der azurnen Höhe herniedersenkten. Die ersten Sterne traten aus dem Himmelshaus hervor. Im Westen lohte der ganze Horizont in blutigrotem Brand. Wie oft hatten wir solche Himmel gesehen in den vergangenen Jahren, und es war nicht die untergehende Sonne gewesen, die sie verfärbte!

Auf dem First einer Scheune des verlassenen Dorfes sang eine Amsel. Geradeso hatte das Lied der Amsel geklungen in Schuenhagen, geradeso in Eberswalde, geradeso an manchem Abend während der Oberschlesienkämpfe in Kreuzburgerhütte, geradeso auf dem Darß! Es ging alles weiter seinen unverrückbaren Gang, was auch wir Menschen aus unserem Leben und Schicksal machten. Ob wir einander liebten oder erschlugen — was lag daran?!

Lautlos, in dem längst zur Gewohnheit gewordenen Indianerschritt pirschten wir über die Felder, bis wir am Rande des Dorfes die Feldscheune des Bauern erreichten.

Wir hatten uns eben auf dem Heuboden ein wenig eingerichtet, als uns eisiger Schrecken in die Glieder fuhr. Unten ging die Tür. Wir hörten die Angeln knarren; Schritte raschelten durchs Stroh heran.

Keiner von uns wagte zu atmen.

Dann eine Frauenstimme, flüsternd, von unten: »Seid ihr da? Hier ist Suppe für euch!«

Nie werde ich die Freude, die Erleichterung vergessen, die mich in diesem Augenblick überlief. Ich war n i c h t in eine Falle getappt, wie ich eben jählings befürchtet! Es war alles in Ordnung, und ich beugte mich über den Bodenrand und flüsterte: »Danke! Danke! Das ist ja wunderbar. Vielen Dank!« Und nahm die Suppe, die mir die Dubrowtochter in einem Kessel heraufreichte, vorsichtig entgegen. »Sagen Sie Ihrem Vater, daß ich nachher noch hinüberkomme.«

»Ja.« Schon war sie verschwunden. Wir aber verteilten die heiße Mehlsuppe unter uns, die sogar auf Milch gekocht war — weiß der Himmel, wo Dubrow seine Kühe verborgen hatte! — und uns schmeckte wie keine Suppe jemals zuvor.

Am folgenden Abend hatte uns Bauer Dubrow so weit, daß wir alle in der kleinen Stube neben seiner Küche am Tische saßen und unsere Suppe löffelten. Plötzlich fuhr draußen ein Auto vor. Zwei Offiziere sprangen heraus, kamen über den Hof und betraten die Küche.

Gefangen! blitzte es mir durchs Gehirn. Hier gab es keinen Ausweg; nur Glück konnte uns retten. »Herhören alle!« zischte ich, »wir sind Holzfäller, haben für den Bauern gearbeitet, verstanden?«

Der Knecht des Bauern, ein früherer Luftwaffenunteroffizier, der dabeistand, stemmte die Hände in die Seiten. »Ich weiß gar nicht, was ihr habt! Es passiert nischt mehr. Damit ist es vorbei!« Er nahm die leergelöffelten Näpfe, stellte sie aufeinander und ging, meinen Einspruch mit einer verächtlichen Geste beiseite wischend, in die Küche hinaus.

Die Tür hinter ihm war noch nicht ins Schloß gefallen, als sie schon wieder aufgestoßen wurde. Auf der Schwelle stand

ein Offizier in russischer Uniform, ein Pole. Argwöhnisch strich sein kaltes graues Auge über uns hin:
»Wer seid ihr?«
»Waldarbeiter«, brummte ich, »haben für Bauer gearbeitet — jetzt Abendbrot.«
Wieder der Blick, der uns zu durchdringen versuchte. Die Zeit schien stillzustehen.
Plötzlich lachte einer meiner Männer nervös auf.
»Was du lachen?«
Die Luft knisterte vor Spannung.
»Ist nichts, Herr Offizier«, sagte ich beschwichtigend, »der immer bißchen plem plem«, und klopfte mit gekrümmtem Zeigefinger gegen meine Stirn.
Er antwortete nichts, warf noch einmal einen kalten, scharfen Blick auf jeden von uns und sagte dann: »Gutt. Ihr viel Arbeit. Deutsches jetzt Arbeit, Arbeit, Arbeit! Bis krepier! Arbeit!« Und ging.
Wenige Minuten darauf hörten wir den Motor des Wagens anspringen, das Schalten der Gänge und das leise Verschwimmen der Geräusche, mit denen der Wagen sich entfernte. Wieder einmal waren wir um Haaresbreite davongekommen!
Am andern Abend wagten wir den letzten Sprung, den Anlauf, der uns in die Freiheit führen mußte oder — vielleicht — den ganzen mühseligen Weg zurück und möglicherweise noch viel weiter — bis nach Sibirien, wenn es die Mißgunst des Schicksals wollte.
Wir nahmen Abschied von Dubrow und seinen Frauen und nahmen den Weg unter die Füße, zuerst zu meinem trigonometrischen Punkt, da ich unter allen Umständen einen sicheren Abgangspunkt haben wollte, dann in lautlosem Pirschgang auf das erste Grenzhindernis zu. Wir wollten rechtzeitig dort sein, um Zeit für kurze Rasten zu behalten. Auch würde kurz nach Mitternacht der Mond aufgehen, voraussichtlich sehr hell, beinahe noch voll, so daß wir einige Stunden würden warten müssen, ehe wir den Sprung über die freien Flächen wagen konnten. In der Frühdämmerung würde außerdem

Nebel uns hilfreich decken, der dann aus den Wiesen in der Niederung aufstand.

Bald lag das erste Hindernis vor uns, ein nicht allzu breiter, an den Ufern von Erlen bestandener Bachlauf. Ein Stückweit bachabwärts stand in der Karte eine kleine Brücke verzeichnet, aber Dubrow hatte uns gewarnt, zu weit in jener Richtung zu gehen, da seit ein paar Tagen die Russen ein Hundekommando an der Grenze stationiert hätten, um die Flüchtlinge zu stellen. Das Lager dieser Einheit, deren Gefährlichkeit uns am allerwenigsten klargemacht zu werden brauchte, lag bachabwärts in der Nähe jener Brücke.

So stiegen wir durch den Bach — er war nicht tief —, naß bis zu den Hüften waren wir ohnehin vom Durchqueren eines tauschweren Roggenstücks, dessen bitterer Blütenstaub uns an Lippen und Zunge klebte, und lagerten kurz nach Mitternacht, als der Mond mit blendender Helle aufging, im Schutze von Haselbüschen. Von hier bis zur Grenze hatten wir noch vier Kilometer.

Wie langsam die Zeit verstrich! Da oben standen die Sterne und drehten sich lautlos um den Himmelspol. Wie weit! Wie fern! Ob es dort Welten gab wie die unsere, so herzbrechend schön und zugleich so voller Entsetzlichkeiten?! — Ich blickte auf meine fünf Männer, wie sie ausgestreckt lagen, den Tornister unterm Kopf, und schweigend in die Ewigkeit hinaufsannen. Was sie wohl dachten? Sie waren ausnahmslos verheiratet, hatten Kinder wie ich und wußten wie ich nicht, wo sie die Ihren suchen sollten. Sie waren einfach, geradlinig und treu. Ohne Murren, überzeugt, ihre Pflicht zu tun und unerschütterlich in dem Willen, sie anständig zu tun, waren sie mit mir durch dick und dünn gegangen. Jeden von ihnen kannte ich bis unter die Haut und in sein Herz hinein. Sie waren gewogen und für echt befunden. Sie waren treu. Wie schrieb einmal einer meiner Freunde? »Treue ist eine Farbe, die wie Pigment in der Haut sitzt und erst vom Tode abgewaschen werden kann.« —

Blaß verging der Mond. Es wurde Zeit. Wir standen auf

und reckten uns den Schlaf aus den Gliedern, nahmen die Lasten auf den Buckel und fielen wie von selbst in den langen, lautlosen Pirschtritt. Keiner sprach. Im Süden war Motorengeräusch zu hören, das Schalten von Getriebegängen, dann wieder Stille.

Wir kamen über eine kleine Höhe und hielten am Rande eines Tannenstücks. Vor uns lag eine weite Senke, gefüllt mit weiß wallenden Nebelschwaden, aus denen wie eine Reihe von Zähnen die Spitzen der Kosakenzelte hervorstachen: eins, zwei, drei, vier — fünf... mindestens zwei Dutzend. Also weiter nach links! Dort stand brusthoher Roggen, triefend von Tau. Wir ruderten hindurch bis kurz an den jenseitigen Rand. Dort lag das zweite Hindernis, ein deichartiger, von Erlen, Haselbüschen und Dornen bewachsener Wall.

Vorsichtig robbte ich mich an den schmalen Pfad heran, der am Fuße des Bollwerks dahinführte, und sah sofort: der frische Tau an beiden Seiten war gestreift worden. Von wem? Wahrscheinlich von Postenstiefeln, vielleicht von Hunden des Suchkommandos?

Ich winkte Puschke, zu mir vorzukommen, springe über den Weg, verharre lautlos und drücke mich, als alles still bleibt, jedes Zweiglein sorgsam beiseite biegend, sachte durch die Hecke.

Stille. Kein Laut. Vor mir ein Graben, darin Huflattich. Hinunter. Das Wasser, das sich in den tellerförmigen Blättern gesammelt hat, ist eisig; ich spüre es und vermerke es, ohne viel darauf zu achten; denn etwas anderes nimmt meine volle Aufmerksamkeit gefangen: ein wohlbekannter Geruch! Ich rieche den Russen. So habe ich ihn gerochen in meinem Walde auf dem Darß, so auf 300 Kilometern Fluchtmarsch, und ich erstarre zu völliger Reglosigkeit. Wo ist der Feind?!

Ich sehe nichts; es ist vollkommen still ringsum. Sekunden verstreichen. Mit äußerster Vorsicht pirsche ich einige Schritte weiter in dem Graben entlang, schiebe wieder die Blätter des Huflattichs auseinander und spähe nach beiden Seiten. Nichts.

Und dann plötzlich ein rasselndes Geräusch! Schnarchen!

Ich beuge mich weiter vor, und da sehe ich drei Schritt vor mir das kleine, niedrige Postenzelt, halb vom Gebüsch verborgen, und aus dem offenen Zeltvorhang ragen drei Paar Stiefelsohlen hervor. Unwillkürlich muß ich schmunzeln. Das ist die Art Posten, die wir uns gewünscht haben für heute nacht!
Hastig weichen wir zur andern Seite hin aus. Die Hecke ist lang. Wir haben nun keine Zeit mehr zu verlieren; schon verfärbt sich im Osten der Himmel, und durch die Baumspitzen geht der erste Morgenhauch.

Am Ende der Hecke lasse ich halten. Vor uns liegt eine kurzgemähte Wiese; sie erstreckt sich sacht abwärts in den Grund, und da drüben, weiter hinten im ansteigenden Gelände, läuft eine Überlandleitung; deutlich heben sich die Drähte vom dämmernden Morgenhimmel ab, und dahinter, fern und schemenhaft, heben sich Türme, grüne spitze Türme, und dazwischen enthelmte Turmstümpfe; das ist Lübeck, unser Ziel!

Noch ein sichernder Blick nach allen Seiten — es ist still.

»Los!« sage ich und hebe die Hand, »Zickzack, wenn sie schießen!«

Und schon rennen wir hangab, was die Beine und Lungen hergeben, bis hinunter in die Mitte des Grundes. Da! Ein Graben. Halt! Wir werfen uns zu Boden, um den Schwung des Laufes zu bremsen.

Ein Blick zurück. Noch ist alles ruhig. Nur keinen Lärm machen beim Durchwaten des Grabens! Er ist schwarz, breit und tief; das Wasser reicht uns bis an die Brust. Einer nach dem anderen schreiten meine Männer hindurch, die Tornister über dem Kopfe; ich folge als letzter.

Und weiter; noch liegt die letzte Postenkette nicht hinter uns. Die Überlandleitung ist in Wirklichkeit viel weiter entfernt, als es den Anschein hatte, und es wird heller, heller.

Wir hasten vorwärts, hinein in einen Nebelstreifen, der uns eine Weile Schutz gibt. Wir halten einander bei der Hand. Jetzt gilt es Vorsicht. Nur nicht im Nebel jetzt noch auf eine Streife prallen!

Weiter, Schritt für Schritt!

Und plötzlich hören wir es: Schritte. Langsame, regelmäßige Schritte.

Ein Blick auf die Straße. Aha, die Straße, die Landstraße von ... ist ja auch egal; es kann nur diese eine sein, hier, sie führt ein wenig erhöht durch die Senke, und da drüben ist auch das Tannenstück, aus dem sie heraustritt — alles ganz richtig.

Puschke stößt mich an. »Da!«

Tatsächlich: auf der Chaussee sehen wir Kopf und Schultern eines Rotarmisten über den Nebel herausragen, dessen Oberkante wie mit dem Lineal gezogen abschneidet.

Mit angehaltenem Atem sehen wir ihn an uns vorübergehen, keine zwanzig Schritte vor uns, weiter nach links, weiter nach links. Und dann kommt ein zweiter, der wie ein Schemen aus der weißen Wand auftaucht, ihm entgegen; sie treten zusammen, bleiben ein paar Worte lang stehen, drehen wieder um und pendeln zurück. Nach rechts, weiter, weiter, weiter, bis die weiße Wand ihn aufschluckt.

Hastig drücken wir uns nach links, bis wir den Treffpunkt, die Wendemarke genau vor uns haben, stehen und verharren gespannt lauschend. Noch sind die Tritte zu hören — achtundvierzig — neunundvierzig — Sprung! Verdammt wie der Schotter der Straße prasselt und knirscht; das müssen sie hören; aber gesehen haben können sie nichts!

Hinter der Straße ein Graben. Hinüber! Durch den Knick und hinein in den Roggen und weiter, voran, voran, voran, gebückt, so daß uns die nassen Halme das Gesicht peitschen, weiter, nur vorwärts, nur weg von den beiden da hinter uns! Sind wir jemals so gerannt in unserem Leben? Wir waren naß von Schweiß und naß vom Tau des Roggenfeldes, als wir auf die freie Wiese hinaussprangen, zum letzten, diesmal allerletzten Sprung, denn vor uns, greifbar nahe, querten nun wirklich die Masten und Drähte der Überlandleitung den Hang.

Da: buii — biuii! Ein Schuß. Noch einer! Hinwerfen aus vollem Lauf! Wie verdammt bitter der Roggensamen auf den Lippen ist! Auf! Sprung. Weiter. Buii! Nieder! Auf! Noch hundert Meter! Schräg vor uns im Morgenhimmel die Drähte der Hochspannung, die jenseits der Grenze ist. »Einzeln springen. Los!« Es pfeift und knallt. Schweine, verdammte Schweine! Die Lungen keuchen. Die Kleider kleben, klatschnaß von Schweiß und Tau. Im Vorbeirennen wahrgenommen: eine Kornblume — unverwechselbares Blau! — ein Mohn. Schüsse. Oben Kabel. Auf — Nieder! Wie ein Feld voll Hasen, denke ich keuchend, wie ein Feld voll Hasen. Noch ein letzter Sprung. Es knallt und spritzt hier und da. Aber wir sind drüben. —

41 NACH JAHR UND TAG

Hier endet dieses Buch. Oder soll ich weiter berichten von den Jahren, die nun kamen? Es würde nichts anderes zu erzählen sein, als was die meisten Deutschen zwischen Elbe und Rhein, zwischen Alpenland und Nordsee erlebten von dem Tage der Kapitulation an im Mai 1945 bis zu jenem 20. Juni 1948, an dem der Wiederaufbau begann.

Es würde nichts in dem Bericht stehen vom Walde, außer daß die Sieger, alle, ohne Ausnahme, Amerikaner, Engländer, Franzosen, Belgier, Polen, sich daranmachten im ganzen Lande die Wälder abzuschlachten, ja, daß Nationen, die an der Besetzung Deutschlands nicht beteiligt waren, wie die Holländer, Holzfällerkommandos in die Waldgebiete schicken durften, um teilzunehmen an dem großen Mord. Denn unser Land sollte eine Ziegenweide werden, besser noch eine Wüste, so hatten es die Bolschewisten Amerikas beschlossen.

Es würde nichts in dem Bericht stehen von den Hunden; denn ich besaß keine mehr — nur eine Rauhhaarteckelhündin, die einer meiner Förster mitgenommen hatte und mir wiedergab. —

Es würde nichts mehr darinstehen von der Jagd, von Pirsch und Treiben und Nachsuche, vom Halali über dem Geweihten, von Blasen und Wetzen und Klappern der Keiler, vom Geläut der Meute und dem Hall der Schüsse im Winterwald. Nichts mehr von Schüsseltreiben oder von Stunden der Besinnung am Kamin meines Jagdhauses, nichts mehr vom Klang des Schnepfenglöckleins am Halsband des buschierenden Hundes und nichts mehr von herzbefreiend brausenden Ritten durchs grüne Revier, durch Dickung und Dorn, über Düne und Strand und durch das schneeig aufschäumende Wasser über den Sandbänken. — Es würden die Adler fehlen und der Wisent, die Kraniche, die Schwäne, das nach Tausenden zählende Volk der Enten, das der gefiederten Sänger und das der Millionen Insekten, die die heimliche Musik machen im sommerlichen Wald. Es würde alles fehlen, was meinem Leben Freude gegeben hat, Inhalt und — Sinn.

Nicht, daß wir in Deutschland nach dem Kriege über Langeweile zu klagen gehabt hätten — o nein! Es war dafür gesorgt, daß wir beschäftigt waren. Wir standen Schlange. Für Karten. Für Zuzug. Für Wohnung. Für Nahrung. Für Kleidung. Für Heizung. Für, für, für. Allein damit ließe sich ein ganzes Buch füllen.

Wir handelten schwarz. Der Schwarze Markt war die große Leistung des deutschen Volkes in jenen Jahren; jeder war daran beteiligt, und er gab jedem so viel — oder doch fast jedem —, daß er die Differenz decken konnte zwischen dem, was ihm rechtens zustand und wovon er verhungern mußte, und dem, was er unbedingt brauchte, um zu überleben.

Wir stahlen Holz. Wir stahlen Kohlen. Wir saßen in Gefangenschaft oder, soweit wir ein Amt gehabt hatten, je höher, desto sicherer — und es brauchte kein Parteiamt gewesen zu sein! —, in den Verhörzimmern der Entnazifizierungsgerichte, der Kripo oder der jeweiligen Besatzungsmacht, im heißen Strahl der Scheinwerfer und im Kreuzfeuer der Fragen und danach — oder auch monatelang ohne Verhör — in Untersuchungsgefängnissen, Militärgefängnissen, Internierungslagern.

Wir bekamen den bitteren Trank der Erniedrigung zu saufen, bis er uns zu den Mundwinkeln wieder herauslief. Wir lernten am eigenen Leibe, was es heißt, ein Ausgestoßener zu sein. Wir blickten mit Überraschung auf Wunder an Gerechtigkeit und Milde, auf christliche Barmherzigkeit, auf Redlichkeit und Menschengröße unserer Bezwinger — und waren, wenn möglich, noch überraschter, zu sehen, wie die, die noch gestern am lautesten ihre Heilrufe hinausposaunt hatten, an nichts beteiligt und in nichts ›drin‹ gewesen waren.

Wir erlebten, daß ein handlanges Stück Stacheldraht, irgendwo abgeknipst an einer Kuhweide, als Ausweis genügte, um als angeblicher früherer Häftling Brot und Amt und Wohnung zu erschwindeln —, erlebten, daß die Schelme die Richter richteten und die Richter die Schelme laufen ließen, daß Banden von Ausländern in nächtlichen Überfällen einsame Höfe ausmordeten und leerplünderten, und niemand tat ihnen Einhalt —, daß alte Menschen in den eisigen Wintern 1946 und 1947 in ihren ungeheizten Wohnungen von Hunger geschwächt, buchstäblich in ihren Betten erfroren —; ihr wißt es alle, ihr wart alle dabei. Es war die hohe Zeit der Schwindler und Hochstapler, die Zeit, in der jeder zweite ein Petrus war und, ehe der Hahn krähte, seinen Glauben dreimal verleugnete, die Zeit der Trümmerblumen, die im Sommer die zerbombten Städte barmherzig in das üppige Kleid ihrer rotvioletten Blüten kleideten und deren weißer Same zuzeiten wie leichtes Gewölk durch die toten Viertel wehte, wie die Samen des Löwenzahns, der ›Pusteblume‹ seliger Kindertage, deren Blätter uns jetzt zur Nahrung dienten. Es war die Zeit der Trümmerblumen und der Trümmermorde, die Zeit, in der unsere Kinder an den Küchenausgängen der alliierten Soldatenküchen um Abfälle lungerten, die Zeit der ›Fräuleins‹ und die der ›befreundeten Offiziere der Besatzungsmacht‹ in so manchem feinen Haus, dessen Herr noch in Feindesland weilte oder auch nicht, die Zeit der Zigarettenwährung, des Kippensammelns und der Nürnberger Prozesse, da der gequälten Welt ein funkelnagelneues Recht gegeben wurde, das allerdings jedem hergebrachten Recht den Boden entzog, die Zeit, in der man mitmischen mußte und zusehen, daß man eine Karte abbekam, wenn man nicht untergehen wollte. Ihr waret alle dabei; ihr habt es alle erlebt.

Ich habe mehr Glück gehabt als mancher. Ich habe die Kinder wiedergefunden, nach kurzer Zeit schon, Brigitte und Hubertus, beide gesund, beide größer und reifer geworden, und der Tag, an dem ich sie in die Arme schloß, wird immer wie eingemeißelt in meinem Gedächtnis stehen.

Wie heißt es doch in jenem Märchen vom Froschkönig und dem eisernen Heinrich, als sich endlich, endlich alles zum Guten löst und die Bänder vom Herzen des treuen Kutschers abspringen? »Heinerich, der Wagen bricht!« Doch der Kutscher erwidert: »Ach, der Wagen ist es nicht! Es ist ein Band von meinem Herzen, das ich trug in großen Schmerzen...«

Gerade so war mir zumute an diesem Tage, als ich das Kostbarste, das ich besaß, als ich die Kinder wieder in den Armen hielt.

Ich habe mehr Glück gehabt als mancher. Ich habe gesehen, daß in der Dunkelheit der tiefsten Erniedrigung der Bruder neben dir erscheint und dich stärkt. Ich habe erlebt, was einer meiner Freunde in die Worte kleidete, »daß der Mensch größer ist als alles, was ihm angetan werden kann«. Ich habe am Wege gestanden als Bettler, und der Heilige Martin kam, sah mich und gab mir ein Stück von seinem Mantel. Freilich, es war keine Landstraße, es war ein Bahnhof, auf dem ich stand, als in einem der versiegelten Fremdenzüge, die 1946 die Angehörigen nichtdeutscher, freundlicher Nationen durch die deutsche Wüste in den sonnigen Süden brachten, einer meiner alten Schwedenfreunde vorüberkam. Er sah mich an mit einem einzigen langen Blick. Dann zog er den Pullover aus, den er trug — es war ein wunderbarer, langärmeliger Pullover aus feinstem Kamelhaar! — und zog seine Schuhe aus, elchlederne Schuhe, die mir viel zu groß waren; denn er war ein Riese — und warf mir noch Zigaretten zu aus dem Fenster, als der Zug schon wieder anfuhr.

Wir hatten kaum ein Wort miteinander gesprochen, er nicht und ich nicht — es war alles Frühere zu lange her, und alles zu anders, als daß wir hätten sprechen können; so fuhr er also fort, und ich winkte ihm nach, die Schuhe und die Weste in der Hand. Ich weiß noch genau, welcher Reichtum es war, sie zu haben, aber wichtiger war, selbst damals, die Geste: daß er mir gegeben hatte von dem, was er selbst auf dem Leibe trug.

Ich habe mehr Glück gehabt als mancher andere: Ich habe teilgehabt an dem Strom der Liebe, der nun, sobald es, nachdem wir offenbar genug gehungert, die Besatzungsbehörden gestatteten, aus aller Welt zu fließen begann. Ich meine den Strom der Pakete aus buchstäblich allen Ländern der Erde, der selbstgepackten und der Typpakete, die Freunde und Fremde nach Deutschland schickten — an Verwandte, an Freunde, ja, wenn sie keine anderen Adressen kannten, an den Kapitän des Schiffes, mit dem sie in schönen Vorkriegszeiten nach Europa gekommen waren, an den Steward, der sie damals bedient hatte.

Ich habe, als ich zerlumpt und abgerissen mit dem, was ich auf dem Leibe und im Tornister trug, in Hamburg ankam, die offenen Arme der Hilfsbereitschaft getroffen, die mir gaben, wessen ich am notwendigsten bedurfte: das Bad, um darin auszuruhen und den Schweiß und Schmutz von Wochen abweichen zu lassen, die Seife und das Handtuch, um mich zu reinigen, die Kammer und das Bett, um darin zu nächtigen, und ich fand, daß je weniger einer besaß, er desto mehr bereit war, zu helfen, zu geben, zu teilen, und handelte es sich auch nur um ein Taschentuch, das aus einem amerikanischen Mehlsack geschneidert war. Ehe ich mich's recht versah, war aus dem Vagabunden wieder ein Mann von halbwegs respektablem Äußeren geworden, der darangehen konnte, sich seinen Weg zu suchen in der Wirrnis der Zeit. Und ich zauderte nicht! Wer wüßte nicht mehr, wie es war; wir haben es alle erlebt.

Wir haben erlebt, wie nach dem ungeheuren Getöse des Zusammenbruchs eine Sekunde der Stille geboren wurde, der dumpfen Betäubung und des Nichtbegreifens, eine Schaltpause, in der selbst der Schmerz noch nicht voll bewußt wurde, der uns später so verzehrend befiel; — erlebt, wie über der Trümmerstätte eine gewaltige Wolke von Staub sich erhob und sich breitmachte, und daß es seine Zeit brauchte, viel Zeit, bis jedermann begriff, selbst die Sieger und die Herren im Lande, daß es nicht der Trümmerstaub ist, aus dem man das neue Gebäude errichtet, sondern die Mauerbrocken, die er verdeckt. Ihr wißt, wie es war; es ließe sich vieles darüber sagen, aber wozu; ihr wißt es ohnehin. Wir haben alle wieder angefangen, ganz von vorn und ganz unten. Meine erste Station war Nachtwächter; es war eine angenehme Beschäftigung, die mir viel Zeit zum Denken ließ und freien Aufblick zu den Sternen, nur dauerte sie nicht lange. Der Betriebsrat kam dahinter, daß ich General gewesen war; so mußte ich gehen.

Es ist nicht wichtig, was alles noch war zwischen damals und heute. Es war vielerlei, es war oft mühsam und manchmal erniedrigend, aber es hat die Welt nicht verändert und mich nicht. Man lernt es mit der Zeit, so gelassen zu werden wie z w e i Indianer.

Jetzt habe ich längst wieder festen Boden unter den Füßen, ein Dach über dem Kopfe und eine Aufgabe, die mich ausfüllt und befriedigt; niemand braucht sich Sorgen um mich zu machen. Aber es gibt nicht viele Stühle, auf denen ich es lange aushielte — immer noch nicht; ich muß tätig sein — und ich bin es — und werde es sein, solange mir Gesundheit geschenkt bleibt.

Ich habe auch noch einmal eine Frau gefunden, zudem die Witwe eines Kameraden, deren vier Jungen jemanden brauchten, der ihrer Mutter ein bißchen half, sie groß zu machen; und ich habe auch sonst junge Menschen um mich, das Beste, was uns geblieben ist: Söhne und Töchter von Vätern, die nicht zurückgekehrt sind aus dem Kriege. Ich versuche, ihnen etwas mitzugeben von dem, was mir wert erscheint, weitergegeben zu werden, und was ihnen ihre Väter wohl sonst gesagt hätten: daß wir nicht um unserer selbst willen da sind, sondern um der Aufgaben willen, die uns gestellt werden, und daß das, worauf es ankommt unter Männern, nach dem Wort eines unserer besten Soldaten ist, ›sich selber vergessen zu können um der Sache willen, der man dient‹.

Ich versuche ihnen zu sagen, daß man lernen muß zu verlieren, ohne bitter zu werden; daß die Dinge um uns herum, die unser Eigentum scheinen, Leihgaben sind; daß man sich erheben muß aus der Niederlage, den Staub des Falles aus seinen Kleidern klopfen und neu beginnen—nicht nur im Tun, auch im Denken; daraus erhält die Niederlage ihren Sinn. Es sind Dinge, die weder neu sind, noch im geringsten populär, und nach denen die Jungen doch hungern; denn sie wollen, daß wir Bilder vor ihnen aufrichten, auf die sie zugehen können.

Sie sind ein wenig wie junge Bäume, voll Saft, voll Leben, voll Zukunft, und damit habe ich ja zeit meines Lebens zu tun gehabt; ich freue mich über jeden, der kommt, und noch mehr über die, die dann wiederkommen, die, ohne viel zu sagen, bei mir hocken, bis ich herausgefunden habe, was sie fragen wollen, und wir ins Gespräch geraten.

Welch ein Abenteuer — ein Gespräch! So pürscht der Jäger, die Sinne geschärft, in der unwegsamen Dickung! Und welche Genugtuung für den alten Herrn, der ich in ihren Augen jetzt bin, zu spüren, daß sie mein Wort annehmen und es ernsthaft und getreulich mit heimtragen, um es dort noch einmal zu prüfen in den Feuern des Zweifels und, wenn ich Glück habe, etwas davon zu behalten. Das sind die Trophäen, denen ich jetzt nachjage.

Was noch? — Meine Behausung ist nicht groß und sie liegt auch nicht draußen auf dem Lande, nicht am Waldesrand, wo sie liegen müßte, sondern in der großen Stadt. Es sind zuviel Stein und Asphalt ringsum. Aber es ist nicht mehr viel, wessen ich bedarf zur Zufriedenheit.

Ich habe zum Hofe hinaus einen Balkon; von dem aus kann ich mich freuen an einem Baume, der seinen Stamm zwischen den Häuserwänden in die Höhe reckt und in dessen Wipfel jedes Jahr im März die Amsel ihr erstes Lied probt, süß und zaghaft, oftmals absetzend und wiederholend. Ich sehe sie sitzen in der Höhe vor dem Himmelsblau, von dem man ein Zipfelchen sehen kann, halb so groß wie ein Taschentuch, und ich sehe sie ihren Schnabel öffnen und aus sich herausflöten, was ihr das Herz bewegt. Ich sehe auch die Ringeltaube, die früher ein so scheuer Waldvogel war, unten auf dem schmalen Rasen vor dem Schaufenster des Autohändlers am frühen Morgen herumspazieren und beobachte sie beim Brüten; denn es ist mein Baum, in dem sie brütet. Ich höre den Tauber werben und locken: Du-dududu — gerade wie früher, und fühle mich, ja, wie fühle ich mich? Wie Hieronymus im Gehäuse. Um mich Bücher. Über meinem Schreibtisch die mächtige Mißbildung eines Geweihs, preisgekrönt auf mancher Ausstellung, mit den Kindern nach Westen gerettet. Gerettet wie der Elefantenzahn, den Vater einst mitbrachte aus Afrika, wie das halbe Dutzend Fotos vom Darß, die an den Wänden hängen, wie die paar Teppiche und Kelims, die Fußboden und Lagerstatt bedecken, und auf denen Nuscha zu liegen liebt, zusammengerollt, die Nase zwischen die Vorderläufe geschoben, aber, sobald ich mich rühre, einen aufmerksamen Mondsichelblick zu mir hinaufsendend; sie wartet auf den Spaziergang — Nuscha, die letzte von meinen Rauhhaarteckeln, die einzige, die zu mir zurückfand.

Wenn ich Bilanz ziehe — es geht mir gut. ›Alles, was ich besaß, ist dahin wie das Grün und der Schnee vom vorigen Jahr. Aber alles, was ich bin, das bin ich noch ganz.‹ Im Walde und in der Meute hat mein Leben begonnen. Ein Königreich hat mir lange gehört. Das ist gewesen. Ich habe lernen müssen, es zu verlieren, und ich habe es gelernt. Soll ich nicht dankbar sein, daß mir die Kinder geblieben sind, eine Frau, die mich liebt und weiß, was uns frommt, das ›Gehäuse‹, ein paar von den Dingen, an denen mein Herz hing, Nuscha, mein Hund, und der Baum im Hof, in dem die Ringeltaube brütet und in dem die Amsel singt!?

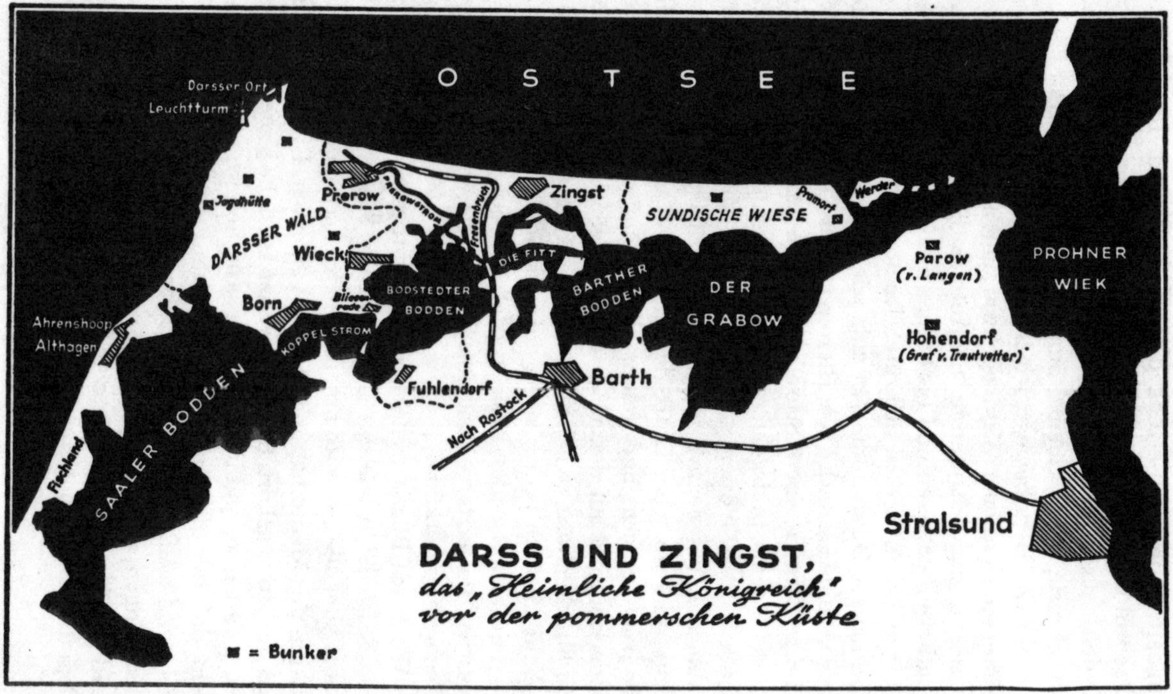
OSTSEE
Darsser Ort
Leuchtturm
Jagdhütte
DARSSER WALD
Prerow
Wieck
Born
KOPPEL STROM
BODSTEDTER BODDEN
Fuhlendorf
Ahrenshoop
Althagen
Fischland
SAALER BODDEN
Zingst
DIE FITT
BARTHER BODDEN
Barth
Nach Rostock
SUNDISCHE WIESE
Pramort
Werder
DER GRABOW
Parow
(v. Langen)
Hohendorf
(Graf v. Trautvetter)
PROHNER WIEK
Stralsund
DARSS UND ZINGST,
das „Heimliche Königreich"
vor der pommerschen Küste
= Bunker

1. Auflage 1959
2. Auflage 1960
3. Auflage 1961
4. Auflage 1962
5. Auflage 1964
6. Auflage 1966
7. Auflage 1969
8. Auflage 1972
9. Auflage 1975

Schutzumschlagentwurf Gerhard M. Hotop
© 1959 Gerhard Stalling Verlag, Oldenburg und Hamburg
Gesamtherstellung Clausen & Bosse, Leck
Gesetzt aus der Linotype-Cornelia · Printed in Germany
ISBN 3 7979 1919 0

Herbert Wendt

Forscher entdecken die Urwelt

Ehe die Sintflut kam

384 Seiten Text und 16 Seiten Bildteil,
Format 13×21 cm, geb.
ISBN 3 7979 1936 0

Dieses Buch ist ein fesselnder Bericht von abenteuerlichen Wegen und Irrwegen einer Wissenschaft, genannt Paläontologie. Jahrhunderte hindurch haben Männer nach den Lebewesen vergangener Erdzeitalter geforscht, Spuren verfolgt, Funde gesammelt, Theorien entwickelt und schließlich all das zutage gefördert, was wir heute von der Urwelt wissen.

Nürnberger Nachrichten: „Ein bebilderter, faszinierend geschriebener Bericht von Forschern, Fossilien und ungeheuren Fabeltieren."

Westermanns Monatshefte: „Dieses Buch hat etwas von der Faszination, die von Cerams GÖTTER, GRÄBER UND GELEHRTE ausging."

Stalling

Cajus Bekker
Das große Bildbuch der deutschen Kriegsmarine 1939 - 1945

192 Seiten, Format 20,3×26,3 cm, geb.
ISBN 3 7979 1826 7

Dieser Bildband vereint 250 ausgesuchte Fotos, die besten, die es von der Marine und ihren Schiffen gibt, mit einer kurzgefaßten, übersichtlichen Darstellung und Wertung des Seekrieges 1939 bis 1945. Schlachtschiffe und Kreuzer, Zerstörer und Torpedoboote, Minensucher, U-Boote und Schnellboote werden bei ihren Einsätzen auf den Weltmeeren und in den Küstengewässern Europas gezeigt. Dazu erläutern Skizzen die wichtigsten Typen der Kriegsschiffe, und im Anhang geben Listen und Tabellen Auskunft über Erfolge und Verluste der Schiffe und das Schicksal ihrer Besatzungen. Vorzüglich als Geschenk geeignet für junge und alte Marinefreunde.

Stalling